Peter Balakian

DIE HUNDE VOM ARARAT

Eine armenische Kindheit in Amerika

Aus dem Amerikanischen von Jörg Trobitius

Paul Zsolnay Verlag

Die Originalausgabe
erschien erstmals 1997 unter dem Titel
Black Dog of Fate. A Memoir
bei Basic Books, New York.

ISBN 3-552-04951-7

Satz: Filmsatz Schröter GmbH, München
Druck und Bindung: Franz Spiegel Buch GmbH, Ulm
Printed in Germany

Meinen Kindern
Sophia Ann und James Gerard

INHALT

DIE FAMILIE MEINER MUTTER

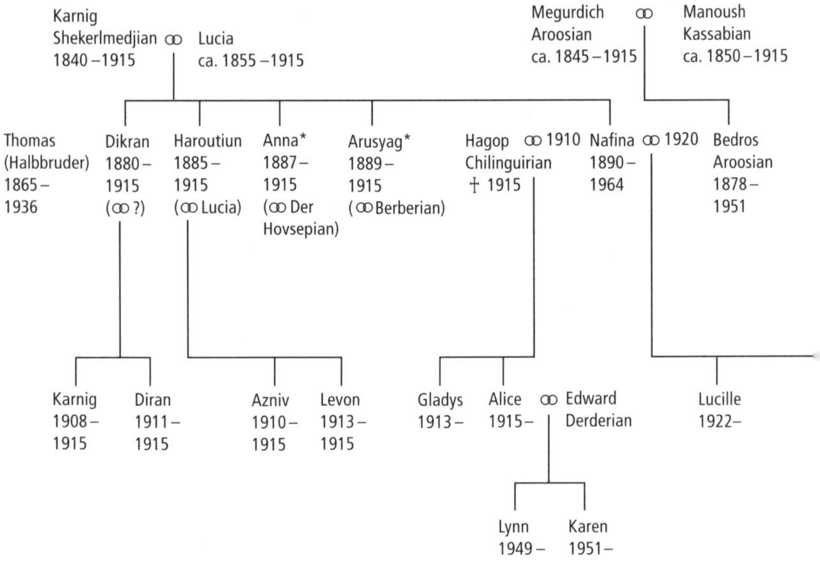

* Die Ehemänner und Kinder von Anna und Arusyag (Namen und Alter unbekannt) wurden ebenfalls 1915 umgebracht.

** Krikor und Narthui waren zwei von fünf Geschwistern Balakian

*** Koharig Panosyan war die Älteste von sieben Geschwistern. Diran Balakian (der Älteste von vier Geschwistern) war ein Neffe ihres Großvaters.

DIE FAMILIE MEINES VATERS

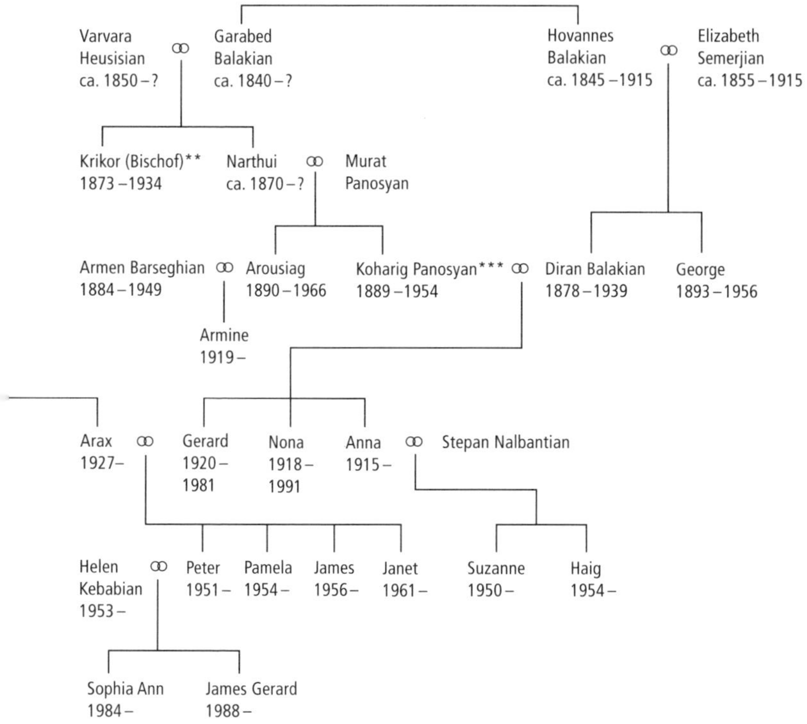

TEIL I

GROSSMUTTER

Schwarzer Hund des Schicksals

Ich trage ein Bild in mir, ähnlich einem Kodak-Schnappschuß aus dem Jahr 1960, als die Farben unter der Glanzschicht noch schmierig aussahen. Es ist ein Bild von meiner Großmutter mütterlicherseits, Nafina (eine armenische Variante von Athena) Aroosian, und ihren Töchtern, Tante Gladys und Tante Lucille, wie sie unseren Steinplattenweg entlangkommen. Hinter ihnen, verschwommen, ein Chevy Biscayne, eiskremweiß, mit dickem Chrom, das sich zur hinteren Stoßstange hin verjüngt. Die Oberseite der türkisfarbenen Sitze schimmert in der Mittagssonne. Es ist Sonntag, nach der Kirche, und alle sind draußen. In der Sackgasse am Ende des Straßenkarrees wird Baseball gespielt. Kinder laufen durch den Sprühregen eines Rasensprengers und flitzen durch neu gepflanzte Hemlockhecken.

Mit ihrem Aluminiumstock, den sie aus dem Krankenhaus mitbrachte, nachdem sie sich die Hüfte gebrochen hatte, geht meine Großmutter den Tanten voran. Sie ist matrosenblau oder beige gekleidet. Eine Brosche oder ein Edelstein, nahe am Kragen befestigt. Perlen um den Hals. Ein geblümtes Tuch. Sie ist nicht ergraut, ihr Haar ist immer noch kastanienbraun, zu einem Knoten gebunden, der mit farbigen Steinen besetzt ist. Meine Tanten folgen hinterdrein. Sie haben eine Frisur wie Jackie Kennedy. Jeden Samstagmorgen lassen sich meine Tanten und meine Mutter das Haar machen. Jeden Sonntag beim Essen kommt das Gespräch unweigerlich auf die Verdienste und Schwächen von Cilo, Rudy, Luigi, Alan. Ein Friseur machte den besseren Schnitt. Einer legte das Haar besser. Einer war mehr *avanti* oder europäischer. Am Sonntag roch ihr Haar nach Parfüm. Meine Tanten tragen weiße oder hellblaue Leinenanzüge. Seidenblusen, Seidentücher. Sie tragen Perlen, goldene Ohrringe und goldene Armbänder; sie funkeln in der Sonne, während sie auf das Haus zugehen. Nachbarn in T-Shirts schieben motorisierte Rasenmäher, und überall summen Maschinen. Den Steinplattenweg säumen verstreut ein schwarzes Fahrrad der Marke Schwinn, ein rotes der Marke Huffy, ein Go-Kart, der aus einer Milchkiste gebastelt wurde, ein paar Schläger und Bälle.

Wenn mein Bruder, meine Schwester und ich den weißen Biscayne in die Zufahrt biegen sahen, wußten wir, daß es mit dem Spielen vorbei war. Glücklich waren wir darüber nicht, doch gingen wir brav ins Haus.

Jeden Sonntag ist es dasselbe. Unsere armenische Großfamilie, die einen ganzen Nachmittag oder länger im Winter um den Eßzimmertisch oder im Sommer auf der Veranda sitzt, während meine Großmutter still zuschaut. Vielleicht ist ihr das alles zuviel, dieses Durcheinander der Stimmen, die endlosen hochgeistigen Gespräche und das Redechaos. Sie wirkt abwesend, und wegen ihrer Zahnprothese ißt sie langsam. Wenn wir Maiskolben essen, löst meine Mutter die Körner für sie aus; wenn, Gott behüte, der Kebab nicht zart ist, schneidet meine Mutter ihre Portion in kleine Stücke. Durch ihre dicken Brillengläser sieht sie ernst aus. Und manchmal starre ich die dunklen, faltigen Halbmonde unter ihren Augen an.

Nach dem Essen ist sie immer lieb zu mir und streicht mir oft mit der Hand über das Haar, was mir leichtes Unbehagen verursacht – insbesondere wenn meine Freunde da sind –, und dann versuche ich, sie mit mentaler Telepathie abzuwehren. Doch sie umkreist mich und fragt die ganze Zeit, wie es mir geht und was ich möchte. Sie wiederholt immer wieder ein armenisches Wort, *eench*. Es bedeutet »wie« oder »was« und ist aufgeladen mit Beflissenheit, Anteilnahme, Besorgnis; und wenn man das alles im Armenischen zusammenzählt, bedeutet es Liebe. *Eench. Eench. Eench-eh*: Was ist los, was ist denn, bist du okay? *Eench gooz-es*: Was möchtest du? *Eench gooz-es oud-es*: Was möchtest du essen? *Eench, eench, eench. Eench* wird immer gefolgt von *yavrey*, einem Mundartausdruck für das türkische Wort *yavros*, was »mein Kleines« oder »Liebes« bedeutet, oder von *hokeet seerem*, was bedeutet: Laß mich deine Seele lieben. Während sie mir mit den Händen über die Schulter streicht, sagt sie, ich sei so dünn wie ein Vogel, der nichts zu essen bekommt. Da ich ein Band der Zuneigung empfinde, das ich nicht erklären kann, lasse ich sie gewähren, doch wenn jemand anderes in der Familie anfängt, mich zu *eench*-en, gebe ich mürrisch zurück: »Hau ab.«

Die großen braunen Augen meiner Großmutter beobachten mich intensiv. Ich bin Peter, *Bedros* auf armenisch, genannt nach ihrem zweiten Mann, der ungefähr in der Woche, als ich gezeugt wurde, aufgrund einer Hirnblutung ins Koma fiel und etwa drei Monate vor meiner Geburt starb, ohne das Bewußtsein wiedererlangt zu haben. Ich bin der älteste Enkel östlich von Fresno, Kalifornien, der erste männliche Nachkomme der nächsten Generation, eine Sohnesposition, die in unserer nahöstlichen Kultur mit patriarchalem Status einhergeht. Obwohl ich damals nicht verstand, was die Anwesenheit einer neuen Generation für eine Kultur bedeutete, die vor erst fünfundvierzig Jahren beinahe von diesem Planeten getilgt worden wäre, empfand ich die seltsame Hätschelkraft des Wortes *eench*. Oft nervte es mich, denn es gab mir das Gefühl, als wäre etwas nicht in Ordnung oder würde bald schon nicht in Ordnung sein. War ich krank? Starb ich an irgendeiner geheimen Krankheit, von der die Alten wußten und in die sie mich nicht einweihten? Jedesmal, nachdem sie mich zu Tode ge-*eench*-t hatte, beugte sich meine Großmutter unweigerlich über mich und küßte mich auf die zusammengefallene Sprungschanze meines Bürstenschnitts, auf die Stelle, wo mir das Haar in die Stirn fiel, und sie sagte etwas noch Ausführlicheres auf armenisch, wodurch ich mich gezwungen sah, mir einen Weg aus dem stickigen Zimmer mit den orientalischen Gegenständen zu bahnen, um in das Fernsehzimmer und zu den Yankees auf Kanal 11 zu gelangen.

Meine Schwestern Pam und Jan, mein Bruder Jim und ich haben kein Armenisch gelernt. Wer hätte 1960 in Tenafly, New Jersey, Armenisch können wollen, eine Sprache, die von einem alten nahöstlichen Volk gesprochen wurde, das einen halben Globus weit entfernt lebte und jetzt Teil der Sowjetunion war? Meine Eltern sprachen armenisch, wenn sie sich vertraulich miteinander unterhalten wollten oder wenn sie sich in der Öffentlichkeit befanden und das Bedürfnis hatten, über den Preis des Kalbfleischs oder die Höhe des Trinkgelds zu reden; in ihrem Vertrauen darauf, daß der Kellner ihre Sprache nicht kennen würde, täuschten sie sich das eine oder andere Mal. Aufgeschreckt wandte sich meine Mutter dann an meinen Vater: »Ich glaube, der Kellner spricht armenisch.« Das wenige Armenisch, das ich konnte, stammte aus der Kirche und von meiner Großmutter, Worte und Sätze, die mit häuslichem Englisch vermischt waren: *Ahnotee-es? Sahd lav, khent, gatig, dok-ess? Khegjuh, moog, paubig*: Hast du Hunger? Sehr gut, verrückt, ein wenig Milch, ist dir heiß? Armer Kerl, Maus, barfuß.

Einmal im Monat besuchte ich meine Großmutter in East Orange. Meine Mutter fuhr mich dann Freitag nachmittags von Teaneck aus in südlicher Richtung dorthin. Die grünen Schilder am neuen Garden State Parkway, leuchtend mit weißen Nummern, und die Namen – Irvington, Nutley, Bloomfield – stimmten fröhlich. East Orange im Jahre 1958 war für mich ein anderes Land. Breite Boulevards, geteilt durch Inseln von Ahorn und Buchen, gesäumt von altmodischen Straßenlaternen und großen viktorianischen Häusern, die mit ihren Türmchen und Giebeln und Schieferdächern aussahen, als ob es dort spukte.

Meine Großmutter lebte mit Tante Gladys und Tante Lucille in einem alten Gartenappartment aus Backstein. Die Appartments waren um einen großen Innenhof mit gepflegtem Rasen und Rhododendronhecken angeordnet. Die Fenster hatten bleigefaßte Scheiben, die Blumenkästen rote und weiße Geranien. Nach all den Suburbiahäusern von Teaneck war das geheimnisvoll und exotisch. Wenn meine Mutter die Tür am Fuß der Treppe zur Wohnung meiner Großmutter hinter sich schloß, fühlte ich mich frei von meinem Bruder Jim und meiner Schwester Pam, die im vollgestopften Spielzimmer in Teaneck zurückgeblieben waren. Ich saß im Eßzimmer am großen Mahagonitisch vor einem Teller mit heißem Dolma, einer großen Joghurtschale, ein paar Zitronenstücken, einem Korb mit Arnold-Dinnerbrötchen und einer grünen Flasche 7-Up, die allein dastand, ohne Glas, denn meine Großmutter wußte, daß ich gern aus der Flasche trank. Jetzt hatten wir den Tag für uns, bis meine Tanten von ihrer Arbeit in der Stadt nach Hause kamen.

An solchen Freitagnachmittagen half ich gewöhnlich meiner Großmutter beim Backen. Wenn ich mich über die Anrichte beugte, mit meinem Oxford Button-down, den weißen Chino-Hosen und den abgewetzten Wildlederschuhen, dann schoß mir immer durch den Sinn: Wenn sie mich so sehen könnten, in der Küche mit meiner Großmutter, und erst beim Backen eines armenischen Dings, das sich *choereg* nannte, dann würden mich meine Freunde von der Little League für hoffnungslos weibisch halten – deshalb behielt ich meine braune Baseballmütze auf, um auf diese Weise meine Männlichkeit zu bewahren. Meine Großmutter ging auf mein Baseballmützenritual ein, indem sie sagte: »Dann geh doch mal in Stellung«, und sofort nahm ich eine ernste Kauerhaltung ein, ähnlich Hector Lopez, und machte mit meinem unsichtbaren Schläger ein paar Schwünge, bis sie zustimmend nickte, als wolle sie sagen: Seh schon, bist okay; dann wolln wir mal backen.

Es war eine Küche aus den vierziger Jahren, mit langen weißen Hängeschränken, einer weißen Emailspüle, rotgesprenkeltem Linoleum, das an den Fugen rissig wurde, und einer gewundenen, summenden Leuchtstofflampe an der Decke. Die trübe Beleuchtung und die helle Sonne, die durch das kleine rechteckige Fenster über der Spüle hereinströmte, tauchten den Raum in seltsam getöntes Licht. Der Hängeschrank, den ich immer öffnete, indem ich auf die zweite Stufe der Fußbank stieg, strömte einen erdigen süßen Duft aus. Stapel von McCormick-Dosen, braune Tüten, die mit Gummibändern zugebunden waren, gedrungene Einmachgläser. Auf dem unteren Brett waren Bündel mit getrockneten Kräutern, Büschel von Stielen, winzige Sträußchen graugrüner Blätter, krümelnde gelbe Blumen; manche Pflanzen hatten erdverklebte Wurzeln. Dinge, die aus dem Regal hervorwuchsen, lockten meine Finger.

Piment, Koriander (gemahlen und ganz), Cayennepfeffer, Kreuzkümmel in einem eckigen Glas, Fenchelsamen, Kardamom, Zimt (gemahlen und in Stangen), Sumach, Schwarzkümmel, Zatar, Safran, Paprika, Oregano, Basilikum. Und *mahleb*, das meine Großmutter in einem Einmachglas aufbewahrte. Von Sandfarbe und fein wie Talkum, bestand es aus gemahlenen Wildkirschkernen, und seine erdige Süße schien die anderen Düfte in sich zu tragen, wie ein unsichtbarer Faden, der einen Strauß zusammenhält.

»Die Essenz eines Kirschkerns«, sagte meine Großmutter mit ihrem hörbaren Akzent, und dann: »*Meine Schwester, liebe Braut! Du bist ein verschlossener Garten, eine verschlossene Quelle, ein versiegelter Born. Dein Gewächs ist wie ein Lustgarten von Granatäpfeln, mit edlen Früchten, Cypern mit Narden, Narden mit Safran, Kalmus und Cinnamen, mit allerlei Bäumen des Weihrauchs, Myrrhen und Aloes, mit allen besten Würzen. Wie ein Gartenbrunnen, wie ein Born lebendiger Wasser, die vom Libanon fließen. Stehe auf, Nordwind, und komm, Südwind; und wehe durch mei-*

nen Garten, daß seine Würze triefen! Das ist das Hohelied Salomos.«

Meine Großmutter kannte große Teile der Bibel auswendig. In der Missionsschule, die sie in Diyarbakir besucht hatte, einer alten armenischen Stadt im Südosten der Türkei, wo sie aufwuchs, bekam sie sie eingehämmert. »Wenn es mit dem Aufsagen nicht ging«, sagte sie, »ließen die Missionare uns in der folgenden Woche die Schule saubermachen.« Dann sprenkelte sie etwas Mehl auf das Brotbrett und verrieb es.

Sie erzählte mir, daß sie sich Bibelverse hersagte, wenn die Dinge nicht zum besten standen. »Worte sind Freunde. In schlechten Zeiten leisten sie dir Gesellschaft.«

»Ich kann Auswendiglernen für die Schule nicht leiden«, brummelte ich, während ich ein Stück Wachspapier entrollte.

»Tu's einfach, eines Tages wirst du dankbar sein.« Dann wies sie mich an, das *mahleb* zu holen, und das bedeutete, daß wir ein süßes Brot machen wollten, das *choereg* hieß.

Um *choereg* zu machen, verrührten wir Milch und ausgelassene Butter in einer Keramikschüssel. Ich gab Hefe in einen gläsernen Meßbecher mit roten Linien und schaute zu, wie sie Blasen warf. Eier, Zucker, Salz, Backpulver, und meine Großmutter schüttete das *mahleb* hinzu. Sie siebte Mehl, und wir verrührten alles mit einem großen Holzlöffel, bis daraus Teig wurde. Dann hob sie den Teig heraus und legte ihn auf das bemehlte Brotbrett. Wir kneteten und drückten ihn mit den Händen. Es gefiel mir, wenn mir der feuchte Teig zwischen den Fingern klebte. Es gefiel mir, wenn sie ihn in eine andere Schüssel gab und ihn im öligen Rund einmal ganz herumdrehte, die Schüssel dann mit einem Handtuch bedeckte und sie in den Herd stellte, der noch nicht eingeschaltet war. Dort war es warm, es gab keine Zugluft, und wenn wir den Herd zwei Stunden später öffneten, war der Teig eine luftige, safranfarbene Masse.

Besonders gern klopfte ich den Teig herunter, so daß das poröse Innere zusammenfiel. Wir rissen ihn in Stücke und machten Stricke, Zöpfe und Ringe, während wir im Radio WMGM hörten. »Rock'n' Roll bringt mich in Schwung«, sagte meine Großmutter dann oft; Elvis, Fats Domino, Bill Haley and the Comets – »tolle Sachen«. Und als die Shirelles Anfang der sechziger Jahre mit »Will You Still Love Me Tomorrow?«, »Tonight's the Night« und »Mama Said There'll Be Days Like This« herauskamen, sagte sie: »Die haben gute Harmonien«, und sie verfolgte ihren Weg wie ein Fan, weil es Mädchen aus dem nahegelegenen Passaic waren. Und während wir die silbrigen Backbleche mit Zöpfen und Ringen und Stricken belegten und diese mit geschlagenem Eigelb bestrichen, damit sie glänzten, wenn sie herauskamen, sangen wir mit, wenn im Radio »Blueberry Hill« oder »Jailhouse Rock« kam.

Während die *choeregs* im Backofen waren, erzählte mir meine Großmutter Geschichten. Nicht wie die, die meine Freunde von ihren Großeltern hörten, über Angelausflüge auf den Großen Seen, Babe Ruth und Lou Gehrig, Sagas, die in Sommerlagern in den Adirondacks spielten, als Calvin Coolidge Präsident war, oder über den Börsenkrach von '29, als rechtschaffene Menschen aus dem Fenster sprangen. Die Geschichten meiner Großmutter schienen nicht irgendeiner Zeit oder irgendeinem Ort anzugehören; sie fing einfach zu erzählen an, etwa: *Djamangeen gar oo chagar*, was bedeutet: *Es war einmal oder war nicht, vor langer Zeit.*

»Es war einmal eine reiche Frau, die lebte mit ihrem Mann in einem großen Haus und wurde um ihrer Schönheit willen beneidet, und als ihre Zeit gekommen war, sich dem Schicksal zu stellen – denn jeder muß sich einmal im Leben dem Schicksal stellen –, ging sie zum Haus des Schicksals, um eine Gabe zu überreichen. Und was für eine Gabe – das beste Frühlingslamm, gefüllt mit Mandeln und Pilaf, Aprikosen und Granatäpfeln, Quitten und Walnüssen und zu allem

Überfluß zwei herrlichen Rubinen in den Augenhöhlen des Kopfes. Sie trug das ganze auf einer silbernen Platte, und so ging sie durch das Städtchen, in ihrem weißen Seidenkleid, Perlen um den Hals, und an den Handgelenken klimperten goldene Armbänder.« Meine Großmutter schüttelte die Handgelenke, damit ich jene Armbänder klingeln hörte.

»Sie pochte an die Tür, einmal, zweimal, dreimal, und sie wartete geduldig.

Als das Schicksal, eine Frau mit rotem, hennagefärbtem Haar, an die Tür kam und sich die Augen rieb, so daß die Wimperntusche die Wangen verschmierte, schaute sie die Frau nicht einmal an. ›Stör mich nicht‹, flüsterte sie mit gereizter Stimme, ›ich schlafe, verschwinde schon!‹« Meine Großmutter warf den Kopf zurück, während sie das sagte.

»Die Woche darauf wußte eine Frau, die arm war wie die Ladys auf der Achten Avenue mit den Papiertüten, daß ihr Tag gekommen war, dem Schicksal einen Besuch zu machen. Sie wohnte in einer Hütte auf dem Lande und besaß keinen roten Heller. Nur einen schwarzen Hund hatte sie, den sie tot auf einem Feld gefunden hatte, und so trug sie ihn ins Haus und kochte ihn. Selbst der Apfel, den sie ihm ins Maul steckte, war wurmig. Am nächsten Tag ging sie in einem schwarzen Kleid, das nach Öl und verdorbener Milch roch, zum Haus des Schicksals. Sie zitterte, als sie an die Tür des Schicksals pochte.« Meine Großmutter machte mit der Hand eine pochende Bewegung. »Das Schicksal erschien in einem weißen Kleid, mit Diamantbroschen im Haar, und sah schön aus wie eine Königin. Die arme Frau fühlte sich noch unwürdiger und hatte Mühe, nicht davonzulaufen. Doch zu ihrer Überraschung breitete das Schicksal die Arme aus und sagte mit einer Stimme, die süß war wie Honig: ›Komm herein, ich warte schon lange auf dich.‹«

Meine Großmutter nickte mir zu, als wolle sie bestätigen, daß ich verstanden hatte, und dann herrschte Stille. Der Küchenwecker klingelte, und wir nahmen die *choeregs* aus dem

Ofen und legten sie auf Drahtuntersetzer, damit sie abkühlten, und immer noch herrschte Stille. Ich fing an, wütend zu werden, doch meine Großmutter war so lieb zu mir, daß ich auf sie nicht wütend sein konnte, und so war ich wütend auf die Geschichte, die ich aufregend und zugleich unverständlich fand. Ich wollte sagen: »Granny, du mit deinen Geschichten – die sind verrückt, und ich kapier sie nicht.« Doch mit meiner Großmutter konnte ich nicht so sprechen, wie ich mit meiner Mutter sprechen konnte, und deshalb starrte ich auf die warmen, glänzenden *choeregs* auf den Drahtuntersetzern und stieß nur hervor: »Was ist Schicksal, Granny?«

Meine Großmutter blickte in der Küche umher und blickte mir dann fest in die Augen, als wolle sie sich über eine Melone hermachen, um zu sehen, ob sie reif sei. »*Pakht*«, sagte sie, »es ist *Pakht*«, wobei sie das tiefe gutturale Gurgeln in der Kehle ertönen ließ, wie es manche armenischen Wörter kennzeichnet. »*Pakht*. Du weißt schon, dein Los, Schicksal. Schicksal.« Sie hielt wiederum inne, nahm einen Teigkratzer und schob ihn unter ein paar *choeregs*, damit sie nicht am Untersetzer festklebten. »Schicksal, das ist dein Geschick, das, was dir bestimmt ist.«

»Arrgh«, gurgelte ich durch einen Schluck von 7-Up als Antwort, während ich begann, die *choeregs* vom Drahtuntersetzer auf einen großen Teller zu schieben. Meine Großmutter sprach weiter: »Es ist eine Macht, etwas, das größer ist als du.«

»Du meinst, wie Gott?« Meine Großmutter sah mich mit ernsten Augen an, und dann wieder die *choeregs*, die abkühlten.

»Nein, nicht Gott«, sprach sie langsam weiter, »nein, *yavrey*.« Und gerade als sie mich mit ihren Augen wissen ließ, daß sie keine Fragen mehr beantworten wollte, war mir die Zunge schon wieder aus dem Mund geschnellt. »Was ist mit dem Hund?«

Munter legte sie sich ein Perlenhalsband um und ging aus der Küche, während sie auf die Armbanduhr schaute und verkündete, wir müßten zum Lebensmittelladen. »Der Hund … der Hund, der Hund ist die Antwort des Schicksals auf uns – auf die Welt der Menschen.«

»Das tote Tier?« fragte ich und kam mir blöd vor. »Ein toter schwarzer Hund?« hörte ich mich wieder sagen. »Granny, wovon redest du da?«

»Der Hund sagt uns, wir sollen Hoffnung haben. Der Hund sagt uns, daß es Geheimnisvolles gibt.«

»Geheimnisvolles, Hoffnung?« wiederholte ich.

Da klopfte sie mit der Handfläche auf die rote Resopalplatte. »Der Hund sagt uns, daß das Äußere täuscht – die Welt ist nicht, was du denkst, *yavrey.*« Dann wurde sie ungeduldig und fing an zu kommandieren. »A&P um halb vier, oder wir haben das Abendessen für die Mädchen nicht fertig.«

Ich wollte noch fragen, weshalb die reiche Frau abgewiesen wurde und was mit dem Lamm mit den Rubinen in den Augen geschah, doch meine Großmutter machte nicht mehr mit. Sie hatte alles gesagt, was sie sagen wollte, und auch mit meinem lästigen Nachstochern wäre ich nicht weitergekommen. In meinem Kopf schwamm also noch das Bild von einem weißen Lamm mit zwei roten Edelsteinen in den Augenhöhlen, als wir zum A&P aufbrachen. Und wir gingen und trotteten und trabten ihre Abkürzungen, über leere Grundstücke, Pfade und Hinterhöfe. Meine Großmutter ging schnell, und darüber mußte ich staunen, denn ich – der ich dachte, ich sei der Maurie Wills meiner Little-League-Mannschaft – mußte mich anstrengen, um mit ihr Schritt zu halten. Trotz ihrer operierten Hüfte und dem leichten Hinken und dem Krückstock, mit dem sie sich abstieß, war der Schritt ihrer dünnen, kräftigen Beine unnachgiebig stramm. Ich war ganz wild vor Freude, während ich neben ihr herlief. Wir beendeten unseren Spaziergang immer an der Überführung über den Garden State Parkway, der in Bau war. Es war das Jahr 1958, und diese Eisenhower-Autobahn wurde von Norden nach Süden entlang der ganzen gewundenen Ostseite von New Jersey gebaut. Während wir über dem Geländer hingen und zusahen, wie die gigantischen Maschinen die Erde aushöhlten, wickelte sie ein Almond Joy aus und gab mir die Hälfte.

Auf diesen Spaziergängen schwieg meine Großmutter gern, doch wenn sie sprach, dann sprach sie vom Aktienmarkt oder von den Yankees, deren Geschicke sie seit den Tagen von Babe Ruth und Lou Gehrig verfolgte. Aufgrund ihrer Liebe zu Joe DiMaggio widerstrebte es ihr, Mickey Mantle mit offenen Armen willkommen zu heißen. Mantle müsse sich an manchem messen lassen, sagte sie; er sei ein »Playboy«, eine »Primadonna«, klagte sie. »Aber Casey liebt ihn«, setzte sie hinzu. Ihre Sympathie für Casey Stengel war unerschütterlich, und sie liebte es, wie er auf dem Weg zum Wurfmal mit gesenktem Kopf über die weiße Linie hüpfte und wie er sich am Ohr zog, um der Ersatzbank etwas zu signalisieren. »Managt nach Instinkt«, gab sie mir zu bedenken.

Wenn sie schnell sprach mit ihrem armenischen Akzent, neigte sie dazu, die Artikel wegzulassen, wie es armenische Einwanderer häufig tun, und sie klang wie Red Barber mit seiner harten, abgehackten Brooklyn-Redeweise. Und sagte sie Dinge wie »Baseball bedeutet etwas; du verfolgst die Leistungsdurchschnitte, drehst das Radio aus, wann du willst; Spielberichte am nächsten Tag; es kostet nichts«, dann wurde mir klar, daß das Spiel für sie mehr als ein Spiel war. Mir wurde klar, daß ihr das Spiel näherging als allen, die ich kannte.

Meine Großmutter und ich verfolgten gemeinsam den Weg der Yankees, und bis zu meinem zehnten Geburtstag hatte sich das zu einem fortgesetzten Gespräch zwischen uns beiden entwickelt. Spielberichte, Leistungsdurchschnitte, die Abfolge der Pitcher, die Prognose für die World Series – weil es fast nie eine Series ohne die Yankees gab. Im August '59 ging meine Großmutter im Garten hinter unserem Haus in Teaneck umher und murmelte: »Das verdammte Chicago«, weil zum Ende des Monats feststand, daß sich die White Sox und nicht die Yankees für die Series qualifiziert hatten, was das zweite Mal in meinem kurzen Leben bedeuten sollte, daß die Yankees im Oktober nicht spielen würden. Im April '60, als die Yankees Roger Maris von den Kansas City A's erworben hatten, kommentierte sie: »Auf armenisch sagt man, des einen Glück ist des anderen Dummheit.«

Die Yankees der fünfziger und frühen sechziger Jahre waren mehr als eine Mannschaft, sie waren eine Stimmung, ein Image, ein Gefühl. Sie waren dünne blaue Streifen und elegante Zahlen auf einer weißen Uniform. Sie waren ein Y, das sich auf einer blauen Kappe mit einem N verband. Kraft und Muskeln und Selbstvertrauen, und sie taten, was große Mannschaften tun, sie gewannen auf eine Weise, die unausweichlich und doch magisch schien. Noch heute empfinde ich, wenn ich das Logo der Yankees sehe – einen rotweißblauen Uncle-Sam-Hut auf einem Schläger im weißen Kreis eines Baseballs mit dem Schriftzug der Yankees quer über die Mitte –, nicht nur einfach Nostalgie, sondern einen Schauer, und ich denke auch an die ruhige, intensive Leidenschaft meiner Großmutter für ihr Team.

Nachdem wir in unser neues Haus in Tenafly gezogen waren, erschien meine Großmutter nach dem Abendessen immer öfter an der Tür, wenn die Yankees auf Kanal 11 waren – jetzt, da sie und meine Tanten eine Busfahrt von fünf Minuten entfernt in Englewood lebten. In unserem neuen, getäfelten Fernsehzimmer setzen wir beide uns auf ein schwarzes Ledersofa unter großen gerahmten Plakaten von der Côte d'Azur und Monaco, während oben meine Mutter meinen Bruder und meine Schwestern zu Bett brachte. In dem Maße, wie das Licht, das durch die Glasschiebetüren kam, purpurn wurde und dann erlosch, wurde das Zimmer vom Blaugrau des Fernsehers erleuchtet.

Anfang der sechziger Jahre hatte meine Großmutter sich mit Mickey Mantle abgefunden. Vielleicht wegen seiner verletzten Knie, seines ständigen Kampfes, gesund genug zu bleiben, um spielen zu können, und möglicherweise auch deswegen, weil er etwas Rührendes hatte, dieser Mann, der sein glänzendes Talent durch sein eigenes törichtes Verhalten jenseits des Spielfeldes unterminierte. Er sei, so sagte sie, ein *tutoum kulukh*, ein Kürbiskopf, ein Narr. Doch zum Ende des Duells Mantle-Maris 1961 um den Babe's-Saison-Home-Run-Rekord sah meine Großmutter Mantle als einen tragischen Menschen, der die eigenen Schwächen mit Anstand und Mut durchstand und notgedrungen in der zweiten Septemberhälfte von den Seitenlinien aus zusehen mußte, wie Roger Maris einundsechzig erzielte und damit den Rekord brach.

Als also die Kamera Mantles jungenhaftes blondes Gesicht einfing und auf seinen sagenhaften 17 1/2-Zoll-Hals zoomte, während er im »On-deck«-Kreis seine Aufwärmschwünge absolvierte, wurden meine Großmutter und ich still. »Sein Schwung ist wie ein großer Wind«, sagte sie, »schuuuuuuuh.« Und wenn er einen Ball aus dem Stadion hinausschlug, sagte meine Großmutter jedesmal: »Bis hierher« und langte dann in die Kristallschüssel mit den Pistazien auf dem Sofatisch. Sie teilte die Schalen mit den Daumennägeln und reichte mir die gesalzenen grünen Nüsse, so daß wir mit unseren Zähnen feiern konnten.

Ich erinnere mich an meine Großmutter während der Series von '62 zwischen den Yankees und den Giants, weil sie in jenem Oktober beschloß, alle Spiele der Series in unserem neuen Fernsehzimmer anzuschauen. »Der Bildschirm ist größer«, sagte sie zu meiner Mutter über unseren neuen RCA, »und ich sehe besser«, und obwohl sie es nicht sagte, glaube ich, sie wollte die Spiele mit mir zusammen anschauen. Doch in jenem Herbst enttäuschte ich sie, indem ich mir jedes Spiel mit meinen Freunden hinter der Maschendrahteinzäunung unseres Sandspielfelds im Radio anhörte. Wir flitzten zwischen dem Feld und dem Transistorradio hin und her und unterbrachen manchmal das Spiel, wie zum Beispiel für das letzte halbe Inning von Spiel 7. Ich weiß noch, wie die Yankee-Fans auf der einen Seite des Backstop-Zauns standen und die Giants-Fans auf der anderen, als Ralph Terry gegen Willie McCovey antrat, während Willie Mays und Felipe Alou auf dem zweiten und dritten Base standen und erwarteten, die 1:0-Führung der Yankees zunichte zu machen, und wie der laute Knall des Schlägers aus dem Radio kam, als McCovey einen Linienschlag landete, der für das rechte Feld und einen 2:1-Sieg der Giants und damit den Gesamtgewinn bestimmt schien, als Bobby Richardson nach links sprang, den Ball erwischte und so den Yankees eine weitere World Series bescherte. Als ich nach Hause kam, wartete meine Großmutter in der Zufahrt auf mich, in einem beigefarbenen Leinenanzug und mit Perlenhalsband und einem kleinen, stillen Lächeln im Gesicht. »Der gute alte Richardson« war alles, was sie sagte.

Etwa zwei Wochen nach dem Ende der Series bemächtigte sich die Kubakrise unseres Lebens, und meine Großmutter stellte sich nun nach dem Abendessen bei uns ein, um mit uns zusammen die Nachrichten anzuschauen. Walter Cronkites Gesicht, leicht besorgt und onkelhaft auf dem großen schwarzweißen Bildschirm, gefolgt von Luftaufnahmen von Flugzeugträgern und der kubanischen Küste. Mein Vater, der Kennedys Bostoner Akzent nachahmte, als er sagte: »Kuba ist nur einen Steinwurf von Florida entfernt.« Meine Mutter, die ein Tablett mit Trockenfrüchten und Nüssen herumreichte, welche meine Tante Alice gerade aus Fresno geschickt hatte. In meiner fünften Klasse sprachen alle von der Bombe und vom Ende der Welt. Meredith Gutman, die meine Neigung zu Morbidität und Schrecken spürte, starrte mich eines Morgens an und sagte: »Die ganze Welt wird in Rauch aufgehen«, wobei sie die Finger schlängelnd bewegte und die Arme wie ein Dirigent erhob.

In jener Woche hatte ich auf dem Nachttisch meiner Eltern eine kleine Broschüre mit dem Titel »Handbuch des Bürgers über atomare Angriffe und Naturkatastrophen« gefunden, herausgeben vom Verteidigungsministerium der Vereinigten Staaten. Es war für halbe Analphabeten geschrieben und mit Comics illustriert. Verfaßt mit dem Ziel, den Amerikanern zu versichern, daß ein Atomkrieg nichts Schlimmes sei, las es sich so:

> *Wenn ein Feind damit droht, die Vereinigten Staaten anzugreifen, stehen Sie nicht allein da.*
>
> *Wenn jemand eine große Strahlendosis abbekommt, wird er sterben. Doch wenn er nur eine kleine oder mittlere Dosis abbekommt, wird sich sein Körper selbst reparieren und es wird ihm wieder gutgehen. Der Großteil der Lebensmittelvorräte der Nation wird nach einem Angriff noch verwendbar sein. …* ***Vermeiden Sie darüber hinaus, sich die Augen zu verletzen, blicken Sie niemals in den Explosionsblitz des nuklearen Feuerballs.***

Selbst einem Fünftkläßler kam das lächerlich vor; durch die Medien war klar, daß Atomkrieg Tod und Zerstörung bedeutete. Die Broschüre, die im weiteren die Familien instruierte, wie man einen Luftschutzraum anlegt, muß für die Suburbia ausgerichtet gewesen sein, denn wer außer den Bewohnern der Suburbia hätte Kellergeschosse gehabt, die groß und schön genug waren, um sich in Luftschutzkeller verwandeln zu lassen? Und wir sollten unsere neuen Schutzräume bevorraten: **6 Monate Trockenmilch, 18 Monate Geflügelkonserven, 12 Monate Instant-Getreideflocken in**

Metallbehältern, 18 Monate Bonbons und Kaugummi, 24 Monate aromatisiertes Getränkepulver, Gläser mit dem Etikett »Wasser«, Tabletten mit dem Etikett »Medizin«.

Ich war sicher, daß meine Mutter das Ende der Welt diesem Menü vorziehen würde. Angewidert und insgeheim verschreckt von der ganzen Kubageschichte ging ich jeden Tag im Spätoktober nach dem Football-Spiel nach Hause, aß zu Abend und öffnete meiner Großmutter die Tür und folgte ihr ins Fernsehzimmer, um die Bilder von Flugzeugträgern und Kuba auf dem Bildschirm anzuschauen.

Eines Nachts lag ich schwitzend im Bett, voller Bilder von Luftschutzräumen und Getreideflocken in Metallbehältern, und ich beschloß, hinunterzugehen und mir eine Schüssel Frosted Flakes zu machen. Als ich an der ein wenig geöffneten Tür zum Fernsehzimmer vorbeikam, bemerkte ich, daß meine Großmutter die Spätnachrichten anschaute. Gerade als ich die Tür aufstoßen wollte, nahm sie eine lange Elfenbeinpfeife aus ihrer Handtasche, stopfte sie mit Tabak und zündete sie sich an. Ich war so überrascht, daß ich erstarrt im dunklen Flur stehenblieb und sie durch den fünf Zentimeter breiten Spalt zwischen Tür und Türrahmen beobachtete.

Ich hörte den Nachrichtensprecher *Kennedy, Chruschtschow, Castro, Kuba* sagen. Meine Großmutter nahm lange Züge aus der Pfeife und legte sie auf den Sofatisch, dann bekreuzigte sie sich und sagte ein paar armenische Worte: *Der Voghormya, Der Voghormya, Der Voghormya* (Herr, erbarme Dich, Herr, erbarme Dich, Herr, erbarme Dich). Sodann bekreuzigte sie sich wiederum, nahm einen Zug aus der Pfeife und sagte *Sourp Asdvadz, Sourp Asdvadz, Sourp Asdvadz* (Heiliger Gott, Heiliger Gott, Heiliger Gott). Sie stand auf, bekreuzigte sich, setzte sich und zog aus ihrer Handtasche ein wunderbares blau und elfenbein- und aprikosenfarben gestreiftes Tuch. Sie legte es sich wie eine Serviette auf den Schoß und schlug dann eine große dicke Biographie von Mary Todd Lincoln auf, in der eine Baseball-

Karte von Hank Aaron aus dem Jahre 1957 als Lesezeichen steckte.

Noch Tage nachher dachte ich an das seltsame Ritual meiner Großmutter im Fernsehzimmer. Da ich ein schlechtes Gewissen hatte, weil ich sie ausspioniert hatte, während alle anderen friedlich oben schliefen, konnte ich mit niemandem in der Familie darüber sprechen. Wochen später, nachdem die Kubakrise beigelegt und genug Zeit verstrichen war, um das, was ich gesehen hatte, als Fiktion erscheinen zu lassen, erzählte ich meiner Mutter, daß ich im Sommer eines Nachts gesehen hätte, wie Granny eine Pfeife geraucht habe. Als sie meinem Gesicht ansah, daß mich das erstaunte und auch ein wenig erschreckte, sagte sie: »Ach, im alten Land, da rauchen Frauen in einem bestimmten Alter manchmal eine Pfeife. Es ist ein Zeichen von Weisheit.«

Wenn ich erleichtert war, daß meine Mutter mir eine Antwort gegeben hatte, so war ich zugleich beunruhigt, weil die Antwort weitere Fragen aufgeworfen hatte. *Das alte Land*. Dieser Ausdruck, der dann und wann fiel. Ein Ausdruck, der mit einem Schloß versehen schien. Ich wußte, er bedeutete Armenien, doch er bereitete mir Unbehagen. Wenn ich nach dem alten Land fragte, wechselten die Erwachsenen normalerweise das Thema. Einmal sagte meine Mutter: »Es ist ein uralter Ort, den gibt's eigentlich gar nicht mehr.« Wohin war er verschwunden? fragte ich mich.

Wenn ich in einem Hause wohnte, wo das alte Land immer noch präsent war, warum gab es dann nicht irgendwo eine Landkarte oder ein Photo oder eine schöne Zeichnung davon, wie die von Mailand, die die Zandonellas in ihrem Fernsehzimmer hatten? Da es in unserem Haus kein Bild vom alten Land gab und da ich keines in mir eingraviert trug, war das alte Land für mich allmählich gleichbedeutend mit meiner Großmutter. Was immer es war, war sie. Was immer sie war, war es.

Die Frau in Blau

Wenn ich mit meiner Großmutter zusammen war, hatte ich Zugang zu einer anderen Welt, einem magischen Ort von Dunkel und Licht, einer Art Energie, die wie eine unsichtbare Kraft von jenem alten Land mit Namen Armenien in meine Welt in New Jersey strömte. Es war etwas Altes, etwas mit Erde und Worten und Blut und Himmel Verbundenes.

Heute mache ich mir klar, daß die Geschichten meiner Großmutter in mir überwinterten, bis ich so weit war, sie ganz zu verstehen. Oder vielleicht wurden sie *mariniert* – ein besseres Wort, da wir ja ein von Essen durchdrungenes Volk sind; ja, mariniert. Oder eher konserviert? Wie Weinblätter in Salzlake oder wie Lamm, das man, gekocht mit Aprikosen, Walnüssen und Granatapfelsaft, in hartgewordenem Fett in einem Steingutgefäß aufbewahrt, damit es zart wird, oder wie lange dicke Streifen Filet mignon, die, mit Knoblauch und Kreuzkümmel umhüllt, in dunkler Kellerluft aufgehängt werden.

Meine Großmutter erzählte uns allen gern ihre Träume, doch nur mir, und nur wenn wir allein waren, erzählte sie ihre Geschichten; vielleicht hatte sie dieselben ihren Töchtern erzählt, als sie jung waren, obwohl keine sie jemals erwähnte. Mir wurde allmählich klar, daß die Geschichten meiner Großmutter Teil der Zeit waren und auch nicht Teil der Zeit, Teil des Raums und auch nicht Teil des Raums, Teil der Materie, die in der Honigwabe des Geistes verwahrt wird.

Als Traumerzählerin wurde meiner Großmutter Respekt gezollt, wenn auch nur widerwillig von meinem Vater, dem vernunftbestimmten Arzt. Ich weiß noch, daß ich eines Morgens zufällig mit anhörte, wie meine Großmutter meiner Mutter in der Küche von einem Traum erzählte, den sie in der vorangegangenen Nacht geträumt hatte und in dem es um eine alte Freundin aus dem alten Land ging, die in Fresno, Kalifornien, lebte.

»Sie befand sich auf einem Hügel«, sagte meine Großmutter. »Es war blauer Himmel, und dann kommt ein riesiger Vogel kreischend auf sie herabgeflogen. Dann ist sie auch schon in unserem alten Haus in Maplewood, sie sitzt in unserem Wohnzimmer und trinkt Rosenwasser. Es ist Frühling, denn durch das Panoramafenster sehe ich Forsythien. Dann bittet sie mich, ihr die Schuhe zu holen; ich schaue hinab und sehe, daß sie *paubig* (barfuß) ist. Ich sage, Nevart, ich weiß nicht, wo deine Schuhe sind. Sie fängt an zu weinen. Macht es sich auf dem Teppich bequem. Ich blicke auf, und Schnee kommt durch das Fenster herein. Ich gehe hin, um es zu schließen, und ein riesiger Vogel knallt gegen die Scheibe, prallt von der Scheibe ab und verschwindet.«

»Es ist nur ein Traum«, hörte ich meine Mutter sagen. Nevart, die sie seit Jahren nicht gesehen hatte, starb ganz unerwartet an jenem Nachmittag.

Meine Großmutter verließ sich auf ihre Träume. Sie erzählte sie uns gern so bald wie möglich nach dem Erwachen. »Ich habe von AT&T geträumt; sie steigen; wir sollten mehr davon kaufen«, sagte sie zu meinem Vater. »Der Aktienmarkt hat nichts mit Träumen zu tun«, sagte mein Vater. »Wieso nicht?« schnappte sie zurück.

»*Yavresie*, es sieht nicht gut aus für Mickey.«

»Was meinst du, Granny?«

»Knie oder Kniesehne, habe ich letzte Nacht geträumt.«

Sie träumte, daß Man o' War jedes der Triple Crown Rennen gewann, und das vor jedem Rennen. Aber das war leicht. Sie träumte, daß meiner Mutter in den nächsten fünf Tagen etwas Schlimmes zustoßen würde. Fünf Tage später brach sich meine Mutter zwei Wirbel, als sie auf der Treppe ausrutschte. »Will ich nicht wissen, Mama«, hörte ich meine Mutter am Telephon sagen. Ich denke, wir alle glaubten und glaubten zugleich nicht an die Träume meiner Großmutter.

Sie sagte gern Dinge wie »Ich rieche, wenn es im Keller was Übles gibt« oder »Der Falke aus dem Dorf sagt in der Stadt die Wahrheit« oder »Trau keiner Schlange, sie habe denn zwei Köpfe«.

»Das ist einfach Koinzidenz«, beruhigte mein Vater meine Mutter mit seinem medizinischen Tonfall in der Stimme, »wir wissen, daß Träume nicht die Zukunft vorhersagen können.«

Sogar die Geschichten meiner Großmutter hatten etwas Traumartiges an sich, und eine davon, an die ich mich am besten erinnern kann, fing mit dem Elch an. In Armenien gilt der Elch als magisches Tier. Mit seinem Geweih wie wilde Kandelaber war der Elch im Garten Eden Adams erster Gefährte. Doch in armenischen Legenden heißt es, daß der Elch nicht zu Adam paßte und Gott ihn zugunsten von Eva verbannte. So entwickelte der Elch einen Haß auf Frauen. Besonders auf schwangere Frauen, die zur Nacht mit Messern unter dem Kissen schlafen gehen mußten, falls der Elch käme, um ihnen die Leber herauszuziehen.

»Wie?« fragte ich Großmutter. »Durch den Mund«, antwortete sie. »Der Elch müßte sie hochsaugen?« fragte ich. »Richtig«, sagte meine Großmutter, »hochsaugen«, und sie machte mit den Lippen ein Geräusch, als würde sie durch einen Trinkhalm einatmen.

Jesus, so erzählte sie, ertappte den Elch auf frischer Tat mit der Leber einer schwangeren Frau im Maul. Da wußte der Elch, daß er geliefert war, und so versprach er Jesus, er würde Frauen, die in Christi Namen um Hilfe riefen, nichts zuleide tun. Meine Großmutter senkte die Stimme. »Ich bin nicht sicher, ob Jesus sich auf solch einen Handel einlassen würde.«

Ich erinnere mich an die Geschichte nicht nur deshalb so gut, weil sie von Leber und dem Elch handelte, sondern weil meine Großmutter und ich uns mit der U-Bahn verirrt hatten, und zwar auf dem Heimweg vom Einkauf in der Fifth

Avenue bei Saks und Lord & Taylor nach einer jener Aroosian-Einkaufsorgien Samstag nachmittags, die darin bestanden, daß ich New Yorks beste Läden betreten und wieder verlassen mußte, um Kleidung zu finden, die für mich passend wäre und der Inspektion seitens Großmutter, Tanten und Mutter standhalten würde. Ich war zehn Jahre alt, und ich weiß noch, wie ich die Treppe der U-Bahn Station hinaufging, dünn wie ein Bleistift, wobei ich mit meinen weißen Wildlederschuhen gegen jede Stufe trat. Als wir an die Oberfläche kamen, fanden wir uns alsbald in einem Teil der Stadt, wo selbst meine Großmutter noch nie gewesen war. Kleinere Gebäude, Lebensmittelgeschäfte, Friseurläden, Restaurants. Wir gingen immer weiter, denn meine Grußmutter war sicher, daß es einen Bus gab, den wir nehmen konnten und der uns durch die ganze Stadt bringen würde. Schließlich sagte sie: »Wir sind in Harlem, *yavrey*.« Sie erklärte, daß hier »viele farbige Leute« lebten.

Müde und verwirrt schleppten wir unsere Einkaufstüten den Gehweg entlang, vorbei an den dunklen niedrigen Wohngebäuden und den Straßenschildern mit unvertrauten Namen. Meine Großmutter blieb bei einem Mann stehen, der Eis aus einem silbernen Wagen verkaufte, und erstand für uns beide je ein Creamsicle. Wir setzten uns auf eine Bank, und ich fühlte mich zum erstenmal in meinem Leben als Weißer. Ich habe keine Ahnung, ob meine Großmutter spürte, wie unbehaglich mir war, doch sie fing an: *»Djamangeen gar oo chagar«* – es war einmal oder war nicht, vor langer Zeit.

»Eine Jungvermählte gebar einen Sohn. Das Baby brauchte lange Zeit, um herauszukommen, und sie war erschöpft.« Sie machte eine Pause, um sich zu vergewissern, daß ich ihre englische Übersetzung verstand. »Ein wunderschöner Junge. Als der Mann von seiner Geschäftsreise zurückkehrte und seinen neuen Sohn vorfand, war er wie ein Tanzbär. ›Frau‹, sagt er, ›geh, hol uns von unserem besten Wein zum Feiern.‹

Die Frau sagte, sie sei zu schwach, um in den Weinkeller zu gehen, doch der Mann verlangte es, und so ging sie.

In ihrem grünen Kleid ging sie hinab in den kühlen Steinkeller, wo der Wein aufbewahrt wurde. Als sie die Tür öffnete, sah sie eine in Blau gekleidete Frau, die an einem langen Tuch nähte. Sie ging an der Frau in Blau vorüber, als wäre sie gar nicht da, nahm einen großen Tonkrug und goß Wein in eine Karaffe. Als er über den Ausgießer floß, kamen Schreie aus dem Krug, als würden sie mit dem Wein zusammen aus dem Krug hervorkommen. Die erschrockene Frau lief durch den Keller zurück zum Gang, wo die Frau in Blau saß und nähte, und sie wurde ohnmächtig.

Oben ging der Mann ungeduldig auf und ab.«

Es kamen keine Busse. Es wurde kälter, und mich überfiel ein Hungergefühl. »Wo bleibt der Bus, Granny?«

»Ist gleich da«, sagte sie, verärgert, daß ich sie unterbrochen hatte.

»›Diese faule Frau‹«, nahm sie den Faden wieder auf, wobei sie mit dem Stock auf das Pflaster klopfte. »Der Mann geht hinunter in den Weinkeller, und er findet seine Frau am Boden liegend. Er schüttelt sie, hebt sie hoch. ›Was ist los, was ist los!‹« Meine Großmutter schwang ihren Stock.

»Die Frau kommt zu sich und erzählt dem Mann, es seien Stimmen aus dem Krug gekommen, die schienen sie zu der Frau in Blau zu jagen. ›Frau in Blau? Ich sehe keine‹, sagt der Mann. ›Aber sie war gerade hier‹, beteuert die Frau.«

Meine Großmutter und ich müssen seltsam ausgesehen haben dort auf der Bank mit der abblätternden grünen Farbe, um uns herum die Berge schwarzweißer Einkaufstüten von Lord & Taylor und Saks, ich in meinen Chino-Hosen und dem Oxford Button-down und sie in ihrem schwarzen Lambswoolmantel, mit hohen Absätzen, Sonnenbrille à la Ray Charles und Aluminiumkrückstock als Zauberstab. Als ihr bewußt wurde, daß kein Bus kam, forderte sie mich auf, ein Taxi herbeizuwinken. Obwohl ich das noch nie getan hatte, wollte ich den Erwachsenen spielen, und also stand ich zaghaft auf und fing an, mit den Armen zu wedeln wie ein Schiedsrichter, der ein First down anzeigt.

Frauen in grellfarbigen Kopftüchern kamen mit Einkaufswagen und Lebensmitteltüten an uns vorüber. Schwarze Kinder spielten Ball gegen eine Betonwand. Der Eismann kam wieder, um zu sehen, ob wir noch ein Creamsicle wollten, wobei seine Schuhsohlen beim Gehen schlappten.

»So kriegt man doch kein Taxi«, sagte meine Großmutter, stand mit der für sie typischen Heftigkeit auf und fing an, mit ihrem Stock wie ein Dirigent zu winken, und in einer Minute stand uns ein gelbschwarzes Taxi zur Verfügung. »G. W. Bridge Terminal«, sagte meine Großmutter, und wir stiegen ein.

»Die nächste Woche schlief die Frau und wachte.« Meine Großmutter unterbrach ihre Geschichte mit folgendem Zauberspruch – »Der Wind kam und der Wind ging« –, und sie fuhr fort: »Wenn sie wachte, erzählte sie ihrem Mann von der Frau in Blau und von *al* (Elch), der kam, um ihr die Leber herauszuziehen.« Das Taxi fuhr rasch die Lexington Avenue durch Harlem hinauf, vorbei an Basketballplätzen, Reihen von Mietskasernen mit Feuerleitern, ausgebrannten Gebäuden und den dicken farbenfrohen Neonreklamen, während meine Großmutter weitersprach. »Also, der Elch, der ist was Besonderes«, sagte sie betont, so daß ich die Melodie ihres Akzentes hörte. »Er ist ein unsichtbares Tier, nur die Glocken an seinem Geweih sind zu sehen, und nur aus der Ferne. Er hat die Kraft von Kupferklauen und Eisenzähnen.

Die Frau erzählte ihrem Mann, daß der Elch jede Nacht gekommen sei, um ihre Leber zu holen, und sie weigerte sich, den Mund zu öffnen. Sie hielt den Kiefer zugepreßt wie ein Alligator. Eines Tages sah die Frau in einem Ohnmachtsanfall wieder die Frau in Blau, die sprach: ›Komm in meine Kirche, und ich werde den Elch auf immerdar verbannen.‹ ›Welches ist deine Kirche?‹ fragte die Frau. ›*Mairig Asdvad-*

zadzeen. Notre Dame, Unsere Liebe Frau‹«, sagte meine Großmutter, damit ich auch wirklich verstand. »Die Frau in Blau verschwand. Der Wind kam, der Wind ging.«

In dem höhlenartigen Busbahnhof stiegen wir die langen Treppen zu den Haltestellen der Red & Tan-Buslinie hinauf und setzten uns hinter dem Plexiglasschutz des Wartebereichs für die Nr. 14K auf eine Bank. »Als die Frau wieder zu sich kam, sagte sie zu ihrem Mann, sie müsse zur *Mairig Asdvadzadzeen* gehen.«

Mairig Asdvadzadzeen. Dieser Ausdruck blieb in mir haften. *Mairig* ist auf armenisch »Mutter«, und *Asdvadzadzeen* bedeutet »von Gott«. Die Worte brachten eine fremde Musik hervor, wie eine gute Formulierung, die einem ins Ohr gleitet und eine Weile hängenbleibt. Während meine Großmutter die Geschichte erzählte, wiederholte ich die Worte für mich. *Mairig Asdvadzadzeen. Mairig Asdvadzadzeen.*

»Nach manchen Vorhaltungen fing der Mann, dem die Träume seiner Frau verdächtig vorkamen, nun doch an, sich um sie Sorgen zu machen, und er brachte sie über die Berge und hinab zu der Kirche auf der Hochebene. Es war Winter, und das Paar lebte auf dem kalten Stein des Kirchenfußbodens. Der Mann brachte Opfergaben von geschlachtetem Lamm und Goldmünzen zum Altar. Die Frau hatte des Nachts Fieber und kalten Schweiß, und der Mann rieb ihr die Arme mit Bienenwachs ein, tat ihr Milch der Hodad-Pflanze auf die Stirn. Eines Tages im Frühjahr wachte sie auf und sah ein Licht, das das große Fenster hinter dem Altar erhellte, und dort, an einem Kreuz, das in der Luft zu schweben schien, war die Frau in Blau.«

Ich zog zwei Einkaufstüten die Stufen des Busses hinauf. Meine Großmutter bezahlte beim Fahrer. Wir saßen im hinteren Teil des Busses, unsere Einkaufstüten um uns herum und zu unseren Füßen verstaut, Großmutters Krückstock eingekeilt, so daß er aussah wie ein silberner Hirtenstab, der emporragte. Ich hatte einen Fensterplatz, von dem aus ich die Stahlträger der George Washington Brücke und ihre großen grauen Pfeiler sehen konnte. Ich gewöhnte mich gerade an die abgestandene Ausdünstung der Sitzbezüge, die nach Zigarettenrauch und Haarspray und Kohlenmonoxid rochen, und bereitete mich darauf vor, das Ende der Geschichte zu hören, als mich etwas Hartes seitlich am Gesicht traf, dem Auge so nahe, daß ich eine Sekunde lang Sterne sah. Benommen blickte ich auf und sah, daß auch meiner Großmutter der Hut vom Kopf geschlagen worden war.

Auf der Sitzbank hinter uns hatte eine Schlägerei angefangen. Ein Mann in einem dreiteiligen Anzug und mit Sonnenbrille schlug mit seinem Stock auf einen etwas pummeligen Mann in Motorradjacke, schwarzen Hosen und spitzen schwarzen Stiefeln ein, der mich an Roy Orbison erinnerte. Ich duckte mich und rollte mich dann in der Sitzmulde zusammen, um mich, die Hände über dem Kopf, vor dem fuchtelnden Stock des Mannes zu schützen. Als ich unter meinen gekreuzten Armen hervorspähte, stand meine Großmutter auf, bereit, den Doppelgänger von Roy Orbison gegen den Mann in dem dreiteiligen Anzug zu verteidigen. »Schluß jetzt! Aufhören!«, rief sie. »Narr«, sagte sie.

Der Mann fing an, seinen Stock heftig in Richtung meiner Großmutter zu schwingen. Jetzt hielt sie ihren Krückstock diagonal in die Höhe, um seinen Schlag aufzuhalten. Die Zeit schien einen Moment lang stillzustehen, als die beiden ihre Stöcke wie Schwerter kreuzten – der lackierte des Mannes und der Silberstock meiner Großmutter – und er sie verfluchte und sie ihm auf armenisch herausgab: »*Eshou kulukh*« (Eselskopf).

Der Doppelgänger von Roy Orbison war auf Abstand gegangen, und genau wie ich schaute er verblüfft dem Duell der beiden zu. Gerade als der Busfahrer wieder in den Bus kam (er war losgegangen, um einen weiteren Busfahrer zu holen), hieb der Stock meiner Großmutter dem Mann die Sonnenbrille herunter, und einen Moment lang stand er da und reckte den Hals wie eine aufgeschreckte Schildkröte, und dann schaute ich seine Augen an – sie waren wie zugenähte entkernte Früchte –, und ich konnte nicht aufhören, in seine geschlossenen Höhlungen zu starren, die nur den Rand einer Membrane sehen ließen. Meine Großmutter stand da, die Sonnenbrille noch auf der Nase; ihr Sonntagshut war heruntergeschlagen worden, die Haarnadeln waren verschoben, und der Haarknoten löste sich. Sie hob die Brille des Blinden vom Boden auf und legte sie ihm in die Hand. Dann brachte der Busfahrer den Blinden und den Doppelgänger von Roy Orbison aus dem Bus.

Meine Großmutter setzte sich wieder hin. »Sind Sie okay, Ma'am?« fragte sie der Busfahrer, nachdem er wieder in den Bus gestiegen war. Meine Großmutter nickte und öffnete dann die Handtasche, nahm ihre Puderdose heraus, die innen einen kleinen ovalen Spiegel hatte, glättete sich das Haar und legte sich etwas gelbbraunen Puder auf die Wangen. Ich sah, wie die Hände ein wenig zitterten. Ich hörte sie verhalten auf armenisch etwas murmeln.

Während ich aus dem Fenster auf die Autos und Lastwagen und Busse sah, die vorüberglitten, fühlte ich mich von dem Mut meiner Großmutter überwältigt. Was war in sie gefahren? Ich war nie zuvor Zeuge gewesen, wie jemand einem Menschen in Schwierigkeiten zu Hilfe gekommen war; aber eine ältere Frau, die aufgrund des Nagels in ihrer Hüfte hinkte und hier ihre Sicherheit aufs Spiel setzte, um einem völlig Fremden zu helfen? Als der Bus den Hudson River hinter sich ließ und wir auf den Palisades Parkway einbogen, schwebten mir nach und nach einige Bilder aus ihrer Geschichte durch den Kopf, und es dauerte nicht lange, bis ich sie nach der Frau in Blau fragte. Wer war sie? Wie, so wollte ich wissen, konnte eine Frau an einem Kreuz sein? War das nicht ein Platz allein für Jesus? Ein schwebendes Kreuz? War nachher alles okay mit dem Paar? Doch sie nickte mir nur zu, wie verloren in Benommenheit. Als wir bei unserem

Haus ankamen und in den vorderen Flur eintraten, fixierte mich meine Großmutter, so daß ich verstand, daß ich nichts sagen sollte über das, was im Bus passiert war. Dann fingen wir an, die Schachteln mit den Kleidungsstücken auszupacken, die wir gekauft hatten, und meine Mutter und meine Tanten kamen herein, um ihre Meinung zum besten zu geben, und der Tag verlor sich im heimischen Lärm. Doch die Formel *Mairig Asdvadzadzeen* ließ mich nicht los, und auch nicht die Bilder von dem Elch, dem Krug, der Frau in Blau, der Leber. Im Laufe der Zeit sollte ich begreifen, daß sie Teil der Geschichte meiner Großmutter waren, aber erst nachdem ich begriff, was mit ihr 1915 passiert war.

Meine Großmutter starb in einer Sonntagnacht Mitte November 1964. Vom Badezimmer aus, wo ich mir die Zähne putzte, nachdem ich mir »Bonanza« angeschaut hatte, hörte ich das Telephon klingeln und dann den Schrei meiner Mutter. Ich ging hinunter, wo mein Vater meine Mutter in den Arm nahm und versuchte, sie zu beruhigen. Unter Schluchzen sagte meine Mutter zu mir, wieviel ich meiner Großmutter bedeutet hätte. Ich blickte sie beide in ihrer Trauerumarmung eine Sekunde lang an und drehte mich dann um und ging wieder hinauf, schlug die Tür meines Schlafzimmers zu und schaltete das Radio ein.

Jeder zweite Schlager war jetzt britisch. Die Beatles, Dave Clark Five, The Kinks, Zombies, Jerry and the Pacemakers, The Searchers. Jede Nacht ein neues Lied von Herman's Hermits: *Woke up this morning feeling fine / There's something special on my mind / Last night I met a new girl in the neighborhood.* Ein Refrain, Stimmen aus Liverpool oder von irgendwo da drüben. England. Carnaby Street. Mod. Wie nur langes Haar tragen und zugleich Baseball spielen? Wo Coach Henderson uns alle drei Wochen Haareschneiden verordnet. »Dieses Beatleszeug nicht in unserer Mannschaft.«

Am Abend zuvor hatte ich meine Mutter gebeten, mich

zu meiner Großmutter zu bringen. Als wir in ihr Wohnzimmer kamen, hatten sie und meine Tanten gerade Neil Sedaka in einer der Shows gesehen. »Er ist gut«, sagte meine Großmutter angeregt. »Gut. Gut.«

»Ich hab ihn bis hier, Granny«, sagte ich, um sie zu nekken.

Als hätte sie mich gar nicht gehört, fuhr sie fort: »Ich glaube, er ist ein türkischer Jude. Sieht aus wie jemand, den ich gekannt habe, vor langer Zeit.«

Worauf ich nichts sagte, denn ich konnte nichts damit anfangen.

»Bekommen wir *lokma*?« fragte ich.

»Ja, ja«, sagte sie und hinkte in die Küche, um Öl heiß zu machen, einen Teig anzurühren und etwas Zimt und Zucker in eine große Schüssel zu geben. Ich sah ihr so gern zu, wenn sie dieses armenische Fettgebackene machte, denn es ging auf wie verzaubert. Als das Öl siedete, ließ sie den Teig vom Eßlöffel herabrutschen, und er spritzte, glitt in das brodelnde Öl und blähte sich zu wüsten Formen wie Wesen aus dem Weltraum auf. Als sie goldgelb waren, fischte sie sie mit einem kleinen Sieb heraus und ließ sie auf einem Papiertuch trocknen, ehe sie sie in Zimt und Zucker wälzte. Ich aß ein Dutzend *lokmas*, während Großmutter und die Tanten und Mutter starken Kaffee aus kleinen Porzellantassen tranken und Kirschkonfitüre aßen.

Als ich im Bett lag, stellte ich mir dauernd die Hände meiner Großmutter vor, wie sie den großen Eßlöffel über das siedende Öl hielt. Die Haut, seltsam gefleckt, lange weiße Streifen von den Knöcheln bis zu den fast farblosen Handgelenken. Handgelenke wie die Bäuche von Fischen im Küchenlicht. Mit dem Löffel, den die Hand umklammerte, sahen ihre Knöchel wie Knochen aus, und mir wurde bewußt, daß ich sie nie zuvor wirklich gesehen hatte. Ich lag im Bett und starrte in die Dunkelheit, fühlte mich eisig und lauschte auf den Wind draußen, der die kahlen Bäume gegen die Schindeln wehte und am Fenster nächst meinem Bett schabte und kratzte. Durch die Wand hörte ich das Schluchzen meiner Mutter und meinen Vater, der armenisch sprach, und dann war es still.

Neil Sedaka, »ein türkischer Jude«, der aussah wie jemand, den sie kannte? Was bedeutete das? Was konnte es bedeuten? Ich wollte, daß Granny noch ein einziges Mal zurückkäme, damit ich ihr diese einfache Frage stellen konnte. Neil Sedaka, der Typ, der »Calendar Girl« sang und »Breaking Up Is Hard To Do«? Ein türkischer Jude? Der Gedanke, daß ich meiner Großmutter keine Fragen mehr stellen konnte, durchzuckte mich wie ein kalter Stromschlag des Schreckens. Daß sie nicht mehr war. Daß da ein großer leerer Raum war, wo sie einmal mit ihrem raschen Schritt durch die Welt gestapft war. Ich glaubte es nicht. Morgen, so sagte ich mir, würde sie wieder da sein, mit ihrem Aluminiumstock und ihrem dichten dunklen Haar, das zu einem Knoten zusammengesteckt war, und ihren großen Augen, die mich durch ihre Brille hindurch anblickten, und sie würde mir ihre verrückten Geschichten erzählen.

Die ganze Nacht starrte ich in die schwarze Luft mit ihren großen umherschwebenden Molekülen, und die jungenhaften Stimmen von Herman's Hermits und der Ausdruck *türkischer Jude* drehten sich unablässig um meinen Kopf herum und herum wie eine schwarze 45er. Die Hände meiner Großmutter schwebten wie Knochenflügel in der Dunkelheit, dann waren sie Vögel, dann kleine Scheiben aus Licht und dann wieder Knochen, und dann dämmerte der Morgen.

Freiheit, New Jersey

In den Jahren nach dem Tod meiner Großmutter entdeckte ich allmählich, daß es zwei Arten von Erinnerung gab. Eine war ein persönliches Netz von Empfindungen. Das war die Suburbia: schöne Zeiten, Herzensdinge, Sex, Freundschaft und der Körper in Bewegung. Diese Art von Erinnerung – das Gefühl von unbegrenztem Potential – war untrennbar mit dem Rock 'n' Roll verbunden, der dem großen türkisgrauen Transistorradio der Marke Zenith entströmte, das meine Großmutter mir geschenkt hatte, als ich acht Jahre alt war, oder den kleineren RCAs und SONYs, die ich später in der Hand trug.

Dreizehn Jahre alt sein und träumen. Schlaflos zwischen dem kalten Wasser des morgendlichen Wasserhahns und dem Licht zwischen Gardinen. Zwischen Traum und Klassenzimmer. An »Somewhere beyond the sea« glauben. Ein Büstenhalterträger, zauberhaft unter der Durchsichtigkeit einer weißen Bluse. Und wenn der blaue Himmel über der Küste und der Kokosnußgeruch von Coppertone vergingen und die Schamlocken unter Badeanzügen und die halb sichtbaren Brüste verschwunden waren, ertönten eine süße Stimme und Saxophonmusik.

Eros im Duell mit dem Tod. Paul Ankas Agonie. Elvis' Schütteln. Little Richards Veitstanz am Klavier. Aretha, die die Glockentürme der Jukebox öffnet. Martha Reeves mit schmetternder Stimme. Roy Orbisons Klagelieder. Jackie Wilsons Tremolos. Billy Stewarts schwarzer Scat-Gesang. Garnet Mims' Gospellieder. Bob Dylans nasaler Singsang.

Wenn die Musik lief, verschwanden die Balakians und ihre Hochkultur, die Aroosians und ihre kulinarischen und ästhetischen Obsessionen, Volkserzählungen und Träume. Dann war das Leben schön und schnell, nicht langsam und bedächtig wie die armenische Zeit.

Siebzehn Jahre alt sein in Linda Blooms Kellerwohnung, Geruch nach warmem Malzwhiskey aus Colt-45-Dosen und hängender Rauch von Salems, Luckies, Marlboros, die Sofas gegen getäfelte Wände zurückgeschoben baby I need your lovin', got to have all your lovin' *Arlenes schwarze Pumps, fortgeschleudert. Heaven Scent. Old Spice. Feuchtigkeit.* So take a good look at my face, you'll see my smile, it's way out of place, if you look closer it's easy to trace *Jemand sagt, Jerry and the Pacemakers for President.*

Du findest es toll, wie die Zigarette zwischen ihren langen Fingern hervorragt und wie ihre rotlackierten Fingernägel mit dem weißen Zigarettenpapier kontrastieren. Du schwänzt das Training und ihre Eltern sind für eine Woche nach Puerto Rico gefahren baby you're so smart you know you could've been a schoolbook, the way you stole my heart you know yould've been a cool crook *egal was für einen Wagen du kriegen kannst, einen MG Winzling oder einen Spitfire oder einen Käfer oder einen GTO, das Dach wird offen sein und die warme Mitternachtsluft des Garden State Parkway wird hereinströmen. Der Fritiergeruch, der über die Strandpromenade weht, die Brandung, die dir über die Kehle schwillt, und die Transitorradios, die blechern und statisch schmettern –*

Wie sie sich jetzt in der dunklen Küche gegen die gelbe Anrichte lehnt und zu singen anfängt cry baby cry baby welcome back home

Doch ich erfuhr, daß es auch eine andere Art von Erinnerung gab. Eine Art Erinnerung, die mit etwas Größerem als meinem Leben verbunden war. Nachdem meine Großmutter gestorben war, schien Armenien in immer größere Ferne zu rücken, und ich verlor mein unmittelbares und tiefverwurzeltes Gefühl für die alte Welt des Nahen Ostens, die sie verkörpert hatte. Doch wie tief ich auch in das Suburbialeben und die glückliche Teenager-Gesellschaft von Tenafly einsank, die Erinnerung an meine Großmutter war ein fremder Schatten, der sich dann und wann einstellte, um mich daran zu erinnern, daß es etwas anderes gab, das ich wissen mußte. Sie ließ meine Gegenwart in den seltsamsten Momenten implodieren, ohne bewußte Provokation. Sie war zu meinem *pakht* geworden – der Macht des Schicksals, die mich rief, ob ich bereit war oder nicht, und die, ähnlich wie die Frau Schicksal, gegenüber meinem gegenwärtigen Moment, meiner Position im Leben oder meinem Bedürfnis nach Sicherheit und Bequemlichkeit gleichgültig war. Sie war Geschichte, die an die Tür des Herzens pochte, und wenn sie kam und pochte, war ihre Botschaft oftmals undurchsichtig, symbolisch, evokativ. Es blieb mir überlassen, damit anzufangen, was immer ich konnte, doch dem Andringen konnte ich mich nicht entziehen.

Ich erinnere mich an einen klaren, kalten Abend, einige Zentimeter verkrusteter Schnee am Straßenrand. Es ist Februar 1968, und meine Freundin Rose Germain und ich sitzen, die Arme umeinandergeschlungen, in der dritten Sitzreihe eines Ford Country Squire Kombiwagens, ein Ausflug dreier Pärchen. Wir fahren den Garden State Parkway nach Norden, auf der Rückkehr vom Milburn-Theater, wo wir gerade *Die Reifeprüfung* gesehen haben. Ich komme aus dem Filmtheater, aufgewühlt auch deshalb, weil der Held von Dustin Hoffman gespielt wurde. Nicht ein John Wayne oder ein Steve McQueen oder ein Paul Newman, sondern dieser kurzgeratene, dunkelhaarige Kerl mit einer Nase, die auf einem beliebigen griechischen Basrelief hätte zu Hause sein können.

Ernst, entfremdet und aufsässig, war Benjamin Braddock für mich realer als Holden Caulfield oder James Dean, und bis Camus' Mersault an seine Stelle trat, war er mein Antiheld. Seine schicksalhafte Liebe, Elaine, wurde von Katherine Ross gespielt. Ein Hauch von Jugend auf ihren Wangen, blaue Augen, langes, rötlichbraunes Haar und ein zaghaftes Lächeln. Sie war schick, wie sie so in Wildlederstiefeln und

Bluejeans und einem Sortiment von Abercrombie & Fitch-Jacketts über den Campus von Berkeley ging. Ich fand es toll, wie sie sich aus einer weißen Papiertüte ein paar Pommes frites, die sie und Benjamin sich bei einem Drive-in geholt hatten, in ihren sinnlichen Mund steckte und dann lächelte, während sie gute Nacht sagte und in ihrem weißen Haus verschwand. Gegen den dunkelhäutigen Hoffman war sie das Inbild der *Schickse*.

In Südkalifornien war alles weiß. Die weißen Wände im Flur von Mrs. Robinson, wo sie zusammenbricht, als ihre Tochter von ihrer Affäre mit Benjamin erfährt. Die weiße Täfelung der Küche der Braddocks; die weißen Empire-Kleider bei Benjamins College-Abschlußparty; weiße Wände im berühmten Zimmer Nr. 528 des Taft Hotel (dem heimlichen Treffpunkt). Und schließlich die weiße, aus unseren sechziger Jahren stammende First Presbyterian Church von Santa Barbara, wo Elaine durch Benjamin vor dem weißen Interieur ihrer Beinahe-Hochzeit mit dem blonden Medizinstudenten errettet wird. Das war mehr als der Minimalismus der sechziger Jahre; es war die weiße Nichtigkeit des amerikanischen Traums.

Und Benjamin, deprimiert und allein, wie er in das Aquarium in seinem Schlafzimmer starrt. Benjamin, wie er in seinem neuen Alfa Romeo verloren die stinkvornehmen Straßen entlangfährt, nachdem Elaine ihn aus ihrem Leben verbannt hat. Benjamin mit Sonnenbrille auf einer Luftmatratze in seinem Swimmingpool hinter dem Haus, ein Bier schwitzt in seiner Hand, Orangenbäume über ihm. Die lyrischen und melancholischen Lieder von Simon und Garfunkel: *Hello darkness my old friend, I've come to talk to you again / because a vision softly creeping / left my dreams while I was sleeping.*

Ich saß auf der dritten Sitzbank des Autos, den Arm um Rose gelegt, gehobener Stimmung aufgrund des Films und schwelgend im guten Gefühl, das es mir bereitete, an einem

Samstagabend mit ihr zusammenzusein. Und plötzlich überfiel mich eine Erinnerung wie ein Guß kalten Wassers. Ich fand mich zurückversetzt in den Sommer 1962 und durchlebte erneut eine Szene, die ich zweifellos damals, als sie sich abspielte, verdrängt hatte. Vielleicht wurde mein Erinnerungsschub durch Dustin Hoffman ausgelöst, dessen jüdisches Aussehen irgendwie eine Brücke zu meiner armenischen Identität bildete, die unterschwellig in mir lebte. Mein Arm, den ich um Rose gelegt hatte, wurde schlaff, und ich starrte durch das Rückfenster des Kombiwagens in den Himmel, wo die roten Lichter der Radiomasten blinkten.

Ich liege im Bett und habe Fieber, das sich in ein paar Tagen als Masern entpuppen wird. Aus meiner Nase blutet es immer wieder auf mein T-Shirt, und ich lese ein weiteres Mal ein Buch mit dem Titel *Roger Maris at Bat*, in dem ich alle einundsechzig Home-Runs nacherleben kann, die Roger Maris im vorangegangenen Sommer geschlagen hat, womit er den Rekord von Babe brach. Während das Fieber immer höher steigt, versuche ich, mich an dem Bild von Maris' elegantem linkshändigen Schwung festzuhalten und an der weißen Kugel, die hoch in die billigen Plätze des Yankee Stadions fliegt.

Meine Großmutter kommt ins Zimmer, heißer Spätjuli, die Klimaanlage kaputt, die Fenster offen und der schrille Klang der Zikaden in den Bäumen. »Die Seele«, sagt meine Großmutter, »verläßt den Körper. *Sounch* (Atem). *Ott* (Luft). *Hokee* (Seele). Die Seele macht sich durch den Mund davon, wenn man stirbt, und findet einen Ort zum Leben. Seelen sind entweder gut oder böse. Gute Seelen sind mit Engeln und Heiligen verbunden. Böse Seelen mit Selbstmördern oder Verbrechern oder Türken.«

Meine Großmutter spricht mit lauter Stimme, und die Sonne, die durch das Fenster hereinströmt, ist so hell, daß sie in dem Gleißen fast verschwindet. Sie spricht immer weiter. »Die unreinen Seelen verfolgen die Lebenden und erscheinen in den Körpern von Tieren. Die Seelen böser Menschen streunen durch die Welt; die Seelen der Guten finden ein Zuhause. Seelen können sich überall verstecken, in einer Springmaus oder einem Weinblatt; sie können sich auf einem Maulbeerblatt zusammenringeln. Seelen sind wie Blumen, also paß auf sie auf und laß dich nicht von der Natur narren, laß dich nicht von der Schönheit narren.«

Sie tritt aus dem Licht vor den großen Spiegel an meiner Wand, und ich sehe, daß sie sich das Haar gelöst hat. »Überall gibt es Omen. Wenn ein Omen in deiner Nähe erscheint und du es verpaßt, hast du dein Schicksal verpaßt. Eine rote Rose wird weiß im April; Ginster am Hang wird schwarz im August; Schafe wechseln über Nacht die Farbe; Maulbeeren an niedrigen Ästen sind weich und verlockend. Teuer das Brot, nah der Tod. Laß beim Schlafen ein Auge offen; krieche nie ganz unter die Decke. Wisse um den bösen Blick.«

Ich nicke, als sie »böser Blick« sagt. Dann öffnet sich die Tür, und es ist mein Vater.

»Ich werde nicht sterben«, sage ich zu meinem Vater. Ich sehe ihm zu, wie er beim Fenster mit der langen Nadel das rosafarbene Gummirund einer Flasche mit Serum durchsticht. Die Glasspritze hat eine lange purpurne Linie, die an der Seite entlangläuft. Ich sehe zu, wie das Serum das Vakuum des Zylinders füllt, das durch das langsame Ziehen des Glaskolbens entsteht. Von der Mündung an scheint die silberne Nadel im Licht zu schweben.

»Du bist hoch auf 40 Grad«, sagt mein Vater. »Es wird schon runtergehen.«

Der Schmerz ist wie ein Messer im Ohr. Die Nadel ist lang, und als ich den Alkohol im Wattebausch rieche, spannen sich meine Muskeln, dann ist es kühl in meiner Armbeuge und ich beiße die Zähne zusammen und der blaue Himmel im Fenster verschwindet, als hätte jemand die Jalousie heruntergezogen.

Als ich erwache, steht meine Großmutter über mir. Meine

Haut brennt, und ich bin zu schwach, um zu sprechen. Ich sehe bloß zu, wie sie ein Glas von meiner Brust zieht, und ich rieche das Kerosin. Mit den Augen verfolge ich einen kleinen Rauchwirbel, der sich zur Decke hin verflüchtigt. Im Glas ist Gaze, und meine Großmutter starrt hinein, und ich starre sie an und dann die College-Wimpel an meiner Wand, wie Fahnen im Wind, die mich schwindlig machen. Ich sehe den roten Ring auf meiner Brust, wo meine Großmutter soeben das Glas hochgezogen hat.

»Spritze kann auch nicht alles«, sagt sie, »Fieber wird jetzt bald leichter. *Hokeet seerem, ano-tee-es*? (Geliebte Seele, hast du Hunger?)« Ich nicke zustimmend und spüre den Schweiß, der an meinem Körper abkühlt, und mein T-Shirt, feucht und kühl. Sie streicht mir mit der Hand über das Haar. Ihr Handgelenk auf meiner Stirn ist kühl.

Ich meine, es sei Morgen, weil das Licht rot an der Wand scheint, doch das Zimmer ist dunkel, und meine Großmutter steht neben dem alten schwarzen Windsor-Schaukelstuhl. Als sie lächelt, sieht man nur Zahnfleisch, wie bei einem Baby, denn sie hat ihre Zähne herausgenommen. Ihr dichtes, dunkelbraunes Haar bauscht sich über ihren Schultern und breitet sich wie ein Umhang über ihren Rücken aus, und als sie grinst, scheint ihr Mundraum in der Luft zu schweben, so daß sie wie eine Hexe aussieht. Im weißen Unterrock sind ihre Brüste halb zu sehen.

»Mein Vater pflegte zu sagen: Wenn ein Schaf so weit auf und davon geht, dann lohnt es nicht, nach ihm zu suchen, Nafina.

Da waren Maden an den Schlitzen in ihren Rücken. Wir lagen auf dem Boden. Zu viert. Etwas lief durch das Unterholz. Der Nachthimmel war vollkommen. Ich sah eine Sternschnuppe südlich nach Ninive fallen, und es blitzte und das Unterholz war silbern und dann war es wieder schwarz.

Als die Sonne durch das graue Licht hindurchbrach, sah ich Vögel, wie der Schwanz eines riesigen Flugdrachens. Da waren Männer in schwarzen Gewändern auf dem Berg. Sie winkten in der Ferne. Dann kamen die Vögel und die Hunde.«

Ich habe das Gefühl zu träumen, doch das Kopfbrett drückt hart im Genick, und ich sitze aufgerichtet im Bett und beobachte meine Großmutter. Träumte sie etwa, hier vor mir?

»*Alles roch verwest. Hagop lag auf dem Boden. Ich trat mit dem Fuß nach ihm.*

Vor uns war etwas. Hagop war kalt. Dann tropfte mir Blut seitlich das Bein hinab, und ich spürte die Münzen.

Ich spürte Alice, die im Tragetuch auf meinem Rücken schlief. Die Gendarmen begannen mich zu schlagen. Einer von ihnen nahm die Peitsche. Das Blut und Milch quollen. Alice weinte.

Der Türke hatte eine Axt und ein kurzes Messer mit einem Perlmuttgriff. Das Blut war warm, dann kalt. Ich kannte ihn vom Souk in Diyarbakir. Er war wie ein totes Tier auf mir. Ich sah zu, wie die toten Federn in einen blauen Himmel hinaufflogen, wo mein Kastendrachen zu Ostern flog. Ich fiel wie ein Rund blauer Perlen auf den Marmorfußboden im türkischen Bad.

Ich sah die Frau in Blau. Liebe Mutter Gottes. Ich sah die Frau in Blau. Der Voghormya. Der Voghormya. Der Voghormya.« Meine Großmutter bekreuzigt sich, während sie das sagt.

Als das Licht durch das Fenster kommt, ist da eine Schüssel mit Suppe auf einem Perlmuttablett, Eifäden fliegen durch die Brühe. *Arkayutiun*-Suppe (Himmelssuppe) nennt meine Großmutter sie. Einige Knochen schwimmen darin, und das Piment in den reisgefüllten Fleischbällchen ist süß in der mit Zitrone gewürzten Hühnerbrühe. Die Hände meiner Großmutter riechen nach frischer Zitronenschale, als sie mir wieder die Stirn fühlt.

Verschwitzt und unbehaglich saß ich wie ein Paralytiker da und blickte leer in die Nacht, während die Autos verschwommen vorbeihuschten. Ich dachte für mich, »Granny, was zum Teufel machst du hier? Ich gehe mit jemandem aus, und ich weiß, daß du verstehst, wenn ich sage, daß ich gehofft habe, mich nach dem Film bei Rose zu Hause zu vergnügen.« Doch ich war von dieser Träumerei emotional ausgelöscht. Obwohl Rose und ich stolz auf unsere Fähigkeit waren, über Gedanken und Gefühle zu sprechen, wäre ich mir absurd vorgekommen, wenn ich versucht hätte, ihr von der Erinnerung zu erzählen, die ich soeben wieder durchlebt hatte. Wie konnte ich ihr meine armenische Großmutter erklären, wenn ich selber Armenien nicht verstand? Als ich also, wieder in Tenafly, auf Roses Vorderterrasse stand und sie mich aufforderte, mit hineinzukommen, was bedeutete, daß wir drei Stufen hinunter in das Fernsehzimmer ihres Split-Level-Hauses gehen und auf dem Sofa herumrollen und alles tun würden, was man tun konnte, wenn ihre Eltern oben schliefen, sagte ich, mir sei nicht gut, und ging nach Hause.

Zu Hause setzte ich mich hin und starrte den dunklen Fernsehschirm unterhalb der Bücherregale an. Das Haus war still, oben schliefen alle, und in der Zimmerluft schwebten die trüben Lichtmoleküle der Lampe, und ich hörte immer noch die Stimme meiner Großmutter. *Souk, Diyarbakir, türkisches Bad, Der Vorghormya.* Wörter aus Armenien, Ortsnamen brausten mir im Kopf herum. War ich Zeuge einer Erinnerung von ihr gewesen, die so schrecklich war, daß sie nur mir mitgeteilt werden konnte, einem Elfjährigen, halb delirierend vor Fieber, im Bett liegend zwischen Dunkelheit und Licht? Meine Großmutter hatte an jenem Tag so nachdrücklich gesprochen, in abgehackter, absichtsvoller Redeweise, als wollte sie sagen, *es ist der Moment zuzuhören.*

TEIL II

MUTTER

Ein armenischer Jude in der Suburbia

Sonntags nachmittags nach der Kirche blieben wir immer lange beim Essen sitzen. Im Sommer aßen wir auf der Backsteinterrasse hinter dem Haus im Schatten des Ahornbaums. Ein Plastiktischtuch, über den Picknicktisch gelegt. Der Geruch nach verkohltem Lamm. Eine silberne Servierplatte mit etwas übriggebliebenem Kebab und geschmortem Gemüse für den Fall, daß sich im Verlauf der Gespräche der Appetit wieder einstellen sollte. Die rosa und weißen Azaleen und die kleinen, lavendelfarbenen Sträußchen der Rhododendronblüten, die uns üppig umschlossen. Sonntag war Familientag. Am Sonntag waren wir irgendwie armenischer. Eine Auswahl von Anverwandten – meine Großmutter, Tanten, Cousins und Cousinen, Onkel – war immer dabei.

Sonntags hatte ich das Gefühl, ich schaute meine Familie an, als würde ich ein Spiel anschauen. Meine Mutter reicht ein Tablett voll *bereks* herum, also mit scharfem Käse und Petersilie gefüllte Blätterteigdreiecke, und Auntie Gladys reicht eine große Schüssel mit Eis herum, in der schwarze Oliven und Radieschen schwimmen, die in Rosenform geschnitten sind. Alle sitzen auf Gartensesseln und Liegestühlen. Einen Augenblick später öffnet meine Mutter die Glasschiebetür, in der Hand ein Tablett Highball-Gläser, die mit *tahn* gefüllt sind, einem Getränk aus Joghurt und Wasser, das auf Eis und Minzeblättern serviert wird. In weißer Seidenbluse und dunklem Rock mit um die Hüfte gebundener Schürze ist meine Mutter förmlich und ungezwungen zugleich, bezeigt gleichermaßen Schicklichkeit und die Lässigkeit der Suburbia, und ihr dunkles welliges Kurzhaar kontrastiert mit ihrer hellen sommersprossigen Haut. Sie setzt sich niemals hin, sondern pusselt und fummelt mit dem Essen, reicht Platten und Bestecke herum und delegiert kleine Aufgaben an jedermann, um sicher zu sein, daß wir alle in ihrer Hörweite bleiben. Am Grill, der seitlich in den Backsteinkamin eingebaut ist, fächelt mein Vater die Kohlen, und in der Küche geht meine Mutter den letzten Vorbereitungen für das Lamm nach.

Seit Samstagabend liegt das Kebab in einer großen Terracotta-Schüssel in einer Marinade aus Zwiebelscheiben, Koriander, Paprika, etwas kaltgepreßtem Olivenöl, etwas Rotwein. Da das Öl den Paprika durchtränkt und eine rosige Färbung auf dem Lamm und den perligen Zwiebelhalbmonden mit Tupfen von Pfeffer und Piment hinterläßt, glänzt die ganze Schüssel. Gewürfelt und vom Fett befreit, ist Frühlingslamm zart und von tiefer Ziegelfarbe, wenn man es mit Stücken von grünem Paprika, Bermudazwiebeln und Jersey-Fleischtomaten auf den Spieß schiebt, ehe es über die glühenden Kohlen gelegt wird.

Wenn das Gemüse angeschmort ist und das Lamm von den Spießen rutscht, füllt mein Vater die große Silberschüssel. In einer blauweiß bemalten Terrine prangt eine Pyramide von Pilaf, verziert mit Trockenfrüchten und Nüssen; es gibt einen Korb mit Brötchen und kleine Glasschälchen, auf denen sich eingelegtes Gemüse häuft, das *tourshi* heißt. Ich sitze da, die Wangen in die Hände gestützt, mürrisch und hungrig. Das einzige, was mir gefällt, ist das Essen – die wunderbaren Farben und die vielfältigen Gerüche. Von der anderen Seite des Straßenkarrees höre ich Spielzeugpistolen und meine Freunde, die sich mit Ballspielen und Fangen die Zeit vertreiben. Mir ist einzig danach, in schlichten fünf Minuten zu essen und auf Teufel komm raus dieser Übermacht von Erwachsenen zu entrinnen, doch allein die Vorstellung ist unmöglich, weil es sich um ein unverrückbares Fest handelt, eine unangefochtene Realität des Sonntagsrituals der Balakians. Und ich könnte ebensogut Pech am Hintern haben, denn ich klebe den ganzen Tag lang fest. Nach *tahn* und *bereks* und Kebab wird es *paklava* oder *kadayif* geben, Melone und Weintrauben und einen weichen Brocken von frischem Weißkäse und schließlich zimtsüßen Kaffee in kleinen Porzellantassen; und für die wagemutigen Mitglieder der Familie ein Schlückchen französischen Cognac.

Wenn Auntie Anna bei uns war (und das war oft der Fall), dann pflegte sie nicht lange nach dem Servieren des *tahn* zu verkünden, daß die Suburbiakultur der Untergang Amerikas sein werde, und kein Zartgefühl hinderte sie daran, uns wissen zu lassen, daß es auch unser Untergang sein werde. Meine Tante Anna Balakian war die älteste Schwester meines Vaters, und obwohl sie verheiratet war, benutzte sie ihren Mädchennamen beruflich, was in den fünfziger Jahren für eine Frau ungewöhnlich war. Sie war Professorin an der NYU, und ihre Bücher über französische Dichtung trugen auf dem Umschlag den Namen Balakian.

Auntie Anna sprach in so rechthaberischem Ton, daß sie die Geselligkeit des Moments mit radioaktivem Niederschlag verseuchen konnte. »Die ganze Idee der Subuuurbia ist ein Irrtum« – sie verweilte gern auf den Vokalen, damit die Bedeutungstiefe ihrer Meinung von jedem Wort untrennbar war. »Auf diese Weise wird die Bourgeoisie triumphieren«, sagte sie, indes meine Mutter anfing, sich zu entrüsten. »Es gibt hier mehr Gemeinsinn und guten Willen als sonstwo in Amerika, Anna, oder überhaupt sonstwo auf der Welt«, gab sie finster zurück. »Ihr seid hier verloren«, sagte Auntie Anna und konstatierte, daß wir unsere Seele an eine barbarische Gesellschaft verkauft hatten, die nicht den Unterschied zwischen Monet und Donald Duck, zwischen Mallarmé und Michener kannte. Wir würden so werden wie alle anderen auch – eine dünne Scheibe von gelbem Plastikkäse in dem langen, weichen Velveeta-Laib, der Amerika hieß. Ehe meine Mutter explodieren konnte, unterbrach mein Vater mit einer Bemerkung darüber, wie gut das Kebab geraten sei, und Mitglieder beider Familienzweige versuchten, die beiden Frauen auseinanderzubringen, indem sie sie drängten, sich um die Teller und Platten und Eßschüsseln auf dem Tisch zu kümmern. »Peter braucht noch 7-Up«, sagte meine Großmutter laut zu meiner Mutter, »los doch, beeil dich, beeil dich.«

Ich erinnere mich an viele Gespräche in der Familie über die Suburbias in jenen Tagen, und besonders 1960, nachdem wir nach Tenafly gezogen waren. Ein Buch mit dem Titel *The Split-Level Trap [Die Split-Level-Falle]* war in jenem Jahr herausgekommen, geschrieben von Dick Gordon, einem Psychiater, und seiner Frau Kitty, die ein paar Ecken weiter wohnten und mit meinen Eltern befreundet waren. *The Split-Level Trap*, »gewidmet den Menschen in Bergen County, New Jersey«, war die Einführung eines Eingeweihten in den moralischen Verfall der Suburbias – Scheidung, Alkoholismus, Ehebruch, Jugendkriminalität – und prophezeite das Verhängnis. Da meine Eltern wußten, daß die Gordons ihre Feldforschung in Tenafly und anderen Nachbarstädten durchgeführt hatten, stellte sich für mich, wenn ich meine Tante und meine Mutter ihren Streit ausfechten hörte, mit der Zeit die Frage, weshalb meine Eltern sich hier niedergelassen hatten. Die Tiraden meiner Tante gegen die Suburbia waren beunruhigend. Ich sah dann meine Mutter an, wie sie kochte vor Wut auf Auntie Anna, und meine Tante, wie sie mit erbitterter Mißbilligung meinen Vater ansah, und sie schien zu sagen: Warum hast du sie geheiratet und bist in diese Suburbia gezogen?

Fast jede Region von Bergen County hatte eine bequeme Verkehrsanbindung nach Manhattan, doch nicht jede Region war eine neue Suburbia. Unser erstes Haus war ein zweistöckiges Backstein- und Schindelhaus, das in den dreißiger Jahren erbaut worden war. Es war mit zwei Seiten an der abschüssigen Ecke von West Englewood Avenue und Dickerson Road in Teaneck gelegen. Unser Teil von Teaneck bestand zum Großteil aus Backstein- und Schindelhäusern oder

Fachwerkhäusern im Neo-Tudorstil aus den Jahrzehnten zwischen den Kriegen, als Teaneck eine gefragte Suburbia geworden war. 1953 setzte mein Vater einen eisernen Laternenpfahl in den vorderen Rasen und hängte ein Schild dran, das von seiner Arztpraxis kündete.

Die Rasen in Teaneck war wohlmanikürt, dicht und grün und gesäumt von Liguster, Forsythien oder Hortensien. Mein Vater und unsere Nachbarn rückten dem Unkraut, das zwischen den großen Betonplatten wuchs, aus denen die Bürgersteige bestanden, zwanghaft zu Leibe, indem sie daran zupften und zogen und es ausgruben und mit Gift bekämpften. In den Zufahrten von Dickerson Road standen Fords und Chevys, einige Buicks und Oldsmobiles. Ich erinnere mich an Mr. Goldfischers Caddy, einen weißen 56er mit Chrom, der glänzte wie die Geschoßnasen der Raketen, die ich in der Zeitschrift *LIFE* gesehen hatte. Jeden Morgen blickte ich aus meinem Schlafzimmerfenster auf die Zufahrten, die von einem Grasstreifen getrennt waren, und auf den Cadillac von Goldfischer; zwergenhaft wirkte daneben der graue 54er Olds, den mein Vater und meine Mutter gemeinsam benutzten und dessen Sitze saure Überreste erbrochener Milch und Säuglingsnahrung und »einen leicht uriniferösen Geruch« ausströmten, wie mein Vater das nannte.

Dickerson Road war jüdisch, und unsere Nachbarn hießen Blumenthal, Cohen, Berg, Berkowitz, Goldfischer, Oshinski und Liebowitz – Juden die nach dem Zweiten Weltkrieg von Union City oder Brooklyn dorthin gezogen waren. Ich verbrachte die Hälfte meiner frühen Kindheit mit dem Wunsch, auch Jude zu sein, und zwar in Mark Blumenthals ausgebautem Kellergeschoß mit den getäfelten Wänden, den fluoreszierenden Deckenleuchten und der Tischtennisplatte. Wir saßen auf dem feuchten Fußboden mit den losen Linoleumplatten und schnippsten Baseball-Karten, und in dem kleinen RCA-Fernseher schauten wir uns die Yankees an. Wir spielten mit Spielsachen, die von Remco und Ideal hergestellt waren. Ein Cape Canaveral in Miniatur mit Raketen und Flugkörpern, Abschußrampen und herrlich gezeichneten Schalttafeln war unser Lieblingsspielzeug.

Gegen vier Uhr pflegte Mrs. Blumenthal uns zu einem Rugulach oder einem Käseplunderstück und Cream Soda zu rufen. Während ich an der Anrichte mit rotem Linoleumbelag und Chromkanten saß, füllte sich die Küche mit dem üppigen Geruch von Corned beef, das in einem großen Aluminiumtopf auf dem Herd kochte, wo es in seltsam grauem Schaum aus Fett und Lorbeerblättern zu schwimmen schien. Ich blickte auf die gestapelten weißen Tüten aus der Bäckerei und die kleinen braunen Beutel vom A&P, ölbefleckte Papiertüten von Bagels, Salzstangen, Plundergebäck. Ich dachte, die Gläser mit Hering und saurer Sahne wären Gläser mit Marshmallows, bis ich eines Tages um eines bat, und es endete damit, daß ich mich zwang, die schleimigen Fischhappen hinunterzuwürgen. Ich betrachtete die Steinguttöpfe mit einer gelblichen Gallertmasse voller »gefiltem Fisch« und den beinahe patriotischen Stapel von rotweißblauen Schachteln mit Matzen, auf denen hebräische Buchstaben wie Spinnen hinaufzuklettern schienen. Einmal in der Woche kam ein Lieferwagen mit der Aufschrift »Beverages by Hammer« zu Marks Haus, und ein Mann in weißer Uniform verschwand mit einer Kiste türkisfarbener Soda-Flaschen in Blumenthals Keller und kam mit einer Kiste leerer Flaschen wieder heraus.

Am Samstag morgen sah ich voller Neid von unserem Fenster aus zu, wie meine Freunde mit ihren Eltern in einer Prozession, Familie für Familie, auf dem Weg zu ihrer *schul* die Dickerson Road hinabgingen. Ich wollte mich den Männern und Jungen mit ihren schwarzweißen Yarmulkes und ihren seidenen Tallits anschließen. Ein Brokatgewebe mit silbernen und goldenen Fäden glitzerte an Mr. Blumenthals Yarmulke in der Sonne. Die Tallits waren mit Quasten verziert, die *Zizits* hießen, und Mark gab immer damit an, daß die Juden Tallits trugen, um sich Gott näher zu fühlen. »Licht ist dein Kleid, das du anhast: Psalm 104«, zitierte er. Tallits waren wie Schals und mit goldenen und blauen Fäden und winzigen Perlen verziert, die in Form von Sternen oder Schatullen aufgenäht waren. »Zizits sind Mahnungen zum Gehorsam gegen Gott.« Mark klang wie ein Talmudgelehrter, wenn er solche Sachen sagte.

Ich sehnte mich danach, in Gemeinschaft mit meinen Freunden feierlich und zuversichtlich zur Beth-Israel-Synagoge zu gehen. Ich stellte mir vor, daß das Mysterium, in der Synagoge zu sein, wunderbarer war als alles, was unsere neue, behelfsmäßige armenische Kirche zu bieten hatte, zu der sonntags der Raum des Frauenvereins von Teaneck umfunktioniert wurde. Es war seltsam, in der Dickerson Road als Armenier zu leben, denn es hatte den Anschein, als hätten wir Juden sein sollen. Gemeinsam war uns eine ähnliche Einstellung zur Familie, eine Gewohnheit, sich in der Küche aufzuhalten, ein langsameres, bedächtigeres Zeitgefühl, welches Teil von etwas war, das ich im Alter von sieben Jahren noch nicht verstand. Dunkel und hager, sah ich mit meinem struppigen Bürstenschnitt und den leicht mandelförmigen Augen sogar aus wie ein Jude.

Eines Samstags, als ich mich in meinem roten Pyjama mit den angenähten grauen Plastiksocken vor dem Fernseher herumlümmelte, nachdem *The Little Rascals* und *Sky King* und *Roy Rogers* zu Ende waren und die Prozession der Familien die West Englewood Avenue hinab verschwunden war, stellte ich den Ton des Fernsehers leise und fragte meine Mutter, weshalb wir keine Juden seien. Die Tatsache, daß Dezember war und die Kerzen der Messingmenora in all den Wohnzimmerfenstern der Dickerson Road angezündet waren, hatte mich dazu veranlaßt. Sie waren für mich lebendiger als Weihnachtsbäume.

»Weil wir Christen sind«, antwortete sie.

»Warum sind wir Christen?«

»Unser Volk hat sich entschieden, den Lehren Jesu zu folgen.« Sie hielt inne. »Es gibt eine Legende, daß die Arche Noah auf dem Berg Ararat in Armenien wieder Land berührte. So sind Juden und Armenier eng miteinander verwandt.«

»Was ist der Berg Ararat?«

Meine Mutter atmete heftig aus, als wäre ihr lieber, ich trollte mich. »Der Berg Ararat ist einer der höchsten Berge der Welt; er ist schneebedeckt; er ist unser Nationalsymbol.«

»Das Symbol von Amerika?«

»Nein. Von Armenien.«

»Wo ist Armenien?«

Solange ich Sprache kannte, hatte das Wort *Armenia* existiert; es war synonym mit den Zimmern meines Hauses. War fraglos vorausgesetzt. *Ar. Meen. Ya. Armenia.* Wie *mama, da-da.* Wie *hurt* und *horse. Arm. You. Me. Eat.* Das Wort rollte mir in die Kehle, und als ich es gerade beinahe geschluckt hätte, fing ich es hinten nahe der Epiglottis und rollte es zurück, stieß es nach vorn, indem sich mein Mund öffnete zu dem *Ya*, und das Wort schwappte in die Luft. *Armenia.* Es war ein dermaßen unbewußter Teil meines Lebens, daß ich nie daran gedacht hatte zu fragen: Wo liegt es? Was ist es?

Meine Mutter atmete wiederum heftig aus. »Das liegt in einem anderen Land.«

»Armenien liegt in einem anderen Land?«

»Nein, der Berg Ararat … nun ja, beide. Armenien und der Berg Ararat liegen in anderen Ländern. Aber wir, wir sind Amerikaner. Das ist die Hauptsache. Wir sind nicht wie andere Armenier. Die sind zu ethnisch.«

Jetzt war meine Verwirrung noch größer. Wie konnte sich unser Nationalsymbol in einem anderen Land befinden, und wenn Armenien das Land war, aus dem meine Großeltern gekommen waren, warum war es nicht ein eigenes Land für sich, und warum lag der Berg Ararat nicht dort? Meine Mutter erklärte weiter, daß der Berg Ararat in der Türkei lag und Armenien in der Sowjetunion. Dann sah sie auf ihre Uhr und sagte, ich solle mich umziehen und mir die Zähne putzen und in zwei Minuten im Auto sein für unsere Fahrt zu A&P.

Ich schaute mich im Badezimmerspiegel an. Wären wir doch nur Juden, dachte ich, dann wären die Dinge doch besser. Ich würde am Morgen mit meinen Eltern zur *schul* gehen, würde eine Yarmulke wie die von Mark tragen. Es gäbe acht Kerzen im Dezember und hebräische Buchstaben auf den Matzenschachteln. Jeden Abend würde ich eine Kerze anzünden, jeden Abend ein Geschenk bekommen. Aus dem Spiegel blickten mich meine Augen an, dunkel, tiefbraun, wie die Augen meiner Großmutter. Sie waren jüdischer als die von Mark. Und ich dachte, Jesus, Gott, spielt das wirklich eine Rolle? Wir waren Amerikaner, wie meine Mutter sagte. Wir gingen nicht zu Kirchenbasaren oder armenischen Versammlungen. Wir sprachen nicht über Armenien. Ich konnte nicht mal die Sprache.

Eines Tages beim Baseballspielen Mitte März, als das Eis auf der Betonfahrbahn der Dickerson Road geschmolzen war, sollte ich mein Außenseitertum auf neue Weise zu spüren bekommen. Wir legten unser Spielfeld von dem Kanaldeckel aus an, der der Home-Base war, ein großes eisernes Gitterrund, auf dem 1927 Hackensack Waterworks stand. Die anderen Bases umrissen wir mit Kreide. Wir spielten mit allem möglichen, einem rosa Pinkie, einem weißen Schaumgummiball, einem fensterkittfarbenen Hartgummiball mit imitierten Nähten. Manchmal benutzten wir das Original, einen rindsledernen Baseball mit roten Fadenstichen, doch die gingen beim Spielen auf der Straße schnell kaputt, und ein Foul-Ball, der bei den Liebowitz das Panoramafenster zertrümmerte, hatte dazu geführt, daß sie mit einem Bann belegt wurden.

Samstags machten wir eine Doppelserie, sie begann nach

der Schule und ging bis zur Abendessenszeit weiter. An diesem feuchten, kalten Samstag im März 1959 hatte ich den Ball aus der Position des Shortstop zu Mark geworfen, als Ronnie Schwartz zum zweiten Base gedonnert kam, im Versuch, ein Double Play zu verhindern. Auf dem Straßenbelag auszurutschen bedeutete in der Regel ein aufgeschlagenes Knie, also warf sich Ronnie in Mark hinein, wie es ein Verteidiger mit einem Stürmer machen könnte, und da kam es dann zu einer Rauferei. Als ich zum zweiten Base lief, um sie auseinanderzubringen, war ich eher überrascht, weil meine Freunde über etwas stritten, was geradezu grotesk war. Die Wangen purpurrot und die vordere Haartolle des Bürstenhaarschnitts flach an die Stirn geklebt, fingen sie an, einander zu bespucken, während sie über Abrahams Frau stritten. Ich war wütend auf sie wegen ihrer Dummheit und weil sie unser Spiel verzögerten und schrie: »Mary Todd Lincoln ist Abrahams Frau, ihr Arschlöcher!« Als man mich ignorierte, wiederholte ich es, bis Ronnie, ohne sich umzudrehen, mich anfauchte: »Doch nicht *der* Abraham, du Arschloch.«

»Wer glaubst du denn, daß Abrahams Frau ist?« fragte ich sarkastisch.

»Hau bloß ab«, sagte Ronnie.

»Leck mich am Arsch« sagte ich nur noch, und da zog er mich zum dritten Base und sagte mit tiefer Stimme: »Hör zu, Peter, jemand, der denkt, daß Mary Todd Lincoln etwas damit zu tun hatte, daß ein Bund mit Gott geschlossen wurde und die Juden in das Verheißene Land geführt wurden, ist ein komplettes Arschloch.«

Ich stand da und sah auf das gelbe Kreideviereck hinab, das den dritten Base darstellte, zu verwirrt, um zu antworten, und dann ging ich zur Position des Shortstop zurück, in meinen Handschuh klopfend, um mit dem Spiel weiterzumachen, als hätte der Streit gar nicht stattgefunden. Doch der Streit hatte bereits zum Abbruch des Spiels geführt, und während ich noch auf der Position des Shortstop stand, mußte ich zusehen, wie Mark und Ronnie, Gary und Arnold und Ira und die anderen Jungen im Dämmerlicht aufbrachen und die Dickerson Road hinaufgingen und intensiv in einer Privatsprache über Dinge redeten, von denen ich nichts wußte.

An jenem Abend saß ich beim Essen und stocherte in meinem *fassoulyah* (einem Eintopf aus Lamm und grünen Bohnen) herum, bis ich mich überwand, meinem Vater von der Diskussion am zweiten Base über diese Person namens Abraham zu erzählen. Mein Vater wurde lebhaft und machte mir zunächst einmal klar, daß diese Geschichte mit der Arche Noah zu tun habe, die auf Armeniens großem Berg, dem Berg Ararat, aufs Trockene gekommen sei. Dann fuhr er fort und klärte mich auf über Abraham, Sara, Hagar, Ismael und etwas, das man einen Bund zwischen den Juden und Gott nannte. »Eine Abmachung«, sagte er.

Ich blickte auf meine *fassoulyah* und nickte. Klar wußte ich aus der armenischen Sonntagsschule vom Alten Testament und vom Berg Ararat und der Arche Noah, und ich kannte sogar die Geschichte von Moses, der in einem Korb einen Fluß hinuntergeschickt wurde. Mir gefiel der Gedanke, daß Noah ein Jude war und in Armenien an Land ging und daß die Welt eine zweite Chance bekam. Juden und Armenier waren miteinander verbunden. Doch der Streit am zweiten Base über Abrahams Frau hatte sich in mein Spiel und in meinen Nachmittag gedrängt und wie schon im Gespräch mit meiner Mutter an jenem Dezembermorgen mir klargemacht, daß wir in Verhältnisse hineingeboren wurden; wir hatten »Backgrounds«, wie die Eltern meiner Freunde sagen würden. Meine jüdischen Freunde hatten ihre eigene Sprache und eigene Rituale, denen sie jede Woche nachgingen und die mit Tausenden von Jahren von Geschichte und Geschichten und Gedanken verbunden waren. Das Ganze hatte etwas Geheimnisvolles und Verlockendes.

Eines Morgens, als ich hinter einer großen blauen Schachtel mit Frosties und den flammenden Streifen von Tony dem Tiger saß, sagte mein Vater beiläufig, daß wir in ein neues Haus im Nachbarstädtchen Tenafly ziehen würden. Ich kaute weiter auf meinen Flocken herum, als wären sie Gummi. Ich sagte nichts. Den ganzen Tag trug ich die Neuigkeit mit mir herum, wobei ich die Angst vor dem Fortsein wie eine Todesahnung empfand. Nicht mehr mit Ronnie und Mark diese zehn Straßenkarrees der West Englewood Avenue entlang zur Whittier-Schule gehen. Nicht mehr im Kellergeschoß der Blumenthals Baseball-Karten schnipsen und Salzstangen essen und die Yankees anschauen. Nicht mehr auf dem weißen Beton der Dickerson Road die Bases ablaufen.

Den Rest jenes Tages warf ich einen weißen Schaumgummiball gegen die Backsteinseite unseres Hauses, an die ich ein Kreideviereck gezeichnet hatte, um meine Wurftechnik zu trainieren. In einem T-Shirt, karierten Bermudashorts und hohen, blauen Keds-Sportschuhen leckte ich mir den Zeigefinger und übte Wurfbewegungen. Ich trat gegen Al Kaline, Rocky Colavito, Ted Kluzuski und Mickey Mantle an. Ich warf während des Mittagessens weiter, und es ging in den frühen Abend hinein, bis schließlich mein Vater auftauchte und mich ins Haus brachte. Beim Abendessen weigerte ich mich, davon zu sprechen, daß wir die Dickerson Road verließen. Ich weigerte mich, meine Eltern anzusehen, und war insgeheim sicher, daß etwas geschehen würde, um mich zu retten.

Einen Monat zuvor war ich bei Lenny Cohens Bar-Mizwa gewesen, wo ich den ganzen Abend im Imperial Manor an der Route 4 herumstand und zusah, wie die Erwachsenen zu »Havanagila« und »Mack the Knife« tanzten und riesige Pastrami-Sandwiches mit Krautsalat aßen und aus großen Gläsern Cream Soda hinabspülten. Während ich so dastand und aß und zuschaute, fing Lennys Tante Carol an, mich über *meine* Bar-Mizwa auszufragen. »Wie alt bist du? Hast du schon mit dem Unterricht angefangen? Bist du reformiert oder konservativ?« Ich nickte einfach und stopfte mir weiter den Mund voll, bis es mir gelang, mit den Lippen eine Bewegung zu machen, die das Wort »reformiert« andeutete, ehe ich in die Toilette floh, um nicht eingestehen zu müssen, daß ich kein Jude war.

Je mehr ich darüber nachdachte, daß wir die Dickerson Road verließen, desto tiefer empfand ich mich als Jude. Wenn ich schon nicht in den Stamm Abrahams hineingeboren worden war, so war ich doch durch die schlichte Tatsache, daß ich mein ganzes Leben lang in der Dickerson Road gelebt hatte, ein Jude geworden. Ich erinnerte mich, wie Mrs. Blumenthal einmal zu ihrer Schwester im Hinblick auf mich gesagt hatte: »Er ist Armenier, aber die sind in Wirklichkeit doch einer der verlorengegangenen Stämme.« Ich sah nicht ein, weshalb ich kein Jude werden konnte. Schließlich sah ich doch aus wie ein Jude, sogar mehr als Ronnie Schwartz, der rotes Haar und Sommersprossen hatte. Matzen, Yarmulkes, Menora waren mir vertraute Objekte. Ich würde am Samstag mit meinen Freunden die Dickerson Road entlang zur *schul* gehen, und wenn ich dreizehn wäre, würde ich meine Bar-Mizwa haben. Im Frühjahr 1960 sagte ich zu meiner Mutter: »Ich bin Jude, ich gehöre hierher. Und ich weiß über Abraham und den Bund Bescheid.«

»Nach einem Jahr in Tenafly wirst du vergessen, daß du hier warst«, sagte sie.

»Ich bin Jude«, sagte ich. Meine Mutter blieb einen Moment lang still, und dann antwortete sie, wie sie es tat, wenn ich sie in besonders ärgerlicher Weise irritiert hatte: »*Ghe khent tat ness*«, du machst mich wahnsinnig.

»Ich laufe weg. Ihr stinkt«, brüllte ich jetzt.

Da sagte meine Mutter etwas, das mir seltsam vorkam. »Binde dich im Leben nicht zu sehr an Orte, Peter.«

Doch im Frühjahr 1960 hatte mein Bedürfnis, Jude zu

sein, mehr damit zu tun, daß wir die Dickerson Road verließen, als mit einem tieferen Begreifen der wirklichen Verwandtschaft, die Armenier und Juden verband.

Tahn in der Crabtree Lane

Als wir im Frühsommer 1960 ins fünf Meilen entfernte Tenafly zogen, fühlte ich mich seltsamerweise amerikanischer und armenischer. Wir hatten uns ein Haus nach unseren Wünschen bauen lassen, und zwar in einer Neubausiedlung von etwa fünfundzwanzig Häusern auf dem Terrain eines Hains mit Apfelbäumen, der zu einem Landgut aus dem neunzehnten Jahrhundert gehört hatte. Der Bauunternehmer nannte unsere Straße Crabtree Lane, weil er die Apfelbäume des lieblichen Hains fälschlich für Holzapfelbäume gehalten hatte. Zu beiden Seiten unseres Neubaugebiets befanden sich große Häuser und Gutsgebäude aus dem neunzehnten Jahrhundert, hinter hohen Hecken, Steinmauern, schmiedeeisernen Toren und ausgedehnten Rasenflächen in gehörigem Abstand zur Knickerbocker Road gelegen, und dort, so erzählte uns meine Mutter, hätten früher die Raubritter gewohnt. Wir waren aus dem jüdischen Teaneck in eine ältere, vornehme amerikanische Stadt gezogen, die obendrein auch noch einen historischen holländischen Namen trug. Holländische Steinhäuser aus dem siebzehnten und achtzehnten Jahrhundert waren noch allenthalben in der Stadt zu finden, und einige ganz phantastische Anwesen aus dem neunzehnten Jahrhundert umgaben unsere neue Straße. Die imposanten weißen Säulen des kleinen Herrenhauses des Kongreßabgeordneten Osmer an der Knickerbocker Road, fast genau gegenüber dem Anfang der Crabtree Lane, gaben mir das Gefühl, daß sogar die Regierung Verbindungen zu unserem neuen Platz auf der Landkarte unterhielt.

Meine Mutter schien jetzt von den Details des Hauses besessen zu sein, und ihre Intensität in dieser Hinsicht bewirkte, daß Crabtree Lane 57 für mich etwas Bedeutenderes war als nur ein paar Bretter und ein Dach. Das Haus mußte Stil haben, sonst wollte meine Mutter nicht einziehen; das stellte sie klar. Als das Haus in Bau war, sah ich ein ganzes Jahr lang zu, wie meine Mutter mit Unterstützung durch meine Tanten Lucille und Gladys und meine Großmutter die Pläne überwachte. Sie stritten mit dem Bauunternehmer und seinen Zimmerleuten über die Art von Zierleisten, die sie wollten, über die Stärke der Türen, den Stil der Waschbecken und Badezimmerarmaturen, das Stabwerk der Fenster. »Das ist keine Karnies-Zierleiste, nehmen Sie die raus!« schrie meine Mutter den Vorarbeiter der Zimmerleute an. Der Marmor für das Waschbecken war nicht richtig, die Position der Steckdosen war falsch. »Es reicht, das Kästchen um einen Meter zu versetzen«, sagte sie, während sie hinausstürmte. »Die Fenster werden aussehen, als hätte jemand drauf gesessen, wenn Sie sie nicht neu entwerfen.« Mazzola, Archer, Boyd, Kostelanski; meine Mutter sprach ständig von den Leuten, die an unserem Haus arbeiteten. An manchen Tagen brachte sie ihnen Plundergebäck und Kaffee, an anderen brachte sie ihnen ihre ästhetischen Dolchstöße bei. Erst später begriff ich, daß sie, indem sie das Haus davor bewahrte, stillos zu sein wie so viele der Häuser, die überall in Tenafly hochgezogen wurden, die Leidenschaft der Aroosians für die Welt des Dekors ausdrückte.

Crabtree Lane 57, ein Kolonialstilhaus aus Backstein mit weißen Schindeln, wurde mit einer ganzen Reihe von neuen Geräten ausgestattet, die den Abschied von der Dickerson Road weniger schmerzlich machten. Eine eingebaute Geschirrspülmaschine, deren kupferfarbene Tür hellblaue, rollende Geschirreinsätze freigab. Eine seidig glänzende weiße Wasch- und Trockenmaschine der Marke Maytag mit einer Reihe von Schaltknöpfen, die nach einer Raketenschalttafel aussahen. Kühle Luft, die an heißen Tagen aus kleinen Öffnungen strömte. Ein Fernsehzimmer mit großen Glasschiebetüren, die auf einen rückwärtigen Gartenteil von der Größe eines halben Fußballfeldes hinausgingen. Alles war weiß und hell und lackiert und roch neu. Die Ahornküchenschränke mit schimmernden Goldgriffen, die frischen Eichenfußböden, die weißen und hellgelben Wände: alles hell, frisch, luftig, so wie Thoreau sein Gehäuse in *Walden* beschrieb.

Was mich schließlich an Crabtree Lane betörte, war ein kleines silbernes Rechteck, das in die gelbe Oberfläche der Halbinsel eingelassen war, welche sich mitten in die Küche hineinwölbte. Ein elektrischer Mixer mit dem Namen NUTONE in fetten schwarzen Buchstaben darauf. Ich konnte mir bei Stufe drei einen Milkshake aufschlagen und zusehen, wie die Eiskrem breiig wurde, oder ich konnte ihn bei Stufe zehn zu einem glatten Shake mit feinen Bläschen verwirbeln. Es war ein kleiner Traum. Eine Milchbar in unserer eigenen Küche: In jenem Sommer saßen wir auf unseren schmiedeeisernen Eisdielenstühlen um die gelbe Anrichte, mein Vater versenkte den Löffel in einem großen Becher mit T&W-Schokoladeneis, gab einen Teelöffel Carnation-Malz hinzu und ließ mich und Pam und Jim abwechselnd am Schalter drehen.

In der Crabtree Lane waren die Familien größer. Die Väter waren Chirurgen, Werbefachleute, Rechtsanwälte, Wall-Street-Investoren. Keiner war im Großhandel. Die Väter kamen mit Bussen oder Fahrgemeinschaften spät aus Manhattan nach Hause. Das Abendessen war etwas, mit dem die Kinder rasch fertig waren. Unsere Nachbarn, die Walls, waren Meister des Fünfminutenessens, das häufig aus Minutensteaks bestand, zehn Quadratzentimeter großen Rindfleischstücken, die so dünn waren wie Linoleum. Mrs. Wall servierte Minutensteaks mit Kartoffelsoufflés, die wie gefrorene Golfbälle aus einer großen Plastiktüte kullerten, ehe sie im Herd auf Backpapier aufgingen. Eine herzhafte Portion Ketchup und ein großes Glas Coke oder 7-Up, und das war das Abendessen.

Inmitten einer nachbarlichen Cuisine aus Minutensteaks, Hot Dogs, Swanson-TV-Mahlzeiten oder im Mixer zerkleinertem Thunfisch wurden meine Eltern merklich förmlicher und strenger, was unser Essen anging. Ende des Sommers war ich überzeugt, daß der Umzug in die Crabtree Lane irgendein tiefes armenisches Gefühl in ihnen stimuliert hatte. In dieser Sackgasse amerikanischer Familien, bei denen die Eltern unsichtbar zu sein schienen und der neue Straßenbelag bis nach Einbruch der Dunkelheit den Kindern gehörte, regredierten meine Eltern. In der Dickerson Road waren wir mit unserem Weihnachtsbaum und den Ostereiern praktisch WASPs, und jetzt, inmitten der O'Tooles und Wheelers und Walls und Dillsteins waren wir etwas anderes.

Essen war für uns ein komplexes kulturelles Emblem, ein verschlüsseltes Skript, das die lange Geschichte und das kollektive Gedächtnis unserer nahöstlichen Kultur verkörperte. Ich wußte nicht, daß die Nahrungsaufnahme ebenfalls ein Drama darstellte, dessen Bedeutung mit der bitteren Geschichte Armeniens verknüpft war. 1960 hatte ich den Ausdruck »verhungernde Armenier« noch nicht vernommen, und ebensowenig wußte ich, daß meine Vorfahren zu den mehr als zwei Millionen Armeniern gehört hatten, die, wenn sie nicht auf der Stelle umgebracht wurden, 1915 zu Märschen in die türkischen Wüsten gezwungen und dem Hungertod überlassen wurden, wobei sie noch die Samenkörner aus dem Kot auflasen oder das Blut aus ihren eigenen Kleidern saugten. 1960 war ich mir der Moralitäten, die am Eßtisch aufgeführt wurden, nicht bewußt, doch ich merkte, welch nervtötenden Nachdruck meine Eltern mehr und mehr auf das Dekorum und das Ritual des Essens legten.

Wir waren amerikanisch genug, um unseren ersten Gang

mit Salat zu beginnen: Kopfsalat, Tomaten, Gurken oder gewürfelten Sellerie, angemacht mit Tomaten- und Zitronensaft, oder geraspelte Gurken in Joghurt mit Minzeblättern. Zwei Gläser bildeten die Vollendung jedes Tafelgedecks, eins für Wasser und eins für Milch oder *tahn*, wovon mir schon der leiseste Geruch Unwohlsein verursachte. Nur bei seltenen Anlässen trank mein Vater ein Glas *Miller High Life*, wie er das nannte.

Was für die Walls das Minutensteak war, war für uns das Lamm. Lammschlegel, zugenäht und gefüllt mit Knoblauch und Kräutern; Lammschulter, langsam im Ofen gegart, so daß sie auseinanderfiel und mit einer Gabel zerteilt werden konnte; Lammkoteletts, dick mit weißem Fett, das den Brocken von zartem Fleisch umrahmte, welches am Knochen hervorblühte; der begehrte Lammnacken – nur schwer zu bekommen –, im Ofen mit Knoblauch und Zwiebeln, Auberginen und süßem rotem Pfeffer langsam gebraten, bis das Fleisch goldbraun und weich war.

Und es gab immer Überraschungen, wie etwa, als ich auf meinem Teller etwas fand, das wie Rührei mit der Farbe von Parkplatzkies aussah. Der moschusartige Geruch und die zähe Konsistenz waren so befremdlich, daß ich mich vorsichtig erkundete, worum es sich handelte.

»Hirn«, sagte meine Mutter.

»Wovon?«

»Lamm«, antwortete sie. Eine »Delikatesse voller Protein« nannte sie es.

Es gab auch normale Sachen: Zunge, Roastbeef, Huhn, Krabben mit weichen Schalen, Jakobsmuscheln, Seezunge, Blaubarsch und immer die wöchentlichen Dolma. Für die Dolma kaufte meine Mutter, was immer es an frischem Gemüse in der Woche gab, höhlte es aus, dann knetete sie durchgedrehtes Rind- und Lammfleisch, Zwiebeln, Petersilie, Tomatenmark, Zitronensaft, Reis, Piment und Pfeffer zusammen und farcierte damit jede Tomate, Paprikaschote,

Aubergine, jeden Speisekürbis. Wenn es keine tauglichen Saisongemüse mehr gab, nahm sie Kohl- oder Weinblätter. Dolma muß auf dem Herd köcheln, und damit der Saft drinnen bleibt, wird ein umgedrehter Teller als zweiter Deckel auf die Dolmas gelegt und festgedrückt. An Dolma-Tagen blühte das ganze Haus von dem Duft.

Die einzige Konzession, die meine Mutter gegenüber Fast food machte, war *lahmajoon*, ein tortilladünner Teig, belegt mit feingehacktem Lamm, Petersilie, roten und grünen Paprika, Zwiebeln und Knoblauch. Es gab sie tiefgefroren in Packungen zu zwölf Stück im armenischen Lebensmittelgeschäft in River Edge, und sie waren in zehn Minuten heiß. Wir rollten sie normalerweise zusammen und füllten sie mit dünnen, gebackenen Auberginenscheiben oder Gurkenwürfeln in Joghurt. So gut das auch war, es war doch nicht tiefgefrorene Pizza oder Mrs. Paul's Fischstäbchen.

Die vielleicht interessantesten Dinge, die meine Mutter in der Küche machte, waren Kreuzungen aus südöstlichem Armenien und Nordamerika. Hamburger mit frischer Minze und Schalotten, mit Grünkohl und Kuherbsen, rote Linsen in gebackenen Makkaroni mit Käse, hausgemachte Pizza, belegt mit sautiertem Okra und Auberginen, mit frischen Artischocken gegrillte Steaks, Truthahn, gefüllt mit Spinat, Pinienkernen, Rosinen und Brocken von französischem Brot, die mit Wein und gemahlenem *sumak* (getrocknetem Sauerdorn) getränkt waren.

Beim Essen verhielt sich meine Mutter wie eine fertiggeröstete Toastscheibe, sprang sie doch dauernd von ihrem Ende des Tisches auf, um Servierplatten und Krüge wieder aufzufüllen oder etwas auf dem Herd zu prüfen, und wenn es nichts gab, wofür sie hätte aufstehen müssen, sprang sie trotzdem auf und verschwand in der Küche aufgrund von etwas, was mir heute als ihr armenisches Bedürfnis erscheint, den Tisch unter Kontrolle zu halten. Sie war taub für meines Vaters inständige Bitten, sitzen zu bleiben. Ihre Leidenschaft für das Essen war zugleich temperament- und kulturbedingt, war ein Aspekt ihrer Art, sich angesichts der armenischen Vergangenheit und der Gegenwart in der Suburbia zu definieren. Eine Geschichte, die mein Bruder über den Besuch meiner Mutter in einem Restaurant in Frankreich erzählt, macht etwas deutlich über ihre Art, sich am Eßtisch zu verhalten, und auch ihre Art, weiterzuführen, was sie für die überlegene Sensibilität ihrer Abstammung von einer verlorenen armenischen Welt hielt.

Es begab sich in einem der angeblich besten Restaurants in Südfrankreich, in Nîmes, ein paar Stunden nördlich von Aix-en-Provence, wo meine Eltern zu Besuch bei meinem Bruder waren, der sein vorletztes Universitätsjahr vor der Abschlußprüfung im Ausland verbrachte. Als meine Mutter dieses Vier-Sterne-Restaurant entdeckte, bestand sie darauf, die Pilgerfahrt nach Norden zu dieser hübschen *auberge* mit breiten Glasfenstern und spalierverzierten Gärten zu machen. Sie wurden in der Mitte des Restaurants an einen runden Tisch gesetzt, und meine Mutter bestellte Fisch in Teighülle. Als dieser kam, köstlich präsentiert auf einer völlig weißen Platte mit frischen Kräutern und Zitronenjulienne, nahm meine Mutter einen Bissen und rief den Kellner. »*Ce n'est pas fraîche.*« Der Kellner verschwand und kam mit dem Maître wieder. »*Ce n'est pas fraîche*«, sagte meine Mutter jetzt lauter. Der Maître erwiderte: »*C'est impossible*«, und verschwand. Eine Minute später erschien der Koch.

Mein Bruder beschrieb den Koch als etwa 125 Kilo schwer und gedrungen, in Weiß gekleidet, mit einer großen weißen Kochmütze. Sein Gesicht war rot und schweißnaß, und er hielt ein Schlachtermesser in der Hand. Meine Mutter wiederholte in ihrem deutlichen College-Französisch: »*Ce n'est pas fraîche*«, so daß die Leute im Restaurant jetzt schauten, und ehe sie noch ein weiteres Wort sagen konnte, brüllte der Koch auf Englisch: »Raus! Raus! Raus! Raus hier!« Daraufhin schoß meine Mutter kampflustig zurück: »Dafür bezahlen wir nicht.« Minuten später, als die örtliche Polizei in blauer Uniform erschien, stand mein Vater, der bis dahin geschwiegen hatte – doch nun war durch das Benehmen meiner Mutter sein Anstandsgefühl in Brüche gegangen –, zaghaft auf, als wolle er höflich sein zu einer Frau, die den Raum betreten hatte, und er versicherte dem Koch, er werde zahlen.

Mein Bruder erinnert sich nicht, wie es dazu kam, daß er sich in einem Haufen von Körpern wiederfand, zu denen der Koch, zwei Polizisten und mein achtzig Kilo schwerer Vater gehörten. Während meine Mutter mit ausdruckslosem Gesicht zusah, zog die Polizei den Koch von meinem Vater herunter. Es wurde irgendwie verhandelt, und als mein Vater sagte, er werde zahlen, und meine Mutter darauf bestand, daß er das nicht tue, nahm die Polizei meine Familie mit auf die Wache, um die Angelegenheit zu regeln. Auf der Wache bestand meine Mutter darauf, daß mein Vater einen Anwalt anriefe, den ihre Cousine in Paris kannte, und an diesem Punkt begann mein Vater, meine Mutter als jemanden zu bezeichnen, der »völlig von Sinnen« sei. Als der Polizeichef vor dem Gesicht meiner Mutter Handschellen baumeln ließ und auf die Gefängniszelle wies, in der »kein Abendessen serviert werde«, einigte man sich auf eine gewisse Summe, und mein Vater unterzeichnete ein paar Travellers-Schecks.

Die Balakians stiegen nacheinander in ihren gemieteten Citroën und fuhren schweigend nach Aix zurück, wobei sie auf dem Weg bei keinem Restaurant haltmachten, und ich habe den Verdacht, es war das erste Mal, seit unsere Vorfahren 1915 zum Verhungern in die Wüste geschickt wurden, daß irgendwelche Mitglieder unserer Familie ohne Abendessen zu Bett gingen. Mein Bruder zuckte die Achseln und berief sich darauf, es handele sich »einfach um ein kulturelles Mißverständnis«. Auf diese Weise tut mein Bruder die Sache ab, doch sein Satz ist nicht ohne Bedeutung. Die Kultur, die mißverstanden wurde, war die meiner Mutter: ihre weibliche, armenische, post-genozidale Disposition. In bestimmten Momenten wurde ihre nicht anerkannte kulturelle Vergangenheit eine unbezwingbare Kraft, eine Aussage von Schönheit und manchmal auch von Zorn, die sich im Namen kulinarischer Dinge, im Namen der Küche geltend machte, des unverletzlichen Heiligtums einer Kultur, die mit knapper Not der Auslöschung entgangen war. Was meine Mutter eigentlich in der Küche sagen wollte, war: Wir sind am Leben und wohlauf, die Dinge haben ihre Ordnung, die Welt hat Anmut und Stil.

Wenn meine Mutter hinsichtlich der Vollkommenheit in der Küche unvernünftig war, so deshalb, weil sie dort Gutes vollbrachte. Selbst Gemüse war ein Ritual: *Bamiya*, mit Tomaten und Zwiebeln gekochtes Okra; *imam bayeldi* (türkische Wörter, die von Armeniern als »Der Geistliche fiel in Ohnmacht« übersetzt werden); mit Zwiebeln, Tomaten und Knoblauch gefüllte Auberginen; *fassoulyah*, mit Tomaten und Zwiebeln gekochte grüne Bohnen mit etwas Zimt und Knoblauch; *enguinar*, frische Artischockenherzen, Zwiebeln, Karotten und Kartoffeln, geschmort in Olivenöl und Zitronensaft.

Während alle anderen in der Crabtree Lane von Kartoffeln zu leben schienen – als Fritten, Soufflés, Chips, Fertigpüree –, zogen wir den Kartoffeln eher Reis vor, den wir *pilaf* nennen, gekocht in Hühnerbrühe und manchmal zur Geschmacksverbesserung mit gehackten Trockenaprikosen, Rosinen und Pinienkernen versetzt. Wenn meine Mutter keinen Pilaf machte, dann eben *bulghur* (Bruchweizen) oder *bulghud* – ich mußte die Tiefe meiner Kehle aktivieren, um es auszusprechen –, erdbraun und gekocht mit Engelshaarnudeln und Zwiebeln in Hühnerbrühe. Ihre Reiskochtechnik war von exquisiter Besonderheit. Die Flamme mußte soundso klein sein, sie mußte nach soundso vielen Minuten abgedreht werden, dann mußte der Reis stehen, mit einem Papier oder einem Handtuch unter dem Topfdeckel, um den überschüssigen Dampf zu absorbieren. Der Pilaf mußte leicht und locker sein, nicht klebrig wie chinesischer Reis, und mußte Konsistenz und Geschmack haben.

So viele armenische Gerichte sind auf Zwiebeln abgestimmt, daß mich heute noch ein Hauch von Zwiebeln in der Luft an das Hackbrett in der Küche meiner Mutter erinnert. Das beißende Weiß roher Zwiebeln, die dünnen Ringe, die einer aus dem anderen fielen, während sie in Scheiben geschnitten wurden, und ihre durchscheinende Knolligkeit, während sie gewürfelt und gehackt wurden, ehe sie im Olivenöl des gußeisernen Tiegels verschwanden. Am Abend ließ ihre unverkennbare beißende Schärfe immer einen bleibenden Geruch in der Luft.

Ob wir zum Abschluß Melone mit Ziegenkäse aßen oder einen Stapel mozarellaartigen Weißkäse mit Schwarzkümmel oder Feigen, Erdbeertörtchen, Crème caramel, Jell-O oder Whip and Chill (das Zugeständnis meiner Mutter an den Gaumen der Crabtree Lane) oder die süßeren Nachspeisen wie *paklava* (ein Gebäck aus Schichten von papierdünnem Teig, gefüllt mit Walnüssen, Zimt und Zucker und serviert mit Zuckersirup), *kadayif* (eine Süßspeise aus geschrotetem Weizen mit einer Füllung aus Käse oder Walnüssen, Zimt und Zucker), *titoomov* (in Lauge – die man im Drugstore in Phiolen kaufte – gelierte Kürbisstücke, gekocht in Sirup und mit Walnüssen und Zimt bedeckt), *sujuk* (eine Biskuitrolle aus Walnüssen, überzogen mit geliertem Traubensaft und Puderzucker, die dann und wann von Tante Alice und Onkel Ed in Fresno geschickt wurde), es dauerte immer lange Zeit, bis man mit dem Abendessen fertig war.

Und so sagte meine Mutter, als ich sie eines Tages in jenem ersten Sommer nach unserem Umzug fragte, warum wir nicht einfach einen fertigen Auflauf zum Abendessen haben könnten – Dinge wie Thunfischnudeln oder Johnny Mazetti: »Einen fertigen Auflauf?«, und dann erwiderte sie schnippisch: »Wenn die Amerikaner so essen wollen, dann sollen sie doch.« Die Amerikaner. Der Ausdruck war wie eine Ohrfeige. Wie »das alte Land« war es ein Ausdruck, der dann und wann fiel. »Die Amerikaner« oder »typisch amerikanisch« sagte meine Mutter häufig, womit sie Nachbarn meinte, die die Straße hinabgingen, um mit neuen Nachbarn einen Cocktail zu nehmen, und nach Einbruch der Dunkelheit ihre Kinder allein ließen. »Amerikanisch«, sagte sie etwa, wenn sie ein Stück Wonder Bread emporhielt, als wäre es ein Objekt von einem anderen Planeten. Die alte Frage stellte sich mir wieder. Waren wir denn keine Amerikaner? Der Kongreßabgeordnete Osmer wohnte zweihundert Yards von uns entfernt, und die holländischen Steinhäuser lagen verstreut an der Knickerbocker Road. Wenn wir keine Amerikaner in der Crabtree Lane in unserem Haus im Kolonialstil waren, von dem aus mein Vater in seinem dunklen Anzug von Brooks Brothers mit seinem Chevy jeden Morgen losfuhr, was waren wir dann?

Unter Kindern entwickelt sich die Hierarchie in einer neuen Suburbiasiedlung rasch. Es gibt keine geschichtlichen Vorgaben und keine Allianzen. Die Kinder, die die ältesten, stärksten und gerissensten sind, kommen sofort an die Macht. Als Neuling in der Stadt nahm mich im Sommer 1960 die Nachbarschaft völlig in Anspruch. Andy Wall, der älteste Junge in einem Straßenkarree, zu dem zwanzig Kinder in den vier Häusern um uns herum gehörten, wurde rasch zum tyrannischen Führer.

Die Walls waren eine Familie mit sieben Kindern, und die beiden ältesten, Andy und sein Bruder Dan, waren ein oder zwei Jahre älter als ich. Sie herrschten über das Straßenkarree durch Einschüchterung und indem sie ihre Kennerschaft in Fragen alles Neuen zum besten gaben. Sie waren über alles auf dem laufenden: über die neuesten 45er von Del Shannon, Dion and the Belmonts, den Shirelles, Chubby Checker und den Crystals. Sie trugen die neuesten Keds-Sportschuhe. An heißen Tagen erschienen sie in Surfer-Shorts – wie die Beach Boys sie auf ihren Plattencovers trugen. Sie sammelten Waffen aus den großen Kriegen des Jahrhunderts: Handgranaten von Iwo Jima, einen Nazi-Helm, ein Stück von einem Panzer von der Somme, einen japanischen Säbel. Sie hatten *Famous Monsters of Filmland* abonniert, eine Hochglanzzeitschrift über Hollywoods Schauerproduktionen, die sie zu Kennern von Horror und zu Experten für Lon Chaney und Boris Karloff machte; sie hatten *Psycho* so oft gesehen, daß ihre Nachahmungen von Tony Perkins, der in den Kleidern einer alten Frau ein Messer schwingt, eher nach Steve Allen als nach Hitchcock aussahen. Sie blieben bis nach Mitternacht auf, um *Invasion of the Body Snatchers* und *The Blob* zu sehen. Sie schlürften im Gehen Dosen mit Mountain Dew.

Eines Abends, nachdem ich zum abendlichen Baseball-Spiel zu spät kam, weil sich das Essen in seiner bedächtigen armenischen Weise hingezogen hatte, wurde ich von Andy zurechtgewiesen, der sich gern über mich lustig machte, indem er fragte: »Eßt ihr da mit dem Präsidenten zu Abend?« Ich versuchte, jenen Sommer dadurch zu überleben, daß ich Andy ignorierte und ein hartes Spiel zeigte, und an jenem Abend schlug ich drei Bälle in die Eichen – was drei Home-Runs bedeutete –, und wir besiegten Andys Mannschaft, und ich ging nach Hause, wobei ich die sommerliche Abenddämmerung in der Crabtree Lane genoß, mich ein wenig überlegen fühlte und die Süße des gemähten Grases und der Rhododendren und der Linden und Azaleen roch, die noch vom Wasser der Rasensprenger tropften. Als ich in die Hemlockhecke schlüpfte, die unser Anwesen von dem der Walls trennte, wurde ich am Kragen gepackt und zu Boden gezogen, und als ich wieder sehen konnte, hatte ich Andy und Dan Wall vor Augen, die auf mir saßen und mir das T-Shirt aufrissen. Ich setzte mich zur Wehr, da ich erwartete, in den Magen geboxt zu werden, doch sie setzten mir nur mit ihren

Händen wie mit kleinen Flossen zu, indem sie anfingen, mir auf den Magen zu klopfen. »Du kriegst einen rosa Bauch«, sagte Andy.

»Das ist chinesische Folter«, stimmte Dan ein. »Das haben sie in Korea angewandt.« Sie spielten auf meinem Magen, als wäre er eine Bongo, bis ihre Handgelenke müde waren.

»Nächstes Mal nehmen wir Zahnpasta oder Senf«, drohte Andy.

»Leck mich«, sagte ich und richtete einen lahmen Boxhieb in Andys Richtung, doch er wich aus und lachte, und dann fiel ich erschöpft auf den Boden zurück und lag eine Minute lang da und sah zum Himmel hinauf, der sich dunkelpurpurn färbte.

Als ich ins Haus kam, war ich mit Schmutz und Gras bedeckt, mein T-Shirt war ein Streifen, der mir von der Schulter hing, und meine Mutter wartete auf mich im Eingangsflur unter der großen Hängelaterne. So zornig sie auch aussah – als sie mich erblickte, verflog ihr Zorn. »Laß mich zufrieden«, fauchte ich, noch ehe sie den Mund aufmachen konnte, und verschwand nach oben, wo ich auf meinem Bett saß und zuhörte, wie meine Eltern von den Wall-Kindern als jugendlichen Kriminellen und Suburbiaflegeln sprachen. Mein Vater insistierte, daß die Siedlung Zeit brauche, um Gestalt anzunehmen, und meine Mutter fing an, wieder über Fertigaufläufe herzuziehen. »Was erwartest du denn, wenn die Fertiggerichte und Minutensteaks essen? Was sind das denn für Leute?« Und dann sprachen sie auf armenisch weiter.

Am nächsten Morgen, wir beendeten gerade unser Frühstück am Küchentisch nahe bei den Fenstern, die nach hinten auf den Garten hinausgingen, da sahen wir eine Gruppe von Kindern mit wirren Haaren hinter unserem neuen Zaun. Die sieben Wall-Kinder begannen, angeführt von Andy und ganz hinten unterstützt vom Jüngsten, einem Dreijährigen in Windeln, verfaulte Äpfel vom Apfelbaum in ihrem Garten auf die Fleischtomatenpflanzen meiner Mutter zu werfen.

Meine Mutter, die mit ihren gelben Gummihandschuhen am Ausguß Geschirr spülte, warf ihren Brillo-Schwamm hin und stürzte in den Garten, und das gelbe Gummi an ihren Händen flammte im Sonnenlicht, als sie auf sie zeigte und sie ermahnte. Die Wall-Kinder liefen davon, außer Andy, der mit einem Apfel in der Hand und einem abschätzigen Blick dastand. »Versuchs nur«, warnte ihn meine Mutter, und er ließ den Apfel fallen und ging davon.

»Das Problem ist«, sagte meine Mutter an jenem Abend zu meinem Vater, »daß es keine elterliche Führung gibt.« Mein Vater schleuderte Ausdrücke wie »exzessive Permissivität«, »Laissez-faire-Moral« und »die Split-Level-Falle« zurück. Er klang wie Auntie Anna. Und meine Mutter, deren Zorn sich rasch auf Wortwiederholungen verlegte, sagte dauernd: »Fertiggerichte, er will Fertiggerichte.«

In diesem frisch ausgebaggerten Obstgarten inmitten der Neokolonialhäuser mit weißen Schindeln und Backsteinfassaden und den dünnen Fäden des neuen Rasens schienen die Kinder zu herrschen oder zumindest in der Öffentlichkeit nicht eingeschränkt zu werden. Eltern fielen durch Abwesenheit auf, insbesondere im Vergleich zur Dickerson Road, wo Mrs. Cohen und Mrs. Bernstein und meine Mutter immer irgendwo zu sehen waren. In der Crabtree Lane brachen die Väter früh auf. Mr. Dillstein fuhr um 6 Uhr morgens in einer Limousine mit Chauffeur zur Arbeit. Mr. Wall brach um 7 Uhr mit einer Fahrgemeinschaft New Yorker Angestellter zur Madison Avenue auf. Dr. O'Toole brach bei Tagesdämmerung zur morgendlichen Chirurgie im Mt. Sinai auf. Keiner von ihnen kehrte vor der Abenddämmerung zurück. Nur mein Vater, der um 9 Uhr aufbrach, war um 6 Uhr zum Abendessen zu Hause. Während andere Ärzte bis 7 Uhr Patienten empfingen, schenkte mein Vater *tahn* ein, indes meine Mutter zwischen Küche und Eßzimmer hin- und hersprang.

Die Mütter in der Crabtree Lane waren Ganzzeitmütter.

Ich erlebte sie als coole, moderne Mütter, die am Morgen, wenn die Haushaltshilfe zum Putzen kam, zu Hause waren, mit Bademänteln und Lockenwicklern, kettenrauchend und Kaffee nippend, während sie mit Jack Lalanne im Fernsehen halbherzig Gymnastik machten. Doch den größten Teil des Tages waren sie unterwegs – das heißt, sie fuhren die Kinder zur Schule, zum Musikunterricht, zu Kunstkursen, zur Little League. Die Konsumpflichten führten dazu, daß viele von ihnen, darunter auch meine Mutter, ununterbrochen in den Einkaufszentren an der Route 4 oder im A&P, im Grand Union und im Shop-Rite unterwegs waren. Einige Mütter hatten gesellschaftliche Aktivitäten in ihrem Terminkalender. Sie waren im Klub, beim Friseur, auf dem Golfplatz oder nahmen ihr Mittagessen oder den Tee im Clinton Inn ein. Manche von ihnen verfielen dem Alkohol. Manche von ihnen hatten Affären, während ihre Männer bei der Arbeit waren und Affären hatten. Doch damals hatte ich keine Kenntnis von derlei Dingen; ich wußte nur, daß meine Mutter weniger am Rhythmus des Lebens in der Crabtree Lane teilzunehmen schien als ihre Nachbarinnen.

Meine Mutter hatte den Charme von Jane Wyatt in *Father Knows Best* oder den Schwung von Donna Reed, wenn sie in ihren weiß-rosa 57er Chevy-Kombi sprang oder heraushüpfte, um uns zu unseren wöchentlichen Aktivitäten zu bringen und dort wieder abzuholen. Doch sie war mehr im Haus verschanzt als die anderen Mütter, und sie ließ ihren Kindern sehr wenig Freiraum. Wenn ich am Morgen erwachte, war sie in der Küche, das Frühstück auf dem Tisch, die Pausenbrote eingewickelt, und sie trieb uns zur Bewegung an. Wenn ich aus der Schule nach Hause kam, war sie in der Küche, eine Schachtel Lorna Doons auf dem Tisch, Gläser für die Milch bereit, die Vorbereitungen für das Abendessen in vollem Gange. Wenn ich zu Bett ging, scharwenzelte sie im Badezimmer um uns herum und setzte uns zu, das Gesicht zu waschen und die Zähne zu putzen. Da meine Eltern am Wochenende nur selten und unter der Woche abends niemals ausgingen, war meine Mutter im Haus Nr. 57, Crabtree Lane, 365 Tage des Jahres unverrückbar gegenwärtig.

Die Art Autonomie und Freiheit, wie sie für die Kinder der Walls und der Dillsteins existierte, war für mich etwas Exotisches. Es war belebend, an Bobby Dillsteins Küchentisch zu sitzen und Mallowmars zu essen und Coke zu trinken, während wir an einem tragbaren Farbfernseher, der auf der Küchenanrichte thronte, im *Million Dollar Movie* Godzilla anschauten. Oder Samstagabends bei den Walls mit den Füßen auf einem Kniekissen zu sitzen und *Love Is a Many Splendored Thing* oder *Town Without Pity* bis zu Ende anzuschauen, eine Schachtel mit Oreos und ein Sechserpack Mountain Dew griffbereit und keine Eltern in Hörweite. Solch ein Luxus war in unserem Haus unmöglich, wo ein armenisch-amerikanischer Puritanismus sich allmählich festsetzte, während sich unser erstes Jahr in der Crabtree Lane zum Ende neigte. Innerhalb unserer neuen Räume mit ihren wunderbaren Geräten bestimmten meine Eltern unser Leben – oder vielleicht wurde es von den alten Gewohnheiten armenischer Kultur bestimmt, dergemäß die Autoritätsverhältnisse zwischen Eltern und Kindern eindeutig und die Rituale des Abendessens urtümlicher Ausdruck kultureller Kontinuität sind.

Dennoch hatte ich die Hoffnung, daß ich eines Tages von der Schule nach Hause kommen und meine Mutter auf der Terrasse sitzend vorfinden würde, in legerer weißer Hose, einer türkisfarbenen Bluse, weißen, flachen Schuhen, das Haar im Bubble-Cut-Stil. Sie würde eine Salem rauchen und an einem Cocktail nippen. »Schätzchen«, würde sie beiläufig sagen, »ich treff mich mit deinem Vater im Klub zum Abendessen. Im Kühlfach sind ein paar Swansons, tu doch einfach eins in den Ofen. Sie brauchen zwanzig Minuten.«

Erschien mir das Leben in der Crabtree Lane 57 komplexer und widersprüchlicher, so verkörperte ein Ritual, das wir direkt im Zentrum der Suburbia abhielten, die seltsame Verquickung des modernen Suburbialebens mit unserer alten nahöstlichen Kultur. So wie eine Szene sich einem Tableau ähnlich wieder einstellt, stellt sich bei mir die folgende Szene aus dem Juli 1960 wieder ein. An einem normalen Sommerabend Mitte der Woche erscheinen der *Der Hayr* (der Pope) und seine Frau (*Yeretsgeen*) von der unlängst erbauten St. Thomas' Armenian Church an unserer Haustür. Sie tragen sommerliche Kleidung: *Der Hayr* mit geistlichem Kragen und schwarzem, kurzärmeligem Kittel, und *Yeretsgeen* in einem engen, ausgeschnittenen, lavendelfarbenen Kostüm. Mit seinem silbrigen Spitzbart ist er ein wenig leutselig nach Art der alten Welt, und *Yeretsgeen* mit ihrem pechschwarzen Pagenhaar ist schick. Sie stehen im Eingang und mustern die großen schwarzweißen Karofliesen in unserem neuen Flur, und die kühle Luft des Hauses vermengt sich einen Moment lang mit dem feuchten Juliabend und dem Geruch von gerade ausgebrachtem Düngemittel.

Vor dem neuen Walnußbuffet in unserem frischgestrichenen gelben Eßzimmer auf einem neuen Kirman-Teppich stehend, singt *Der Hayr* auf armenisch. Wir stehen um den neuen Eßzimmertisch, passen auf, und wenn er sich bekreuzigt, bekreuzigen wir uns auch. Ich bin befangen, bringe meine richtig zusammengelegten Finger von der Stirn zum Solarplexus, und da ich Angst habe, die rechte Schulter vor der linken zu berühren, bekreuzige ich mich schnell zweimal, um sicherzugehen, daß ich alle Stationen meines Körpers durchgegangen bin. Er hat in einer Hand eine Bibel und nimmt aus seiner Tasche ein Kreuz und etwas, das nach einer silbernen, mit Juwelen besetzten Flasche aussieht. Er macht mit dem Kreuz Bewegungen in der Luft und sprenkelt aus der Flasche Weihwasser auf den Teppich. Ich beobachte, wie meine Mutter angesichts dieser kleinen Attacke auf ihren neuen Kirman das Gesicht verzieht, doch sie bewahrt Stillschweigen. *Der Voghormya, Der Voghormya, Der Voghormya*: Herr, erbarme dich, Herr, erbarme dich, Herr, erbarme dich. Er singt es mehrmals, spricht ein Gebet, und wir bekreuzigen uns wiederum. Dann sieht er uns fünf an, während wir um den Eßzimmertisch einen Halbkreis bilden – wobei der neue goldene Kandelaber von meiner Position aus sein Gesicht leicht verdeckt –, und erklärt unser Haus für gesegnet.

Der Tisch ist gedeckt, und während mein Vater die Kerzen anzündet, kommt meine Mutter aus der Küche und bringt Platten mit *plaki* (weißer Bohnensalat), *yalanchee* (kalte Dolmas ohne Fleisch), Krabben mit Cocktailsoße, Geflügelsalat, *paklava*, marinierten Quitten, eine Flasche französischen Weinbrand und Kristallcognacschwenker. Ich esse schweigend. Ich habe das Gefühl, ich würde einem Theaterstück zuschauen, das in unserem eigenen Haus aufgeführt wird. Wenn die Walls und die O'Tooles und die Dillsteins uns so sehen könnten, was würden sie sagen? Ich bin von dem ganzen wie betäubt, irgendwie peinlich berührt und auf eine Weise, die ich nicht erklären kann, auch bewegt. Der Weihrauch hängt in der Luft wie eine sich auflösende sanfte blaugraue Wolke, und sein süßer Aschengeruch legt sich auf alles, und ich fühle mich angreifbar, als sollte ich mehr wissen über dieses seltsame Schauspiel, an dem ich soeben teilgenommen habe. Während sich die Nachspeise hinzieht und meine Eltern mit *Der Hayr* und *Yeretsgeen* anstandslos in ein Gespräch auf armenisch übergehen, zieht es mich durch den Flur in das Fernsehzimmer. Ich stelle auf Kanal 11, und da sind die Yankees. Ich rieche immer noch den Weihrauch, während Mel Allens Stimme den Raum erfüllt, und das Wort *Der Voghormya* schwirrt mir zusammen mit den Namen der Anfangsaufstellungen weiter durch den Kopf.

Seidenfäden

Arax Aroosian. Der Name meiner Mutter. Nicht einzuordnende Klänge für das amerikanische Ohr. Ein Name, der den Lehrern in Paterson in den dreißiger Jahren rätselhaft gewesen sein muß, wenn sie ihn zuoberst auf der Klassenliste erblickten. Arax: ein Name aus Ostanatolien und dem südlichen Kaukasus, wo der Fluß Araxes von der Hochebene des Ararat nach Osten fließt und eine Grenze bildet, die Armenien, die Türkei und den Iran miteinander verbindet. Ein Name, der Turbulenz bedeutet, synonym mit dem Fluß.

Aroosian, ein teils arabischer, teils armenischer Name, der »Sohn der Braut« oder, idiomatischer, »Sohn von Schönen« bedeutet. Ein Name aus dem südöstlichen Anatolien, nördlich von Ninive, wo der Tigris sich um die alte, mit einer Steinmauer umgebene Stadt Diyarbakir windet, eine Stadt, die zur einen oder anderen Zeit unter der Herrschaft von Hurriten, Urartäern, Assyrern, Armeniern, Persern, Griechen, Römern, Arabern und Türken stand. Diyarbakir: ein linguistischer Zusammenfluß, wo sich Armenisch, Kurdisch, Türkisch, Arabisch und Französisch miteinander vermischten und eine kreolische Sprache bildeten, die von Armeniern gesprochen wurde. *Dikranagerdsi*-Armenisch, so hieß die Sprache, denn die Armenier nannten ihre Stadt bei ihrem armenischen Namen, *Dikranagerd*, Stadt des Königs Dikran, der der mächtigste König des Armenischen Reichs zu seiner Blütezeit etwa 50 vor Christus war. Diyarbakir: eine mörderische Stadt, in der die türkische Regierung 1915 mehr als einhunderttausend Armenier hinmetztelte. Heute eine verarmte Stadt in der modernen Türkei, in der die PKK – die Kurdische Arbeiterpartei – ihren Hauptsitz und die kurdische Bürgerrechtsbewegung ihr Zentrum hat. Ein Ort, an dem in den letzten Jahren Tausende Kurden von der türkischen Regierung umgebracht wurden.

Die Aroosians: meine Mutter, meine Großmutter und meine Tanten. Sie waren die Königinnen des Reiches der Ästhetik. Kein Essen und keine Familienversammlung fand ohne ihr ständiges Gespräch über Präsentation, Stil, Qualität und Geschmack statt. »Er hat guten Geschmack.« »Sie hat keinen Geschmack.« »Wie geschmacklos.« Solche Sätze bildeten Schleifen und Wirbel um mich herum. »In dem Kashan ist ein unschönes Blau.« »Der Preiselbeerton in dem Sarouk ist hinreißend.« »Das Hemd sieht schäbig aus.« »Der Knopf ist schlecht angenäht.« Als sage sie es zum erstenmal, pflegte Auntie Gladys bei jedem Sonntagsdinner zu sagen: »Ary, ich habe dieses Limoges einfach gern.«

Die seltsamsten Dinge waren einer Obsession würdig: das Muster auf einem alten Geschirr, mit dem meine Mutter für die Nachspeise deckte, die Präsentation von Pilaf, das Spitzenfiligran in den Gardinen, die Farben der Blumen im Garten und unsere Kleidung. »Das Revers ist aber schlecht geschnitten.« »Das ist gute Baumwollqualität.« »Seide hält ewig, wenn du gut damit umgehst.« Sie sprachen immer über Seide, und sie trugen immer Seide: Rohseide, veredelte Seide, Seide mit Leinen gemischt. Und sie sprachen über Stoff: Seersucker, Leinen, Baumwolle, Wolle, Madras, Reyon, Nylon, Dakron und andere neue synthetische Stoffe.

Tatsache war, daß ich kein Kleidungsstück haben durfte, ehe ich nicht das Aroosian-Spießrutenlaufen durchgemacht hatte. Zweimal im Jahr ging meine Mutter mit mir zu Best and Co., Bloomingdale's, Saks und Lord & Taylor, um Kleidung zu kaufen. Wir kauften immer das Doppelte von dem, was ich schließlich behielt, und wenn wir mit großen Einkaufstaschen voller Hemden, Hosen, Sportjacketts und Pullovern nach Hause kamen, pflegten meine Tanten Lucille und Gladys und meine Großmutter auf der Wohnzimmercouch zu sitzen und ungeduldig darauf zu warten, daß die Modenschau ihren Anfang nahm.

Ich ging dann in mein Schlafzimmer und zog ein Hemd

an, eine Hose, ein Tweedjackett von Harris, und dann kam ich pflichtgemäß die Treppe herab ins Wohnzimmer und stand vor ihnen, während sie zu jedem Stück ihr Ja oder Nein abgaben. Obwohl ich mir dämlich vorkam, wenn ich wie so ein Boy-Mannequin dastand, mochte ich doch insgeheim ihre vernarrte Aufmerksamkeit, ihre endlose Leidenschaft, die sie darein setzten, mich auf meinen Weg in die Welt vorzubereiten. »Schreiende Farbe«, »schlechte Nähte«, »die falschen Knöpfe«, »sieht irgendwie billig aus«. Und so die Treppe hinauf und hinunter, Samstagnachmittag, sich umziehen, die neuen Kleidungsstücke, gerade aus dem Regal und noch seidig glänzend mit ihren Anhängern und Etiketten und ihrem Geruch nach Textilgeschäft.

Manchmal war ich entsetzt angesichts der Heftigkeit, mit der meine Tanten und meine Großmutter ihr Verdikt abgaben, als wollten sie meine Mutter demütigen. »Kommt ja gar nicht in *Frage*«, erklärte Auntie Lu etwa zu einem bestimmten Hemd. »Bring das in den Laden zurück«, kommandierte etwa meine Großmutter mit Blick auf ein Jackett. Sie blickten meine Mutter finster an. Derart leidenschaftlich. Derart überzeugt. Ich fragte mich, ob sie nicht irgendein Ritual von Geschwisterhierarchie vollzogen, da meine Mutter die jüngste war und meine Tanten und meine Großmutter vielleicht die Absolutheit ihrer ästhetischen Autorität klarstellen wollten. Und doch genoß es meine Mutter, die Sachen in die Läden zurückzubringen, denn darin bestätigte sich die Überlegenheit des Auges der Aroosians, indem klargestellt wurde, daß selbst die feinsten Einzelhandelsgeschäfte in den Vereinigten Staaten Bekleidung im Sortiment hatten, die grob war und weit entfernt von armenischen Erwartungen.

Was ich damals nicht wußte, war die Tatsache, daß die Familie des Vaters meiner Mutter, die Aroosians, und die Familie der Mutter meiner Mutter, die Shekerlemedjians, Seidenzüchter gewesen waren, Seidenveredler und Seidenhändler, damals in Armenien, in Diyarbakir. Die Shekerlemedjians besaßen mehrere Morgen mit Maulbeerbäumen unweit des Euphratbeckens und produzierten jene großen gehörnten Würmer, die anders waren als andere, um einen Ausdruck von Aristoteles zu verwenden. In der byzantinischen Ära versuchte Justinian, die Seidenindustrie zu monopolisieren, indem er den traditionellen persischen Handelsweg nach Osteuropa sabotierte und über Konstantinopel umleitete. Obwohl er damit keinen Erfolg hatte, gelang es ihm gegen 550 nach Christus doch, zwei persische Mönche, die in China gelebt hatten, dazu zu überreden, daß sie in ihren hohlen Gehstöcken Seidenwürmer aus dem Land schmuggelten und sie zu ihm nach Konstantinopel brachten.

Der Seidenbau kam in den Nahen Osten, und irgendwann in der Folgezeit begannen die Shekerlemedjians damit, Seidenwürmer zu züchten. Meine Großmutter erzählte einmal meiner Tante, daß die Shekerlemedjians jahrhundertelang im Seidenhandel gewesen waren. Seide: dicke Maulbeerblätter, die Wurmlarven, seidige Fäden, Spinn-Enzyme, die magischen Kokons, Tabletts mit Eiern, eingeweichte Stränge, die Emulsionen, das Waschen, die gedrehten Fäden. Als meine Großmutter Ende des neunzehnten Jahrhunderts aufwuchs, trieb ihr Vater, Karnig Shekerlemedjian, auf den Seidenstraßen zwischen Isfahan und Athen Handel. Ich denke an die Seidenrouten, die sich vom Himalaja herabwanden durch Persien nach Armenien und sich dann durch das zentrale Hochland von Anatolien nach Konstantinopel schlängelten. An die ausgetretenen Pfade von Kaufleuten, die den begehrten Faden von Osten nach Westen brachten, und an den Vater meiner Großmutter und seinen Vater und dessen Vorväter und weiter und weiter zurück bis in die Erdspalten jener umkämpften Routen.

In den letzten Jahrzehnten des neunzehnten Jahrhunderts waren die Aroosians in der Seidenverarbeitung, zumeist Fadendrehen, wozu das Zupfen der Fäden aus den Kokons gehört, um die gleichmäßigen Stränge herzustellen, aus denen die handelsübliche Rohseide besteht. Als mein Großvater, Bedros Aroosian, 1903 in die Vereinigten Staaten kam, suchte er sich Arbeit in den Seidenfabriken von Paterson, New Jersey. Als Überlebende des Völkermords an den Armeniern brachte meine Großmutter sich und ihre beiden Töchter in Aleppo mit Schneiderarbeiten durch. Als sie 1920 meinen Großvater heiratete, eröffneten sie in Paterson ein französisches Reinigungs- und Schneidergeschäft, wo sie neben allem anderen eine große Menge Seide reinigten und verarbeiteten.

Und so gehörte das Ritual der kritischen Bewertung alles Materiellen und Ästhetischen zu einer weit zurückreichenden Vergangenheit. Das Abendessen war beispielsweise immer ein Thema. Ungeachtet dessen, wie prächtig, schmackhaft, fein und wohlbeschaffen das Essen auch war, es wurde bis in die Einzelheiten besprochen. Mehr Salz, weniger Salz, zuviel Piment, das Olivenöl nicht fein genug, die Pinienkerne zu zäh. Lamm zu fest, Lamm zu rosa, Lamm zwei Minuten zu lange gekocht; Huhn zu sehr Wildgeschmack, Huhn zu faserig und so immer weiter und weiter. Meine Mutter sagte häufig etwa: »Das Grand Union kriegt morgen früh als erstes was von mir zu hören.« Auntie Lu sagte etwa: »Was die sich erlauben.« Das war ein Lieblingsausdruck aller Aroosians: Geschäfte, die uns etwas verkauften, das nicht Fleisch, Fisch oder sonstige Produkte vom Allerfeinsten war, *erlaubten sich was.* Es wurde als persönlicher Affront erlebt. Auntie Gladys sagte etwa mit vor Ärger schriller Stimme: »Sag ihnen einfach, daß wir für solch ein Lamm nicht zahlen.«

Alle Dinge, die mit Wohnungseinrichtung zu tun hatten, brauchten Stunden, Wochen, Monate und sogar Jahre intensiver Beratungsrunden. Tapeten, Polsterbezüge, Beleuchtungskörper, Möbel und Teppiche. Stoffmuster für Gardinen und Polsterbezüge, Musterordner für Tapeten, Teppiche zum Ausprobieren und Leuchter und Waschbeckenarmaturen wanderten hin und her, hin und her von Läden, Händlern und Lagerhäusern, als wäre unser Haus ein kleiner mittelöstlicher Souk hier in den wohlhabenden Suburbias von New Jersey. Ganze Wochenenden wurden der Diskussion dieser Objekte gewidmet, und das im Ton moralischer Überlegenheit.

Bis ich etwa zwölf Jahre alt war und mich nicht mehr so leicht ihrem Willen unterwarf, mußte ich sie auf sonntägliche Fahrten begleiten, die zum Ziel hatten, Häuser anzuschauen. Diese Fahrten beruhten auf der Hoffnung, daß meine Großmutter und meine Tanten das richtige Haus finden würden, um es zu kaufen. Wenn sich heute die Erinnerung daran einstellt, kann ich noch die muffigen Sitzbezüge des kremfarbenen 54er Olds riechen. Wir schreiben das Jahr 1958, und ich sitze dünn wie ein Schilfrohr zwischen Auntie Gladys und meiner Mutter auf dem Rücksitz und zucke mit den Beinen. Wir fahren die Straßen von East Orange, West Orange, South Orange entlang. Die Fenster sind heruntergedreht, und alle sprechen mit einer solchen Intensität, daß die Hausbesitzer, die Hecken schneiden und Terrassen fegen, uns hören können. Mir ist das peinlich, doch ich bin sicher, daß mich niemand sehen kann, da ich mich in der Mitte des Rücksitzes einsinken lasse. Die Aroosians äußern sich über Dachformen, Zufahrten, Zierleisten, die Farbe von Schindeln, Gartengestaltung, Verandavarianten. Wir kommen an Häusern im Queen-Anne-Stil, im Neokolonialstil und an viktorianischen Häusern vorüber, und die vier Aroosian-Frauen sagen Dinge wie: »Diese Queen-Annes werden auf der Vorderseite zu unruhig«, »Die meisten Neokolonialen sehen geschmacklos aus« oder »Diese Viktorianischen mit den flachen Dächern, denen hat man den Kopf abgeschlagen«.

Die meisten Häuser hielten einer Inspektion nicht stand, wenngleich immerhin ein Benotungssystem zur Anwendung kam, während wir langsam vorüberfuhren, manchmal so langsam, daß wir vor jedem Haus anzuhalten schienen, als wollten wir die Gelegenheit für einen Einbruch auskundschaften. *Häßlich, Okay, Gut, Kauf ich* entsprach in etwa den Schulnoten von F, C, B, A. Die schlechteste Note, die man an ein Haus vergeben konnte, war etwas, das sich »hum hum«, nannte, eine Qualifizierung, die ich erfunden hatte, als ich fünf Jahre alt war und sie zum erstenmal auf diese Sonntagsfahrten begleitete. *Hum hum*: Auntie Lu liebte den Klang, und sie dröhnte vor Lachen, wenn sie einem Haus das *hum hum* erteilte. Es gab vielmals *Häßlich* und *Okay* und ein gelegentliches *Kauf ich*, doch es war klar, daß solch ein Haus, wenn es denn zum Verkauf stand, jenseits des Erschwinglichen lag.

Und während die Jahre vergingen und ich mich auf dem Rücksitz eines 60er Chevy Bel Air und dann eines 63er Buick fand, während wir durch die Straßen von Tenafly kurvten und Split-Level-Häusern, Farmgebäuden und Neokolonialbauten Noten erteilten, hatten meine Tanten und meine Großmutter immer noch kein Haus gefunden, das gut genug gewesen wäre, um es zu kaufen. Es lag etwas Kompensatorisches, Voyeuristisches und Sublimiertes in ihren schroffen Ansichten über das, was für sie eindeutige Mängel der Häuser im nördlichen New Jersey waren. Oder war es so, daß einfach nichts in der materiellen Welt gut genug war für die Erbinnen des an die Türken gefallenen Seidenvermögens der Familie, als die Armenier aus ihrer Heimat vertrieben wurden?

TEIL III

VATER

Herbstsamstag I

Im Leben meines Vaters bilden der Berg Ararat und Baker Field seltsame Buchstützen. Der einzige Ort, an dem mein Vater samstags nachmittags im Herbst sein wollte, war Baker Field, Sektion 16, Reihe BB, was die Höhe der Vierzig-Yard-Linie auf der Columbiaseite bedeutete. Und von meinem fünften Lebensjahr an und bis ich in der Highschool selber Football spielte, begleitete ich ihn.

Mein Vater ist an der Ecke 116. Straße und Broadway aufgewachsen, und von seinem Schlafzimmer aus konnte er die Eisentore der Columbia University sehen und durch sie hindurch den Gehweg zur Butler Library, wo Studenten sich versammelten und auseinandergingen. Ich bin überzeugt, daß mein Vater, der 1926 im Alter von fünf Jahren nach Amerika kam, sich wegen der Columbia Lions in sein neues Land verliebte, und insbesondere weil die »Boys in Babyblau« 1934 den Rose Bowl gewannen. Und sie gewannen ihn in der Art von Horatio Alger. Eine kleine Mannschaft von 29 Mann, im Gewicht den auf Platz eins gesetzten Stanford Indians um siebzehn Pfund pro Mann unterlegen, standen die Wetten acht zu eins gegen sie, doch am Neujahrstag gelang es ihnen, Stanford ohne Treffer zu halten und selbst einen Touchdown zu erzielen.

Mein Vater sprach mit Vorliebe von jenem einen Touchdown – ein »Naked reverse« –, der im Columbia-Spielbuch als KF-79 geführt wird. Ein einfaches Spiel, in dem der Quarterback Cliff Montgomery ein Hand-off zum Fullback Ed Brominski vortäuschte, nach rechts unter dem Angriff wegtauchte, und indem er hinter Brominski herlief, paßte er den Ball nahtlos zu Al Barabas, dem Halfback, der zurück über das Backfield fegte. Noch ehe irgend jemand begriff, was passiert war, hatte Barabas die Endzone für einen Siebzehn-Yard-Score erreicht. Ich wuchs auf mit einer nostalgischen Litanei von Columbia-Football-Namen: Cliff Montgomery, Al Barabas, Sid Luckman, Paul Governalli, Paul Zwiacki, Mitch Price und natürlich Coach Luigi Picolo, genannt Lou Little.

Mein Vater betrat das Stadion niemals ohne ein Programm, und er hob sie alle auf, angefangen mit einem Columbia-Navy-Spiel im Jahre '29. In Baker Field ging mein Vater seinen Ritualen nach, er saß immer auf demselben Platz, kaufte immer beim selben Eingangstor ein Programm, kaufte immer eine Coke und zwei in Aluminiumfolie gewickelte Hot Dogs für uns beide, und zwar bei dem Verkäufer am Eingang zur Sektion 16, der eine große Aluminiumkiste an einem Gurt über der Schulter trug.

Während mein Vater sich für den gesellschaftlichen Aspekt des Ivy-League-Football nicht interessierte, spazierte ich gerne über den Parkplatz hinter der Anzeigetafel, wo die »Heckklappen-Parties« stattfanden. Ich war schwer beeindruckt von der Kleidung und der Essenszeremonie, von den Ehemaligen in Hosen mit Schottenmuster und blauen Blazern und den Frauen in grauen Röcken und hellen Kaschmirpullovern. Mir gefiel es, wie die Heckklappen der Kombiwagen unter dem Gewicht von dicken blauen Decken und tragbaren Bars herabhingen, auf denen gläserne Cocktail-Shakers mit Bloody Marys und Whiskey sours und Bierdosen gestapelt waren. Bei manchen standen auch Sterno-Kocher darauf mit Grillhuhn und Bratwurst, auf anderen standen karierte Kühlboxen, vollgestopft mit Sandwiches und Tellern mit Oliven und Pickles und Radieschen und Sellerie. Ich hätte mir gewünscht, daß mein Vater zu diesen glücklichen, gutangezogenen Menschen gehörte, die Erinnerungen an das Yale-Spiel von '42 austauschten, einander die Hand gaben, lachten, Drinks einschenkten und mit vollem Mund redeten.

Er schien all dies nicht zu achten, und insgeheim nahm ich

das übel. Wir gingen immer stracks zu unseren Plätzen, rechtzeitig, um noch das Programm zu studieren, ehe wir uns erhoben, um die Nationalhymne und die Columbia Alma Mater zu singen, die mein Vater mit seiner gewohnt hohen, etwas daneben liegenden Stimme sang, wie er auch nach jedem Touchdown der Lions »Who Owns New York« und bei strategischen Auszeiten des Spiels »Roar Lion Roar« sang.

Vielleicht überrascht es nicht, daß ich meinen Vater als Person der Öffentlichkeit zum erstenmal in Baker Field an einem linden Samstag im Oktober 1958 wahrnahm. Weil er an jenem Morgen nach seinen Runden im Krankenhaus erst spät loskam, gelangten wir später als vorgesehen zum Stadion, und es ergab sich, daß wir neben dem Columbia-Team einherliefen, als dieses gerade aus der Kabine kam, und die stahlüberzogenen Stollen der Spieler Schmutz gegen unsere Hosen schleuderten. Während sie uns überholten, klappte ein kleiner, kahlköpfiger, mit einem Anzug bekleideter Mann wie eine Marionette zusammen. Als er auf den Boden schlug, fiel seine Hand in den Weg der Spikes des letzten Spielers. Ich sah zu, wie der kahlköpfige Mann auf dem spikedurchlöcherten Boden lag und dickes, purpurrotes Blut von seinem Handgelenk hinab auf den dunklen Anzug und in die Erde rann.

Mein Vater ließ das Programm fallen und lief zu dem zusammengesackten Körper. Auf Händen und Knien löste er dem Mann die Krawatte und öffnete den Kragen und begann, mit den Händen auf seine Brust zu drücken. Dann legte er seinen Mund auf den Mund des Mannes und blies hinein. Innerhalb von Sekunden bildete sich eine Menschenmenge um die beiden, und ich stand da und starrte auf das Spielprogramm in meiner Hand: »Columbia-Harvard« und »Heimkehr«, ein Wort, das mein Vater am Morgen wiederholt gesagt hatte, und eine Zeichnung eines Mannes in einem Waschbärpelz, Pfeife im Mund, Arm in Arm mit seiner

Freundin vom Typ Backfisch – College-Nostalgie, die mir mit meinen sieben Jahren entging. Als ich wieder aufblickte, waren die Polizei und ein Krankenwagen erschienen. Als sich die hinteren Türen öffneten, verschwand mein Vater mit der Krankentrage und dem kahlköpfigen Mann, der in eine Decke gewickelt war. Dann ging die Menschenmenge auseinander, und mein Vater erschien wieder, um mit der Polizei zu reden, die jedes seiner Worte aufschrieb.

Dann kam mein Vater stracks zu mir, als hätte er sich erst jetzt erinnert, daß ich da war. Er schwitzte und lächelte, und ich bemerkte, daß sein Pullover nicht mehr da war. »Zeit für den Anstoß«, sagte er, und wir rannten ins Stadion und schlängelten uns durch die Menge zur Sektion 16, gerade noch rechtzeitig, um zu sehen, wie ein eiernder kurzer »End-over-end«-Schuß in den Händen des einzigen schwarzen Spielers auf dem Feld landete, eines Halfback namens Harvey Brookins, der ihn ein paar Yards weit in den Haufen aus weißen und purpurroten Trikots zurückgab.

Als ich in dem klaren Oktoberlicht dasaß und auf das grüne Feld und die farbenfrohen Uniformen hinabsah, war mir schlecht im Magen. Ich wickelte meinen Hot Dog wieder in die Aluminiumfolie und stopfte ihn in die Tasche meiner Windjacke. Ich blickte meinen Vater an, der sich ins Spiel vertieft hatte, und dachte weiterhin an den kahlköpfigen Mann am Boden, dem das Blut vom Handgelenk rann. Ich blätterte das Programm durch, sah dann wieder auf das Spielfeld, wo die Uniformen herumliefen und sich übereinanderhäuften. Als Columbia den Ball keine zehn Yards von der Stelle kriegte und aus der Hand abschlagen mußte, drehte ich mich zu meinem Vater hin und sagte: »Ist er tot, Dad?«

Mein Vater hatte aber nur Augen für den hohen, eiernden Punt [Abschlag], der tief im Harvard-Territorium landete.

Und so wartete ich die nächste Serie von Versuchen ab, und als der Harvard-Punter den Snap kriegte und sich zum Punt anschickte, wandte ich mich wieder an meinen Vater.

»Dad, ist der Mann gestorben?«

Mein Vater sah zu mir herab und ich zu ihm hinauf, während er in der Herbstsonne blinzelte. »Armtackling, Armtackling, Armtackling. Seit Lou Little weg ist.«

Diesmal fragte ich sofort noch mal, nachdem die Lions den Punt ein paar Yards zurückgeworfen hatten, doch noch ehe sie ihr erstes Spiel an der Scrimmage-Linie begannen: »Dad, ist der Mann gestorben?«

Mein Vater schnalzte mit der Zunge, und wenn er das tat, machte er ein Geräusch, indem er mit der Zunge heftig den Gaumen rieb, und es klang irgendwie nach etwas zwischen Glucken und Kuß. Es war eine zarte, fast delikate Andeutung, oftmals mit leichtem Ausdruck von Ekel, doch es war ein eisernes Kommando und bedeutete einfach, daß man eine ungehörige Frage stellte; es bedeutete: Betreten verboten. Es war meines Vaters Art, Ordnung zu halten, und wenn mein Vater so mit der Zunge schnalzte, das hatte ich mit sieben Jahren gelernt, dann würde ich keine Antwort bekommen. Doch dann überraschte er mich und sagte: »Es wird schon werden mit ihm. Und jetzt schau das Spiel an.«

Den ganzen Tag saß ich auf der Tribüne und sah, wie die Schatten auf dem Feld länger wurden und die goldenen und scharlachroten Blätter am Hügel in der Ferne zu verschwimmen und zu glühen schienen. Zigarrenrauch, Kaffee, Hot Dogs, feuchter Rasen, die guten Gerüche eines Samstagnachmittags wie eine ferne Welt, während ich auf der Tribüne saß und an den kleinen kahlköpfigen Mann dachte und an meinen Vater und den Krankenwagen mit seinem unheimlichen Bett auf Rädern. Ich sah immer noch seine Hand und das Blut, wie es auf den Boden lief. Am Ende des vierten Viertels, als meinem Vater bewußt wurde, daß wir weder Spielzüge analysiert noch die Auswechslungen von Coach Donelli vorhergesagt hatten und daß ich eigentlich den ganzen Nachmittag fast nichts gesagt hatte, drehte er sich zu mir und sagte: »Der Mann wird okay sein, er wird nicht sterben, er hatte einen kleinen Herzanfall«, und dann strich er mir mit der Hand über meinen Bürstenschnitt und sagte: »Du mußt stahlhart sein, mein Sohn.«

Auf dem Weg nach Hause hörten wir im Radio die Ergebnisse der anderen Spiele: LSU, Alabama, UCLA, Ohio State, Notre Dame, die Namen von Macht und Erfolg in den großen Stadien in anderen Teilen Amerikas. Als wir über die George-Washington-Brücke fuhren und das purpurne Zwielicht sich über die hohen Gebäude von Manhattan legte, war mein Vater entspannt und zufrieden, und er summte eines seiner bevorzugten Football-Lieder. Ich wollte ihn fragen: »Wie kannst du den Georgia Football Tech Song singen, nachdem ein Mann auf dem weichen Boden von Baker Field beinahe gestorben wäre? Du, Dad, der du deine Lippen auf seinen Mund gelegt hast. Hast du den Tod geschmeckt? Wie war das?« Das Bild des Mannes auf dem Boden mit meinem Vater, der sich über ihn beugte, blieb mir im Kopf, als ich mich auf den Sitz fallen ließ, und dann wußte ich nur noch, daß er mich vom Auto hinauf in mein Zimmer trug, wobei der Duft von Dolma auf dem Herd über mich hinwegstrich, als wir durch die Küche kamen. Dann schlief ich noch tiefer ein, während er mir die Schuhe auszog und die Steppdecke über mich zog.

Istanbul war Konstantinopel

Von der siebten Klasse an begannen mein Vater und ich unsere Phase gespannter Beziehungen, und es war das Telephon, das den Keil zwischen uns symbolisieren sollte. In den Jahren, ehe die förmlichen Verabredungen einsetzten, begannen meine Romanzen mit Mädchen am Telephon und endeten oft auch damit. Zwar gab es schulische Tanzveranstaltungen und Hausparties bei gesellschaftlich eher frühreifen Klassenkameraden, deren Eltern Samstag abends die schikken Höhlen ihrer Split-Level-Häuser uns überließen, doch wir sprachen meistens am Telephon.

Ich liebte den Zauber des Wählens am babyblauen Telephon im Schlafzimmer meiner Eltern, während ich auf dem weichen Kirman-Teppich lag. Mir klopfte das Herz, während ich wählte und, wenn ein Elternteil antwortete, so rasch wie möglich nach Sally oder Ariane oder Kathy oder Julie fragte. Wenn ich versuche, sie mir heute vorzustellen, mittleren Alters, mit ihren Kindern im Teenageralter oder ihren Karrieren oder Ehemännern, so höre ich doch nur ihre Stimmen als Zwölfjährige, spielerisch und kokett, wie sie durch die gestanzten Löcher im Telephonhörer kommen.

Nachdem er einige Tage lang meine neuen abendlichen Telephonanrufe, die ich mit gedämpfter Stimme hinter verschlossenen Türen machte, zur Kenntnis genommen hatte, verwendete mein Vater einen Ausdruck, den er gern in solchen Momenten verwendete: »Peter, ich werde jetzt energisch.« Als Arzt sei er auf das Telephon angewiesen, sagte er. »Wenn das Telephon besetzt ist«, sagte mein Vater, »können Leute, die vielleicht im Sterben liegen, mich nicht erreichen.« Er sagte, ich könne jeden Abend fünf Minuten am Telephon sprechen, und dann müsse ich meinen Satz beenden und auflegen. Obwohl ich das Sterben ernstnahm, brüllte ich zurück: »Verdammt noch mal, behalt doch deine fünf Minuten!«, und ich stürmte hinauf in mein Zimmer.

»Er hat's überhaupt nicht drauf«, beklagte ich mich bei meiner Mutter, »er ist ein verdammter Spießer.«

Da es sich herausstellte, daß ich nicht in der Lage war, mich auf die festgelegten fünf Minuten zu beschränken, verwandelten sich die Abende in Katz-und-Maus-Spiele zwischen mir und meinem Vater um das Telephon. Der Kampf um das Telephon war mein erster Schritt hinaus aus der Autonomie der Familie und die erste Herausforderung an die Autorität meines Vaters. Das Telephon war das verbindende

Element der Teeager-Kultur von Tenafly – einer frühreifen, wohlhabenden Welt, die ihren Ausdruck fand in Liedern wie denen von der aus Tenafly stammenden Leslie Gore, deren Hits wie *It's My Party* und *You Don't Own Me* die verstörten Herzen verwöhnter Jugendlicher ansprachen –, und derlei Mangel an Zurückhaltung war in unserem Hause höchst unwillkommen. Für meinen Vater, der andere Vorstellungen vom Heranwachsen hatte, war es irgendwie unanständig, wenn sein zwölfjähriger Sohn zwanzig, vierzig oder sechzig Minuten ununterbrochen mit Mädchen am Telephon sprach. Im Verlauf des Jahres wurde die Kluft zwischen meinem Vater und mir immer größer, und ich verbrachte jeden Abend einige Zeit damit, mein Telephonleben nach seinem Abendplan einzurichten. Mein Telephonproblem, wie meine Mutter das nennen sollte, machte meinem Vater auf einer grundlegenden Ebene zu schaffen. Seine Reaktion war mehr als nur ein Ausdruck normaler elterlicher Autorität gegenüber meiner neuen Identität als Siebtkläßler. Wenngleich die Eltern mancher meiner Freunde stellvertretend ihrer Freude angesichts des ersten Sexualitätsschubs ihrer Kinder Ausdruck verliehen und manche wiederum nicht, schien doch niemand diesem Übergang zur Adoleszenz feindseliger gegenüberzustehen als mein Vater.

Je reservierter, distanzierter und ablehnender mein Vater sich zeigte, desto mehr dachte ich an ihn als Armenier. Denn in Wahrheit dachte ich an meinen Vater niemals als an einen Einwanderer, und auch er selbst betrachtete sich nicht als solchen. Sein Englisch war perfektes Manhattan-Amerikanisch. In seinen dunklen Anzügen von Brooks Brothers und den gestärkten weißen Hemden sah er nach Ivy League aus, wenn er sich mit dem gelassenen Selbstvertrauen eines Arztes aus der Suburbia im öffentlichen Leben bewegte. In seiner Praxis, bei Elternbeiratsversammlungen oder einem Spiel der Little League war er förmlich, aber immer entspannt. Er war so gründlich in seiner Vermeidung von Formen, die als

»ethnisch« hätten gelten können – jener Gattungsbegriff, den Amerikaner gern benutzen, wenn sie von »dem anderen« reden –, daß er es ablehnte, in seiner Praxis Armenisch zu sprechen, selbst mit solchen armenischen Patienten, deren Englisch holprig war und die sich danach sehnten, mit ihrem Arzt in ihrer Muttersprache zu reden. »Es gibt nur eine Sprache in der Praxis«, sagte er jedesmal zu meiner Mutter, wenn sie ihn darum bat, doch den älteren Armeniern ein wenig besondere Aufmerksamkeit zukommen zu lassen. Manchmal erzählte er den Leuten, er sei in New York City geboren. »Das macht es leichter«, sagte er. »Wenn ich sterbe, dann genügt ›geboren in New York City‹«, sagte er einmal zu mir, als ich schon im College war. In Gegenwart seiner armenischen Freunde sagte er derlei niemals; sie alle wußten, daß er in Konstantinopel geboren war.

Ich spielte oft mit dem Klang des Wortes: *Kon stan tin opel*. Ich rollte es gern in meinem Kopf herum. Insgeheim wurde es zu einer Obsession. Es fiel mir schwer zu glauben: Mein Vater, dessen Leidenschaft für Football sich mit der eines Vince Lombardi messen konnte, war nicht in den Vereinigten Staaten geboren. Ich hatte ein Bild von dem Geburtsort meines Vaters im Kopf, aus Gesprächsfetzen, die ich bei Unterhaltungen der Erwachsenen aufgabelte, von einem Gemälde von Sarkis Katchadourian, das im Eßzimmer meiner Großmutter hing, von Dingen, die ich im *World Book* las. Konstantinopel. Der Name war nicht mal mehr auf der Landkarte. Es gibt ein Lied der Ames Brothers mit dem Titel *Istanbul*, eines dieser nach den vierziger Jahren klingenden Rummellieder, das Witze macht über die Namen sich wandelnder Orte oder über den Namenswandel von Orten: *Istanbul was Constantinople / Been a long time gone, Constantinople / Now it's Turkish delight on a moonlit night … / Why did Constantinople get the works? / That's nobody's business but the Turks'.*

Ich summte das Lied vor mich hin, drehte die Worte in

meinem Kopf – Konstantinopel, Istanbul. Fragte mich: Why did Constantinople get the works? [Warum wurde Konstantinopel fertiggemacht?] *Turks. Works. Nobody's business.* Es war eine Stadt in Europa und Asien, ein kontinentales Ästuar. Ein imperiales Handelszentrum für Kaufleute von Skandinavien bis nach China. Ein *Souk* ohne Überdachung, wo seit Jahrtausenden Dinge kamen und gingen: Seide und Brokatstoffe, Säcke mit Kardamom und Myrrhe, Safran, Weizen und Gerste, geschlachtetes Vieh, Messinggeräte und Teppiche, gestapelt und aufgehängt, entsprechend den Vergnügungsschiffen und Schonern und Caiques, die an- und ablegten.

Es gab in Greenwich Village ein armenisches Restaurant, The Dardanelles, benannt nach der berühmten Wasserstraße, die das Marmarameer und das Ägäische Meer miteinander verbindet. Dort fuhren wir im Stoßverkehr hin, um *midya* zu essen, kalte Muscheln in der Schale, gefüllt mit Korinthen, Pinienkernen und Reis. Und es gab The Golden Horn in der 56. Straße, benannt nach einer Bucht des Bosporus. Warum waren armenische Restaurants in New York nach Örtlichkeiten in Konstantinopel benannt?

Das Gemälde von Katchadourian zeigte die goldene Kuppel der Hagia Sophia. »Das größte Baudenkmal der Christenheit«, sagte meine Großmutter. Die Minarette in leichten Pinselstrichen golden und grün. Meine Großmutter sagte, sie seien islamisch. Sonnengesprenkelte Kajiks im Hafen oder brennende Boote? Meine Großmutter sagte, es sei eine Nacht mit Feuerwerk im alten *Bolese*, wie die Armenier Konstantinopel nannten. Roter und gelber Goldregen in tiefblauem Himmel. Eine Sommernacht von Lustbarkeiten in Konstantinopel. Sarkis und Vava Katchadourian, beide Maler, waren Freunde meiner Großeltern Balakian, und obwohl Sarkis in jungen Jahren in Paris an Komplikationen bei einer Blinddarmoperation starb, sprachen wir oft über ihn. Seine hellen postimpressionistischen Stilleben hingen in unserem Wohnzimmer. Er war der Mensch als reiner Künstler, denn ich hatte kein anderes Bild von ihm außer Impasto-Ölmalerei auf Leinwand. Gelbe Wildblumen. Das Rot von Äpfeln. Das pistaziengrüne Morgenlicht.

Mein Vater wurde im September 1920 geboren, als seine Eltern auf den Prinzeninseln im Marmarameer Urlaub machten. Im September werden die Muschelschalen ans Ufer gespült, und das Licht macht aus der lauen Flut Silberbecher. Pulverblauer Himmel. Der bronzene Lichthauch auf den Eukalyptus-, Oliven- und Aprikosenbäumen und auf den Minaretten, den Kuppeln der Hagia Sophia und der Blauen Moschee. Konstantinopel wurde als Byzanz von den Griechen kolonisiert, und 330 nach Christus machte der römische Kaiser Konstantin der Große die Stadt zur Kaiserresidenz und zur östlichen Hauptstadt des Römischen Reiches, ehe sie zum Sitz des Byzantinischen Reiches wurde. Im sechsten Jahrhundert errichtete Justinian auf sieben Hügeln ein neues Konstantinopel. Sein prächtiges Baudenkmal war die Hagia Sophia, mit ihrem Porphyr und dem thessalonischen Marmor, geflochtenen Goldketten, an denen Lampen und Kreuze hingen, die auf die mosaikverzierten Wände und in die Kuppel Licht und Schatten warfen.

Das Mittelalter brachte Perser, Araber, Russen, Bulgaren und die ersten Türken dorthin, die Seldschuken aus Mittelasien, die Anatolien entwaldeten, um ihre Pferde und Schafe zu weiden. Zwischen 1095 und 1195 nahmen drei Kreuzzüge ihren Weg über Byzanz mit der Absicht, das Heilige Land gegen die Moslems zu verteidigen, und sie plünderten die Reichtümer der Stadt. Der europäische Neid auf die großartige Stadt war dergestalt, daß Kreuzfahrer auf dem Vierten Kreuzzug die Stadt angriffen und sich mit christlichen Kunstwerken die Säcke vollstopften. Kurz danach errichtete Balduin von Flandern innerhalb der Stadtmauern einen Feudalstaat, und Konstantinopel wurde dermaßen geschwächt, daß andringende türkische Stämme, die weit von Osten aus der Wüste Gobi kamen und sich Osmanen nannten, die Stadt

1453 erobern konnten. Da wurde die Hagia Sophia zur Moschee, die Mosaikgeschichten von Christus wurden übertüncht, und Mitte des sechzehnten Jahrhunderts hatte der türkische Sultan Süleiman der Prächtige die neue moslemische Epoche der Stadt zu ihrem Höhepunkt geführt.

Als mein Vater zwei Jahre alt war, verließen meine Großeltern mit ihren drei Kindern Konstantinopel. Mein Großvater Diran Balakian, der als Arzt bei der Eisenbahn Berlin–Bagdad beschäftigt war, sorgte für die Übersiedelung seiner Familie nach Europa. Mein Vater erzählte mir, daß seine Familie 1922 fortging, und er erwähnte Länder, durch die sie kamen – Bulgarien, Serbien, Ungarn. In Wien trat mein Großvater in einem Krankenhaus seinen Dienst an. Später zogen sie in eine kleine Stadt in den Französischen Alpen.

Der armenische Schriftsteller Gostan Zarian verzeichnet in seinem Tagebuch Ende des Sommers 1922, im Monat, als mein Vater die Stadt verließ:

> Die Ufer des Bosporus sind bewegt. Im Wind liegt ein Duft von Opium und Mastix. Die Luft um meine Lippen wirft Blasen wie Wasser in einer Wasserpfeife … Wie riesige enthauptete Krokodile gleiten Straßenbahnen die Straße hinauf und hinab … Obwohl er weiterhin anwesend ist, hat die Existenz des Armeniers hier aufgehört.
>
> Im Schatten der Erhabenen Pforte sammeln armenische Drucker trübe Lichtstrahlen aus den Pfützen auf der Straße. Aus ihren Löchern in den Mauern gewundener byzantinischer Gassen verhökern armenische Buchhändler Reproduktionen von Mutter Armenia und Casanovas *Memoiren* … Ein paar Straßen weiter hinab steht im Schutz der Genueser und der Venezianischen Mission die armenische Kirche. Steht da wie ein Haufen Steine, ein Friedhof von Erinnerungen. Es herrscht schreckliches Elend an den Ufern des Bosporus. In den Straßen Fragmente der Menschheit mit Schrecken in den Augen. Fin-

stere Blicke von Türken. Geflüsterte Gespräche. Jeden Tag werde ich von neuen Erinnerungen heimgesucht. Unser Verlust ist so ungeheuer, daß es nicht möglich ist, darüber zu schreiben ... Es ist nicht leicht, Armenier zu sein. Vielleicht ist es unsere Funktion, einen dunklen Winkel des Universums zu erhellen. Die Dunkelheit selbst ist auf dem Vormarsch. Bei Tagesanbruch blickt die Sonne auf aschfahle Gesichter. Gegenwärtig ist noch jeder am Leben.

Mein Vater hatte keine Erinnerungen an seinen Geburtsort und nur wenige an seinen Aufbruch von dort, doch Bilder von Europa tauchten dann und wann in Gesprächen auf. In Collonges, einer kleinen Stadt in den Französischen Alpen, aßen sie Brot und Schokolade zum Frühstück. Auf den Wiesen mit gelben und roten Blumen rund um ihr Haus erklangen Kuhglocken. An klaren Tagen konnte er die schneebedeckte Spitze des Mont Blanc sehen. Er wurde nostalgisch, wenn er über einen Wiener Vergnügungspark sprach, den Prater nämlich, mit seinen Karussellen riesiger handgeschnitzter und bemalter Holzpferde. Und über ein Wiener Schnitzel, das seine Mutter machte, ein Gericht, das meine Mutter niemals zu seiner Zufriedenheit zubereiten konnte, bis ihr klarwurde, daß es ein zu mythisches Gericht war, als daß es neu hätte erschaffen werden können.

Drei Tage bevor mein Vater starb, erzählte er mir, während wir im Fernsehzimmer saßen und Wiederholungen von dem Attentat auf Ronald Reagan sahen, von zwei Träumen, die er gehabt hatte. Mein Vater sah zusammengeschrumpft aus, das Gesicht grau von der zehrenden Herzkrankheit, und mit den Füßen auf der schwarzen Lederottomane nippte er an seinem Orangensaft. Im ersten Traum ist er mit seiner Cousine Armine und seiner Schwester Anna in ihrem Haus in Collonges, er beugt sich aus dem Fenster und wirft den Enten Gebäck zu, und eine Kirchenglocke ertönt schallend, mit heftigem Echo, das ihm in den Ohren schmerzt. Im zweiten ist er in einem Zug, der aus Konstantinopel abfährt. Ausdünstungen von Knoblauch und Wolle und Körpergeruch. Die Nostalgie pfeifender Züge. Dampf und Zischen. Seine Mutter sagt: »Wenn der Zug anfährt, gehen die Lichter aus. Hab keine Angst, wir sind bei dir.« Ich wußte, daß es ein Traum über den Tod war, und ich wünschte, er hätte ihn mir nicht erzählt.

Meines Vaters Tante Astrig erinnerte sich, daß mein Vater, als die Balakians zur Fahrt nach Amerika in Frankreich an Bord der *Berengaria* gingen, sich über die Knitterfalte in seiner wollenen Hose beklagte. Er brüllte: »*Il faut repasser mon pantalon.*« Er veranstaltete einen regelrechten Tumult. Da mein Großvater vorausgefahren war, um sich eine Arztpraxis aufzubauen, war meine Großmutter allein mit ihren drei kleinen Kindern und einem Familienpaß aus einem Land, das nicht mehr existierte. *République Arménienne* in prächtigen Buchstaben. Ein zehn mal zwölf Zoll großes Stück Pergament mit einem drei mal fünf Zoll großen Photo der Familie. Mein Vater mit Beatlefrisur und Matrosenanzug. Die Augen dunkel und verspielt. Frühjahr 1926. Ich denke an ihn, noch keine sechs Jahre alt und verärgert über seine zerknitterte Hose. Beim Versuch, Ordnung zu stiften. Der Name seines Geburtsortes ist von der Landkarte verschwunden, und die Bedeutung der Landkarte ist ebenfalls verschwunden. Ich male ihn mir aus, wie er sich über die Reling der *Berengaria* beugt, den Atlantischen Ozean im Hintergrund.

Die andere Seite der Brücke

Sonntags wurden wir oft nach 395 Riverside Drive zitiert, Tante Annas und Onkel Steves Apartment mit Blick auf den Fluß an der Upper West Side von Manhattan unweit der Columbia University. Die Trennung zwischen dem Leben in Tenafly und der Upper West Side wurde durch die George Washington Bridge gebildet, die mit ihren grauen Turmpfeilern und den riesigen stählernen Trägern und Seilen aufragte, während ich im blauen Blazer und mit Krawatte und hellbraunen Levi-Cordhosen in der Mitte der vorderen Sitzbank unseres weiß-rosa Chevy-Kombiwagens saß. Ich war aufgebracht und mürrisch, weil ich von einem Spiel der Yankees, Giants oder Knicks im Fernsehen weggezerrt worden war. »Müssen wir da wirklich hin?« fragte ich mehrere Male.

Nach 395 Riverside Drive fahren hieß zur Hochkultur kommen. Schon wenn ich aus dem dunklen Korridor über die Schwelle in den engen Eingangsflur der Wohnung trat, wurde ich von Bücherregalen überwältigt, die nicht mit Büchern, sondern mit Zeitschriften vollgestopft waren, »gelehrten Journalen«, wie mein Vater sie nannte, die Einbände von vergilbendem Weiß, rissig und abgenutzt. Die meisten waren auf französisch, Regal über Regal bis zur Decke. Im Entree, auf das sich der Eingangsflur öffnete, waren weitere Bücherregale, angefüllt mit den farbigen Einbänden von Büchern, und an den freigelassenen Stellen der Wände hingen Zeichnungen der surrealistischen Künstler Marcel Jean und Yves Tanguy. Wenn der Mantelschrank voll war, mußten wir unsere Mäntel in das Schlafzimmer meiner Tante und meines Onkels bringen, wo meine Schwester Pam und ich einigermaßen in Verwirrung gerieten, denn die meisten Flächen – einschließlich des Bettes – waren mit Stapeln von Manuskripten, Büchern und Zeitschriften bedeckt. »Ist das ein Schlafzimmer?« fragte meine Schwester.

Meine Tante Anna, in der Familie mit ihrem armenischen Namen Anahid gerufen, war die Älteste der Geschwister meines Vaters. Ihr Mann Steve war Elektroingenieur und Geschäftsmann; er wurde in der antiken griechischen Stadt Smyrna geboren und entkam 1922 mit seiner Familie nur knapp, als die Türken die Stadt niederbrannten, um alle verbliebenen Christen – die Griechen und Armenier – auszumerzen, ehe sie den Namen der Stadt in Izmir änderten. Jahre später lauschte ich seinen Erinnerungen, als er erzählte, wie er im Hafen auf dem Bug eines französischen Dampfers stand und zusah, wie die Gebäude im Feuer auseinanderbrachen, während er und seine Familie über das Mittelmeer nach Tunis entkamen, wo er aufwuchs und Französisch wie auch Armenisch und Arabisch sprach. In der Wohnung 395 Riverside Drive waren Französisch, Armenisch und Englisch die Sprachen der Wahl.

Auntie Anna war Professorin für Französisch im Romance Language Department an der NYU, und ihre Schwester Nona war seit vielen Jahren Redakteurin bei der *New York Times Book Review*. Beide schrieben sie Bücher. Auntie Anna schrieb über französische Literatur, insbesondere über französische Dichtung, und Auntie Nona schrieb über amerikanische Literatur und manchmal über armenisch-amerikanische Schriftsteller. In meinen Erinnerungen an die Kindheit sind Anna und Nona unzertrennlich. Immer hieß es Auntie Anna und Auntie Nona; wir fuhren zu Auntie Anna und Auntie Nona. Wenn sie den Steinplattenweg zu unserem Haus entlangkommen, sind sie immer zusammen, Auntie Anna fünfzehn Zentimeter größer als Auntie Nona, Seite an Seite gehend.

Auntie Anna liebte große Parties, insbesondere Geburtstagsparties, die sie zum Anlaß für Familienversammlungen nahm. Ihre Leidenschaft für die Großfamilie war grenzenlos; je mehr Familienmitglieder bei einer Versammlung anwesend waren, desto glücklicher war sie. Üblicherweise fanden sich in 395 Riverside Drive ein: Mrs. Nalbantian, Onkel Steves Mutter; meine Großtanten, die verbliebenen Schwestern meiner verstorbenen Großmutter, Vergine Tante und Astrig Tante, wie sie von meinem Vater und seinen Schwestern genannt wurden; sodann ihre Männer, Miran Onkel und Ostanig Onkel; des weiteren Onkel Steves Brüder, Jack und Henry, ihre Frauen Rose und Zabel und ihre Kinder Eddie und Ara und Nancy und Carol; und Laura und Ronnie Sarraf, Cousine und Cousin meines Vaters, und ihre Ehegesponse Jack und Ruth und ihre Kinder Paul, Christopher, Malina, Caroline und Edward; Auntie Satenik, die in einer darübergelegenen Wohnung lebte und 104 Jahre alt werden sollte, war immer da, wie auch Auntie Lucy, die Witwe von Krikor (George) Balakian, dem Bruder meines Großvaters; meine Tanten Lucille und Gladys und meine Großmutter; und Cousine Suzanne und Cousin Haig, die Kinder von Auntie Anna und Onkel Steve. Wenn man mit Auntie Anna befreundet und gerade in der Stadt war, wurde man ebenfalls eingeladen. Auntie Nonas guter Freund Ross Parmenter, Musikkritiker der *Times*; Auntie Annas Schriftstellerfreunde Anaïs Nin, Daisy Allan und Marvin Cohen; und dann noch, was für mich seltsame Professorenkäuze waren, die Französisch, Italienisch und Spanisch sprachen und dunkle Anzüge trugen, Hornbrillen und Schnauzer und Bärte. Dieses Gewühl von Menschen, die alle fremde Sprachen sprachen, in diese überheizte Wohnung gepfercht, bildete für mich eine solch verwirrende kulturelle Dichte, daß ich mich an den Rand des Raumes drängen ließ, um meine Beobachtungen anzustellen.

Ein langer Buffettisch war gedeckt mit einem weißen Tischtuch und Platten von Schinken und Truthahn und Rindfleisch und Silbertabletts mit *bereks*, *yalanchis*, *midya* und *pasterma* (dünne Scheiben von in Kreuzkümmel und Knoblauch eingelegtem Rindfleisch), *plaki* und Pilaf, Glasplatten mit *paklava*, *shekarjee* (süße Kekse mit Mandelfüllung) und *kadayif*. Jeder hatte ein Highball-Glas, und Onkel Steve sorgte dafür, daß es immer mit Scotch oder Gin gefüllt war, und wir Kinder hatten Highball-Gläser mit Ginger Ale oder Coke. Wenn meine Tante beschloß, daß es der richtige Moment war, klimperte sie mit einem Löffel an ein leeres Weinglas, um uns zur Ordnung zu rufen für das Konzert, das von meiner Cousine Suzie, die ein Jahr älter war als ich, und meinem Cousin Haigie, der drei Jahre jünger war, gegeben wurde. Suzie in einem dunklen Kleid und schwarzen Lackschuhen und Haigie mit Anzug und Binder. Sie nahmen ihre Musik ernst und spielten voller Stolz.

Wenn Auntie Anna mit dem Weinglas klimperte, stand Haigie mit der Geige unter dem Kinn aufrecht da, den Bogen in Position, und blickte auf die Noten auf seinem Pult, und Suzie saß am Klavier, die Hände leicht gekrümmt und bereit. Dann gab Tante Anna das Zeichen, und sie spielten Beethovens Frühlingssonate oder Mozarts fünftes Violinkonzert in D-Dur. Manchmal gingen Auntie Anna und Onkel Steve spontan ins Schlafzimmer und kamen mit ihren Geigen wieder und begleiteten ihre Kinder. Sie waren alle gut. Sehr gut. Nicht gut genug, um Berufsmusiker zu werden, doch fast so gut.

Ich beobachtete sie mit einer Mischung aus Respekt und Mißfallen, nicht weil ich nicht so spielen konnte wie sie (ich hatte kein Interesse daran, ein Instrument zu spielen), sondern weil ich sah, wie Auntie Anna in Richtung meiner Mutter lächelte, was mir zu sagen schien: *Deine Kinder können sich mit meinen Wunderkindern nicht vergleichen*, und ich spürte, daß die Stoßrichtung dieser Konkurrenz gegen mich ging, das älteste der Kinder meines Vaters, das sich nicht im geringsten für Hochkultur interessierte. Ich war zwölf und hatte mehrere Jahre lang Cello-Unterricht gehabt, und als das Konzert zu Ende war, versetzte meine Mutter Auntie Anna einen ziemlichen Schlag, indem sie herausplatzte: »Peter macht wunderbare Fortschritte am Cello.« Ich wollte mich einmischen, schüttelte jedoch nur den Kopf in Richtung meiner Mutter, angewidert von dieser Unwahrheit. Der einzige Fortschritt, den ich mit dem Cello machte, bestand daran, daß ich ein Loch in den Harzblock schabte, mit dem ich den Bogen einrieb. Auntie Anna begann daraufhin einen kleinen Vortrag über Pablo Casals und sagte: »Arax, du und

Peter, ihr müßt nach New York kommen und mit uns dabei sein, wenn Casals das nächste Mal in der Stadt ist.« Diese Momente kultureller Rivalität ließen mich wünschen, ich hätte mein Cello mitgebracht, damit ich ein großes Loch hineintreten und sehr klar zeigen konnte, welchen Standpunkt ich in dieser Sache einnahm.

Wenn die Wortwechsel zwischen den Aroosians und den Balakians entflammten, war es, als würde ich zwei Seiten der George Washington Bridge hören. Auntie Anna und Auntie Nona redeten in literarischer Sprache: *Proustsche Sensibilität, Koterie, Hemingwayesk, la nausée, ennui, Nihilist, Dadaismus* und so weiter. Und wenn die Schwestern Balakian die Suburbia als banal und philiströs attackierten, was ich so verstand, daß wir nicht zu einer Welt gehörten, die kultiviert und zivilisiert wie die ihre war, zogen die Schwestern Aroosian ihr eigenes Wörterbuch hervor und steckten ihr eigenes moralisch hochstehendes Territorium ab.

Die Aroosians hielten sich auf ihr ästhetisches Raffinement und ihr Stilgefühl etwas zugute, und sie gaben Taylor Caldwell und William Saroyan den Vorzug vor Virginia Woolf und André Breton. Sie waren Verfechter eines protestantischen Christentums, von dem auch ihre Sensibilität geprägt war. Oft hörte ich, wie Auntie Lu und Gladys in frommem Flüsterton mit verhaltener Stimme Gott anriefen: »Lieber Gott«, »Segne Gott«, »Gott behüte«. Wie viele Armenier waren die Familien meiner Großeltern von ihrem eigenen armenischen orthodoxen Christentum zum Protestantismus bekehrt worden, und zwar durch die amerikanischen Missionare, die im neunzehnten Jahrhundert mit der Hoffnung in die Türkei gingen, die Türken vom Islam zu bekehren. Zu der Zeit, als die Aroosians und die Shekerlemedjians in die Vereinigten Staaten kamen, waren sie schon auf dem Weg, Amerikaner zu werden, und zwar kraft ihres Protestantismus – eines Protestantismus, der zugleich fast zweitausend Jahre armenischen Christentums hinter sich hatte.

Auntie Lu und Auntie Gladys waren unverheiratete Geschäftsfrauen, die in der Wall Street arbeiteten und die in Dr. Norman Vincent Peale die vollkommene Vermählung ihres Glaubens an den Kapitalismus mit ihrer christlichen Frömmigkeit fanden. Das Arbeitsethos, freies Unternehmertum, die Psychologie der Selbsthilfe und amerikanischer Protestantismus fanden bei Dr. Peale unter einen Hut. Jeden Sonntag gingen sie zum Gottesdienst in die Marble Collegiate Church an der Fifth Avenue, wo er seine triumphalen Predigten über die gepflegten Köpfe seiner wohlhabenden Gemeinde brüllte, zu der zuweilen auch Präsident Nixon gehörte. Wenn also Auntie Anna sich ihnen gegenüber mit den alchimistischen Verklärungen der Dichtung aufspielte, um anzudeuten, daß in der Suburbia das Licht des französischen Symbolismus nicht leuchte, oder wenn Auntie Nona sich auf die tragische Vision ihrer Freundin, der Romanschriftstellerin Carson McCullers, berief, schossen meine Mutter und meine Tanten mit ihrer eigenen visionären Rhetorik zurück. Das konnte sich etwa so anhören:

»Wißt ihr«, sagt Auntie Anna und betont dabei ihre geliebten Vokale, »die romantischen Dichter entrannen dem *ennui* durch intellektualisierte Sinnlichkeit. Damals hat man das Problem der petite bourgeoisie noch verstanden«, worauf Auntie Lu mit gespannter Stimme antwortet: »Dr. Peale glaubt an die *reale* Kraft von Worten. Worte im Gebetssinne ermöglichen uns Zugang zur Kraft von etwas, das größer ist als wir selbst – ›Ich vermag alles durch den, der mich mächtig macht, Christus‹, Philipper 4,13.«

Indem Auntie Anna in Fahrt kommt, verkündet sie: »Verstehst du, meine Liebe, der Dichter hat uns gelehrt, daß der Abgrund das Tor zur Imagination des Menschen ist, und es ist die Imagination, die uns Macht über uns selbst gibt.«

Darauf sagt meine Mutter in ihrem Ton beherrschter, frontaler Kampfbereitschaft: »Stonewall Jackson war ein Mann, der sich vor nichts fürchtete, weil er niemals seine

Ängste als Ratgeber gelten ließ« – etwas, das sie aus einer Peale-Predigt im Radio aufgeschnappt haben mußte, da sie niemals in seine Kirche ging.

Auntie Gladys setzt hinzu: »Er (und sie meinte Stonewall Jackson oder Dr. Peale oder vielleicht Jesus Christus) glaubte an die *Kraft* des Gebets.«

Meine Mutter fährt fort: »Das Leben in Tenafly ist genau das, wofür Amerika *steht*, Anna. Und ich kenne kein besseres Land als Amerika«, womit sie suggeriert, daß alles zum besten steht daheim in New Jersey, wo die Aroosians herkommen, aber zugleich auch fragt: Was in Gottes Namen ist das für ein Land hier, 395 Riverside Drive?

Dann meldet sich Auntie Nona mit ihrer hohen, freundlichen Stimme zu Wort: »Ob es nun Gott ist oder die Imagination, und vielleicht sind sie ja ein und dasselbe, wir dürfen nicht vergessen, daß wir alle um eines höheren Ideals willen dem groben Materialismus widerstehen. Ich sprach gestern mit Eudora ...« (Eudora Welty, ihre alte Freundin in Mississippi), doch noch ehe Auntie Anna unterbrechen kann, sagt meine Mutter: »Nona, ich glaube, du bringst lieber die Paklava herein, und ich werd' den Kaffee holen.«

Und so ging es immer weiter an jenen Sonntagen. Literarische Romantik gegen Mittelschichtsprotestantismus. Demokratische Suburbia – gegen Hochkultur. Die Frauen Aroosian und die Frauen Balakian im Feuerwechsel ihrer Meinungen hin und her über die symbolische Brücke des Eßtischs. Jedes Lager verteidigte verbissen und stolz seine Seite der George Washington Bridge, und auf irgendeiner Ebene ihres kulturellen Wesens schienen sie ihr Territorium zu verteidigen wie Armenier der alten Welt, die ihre besondere Provinz oder Stadt verteidigten. Die Aroosians, reiche Kaufleute aus dem armenischen Umland von Diyarbakir, ließen sich von den intellektuellen Balakians aus Konstantinopel nicht die Schau stehlen. Ländliche Verbissenheit und kosmopolitische Arroganz. So ging es hin und her, Mallarmé, Peale, Baudelaire, Thomas Edison, Eudora Welty, Stonewall Jackson.

Bei diesen Kraftproben saß mein Vater am Tisch und ging auf Distanz. Er wirkte, als sehe er sich ein Tennisspiel an, indem er den Kopf zum einen Ende des Tisches drehte und nickte, dann zum anderen und wieder nickte, wobei er gequält lächelte. Schließlich stand er dann auf und ging unauffällig in ein anderes Zimmer und ließ es die Frauen auskämpfen, steckte er doch zwischen der Hochkultur der Balakians und seinem neuen Leben in der Suburbia mit den Aroosians, die er doch recht gern hatte.

Gegen Abend saß ich dann zusammengesunken in der Ecke einer steifen Couch, trank Ginger Ale aus einem Highball-Glas, hatte einen feuchten Untersetzer auf dem Schoß und fühlte mich von den streitlustigen Frauen auf beiden Seiten meiner Familie belagert. Ich war dreizehn und ließ mir mein borstiges Haar jetzt länger wachsen. In meinem blauen Blazer und den Levi-Cordhosen, die nach Muschelsucher aussahen, weil ich von Monat zu Monat wuchs, fühlte ich mich wie ein Außenseiter. Die Sonne war untergegangen und die Perserteppiche zu dunkel, der Dampf ließ die Heizkörper ohne Unterlaß knacken, im Stereoradio war irgendwas von Chopin, und die allgemeine Konversation ging weiter mit Gesprächen über die besseren Colleges, musikalische Ferienlager in der Provence, Erwartungen für unsere Zukunft; und ich versank in Depression, nicht nur weil sich die großartigen Verheißungen für das Wochenende in nichts aufgelöst hatten, sondern weil es dazu hatte kommen müssen – zu diesem Ort der Fremdheit und des Eingesperrtseins –, und meine Seele wollte mir in den Mund aufsteigen und ihnen allen verkünden, daß ich hoffte, meine Zukunft würde nur eins umfassen: den Strand in Seaside Heights, wo Bunny Russo und ich unter der Strandpromenade verschwinden und den Sonnenuntergang betrachten würden, während wir Colt 45 tranken und Muscheln aßen. Wenn der

Mond aufginge und die sich brechenden Wellen erleuchtete, würde unser Strandfeuer glimmen, und wir würden Liebe machen, während Roy Orbisons Stimme aus dem Radio über uns verströmen würde in der samtenen Luft.

Als wir von 395 Riverside Drive in unserem Chevy-Kombiwagen aufbrechen, trifft der Winterwind rauh auf mein Gesicht, und mein Vater dreht den Zündschlüssel, und das Autoradio, das nicht abgeschaltet war, schmettert in die kalte schwarze Luft, die von den Lichtern des Armaturenbretts erleuchtet wird. Mit nebligem Atem sagt mein Vater: »Wenn du es schon nicht abschalten kannst, mach es *viel* leiser.« Ich drehe es leiser, doch die Stimme von Cousin Brucie, WABCs Abend-DJ, flattert in die schwarze Luft des Vordersitzes, und ich bin wieder frei.

* * *

Um meinen Vater zu verstehen, mußte ich ihn mir Stück für Stück zusammensetzen. Mehr als das Geheimnis der Persönlichkeit war es ein Zusammenprall von Kulturen. War mein Vater nicht Amerikaner? War er nicht auch Europäer – zwar nicht europäischer Nationalität, aber europäisch? War er nicht ein Armenier aus Konstantinopel, der jüngste Sohn einer Familie, die 1922 auf der Flucht vor dem armenischen Völkermord nach Europa ging? Und gehörten die Balakians nicht einer intellektuellen Tradition an, die armenisch *und* europäisch war? In Konstantinopel hatten Armenier jahrhundertelang europäische Kultur ihrer eigenen einverleibt, insbesondere seit der Zeit der Aufklärung, auf deren Ideen von politischer und gesellschaftlicher Freiheit sich Armenier beriefen, die in einer auf Unterdrückung beruhenden osmanischen Gesellschaft Reformen anstrebten. Mein Vater wuchs in einer Familie auf, die Künstler und Intellektuelle idealisierte, die glaubte, das Heil liege in den Universitäten. Der Vater meines Vaters verließ seine Geburtsstadt Tokat im

Inneren der Türkei, um auf das Nersesian-Kolleg in Tiflis zu gehen und dann an die medizinische Fakultät in Leipzig. Die Mutter meines Vaters, Koharig Panosyan, machte ihren Abschluß am Amerikanischen Frauenkolleg in Konstantinopel, ehe sie in Chartres einem Graduiertenstudium nachging. Die Balakians und die Panosyans glaubten mit religiösem Eifer an die Kultur und die Intelligentsia. Im osmanischen Reich waren die Balakians und die Panosyans Geistliche, Lehrer, Ärzte gewesen; und jetzt waren die Schwestern Balakian, Anna und Nona, in der Hochkultur der Vereinigten Staaten tätig.

Im Alter von dreizehn Jahren hielt ich meinen Vater für einen Spießer. Seine Dichotomien verwirrten mich. Förmlich, distanziert, häuslich, war er wie ein edwardianischer Gentleman. Er war auch der Arzt, der nach Bergen County zog, weil er zur Suburbia gehören wollte. Er pflegte zu scherzen: »Gott hat das Land geschaffen, der Mensch hat die Stadt geschaffen, deshalb bin ich hierher gezogen.« Einmal erzählte er mir, daß er von der Upper West Side fortgegangen sei, um der Hochkultur zu entkommen, wie er ihr an jenen Samstagnachmittagen seiner Kindheit entkam, wenn er über den Zaun von Baker Field kletterte, um die Lions spielen zu sehen. Er ließ keinen Zweifel daran, daß er Manhattan auch deswegen entkommen wollte, weil ihn die Art von medizinischer Tätigkeit, wie sie die Ärzte in der Park Avenue praktizierten, nicht interessierte; er mochte den lockereren, menschlicheren Ton der praktischen Medizin in Teaneck und Englewood. Er war ein bewunderter Arzt, dem seine Bemühungen im Erziehungs- und Gesundheitswesen und den lokalen Sportmannschaften Freude bereiteten und ein Gemeindegefühl bescherten. Obwohl er nur wenige nahe Freunde hatte, war er gern mit Menschen zusammen, und die Menschen mochten ihn und fragten mich oft nach ihm. Sie fanden ihn unprätentiös und nett und vielleicht ein wenig anders, und das interessierte sie.

Zuhause war mein Vater pedantisch, förmlich, bedächtig. Ehe modische Stilrichtungen auch bei Brooks Brothers Eingang fanden, sah ich ihn niemals mit etwas anderem als einem grauen oder blauen Anzug, einem weißen Hemd und einer roten oder blauen Krawatte bekleidet. Er trug schwarze Schuhe und bedeckte sich das sorgfältig gescheitelte feine schwarze Haar mit einem kakaobraunen Stetsonhut. Zum Abendessen nahm er die Krawatte ab, doch wenn er gegen neun Uhr abends herunterkam, um die Autos in die Garage zu fahren, machte er beim Mantelschrank halt, nahm eine Krawatte von einem Bügel und band sie um, ehe er in die Zufahrt hinaustrat.

In der Welt der Väter meiner Freunde bildete mein Vater eine Ausnahme. Kein Schulterklopfen oder herzhaftes Händeschütteln oder Begrüßungen mit »alter Kumpel« oder »Partner«. Keine Polohemden oder Khakihosen oder Segeltuchslipper oder Kameraden zum Golf am Mittwoch, wenn Ärzte erwartungsgemäß die Fairways in orangefarbenen Wagen und mit limonengrünen Hosen und weißem Blendschirm entlangfuhren. Keine Wochenendcocktails mit den McKays oder den Wheelers. Und ebensowenig machte mein Vater mit mir Witze über Macho-Ideale, wie sie etwa Hemingway oder John Wayne verkörperten. Er machte keine Witze von der Art, wie sie die Väter meiner Freunde in vielsagenden Momenten erzählten, wenn Mütter gerade aus dem Zimmer waren und Väter und Söhne kleine Verschwörungen abhielten. Da er im zweiten Weltkrieg wegen hohen Blutdrucks nur sehr bedingt verwendungsfähig war, was er aber niemals erwähnte, hatte er auch keine Kriegsgeschichten zu bieten.

Manchmal hatte es den Anschein, als sei mein Vater der gesamten physischen Welt gegenüber zimperlich, und für einen Arzt schien mir das seltsam zu sein. Alles, was im Ruch stand, unsauber zu sein, jede Oberfläche der Welt, die Pilze, Viren, Bakterien, auch nur den Hauch von etwas Gefährlichem beherbergen mochte, wurde mit Alkohol, Lysol, Clorox, Wasserstoffperoxyd, Mr. Clean, Janitor in a Drum, SOS Seifenpads, Comet, Babo bearbeitet. Meine Eltern waren beide fanatisch, was die Keimtheorieverschwörung anging. Unser Haus war ein Ort, an dem Keime mit erbarmungsloser Leidenschaft ausgerottet werden mußten.

In der Welt meines Vater befanden sich die Dinge ständig in Inkubation. »Eßt im Delikatessenladen keinen Hühnersalat, der ist immer schon in Inkubation.« »Bestellt keine Nachspeisen mit Sahne oder Vanillesoße«; »Nehmt im Restaurant keine Pfefferminzbonbons aus einer Schale«; »Gebt anderen nicht die Hand, wenn ihr es vermeiden könnt«; »Achtet auf herumfliegende Haare in allem, wenn ihr auswärts eßt.« Ein Niesen vertrieb meinen Vater normalerweise aus dem Zimmer. Einmal habe ich gesehen, wie er ein Papiertuch benutzte, um Eiswürfel für sein eigenes Glas zu nehmen. In seiner Praxis wischte er die Türklinken mit Alkohol ab, nachdem Patienten hinausgegangen waren. Er ging nur selten an einem Waschbecken vorbei, ohne sich die Hände zu waschen. Uns war verboten, zu Hause aus Tassen oder Gläsern anderer zu trinken. Keine Schlucke aus den Cola-Dosen von Freunden oder Bissen von einem gemeinsamen Twinkie – immer lauerte spinale Meningitis oder Hepatitis irgendwo in der Umgebung.

In all dieser Keimmanie schien sich irgendeine tiefere, durchdringendere Furcht auszudrücken. Irgendeine pathologische Angst, die ich bei meiner Großmutter spürte, wenn sie um mich herumschlich, unablässig mir mit der Hand über das Haar strich und fragte: Wie geht es dir, was kann ich für dich tun, bist du okay? *Eench, eench, eench*. Für die Generation meiner Großeltern und meiner Eltern war die Welt womöglich ein Ort, der sich verschworen hatte, einen umzubringen. Nach dem Völkermord war Todesfurcht etwas anderes als die Angst vor der Sterblichkeit. Mit dieser Atmosphäre tiefgreifender Angst war unsere Familie von der optimistischen Stimmung in der Suburbia weit entfernt. So sagte meine Großmutter zu mir, als ich im Bett lag und mich von den Masern erholte: »Behalte beim Schlafen ein Auge offen; wisse um den bösen Blick.«

Im Alter von dreizehn Jahren betrachtete ich meinen Vater oft, als wäre er ein Fremder. Das folgende sind Szenen, die sich bei mir wieder einstellen, wie kleine Bilder eines Achtmillimeterfilms. Szenen, die mir zu Bewußtsein brachten, daß mein Vater nicht nur ein einziges Selbst hatte. In einem Greyhound-Bus in Oregon erzählt eine junge Frau meinem Vater, daß sie ihren Mann, einen Forst-Ranger verlassen will, weil er sie schlägt. Ich erwache von Zeit zu Zeit, während der Bus die kleinen Landstraßen entlangruckelt. Sie ist etwa fünfundzwanzig Jahre alt und sieht wie Kim Novak aus, auch wenn sie schwarzes Haar hat und ihre Augen die Farbe ihres hellblauen Idaho-State-T-Shirts haben. Sie trägt Bluejeans und weiße Turnschuhe und kaut Kaugummi, und schon im Moment, als sie in den Bus stieg, dachte ich, sie sei schön. Ich höre ihre zarte, ängstliche Stimme, und ich höre, wie mein Vater die ganze Nacht über ruhig mit ihr spricht. Am Morgen tue ich so, als hätte ich tief geschlafen.

Am Weihnachtsabend 1965 kommt während des Essens ein Telephonanruf, ein normales Ereignis in unserem Haus, und mein Vater verschwindet bis zum frühen Morgen. Er verbringt die Nacht damit, die Nadel einer Injektionsspritze aus der Luftröhre eines der stadtbekannten Rocker zu entfernen. Als ich meinen Vater bitte zu erzählen, was eine Spritzennadel in Pascarellis Kehle zu suchen hatte, macht er mit der Zunge sein schnalzendes Geräusch. Doch die Tatsache bleibt, daß mein Vater am Weihnachtsabend Stunden mit Pascarelli verbracht hat – dem berühmten Pascarelli, der in der Schule vom Unterricht ausgeschlossen wurde und in den sich schöne Blondinen verlieben. Wenn ich Pascarelli im Foyer in seinen engen Haifischhauthosen und mit seiner öligen Pompadour-Frisur sehe, will ich ihn fragen: »Was habt ihr, du und mein Vater, am Weihnachtsabend zueinander gesagt?« Im Alter von dreizehn Jahren empfand ich Ehrfurcht vor dem Zugang, den mein Vater zu der geheimen Welt von Krankheit und Tod hatte, zu den menschlichen Stätten von Verletzungen und Schmerz und Leiden. Ich wollte immer mit ihm über seine Arbeit sprechen, wenn er am Tagesende nach Hause kam. Doch er hat nie ein Wort darüber verloren.

Männer waren knapp in unserer Familie, und das machte die Tatsache, daß mein Vater mir fern war, noch verwickelter. Die Familien meiner Mutter und meines Vaters wurden jeweils von Frauen dominiert, die alle in der einen oder anderen Weise über unsere Sippe präsidierten. Ich war dahin gekommen, Familie für eine Frauenerfindung zu halten. Meine Großväter starben beide, noch ehe ich geboren wurde, und statt Patriarchen hatten wir Tanten. Hinzu kam noch, daß drei meiner Tanten nicht geheiratet hatten und statt dessen zu Müttern für meine Geschwister und mich wurden. War mein Vater also fern, so überließ er mich den Frauen, und die Frauen hatten eine unermüdliche Leidenschaft für mich.

Eine Ausgeburt des Rock 'n' Roll

Während Telephongespräche mit Freundinnen und die Teenagerkultur von Tenafly mich in Anspruch nahmen, machte sich mein Vater zunehmend Sorgen um meine Zukunft, die untrennbar mit seinen Vorstellungen vom College verbunden war. Er rief mir jetzt regelmäßig in Erinnerung: »Wenn du in diesem Leben irgend etwas erreichen willst, mußt du auf ein gutes College gehen.« Als von Lehrern Benachrichtigungen kamen, in denen es hieß, ich sei in der Klasse immer wieder abgelenkt, würde Mädchen Zettel zustecken und nicht meinem Potential entsprechend arbeiten, entwickelte mein Vater eine Obsession für Privatschulen.

Mit zunehmender Häufigkeit erwähnte er Andover, Exeter, Horace Mann, Lawrenceville – Schulorte, wo ernstzunehmende Leute hingingen. Franklin D. Roosevelt ist nach Groton gegangen, und John F. Kennedy nach Choate, gab mir mein Vater zu bedenken, während er mich bat, ihm den *tahn* zu reichen. Bald schon stellten sich nach und nach die Broschüren für Privatschulen im Großraum New York auf unserem Posttisch ein; jeden Tag auf meinem Weg ins obere Stockwerk kam ich an ihnen vorüber. Am Abend kam mein Vater gern kurz in mein Zimmer, um nachzusehen, wie es mit den Hausaufgaben stand, und rückte auch mit ein paar Neuigkeiten heraus über einen Quarterback von Lawrenceville, der ein Stipendium für Princeton bekommen habe, oder einen Shortstop von Andover, der Amherst den Vorzug vor den großen Ligen gegeben habe. In einer Privatschule, so glaubte er, wäre ich frei von den flotten Mitschülern der Public School von Tenafly und meinen neuen Freunden, die am wohlhabenden Osthang wohnten, wo in den Zufahrten Cadillacs und Jaguars standen und die Häuser Swimmingpools und Hausmädchen hatten.

Mein Vater sorgte sich ganz besonders über meine Freundschaft mit einem neuen Jungen, Frank Haskell. Haskell war ein gutaussehender dunkelblonder, muskulöser, begabter Sportler, der im Alter von zwölf Jahren fast einen Meter achtzig groß war. Das Haus der Haskells am Carmel Court – nur ein paar hundert Yards von der neuen St. Thomas' Armenian Church entfernt, bei der mein Vater Gründungsmitglied war – war eine schicke Ranch mit einem T-Bird und einem schwarzen Caddy in der Zufahrt, eingerichtet in einer Kombination aus französischen Antiquitäten und dem Vorstadt-Stil der 60er Jahre. Mir gefiel Haskells Schlafzimmer, das mit Tapeten, Kissen und einer Tagesdecke ganz in synthetischem orangeschwarzem Leopardenfell ausgestattet war. Noch mehr faszinierte mich ein großer begehbarer Wandschrank mit Spiegelwänden, vergoldeten Stahlregalen und Getränkefächern mit Zapfhähnen – die Art von Bar, wo du jeden Moment erwarten konntest, daß Dean Martin oder Sammy Davis Jr. hereinkam. Obwohl die Haskells Juden waren, ließ Carmel Court die Dickerson Road meiner Kindheit wie das Schtetl erscheinen.

Mr. Haskell, dem ein Country-Club in einer benachbarten Stadt gehörte, hatte Butler und Hausmädchen, ein schwarzes Paar namens Al und Daisy, deren schwarzer Fleetwood immer in der Zufahrt stand. Und nach Mrs. Haskells frühem Krebstod führten Al und Daisy den Haushalt. Einfach durch Läuten einer Glocke in ihrem Schlafzimmer konnte jeder der Haskell-Jungen Al oder Daisy herbeirufen. Wenn wir Hunger hatten, schwang Haskell einfach die Glocke, und Daisy erschien in ihrer weißen Uniform. »Na, was wollt ihr hungrigen Buben woll?« pfiffen die Worte durch ihren nahezu zahnlosen Mund in ihrer weichen, südlichen Mundart. Sie war lieb und warmherzig und uns immer zu Diensten.

In der siebten Klasse verlangte Haskell gewöhnlich nach Scampi, »Genug für mich und Peter, Daisy«. Eine halbe Stunde später läutete Daisy mit ihrer Glocke, und wir gingen in das mit Marmor ausgelegte Eßzimmer, wo wir uns unter einem goldenen Kronleuchter an einen langen Tisch setzten. Vor uns standen Teller mit Riesengarnelen in Knoblauchsauce, etwas Gemüse und Reis und Gläser mit Milch, und auf dem Buffet wartete ein Schokoladenkuchen. »Es ist noch viel da, Jungs, wenn ihr fertig seid«, sagte sie. Im Haus von Haskell sprachen wir stundenlang mit unseren Mädchen am Telephon und verschwanden für weitere Stunden in seinem Keller, um mit seinem Joe Wider deluxe Hantelset Gewichte zu heben. Als wir schließlich in der High School waren, genehmigten wir uns in der begehbaren Schrankbar Seven and Seven, Whiskey sour und Wodka-Orange. Und das Leopardenfellschlafzimmer und die sich anschließenden Räumlichkeiten waren protzige Orte, an die wir unsere Freundinnen mitbrachten, als würden wir in einem Hotel absteigen. Im Winter unseres Seniorjahres kam Mr. Haskell eines Abends gegen Mitternacht nach Hause und mußte feststellen, daß jedes Zimmer in seinem Haus – auch sein eigenes Schlafzimmer – von einem High-School-Pärchen in Beschlag genommen war. Und es war das einzige Mal, daß ich bei ihm überhaupt einen Gefühlsausdruck sah; er stand im Flur und brüllte durch das Haus: »Was zum Teufel ist das hier, Haskells Halbstarkenoase?«

Tatsächlich hatte mein Vater Grund, sich zu beunruhigen, denn Haskells Halbstarkenoase war eine absurde Phantasievorstellung, die sich verwirklicht hatte; sie verkörperte die fehlgeleitete Entwicklung, die mein Leben, wie mein Vater glaubte, genommen hatte. Während ich mich auf jener Insel diesseitiger Lustbarkeiten in Haskells Halbstarkenoase aalte, ließ mein Vater Ausdrücke wie »exzessive Permissivität«, »Laissez-faire-Gesellschaft«, »Dekadenz« fallen. Diese hochgestochene Sprache stachelte mich zu meinen Erwiderungen an: »So ist jedes gute Haus in dieser Stadt«, »So lebt man eben heutzutage.« Mein Vater klang jetzt wie Auntie Anna sonntags nachmittags. Er mäkelte jetzt auch an meinem Englisch herum, das, wie er sagte, Gossensprache sei, denn ich hätte mich zu einer »Ausgeburt des Rock 'n' Roll« entwickelt.

Seine Obsession für Privatschulen wurde des weiteren von seiner Entdeckung einer Broschüre mit dem Titel »The College Rater« angestachelt, einer Rangliste der 200 besten Colleges der Vereinigten Staaten. Mit seinen Tabellen über Ausstattung, Bibliotheksbestände, Forschungsarbeiten, Zulassungsbedingungen und Zufriedenheit der Studenten bot dieser »College Rater« meinem Vater statistische Erfassungen, die ihm helfen sollten, seine Vorstellung von meiner Zukunft auszumessen. Freitag abends, wenn ich mich in dem großen

Polstersessel lümmelte und *77 Sunset Strip* anschaute, pflegte mein Vater hereinzuschneien, um zu verkünden: »Kalamazoo sollte höher als fünfundneunzig sein«, »Dartmouth ist überbewertet« und »Harvey Mudd ist besser als sein Ruf«. Ich dachte, er wäre verrückt geworden.

Beim Abendessen brachte er jetzt das Gespräch auf die Welt und ihre Ereignisse. Der Assuan-Staudamm, Nehru, Martin Luther King Jr., Juden und Araber und der Mittlere Osten, und manchmal gab es Geschichtslektionen wie: Eisenhower und die Nazis, Der Fall des Römischen Reiches, Napoleon bei Waterloo, Custers letztes Gefecht. Allabendlich fragte er: »Wie steht's in der Schule?« Und so hellte sich seine Miene auf, als ich ihm im Winterhalbjahr der achten Klasse erzählte, ich solle für unser gesellschaftswissenschaftliches Projekt über eine Kultur des Nahen Ostens schreiben, und er sagte: »Das ist eine Chance für dich, etwas über Armenien zu erfahren.«

»Armenien?«

»Es ist eine perfekte Gelegenheit«, sagte er. »Etwas zu erfahren.«

»O. K.«

Am nächsten Tag nahm ich mir das *World Book* vor und fand den Artikel über Armenien. Etwa 200 Worte und ein Bild von einem armenischen Mädchen in einem karierten Kleid, mit einem aufgeschlagenen Schulbuch an einem Schülerpult sitzend. Ich erinnerte mich an die Enttäuschung meines Vaters, als er 1960 die Enzyklopädie kaufte. »Nicht viel über Armenien«, sagte er zu meiner Mutter und stellte weiterhin jeden in rotblaues Vinyl gebundenen Band der alphabetischen Ordnung nach in unser Bücherregal im Fernsehzimmer. Nein, es gab nicht viel über Armenien. Da ich wußte, daß Armenien einmal dort lag, wo heute die Türkei war, beschloß ich nachzusehen, was es über die Türkei gab: einen recht umfangreichen Artikel mit farbigen Abbildungen, Landkarten, einer Liste von Exportprodukten. Ich schaute am Ende des Artikels in der Bibliographie nach den Quellen und suchte sie in den Regalen der öffentlichen Bibliothek von Tenafly. Ich las und las und las. Der Reichtum der Sultane, die militärische Macht der osmanischen Türken, der Niedergang jenes Reiches während des Ersten Weltkrieges. Eine Menge über Atatürk und das Entstehen der modernen Türkei. Die Reform des mittelalterlichen Islam und die Modernisierung des Alphabets.

Zwei Wochen vergingen, und ich stellte fest, daß ich mehrere Bücher über die Türkei gelesen hatte, ohne auch nur einmal einem Hinweis auf Armenien zu begegnen. Das fand ich seltsam, denn lange ehe die Türken kamen, hatten Armenier in dem Land gewohnt, das heute Türkei heißt. Einen Moment lang kamen mir die Indianer in den Sinn. Ich wußte, daß sie in Amerika gewesen waren, ehe die Europäer kamen, und so nahm ich mir *World Book* vor und sah unter Geschichte der Vereinigten Staaten nach und fand, daß die Indianer oft und mit Querverweisen erwähnt wurden, und ich fand es merkwürdig, daß es in all den Büchern über die Türkei keinerlei Verweise auf Armenien gab.

Doch war nicht genug Zeit, um darüber nachzudenken. Mein Aufsatz war in vier Tagen fällig, und ich hatte noch nichts geschrieben. Nun blieb mir nichts anderes übrig, als über die Türkei zu schreiben. In schrägen, kantigen Buchstaben schrieb ich zwanzig Seiten auf blaulinierte Einzelblätter, wobei ich jede zweite Zeile leer ließ. Ich stellte die Geschichte der osmanischen Türkei von der Zeit der Eroberung Konstantinopels bis zum Aufstieg Atatürks und der Konsolidierung der Türkischen Republik dar. Mein Lehrer meinte, ich hätte gut geschrieben und den Ereignissen eine Erzählstruktur gegeben, die ihnen während der Epochen des Wandels eine Ursache-Wirkung-Beziehung verliehen. Ich bekam die Note A.

Ich brachte den Aufsatz an jenem Abend mit nach Hause und verkündete beim Abendessen, daß ich für mein gesellschaftswissenschaftliches Projekt die Note A bekommen hatte. Mein Vater fragte, wobei seine Stimme um ein Quentchen Aufregung lauter wurde: »Was hast du also über Armenien herausgefunden?«

»Ich habe über die Türkei geschrieben«, sagte ich.

Mein Vater starrte mich an, und Stille hing über dem Tisch.

»Was?« Seine Stimme versagte, während er auf dem letzten Laut hängenblieb. »Du solltest doch über –«

»Ich weiß«, unterbrach ich, »aber ich konnte nichts finden.«

Jetzt brüllte er. »Weißt du nicht, was die Türken uns angetan haben?«

»Na klar«, sagte ich, doch ich war zu verletzt und verwirrt, um zuzugeben, daß ich nicht wußte, was die Türken uns angetan hatten. Obwohl ich mich erinnerte, daß das Wort *Massaker* im Gespräch immer wieder einmal fiel, wenn man annahm, daß Kinder nicht zugegen waren, hatte nie jemand das Wort mit einer Bedeutung versehen.

»Würden deine jüdischen Freunde so über die Deutschen schreiben?«

»Vielleicht«, antwortete ich im Versuch, das Gesicht zu wahren. Ich war ganz betäubt vor Demütigung und verließ den Tisch. Als ich wiederkam, war die Familie mit dem Essen fertig. Ich stand beim schmutzigen Geschirr, als mein Vater meine Semesterarbeit zur Hand nahm und anfing, sie durchzublättern. Keine Erwähnung der Armenier, keine ernsthafte Erörterung der türkischen Geschichte. Nach ein paar Minuten legte er den Aufsatz hin. Und eine Zeitlang saß er ruhig da. Ich beobachtete ihn aus den Augenwinkeln und sah, wie ein unhörbarer Zornesausdruck starr auf seinem Gesicht lag, und das gab mir das Gefühl, als halte er etwas zurück, etwas, das mehr war als nur Enttäuschung über meinen Aufsatz. Sein Schweigen schien nach innen zu gehen, und ich wußte, daß ich in dem Moment mit ihm nicht sprechen konnte. Einen Augenblick hatte ich Angst, und dann wurde aus meiner Angst Wut. Dann wurde aus meiner Wut die empörte Aufgebrachtheit eines Dreizehnjährigen. Wenn mein Vater wollte, daß ich über Armenien Bescheid wußte, warum hatte er dann nicht gesagt: »Hier, Peter, lies das« oder »Mein Sohn, habe ich dir je erzählt, was mit Armenien passiert ist?« Ich hielt meine Tränen zurück und verließ die Küche, und während ich den roten Orientläufer zu meinem Zimmer entlangschlurfte, hörte ich meine Eltern auf armenisch miteinander sprechen.

Wir sprachen nie wieder von der türkischen Semesterarbeit. Am Wochenende war es schon, als hätte es sie gar nicht gegeben. Ich hatte die Note A bekommen, und darüber war ich glücklich. Ich sagte mir, es sei bloß Geschichte, die sich vor langer Zeit zugetragen habe. Draußen setzte der Frühling ein, und die Yankees schlossen ihr Trainingslager in Fort Lauderdale ab, und ich warf jeden Tag mit dem Ball, um mich für die Babe Ruth League in Form zu bringen. Ich war seit der letzten Saison über zehn Zentimeter gewachsen, und draußen tauten die gefrorenen Schlammstellen, und neues Gras wuchs frisch heran, und nichts roch frischer als der Morast des Innenfeldes. Doch die türkische Semesterarbeit stellte einen Wendepunkt dar; in der Folgezeit wurde mein Vater mir sogar noch fremder.

Jetzt sah sich mein Vater im Gespräch über Erziehung an Privatschulen dazu veranlaßt, bei den monatlichen Zusammenkünften des Erziehungsausschusses von Tenafly das Versagen der öffentlichen Schule anzuprangern. Er teilte unseren Mitbürgern und Mitbürgerinnen mit, daß der Peergroup-Terror und die Förderung exzessiver gesellschaftlicher Fähigkeiten den Niedergang der öffentlichen Erziehung darstellten und Teil des Problems mit den Suburbias seien. Auf dem Schulweg am Morgen nach solchen Versammlungen neckte mich mein Freund Ed Harrison, dem sein

Vater, welcher ebenfalls im Ausschuß saß, von der Vorstellung erzählt hatte, die mein Vater gegeben hatte. »Pete, dein Vater ist nicht gerade demokratisch, oder?« und »Warum ist dein Vater so elitär?« Das Wort *elitär* hing wie ein großer Stachel in der Luft, und ich mußte meinen Vater in Schutz nehmen. »Du verstehst nicht recht; er meint das nicht so«, sagte ich. »Es ist komplizierter.« Ed war halb spöttisch und halb selbstgerecht empört, und insgeheim war ich peinlich berührt und wütend über die öffentlichen Erklärungen meines Vaters. Mr. Harrison, mein alter Coach von der Little League, war ein Liberaler aus Oklahoma, und gegen ihn kam mir mein Vater eindeutig unamerikanisch vor. So sehr ich Ed erklären wollte, wie mein Vater war, ich konnte es nicht. »Ed, er versucht einfach nur, ein paar Dinge klarzustellen. Er ist nicht gegen die Demokratie!« sagte ich, und während ich es sagte, wußte ich, daß ich mir wünschte, mein Vater wäre so wie Mr. Harrison.

Im Juni jenes Jahres, während ich mich noch in den Kokon der Junior High School kuschelte, entschied mein Vater über mein Geschick. Er setzte mich davon in Kenntnis, daß ich im nächsten Jahr die Englewood School for Boys, die private Tagesschule in der nächsten Stadt, besuchen würde. Da sie nur zehn Autominuten von Tenafly entfernt war, so räsonierte mein Vater, würde ich den Bruch mit meinen Freunden weniger schlimm spüren, doch im Frühjahr 1965 spürte ich gerade meinen steilen Aufstieg in das Teenagerleben der Tenafly Junior High. Ich gehörte zu einer Meute von Freunden, die in dem Rhythmus der drei Saisons von Football, Basketball und Baseball lebten. Sechs Tage in der Woche, drei Sportsaisons im Jahr.

Daß mein Loyalitätsgefühl den Freunden gegenüber entschieden größer war als mein Loyalitätsgefühl der Familie gegenüber, lag ebenfalls im Zentrum des Abscheus meines Vaters für meine Welt. Meine Freunde und ich, wir lebten füreinander, planten unsere Tage gemäß denen der anderen.

Als mein Vater mit mir über meine Zukunft sprach, hatte ich das Gefühl, ich hätte keine, außer mit meinen Freunden in unseren Jacken mit schwarzen und orangefarbenen Buchstaben durch die Foyers der Tenafly High School zu stolzieren und nach Spielen mit unseren Freundinnen durch die Stadt zu fahren. Als mein Vater also ankündigte, daß die Englewood School for Boys im September meine Bestimmung sein würde, gerieten unseres Auseinandersetzungen immer bitterer. »Einen Scheißdreck gehe ich von hier weg«, sagte ich, »kein Vater kann seinen Sohn so hassen.« Der Gedanke an die Boys School war mir zuwider, denn in meiner Vorstellung handelte es sich um einen kümmerlichen Ort für Waschlappen, wo man blaue Blazer mit Insignien auf der Brusttasche tragen und mit dünnlippigen Lehrern, die noch nach dem Sherry vom Vorabend rochen, in die Kirche gehen mußte. Es war eine Demütigung und, schlimmer noch, eine Entmannung. Ich stellte meinem Vater gegenüber klar, daß ich nicht gehen würde.

In jenem Sommer sprachen mein Vater und ich nicht miteinander. Beim Abendessen herrschte Schweigen zwischen uns, und meine Schwestern Pam und Janet und mein Bruder Jim wurden ebenfalls immer schweigsamer. Wenn mein Vater und ich uns im Flur begegneten und wenn wir vor dem Fernseher saßen, erkannten wir einander nicht. Ich verbrachte den größten Teil meiner Zeit in meinem Zimmer, wobei ich 45er-Platten spielte und Liegestütze und Sit-ups machte, um mich für den Football fitzumachen. Im Juli hatte das Schweigen zwischen meinem Vater und mir meine Mutter mittlerweile so beunruhigt, daß sie etwas unternahm, und indem sie das tat, ergriff sie meine Partei. Zuerst versuchte sie diplomatisch, meinen Vater inständig zu bitten, mich anzuhören. Abends, nachdem wir im Bett waren, hörte ich durch die Wand, wie sie mit leiser Stimme zu ihm sprach, abwechselnd auf armenisch und auf englisch. Als mein Vater auf ihre Bitten nicht einging und noch mehr still auf Distanz ging, wurde unser Haus eisig vor Spannung. Der August kam, und meine Verzweiflung und Entfremdung wurden immer größer, und meine Mutter nahm in ihrem Vorhaben, meinen Vater umzustimmen, an Lautstärke zu.

Eines Abends Mitte August beim Essen, als die Klimaanlage nicht funktionierte und die Fenster offenstanden und die filigranen Fenstergardinen beinahe naß zu sein schienen, brachte meine Mutter das Thema zum erstenmal in der gesitteten Arena des Eßtisches auf. »Gerard, er kann nicht hingehen; es ist doch nicht so wichtig. Du machst ihn kaputt.« Mein Vater blinzelte und sagte nichts, doch noch ehe meine Mutter einen weiteren Satz beginnen konnte, sagte mein Vater mit einer Stimme herablassenden Zorns: »Ich will nie wieder von irgend einem von euch ein weiteres Wort darüber hören.«

Bis heute habe ich keine Ahnung, wie es dazu kam, doch ehe ich mich's versah, war ich über den Tisch hinweg mit einem Boxhieb auf meinen Vater losgegangen. Er blockte ihn mit dem Unterarm ab, und da mich der Schwung nach vorn schleuderte, griff ich mit der linken Hand zu und packte sein gestärktes weißes Hemd und riß es in der Mitte auf. Ich machte drei Sprünge in den Flur hinaus, öffnete die Haustür und rannte davon, bis ich zu guter Letzt die East Clinton Avenue hinaufging. Als ich beim Haus der Haskells ankam, wartete Daisy auf der Vorderterrasse auf mich, um mir zu sagen, meine Mutter habe angerufen und gesagt, es wäre nicht nur in Ordnung, wenn ich die Nacht über bliebe, sondern sogar vorzuziehen.

Den ganzen August über weigerte ich mich, aus dem Zimmer zu kommen, wenn mein Vater im Haus war. Bei den Abendmahlzeiten aß ich rasch und stand dann auf. Meine Wut schwächte sich ab und verwandelte sich in den Kummer eines Vierzehnjährigen, der glaubte, sein Leben sei ihm, gerade als es erblühen wollte, von den unerforschlichen elitären armenischen Ansichten seines Vaters geraubt worden. Während ich in meinem Zimmer saß und hörte, wie die Zikaden in den Ahornbäumen schriller wurden, kam ich zur Einsicht, daß ich, wenn ich auf eine Privatschule ginge, würde Football spielen müssen; es war das einzige, was das Leben erträglich machen konnte. In der Boys School konnten sich Erstsemester für die Universitätsmannschaft qualifizieren, und in diesem trübseligen Moment war der Gedanke doch einigermaßen besänftigend. Da ein Brief von der Schule mich davon in Kenntnis setzte, daß die vorsaisonalen Probespiele in der letzten Augustwoche begannen und jeder Kandidat ein Attest seines Arztes vorzuweisen habe, mußte ich wohl die Mauer des Schweigens zwischen meinem Vater und mir einreißen.

Eines Abends in den letzten Augusttagen ging ich ins Fernsehzimmer, wo er Walter Cronkite anschaute, und ich blickte zu Boden und dann auf den Fernseher und sagte dann: »Dad, ich brauche ein Attest fürs Football.« Ich hörte, wie dieser Satz hinaustrat in die Luft des Zimmers und dort im Raum stand wie eine erstarrte Sprechblase aus einem Comic strip. Ich blickte zu Boden und schaute dann wieder auf und sah, wie Walter Cronkite auf der Mattscheibe mit seinem Mund Worte formte. Und dann sagte mein Vater, so selbstverständlich, als hätten wir just vor einer Minute miteinander gesprochen: »Komm morgen in die Praxis. Du kriegst, was du brauchst.« Mit einem Satz fand der Sommer sein Ende.

Nach einer Augustwoche Training auf dem Solomon Field der Englewood School for Boys war klar, daß ich es in die Universitätsmannschaft von Coach Sakala schaffen würde und daß ich vielleicht sogar genug Spielzeit als Defensive Back und als Punt Returner zusammenbekommen konnte, um einen Universitätsbuchstaben zu erringen. Die Vorstellung, als Erstsemester einen Universitätsbuchstaben zu haben und ihn auf einem blauen Jackett mit weißen Lederärmeln zur Schau zu stellen, lenkte mich von meinem

Selbstmitleid ab. Doch als sich in der folgenden Woche meine Wut wieder einstellte, weil die ersten Schultage näherkamen, unternahm ich einen letzten Versuch, den Plan meines Vaters zu unterwandern.

Mit meinem kurzgeschnittenem Haar, das sich noch vom Duschen im Umkleidebereich sträubte, und Muskeln, die nach vier Stunden Training angenehm schmerzten, ging ich in einem grauen T-Shirt, Bluejeans und einem Paar weißer Rauhleder-Tennisschuhe den Steinplattenweg zu einem viktorianischen Schindelgebäude hinauf und klopfte an die Tür des Rektors. »Sir« (ich hatte schon ein paar Umgangsformen der Privatschule gelernt), »ich heiße Peter Balakian.«

»Ich weiß, wer du bist«, sagte der Rektor. Er war ein offener, trockenhäutiger Mann mit dunkelgerahmter Brille, dessen frommes Aussehen mich an einen protestantischen Geistlichen erinnerte. Doch mit seinem Madras-Sportjakkett, dem weißen Hemd mit schmaler roter Krawatte und dem sorgfältig gescheitelten sandfarbenen Haar war er eine moderne Version von Mr. Chips.

»Dr. Moore, Sir«, fuhr ich fort, »ich kann diese Schule nicht besuchen.«

Er nickte, als wolle er bekunden, daß er meine Gefühle verstehe.

»Ich kann mein Leben in Tenafly nicht aufgeben.«

Ich stand da und blickte Dr. Moore an, und während er mich ebenfalls anblickte, sah ich mich im Zimmer um und stellte fest, daß ich mich an einem merkwürdigen Ort befand. Der Raum hatte eine seltsam rustikale Ausstrahlung. Eine Wand war mit Bücherregalen ausgestattet, eine weitere mit Drucken aus den neunzehnten Jahrhundert, die den Hudson River und die Palisades darstellten; in einer Ecke stand ein Lacrosse-Schläger, und in der Luft hing der Geruch von Cherry-Pfeifentabak. Es war keine öffentliche Schule, und während ich zusah, wie Dr. Moore mich ansah, wurde mir klar, daß ich mich in einer neuen Welt befand. Mir wurde auch klar, daß die Entscheidung meines Vaters unumstößlich war. Er war davon überzeugt zu wissen, was das Richtige für mich war, und er würde sich weder von der Sentimentalität meiner Mutter noch von meinem jugendlichen Willen davon abbringen lassen. Obwohl es noch Jahre dauern sollte, ehe ich verstand, daß mein Vater recht hatte, fühlte ich mich machtlos, als ich so dastand und mich im Zimmer des Rektors umsah.

»Peter, probier es mit uns. Es könnte dir besser gefallen, als du jetzt im Moment denkst.« Er lächelte mich onkelhaft an. »Bleiben wir doch miteinander in Verbindung«, sagte er, als er mir die Hand gab.

Herbstsamstag II

Mein Vater und ich, wir stolperten in vorsichtigem Frieden durch mein erstes Jahr Privatschule. Am nächsten waren wir uns während der Football-Saison, und im Winter und im Frühling hielten wir respektvolle Distanz, da mein gesellschaftliches Leben mit meinen Freunden in Tenafly weiterging. Mein Vater war glücklich, daß ich gute Noten bekam und Uni-Basketball und ebenfalls Baseball spielte. Am letzten Tag des Schuljahres bekam ich einen Pokal als Athlet des Jahres unter den Erstsemestern, und mein Vater schüttelte mir bei der Verleihungszeremonie höflich die Hand und trug den Pokal nach Hause. An jenem Abend blieben wir auf und sahen im Fernsehen die Yankees an, mit denen es gerade bergab ging.

Für den nächsten Abend hatten meine Freunde und ich eine mitternächtliche Schwimmparty auf dem noblen Grundstück von Mary Jo Albrights Haus am Osthang geplant; es gab dort einen prächtigen Pool, der von einer Kabine und einem doppelten Sonnendeck flankiert wurde. Im vorangegangenen Jahr hatten Ed Harrison und ich ein kleines Ritual kreiert, das darin bestand, sich um drei Uhr morgens aus dem Haus zu schleichen und die seltsame Leere der nächtlichen Welt zu erkunden. Während unsere Eltern nichtsahnend in ihren Betten schliefen, spazierten wir eine leere Straße von Tenafly entlang und spürten die seltsame Freiheit der Nacht, und weiter ging es bis zum Tenafly Diner, wo wir einen französischen Toast aßen und beobachteten, wie sich nach und nach das nächtliche Volk einfand. Inzwischen fünfzehnjährig, beschlossen wir in diesem Jahr, unsere Freiheit ein wenig weiter auszudehnen und mit dem Auto von Eds Eltern die East Clinton Avenue bis zum Haus der Albrights hinaufzufahren.

Da Ed vergessen hatte, die Scheinwerfer einzuschalten, wirkte der neue Olds Vista-Cruiser-Kombi der Harrisons wie ein dunkles Phantom, das die Crabtree Lane herabglitt, während ich an der Ecke des Straßenkarrees wartete. Wir fuhren zur Tenafly Road, wo wir Ray Lane abholten. Dort stieg Ed aus dem Wagen, ging zur Fahrgastseite und sagte: «Du bist dran, Pete.« Ich rutschte auf den Fahrersitz hinüber und fuhr vier Blocks weit bis zur Westervelt Avenue. Als ich nach rechts in die Westervelt einbog, merkte ich, daß ich die Kurve nicht rund genug nahm. Aber es war nicht so leicht, wie ich dachte, das Lenkrad einfach durch die Hände zurückgleiten zu lassen, und so änderte der Wagen weiterhin die Richtung, bis er in einem Winkel von fast fünfundvierzig Grad auf den Zaun des Hauses an der Ecke zufuhr. Ich trat mit dem Fuß in Richtung Bremspedal, erwischte aber statt dessen den Gashebel, und der Wagen schoß vorwärts, raste durch den Zaun und gegen eine Eiche direkt dahinter.

Blut strömte von meinem Gesicht in meine Hände. Ray war mit dem Kopf gegen die Windschutzscheibe geschlagen und krümmte sich stöhnend unterhalb des Handschuhfachs. Ed kletterte unversehrt aus dem Wagen und lief nach Hause. Als er in das Schlafzimmer seiner Eltern platzte und offenbarte, was geschehen war, setzte sich sein Vater im Bett auf und sagte: »Mach dir keine Sorgen, Ed, du träumst.«

Ich stand neben dem Wagen, die Lippe wie ein aufgeblasener Ballon, immer noch von Blut triefend, und ich sah, wie der Staub im Scheinwerferlicht wirbelte, die Vorderräder drehten sich in der Luft, und der Baum schien aus dem Motor emporzuragen. Ich dachte die ganze Zeit, das bin nicht ich, der das erlebt. Die Wagentüren standen offen. Ray stöhnte am Boden, das Radio dröhnte einen Song der Rolling Stones. Ein Polizeiwagen näherte sich, und ein Cop stieg aus und legte mir die Hand auf die Schulter und sagte: »Mein Sohn, diese Bäume da bewegen sich nicht.« Sekunden später erschien Mr. Harrison in Hausschuhen und Bademantel, und er blickte ungläubig auf seinen Wagen, ein Geschenk, das ihm unlängst seine Eltern in Oklahoma gemacht hatten.

Auf der Notfallstation des Krankenhauses fragten mich die Schwestern nach meinem Namen, und als ich ihn sagte, fragten sie, was sie bereits wußten: »Bist du der Sohn des Arztes?« Ich nickte, und sie spitzten voller Abscheu die Lippen und schlugen vor, ich solle meinen Vater anrufen und ihm mitteilen, wo ich war. Die Vorstellung entsetzte mich, und so machte ich durch Zeichensprache deutlich, daß mein Mund nicht benutzbar war, und die Oberschwester zeigte sich einverstanden, meinen Vater anzurufen, während ich auf dem Operationstisch lag und genäht wurde. Als sie wiederkam, teilte sie mir beinahe hämisch mit, mein Vater habe gesagt: »Tut mir leid, aber Sie haben den falschen Jungen; der unsere schläft fest in seinem Bett.«

Mein Vater kam in die Notfallstation und war angezogen, als beginne er seinen Arbeitstag. Er ging zum diensthabenden Arzt und den Schwestern, um den Bericht entgegenzunehmen. Ich hatte mir ein paar Gesichtsknochen angeknackst, und meine Lippe und das Innere meines Mundes waren ein Dutzend mal genäht. Ray hatte eine Gehirnerschütterung erlitten und mußte die Nacht über dableiben.

Mein Vater stand neben der Tür der Notfallstation und wartete, bis ich vom Operationstisch aufstand, dann gingen wir mit den beiden Polizisten schweigend zum Polizeiauto. Mein Vater folgte uns in seinem Buick. Auf der Polizeiwache bekamen wir eine Anzeige wegen Autodiebstahls und Fahren ohne Führerschein, und mir wurde leichtsinniges Fahren zur Last gelegt. Ein Termin beim Jugendstrafgericht in Hackensack wurde für den Herbst anberaumt. Als ich um sechs Uhr morgens mit meinem Vater zu Hause ankam, stand meine Mutter in ihrem rosa Bademantel im silbrigen Morgennebel auf dem Rasen vor dem Haus, die Augen schlaflos und rot.

Wenn ich die schlimmste Erniedrigung meiner Jugendzeit benennen sollte, so ist es der Moment, der sich am folgenden Montag abspielte. Darum bemüht, soviel wie möglich außer Haus zu sein, ging ich zur Tenafly Junior High, um meine Freunde abzupassen, wenn sie aus der Schule kamen. Meine Lippe war immer noch wie eine Salami mit schwarzen Fäden, und sie tat höllisch weh, wenn ich lachte. Als ich an der Ecke bei der Esso-Tankstelle stand und gerade über die Straße zur Schule gehen wollte, kam Mr. Harrison auf einem blauen Mädchenfahrrad der Marke Schwinn angefahren; auf der Schulter hatte er Kleidung aus der Reinigung auf einem Kleiderbügel, und die Plastikhülle flatterte im Wind. Er fuhr langsamer, lächelte und sagte: »Na, Pete, wie fühlst du dich?« Er sah auf meine Lippe und sagte voller Mitgefühl: »Mach dir keine Sorgen, die Schwellung läßt bald nach.« Ehe mir irgendeine Antwort einfiel, trat er wieder in die Pedale des Schwinn, die Tenafly Road hinauf, und ich stand betäubt und sprachlos da.

Daheim hatte mein Vater mir nicht verziehen, und das Terrain, das wir im letzten Jahr gewonnen hatten, war wieder verloren. Der Autounfall trieb einen neuen Keil zwischen uns. Die Befürchtungen meines Vaters hinsichtlich meines genußsüchtigen Lebens in der Suburbia bewahrheiteten sich. Mein Schweigen in jenem Sommer war Scham, und meines Vaters Schweigen war Abscheu der alten Welt gegenüber dem Erstgeborenen, der sich entehrt hatte. Als die Nachricht vom Autounfall die andere Seite der Brücke erreichte, berichtete mein Vater, daß Auntie Anna erklärt habe, ein Erziehungsheim und nicht etwa das College sei höchstwahrscheinlich meine Zukunft.

* * *

Am Ende eines weiteren schweigsamen Sommers half wiederum der Football, den Riß zwischen meinem Vater und mir zu kitten. Es begann damit, daß ich eines Tages im August, als ich für das Vorsaisontraining Kurzspurts machte, mitten im Spurt auf den staubigen Boden fiel. Ich hatte das Gefühl, als hätte mir jemand ein Messer in die Waden geworfen, und als sie sich nach zehn Minuten immer noch nicht lockerten, trugen mich meine Freunde nach Hause und legten mich auf dem Küchenfußboden ab. Mein besorgter Vater mühte sich um mich. »Hitzschlag, Hitzschlag«, sagte er immer wieder. »Daran kann man sterben.« Innerhalb einer Woche hatte mein Vater eine Mixtur für Hitzschlag und gegen Muskelkrämpfe entwickelt, und in den frühen Herbstwochen, die folgten, verwandelte er unsere Küche in ein Laboratorium. Jeden Tag, wenn ich vom Football-Training nach Hause kam, war der Küchentisch von Plastikbehältern, Tüten mit Pulvern, Waagen, Meßbechern und anderen Küchenutensilien meiner Mutter bedeckt. Meine Mutter, die im College einen Abschluß in Chemie gemacht und in Labors gearbeitet hatte, packte mit an. In jenem Herbst aßen wir jeden Abend auf der Terrasse, und am Morgen aßen wir stehend an der Küchenanrichte und blickten das Chaos auf dem Küchentisch an, bis irgendwann im Oktober die Resopalfläche des Tisches wieder sichtbar wurde und mein Vater verkündete, er habe eine Mixtur, die funktioniere, und auch einen Namen dazu: »Sportade«. Er nannte sie ein elektrolytisches Getränk.

Nach einem Jahr von häuslichem Postvertrieb an Profi- und College-Mannschaften verkaufte mein Vater Sportade an Becton-Dickinson, eine Pharmafirma, die mit der Plastikspritze und dem Ace-Verband Wunder gewirkt hatte. Für ihn war seine Erfindung ein medizinisches Produkt und kein Nahrungsmittel, anders als für seinen damals noch unbekannten Konkurrenten, einen Dr. Cade in Gainesville, Florida, der sein neues Getränk »Gatorade« an den Schweinefleisch- und Bohnen-Fabrikanten Stokely-Van Camp verkauft hatte.

Über Nacht war mein Vater ein Wissenschaftler und Erfinder geworden, von dem in Zeitungen und Zeitschriften die Rede war. Jede Woche gingen von weiteren Profi- und College-Mannschaften Bestellungen für Sportade ein. Täglich kamen Briefumschläge von Notre Dame, USC, Syracuse, Texas A&M, den New York Giants, den 49ers, den U.S. Open, von Olympiamannschaften und selbst dem Kenya Safari Club und NBC News in Saigon. Aus der ganzen Welt kamen Einladungen zu Vorträgen. Der Sportteil der Sonntagsausgabe der New York Times brachte einen halbseitigen Artikel über Sportade, illustriert mit einem Photo von mir und einem Mannschaftskameraden und meinem Vater in seiner Praxis. Während alledem flickten mein Vater und ich unsere Beziehung. Als wir später in jenem Herbst alle vor das Jugendgericht geladen wurden, sagte mein Vater zu meinem Entsetzen dem Richter, er hoffe, die Erteilung meines Führerscheins werde um ein Jahr aufgeschoben. Als das nicht der Fall war, schrieb er an den Richter, um ihm mitzuteilen, daß das ein Fehler gewesen sei.

Doch der Höhepunkt unseres Heilungsprozesses kam im nächsten August, als die New York Giants bei meinem Vater anfragten, ob er bereit sei, während des Sommertrainings Sportade an der Mannschaft zu testen. Als er mich fragte, ob ich Lust hätte, ihn zum Vorsaisonlager der Giants zu begleiten, um zu sehen, »was bei den großen Nummern so los ist«, begann ich, Plastikbehälter mit Sportade in Kisten einzuordnen und die Größen- und Gewichtsstatistik von Tucker Fredrickson, Homer Jones, Spider Lockhart und Fran Tarkenton zu studieren. An einem heißen Nachmittag im August standen mein Vater und ich im Umkleideraum der Giants, kleinwüchsige drahtige Armenier inmitten riesiger schwarzer und weißer Männer, die sich die Gürtel und die Schulterpolster abschnallten, Helme und Stollen abnahmen und nackt und schwitzend und erschöpft auf die Waage stiegen, um ihr Gewicht kontrollieren zu lassen. Mein Vater und ich in dem heißen, nach Wintergrün riechenden Umkleideraum, Rock 'n' Roll dröhnte aus dem Radio, während wir Plastikbehälter ausgaben und die Spieler hineinpißten. Als wir die einzelnen Becher mit Urin auf ein Metalltablett stellten, bildeten wir eine Zweiermannschaft.

* * *

Obwohl ich wußte, daß mich der Football damals mit meinem Vater verband, bin ich inzwischen zu tieferer Einsicht gelangt, da ich heute weiß, wie die Balakians den armenischen Völkermord überlebt haben. Ich sehe inzwischen, wie es eigentlich war, wenn die Sonne im Oktober auf das feuchte grüne Gras des Football-Feldes schien, als ich für die Englewood School for Boys linken Halfback spielte: Es löste sich alles auf, das armenische Stillschweigen, der Zorn und die Mißverständnisse zwischen mir und meinem Vater. An solchen Tagen erwachte mein Vater früh, um seine Morgenrunden im Englewood Hospital hinter sich zu bringen, damit er seinen Platz auf der Bank als Mannschaftsarzt einnehmen konnte.

Wenn wir auf das Feld laufen, steht mein Vater schon an den Seitenlinien. Er ist angezogen wie jeden Tag, wenn er in die Praxis aufbricht, dunkler Anzug, weißes Hemd, rote Krawatte. Er trägt seine kleine braune Arzttasche in der Hand, wenn er zur Bank hingeht, um den Coach zu begrüßen. Während wir uns aufwärmen, geht er die Seitenlinien entlang, liest das Programm, schaut sich genau unsere Übungsformationen an. Zur Halbzeit ist er im Umkleideraum, und wenn es keine ernsteren Verletzungen gibt, hält er in der Pause kühle Distanz, während der Coach die Spieltaktik bespricht und die Mannschaft anfeuert. Überhaupt scheint meinem Vater die ganze Angelegenheit ein wenig peinlich zu sein, als würde er ein geheiligtes Ritual belauschen, und so zieht er sich in die Eingangshalle zurück und bespricht die erste Halbzeit mit dem Wächter.

Während des Spiels kommt es nur selten vor, daß er mit mir spricht oder in meine Richtung blickt. Er kümmert sich um die Jungs, die verletzt sind. Er paßt auf und geht die Seitenlinien auf und ab.

Nach dem Spiel verschwindet er, und wenn ich nach Hause komme, sitzt er in seinem großen Polstersessel, der im Wohnzimmer auf dem Kashan-Teppich steht, und liest seine Zeitung. Wenn ich mit noch feuchten Haaren erscheine, in meiner blauweißen Football-Jacke mit den Buchstaben CAPT und LHB auf dem einen Lederärmel und der Nummer 20 auf dem anderen, steht mein Vater von seinem Sessel auf und gibt mir die Hand, ein fester Händedruck, und sagt: »Gut gemacht.« Immer lächelt er, und manchmal denke ich, er würde mich gern in den Arm nehmen oder mir einfach den Arm um die Schulter legen, doch das tut er nie – das kann er offenbar nicht. So wie ich es nicht konnte, als er mit aschfahlem Gesicht und irreparablem Herzschaden sterbend im Krankenhausbett lag und ich ihn küssen und meinen Arm um ihn legen und ihm sagen wollte, daß ich ihn liebte.

Ob wir gewinnen oder verlieren, er begrüßt mich auf dieselbe Weise. Ob ich ein Halfback im zweiten Studienjahr bin – der Flügelback, der dann und wann einen Paß abblockt und fängt oder bei Gelegenheit im Gegenzug einen Laufangriff macht – oder der Quarterback – der wichtigste Laufback – und Ko-Kapitän einer ungeschlagenen Mannschaft, der für eine State-Mannschaft nominiert ist, mein Vater reagiert auf dieselbe Weise. Er ist glücklich wegen des Anlasses, wegen des Spiels, wegen der Anstrengung und glücklich, dabeigewesen zu sein. Und dann setzt er sich hin und macht sich wieder an seine Zeitung. Erst Montag beim Abendessen möchte er das Spiel in Einzelheiten besprechen. Er will, so denke ich, daß sich alles ein wenig abklärt, um den Augenblick zu genießen, um Distanz zu wahren und nicht wie jene Väter zu erscheinen, die mittels ihrer Kinder die eigene Kindheit wiederbeleben. Ich mag seine freundliche, ruhige Art. Ich mag das Taktgefühl, mit welchem er meine Sphäre respektiert. Und ich mag es, wenn wir stundenlang über bestimmte Spielzüge sprechen, über die gegnerische Mannschaft, über unsere Spielstrategie. Während dieser Momente lösten sich seine armenische Schweigsamkeit und Förmlichkeit auf, und wir verliehen unserer Liebe zueinander Ausdruck.

TEIL IV

DIE KETTE AUS WORTEN

Benzolspülungen vom Mond

Ich sehe Dichtung heute als die sprachliche Kette an, die Länder und Ereignisse, Menschen und Orte, aus denen unsere Familiengeschichte besteht, miteinander verbindet. Die Dichtung ist ein tiefer Quell des Denkens und Fühlens und sprachlicher Üppigkeit gewesen, von dem die Balakians gelebt haben. Sprache ist, soweit ich zurückdenken kann – ob nun die Geschichte vom Gänsemütterchen, Grimms Märchen, jene betörenden armenischen Worte, die im Hause gesprochen wurden, der flotte Jargon eines DJs, der Text eines Rock-Songs, die abgehackten Sätze eines Sportreporters –, für mich immer realste Realität gewesen. Doch es dauerte bis zur High School, bis sich mir die auf Sinne und Geist wirkende Macht der Dichtung offenbarte. Es war, als flöge mir ein Vogel aus der Dunkelheit in den Kopf. Sie kam mir in den Kopf geflogen wie die Macht des Schicksals, die von meiner Großmutter *pakht* genannt wurde, und weder Football noch Haskells Halbstarkenoase konnten ihrem Flug in mein Leben Einhalt gebieten.

* * *

Ich sitze hinten in Mr. Schroeders Englischunterricht und denke über unser letztes Football-Spiel der Saison nach. Es ist ein kühler Novembernachmittag, und ich blicke aus dem Fenster auf die nackten Eichen und Ahornbäume und in den klaren, blauen Novemberhimmel. Für 1967 ist mein Haar relativ kurz, und ich fühle mich in meinem blauen Schulblazer irgendwie muskulös. Ich führe mich auf wie eine gute Sportskanone gegen Saisonende, affenähnlich herumspazierend, um der Welt zu beweisen, daß meine breiten Rückenmuskeln ziemlich entwickelt sind und mir deshalb die Arme nicht ganz natürlich am Körper herabhängen können.

Wir nehmen ein Gedicht von Hart Crane durch. Ein seltsamer, verlockender Name, finde ich, wie der Name von jemandem, der für die Cleveland Browns als freier Safety spielen könnte. Der Klang von Hart Crane geht mir durch den Kopf, da ich gestern abend »Repose of Rivers« [Wo Flüsse ruhen] öfter gelesen habe, als mir bewußt war.

Die Weiden sandten einen sachten Klang,
Eine Sarabande, gemäht vom Wind auf der Aue.
Niemals konnte ich mich erinnern
An das wogende, stetige Glätten der Sümpfe,
Bis das Alter mich zum Meer gebracht hatte.
Flaggen, Ried. Und Erinnerung an jähe Alkoven;
Zypressen teilten dort des Nachmittags
Tyrannis; sie zogen mich in den Hades, fast.
Und Riesenschildkröten, schwefelne Träume ersteigend,
Vergingen, während Sonnenschlick sie
Zerschliß.

Ich bin halb auf meinem Stuhl zusammengesunken und blicke aus dem Fenster, als Mr. Schroeder mich fragt, was ich von Chip Allens Auffassung des Gedichtes halte. Ich habe nicht genug aufgepaßt, um zu wissen, was Allen gerade darüber gesagt hat, und so fährt mir heraus: »Ich glaube nicht, daß er es wirklich kapiert.« Mir wird bewußt, daß ich Allen schlecht mache, einen der beknackten Einser-Schüler, der mich, wie ich weiß, für eine tumbe Sportskanone hält. »Könnten Sie erklären, was Sie meinen, Balakian?« fährt Mr. Schroeder fort. Wiederum fährt es mir heraus, da ich nicht weiß, was ich meine: »Er kapiert die tiefere Bedeutung nicht.« Mr. Schroeder, ein pennälerhafter Hippie aus gutem Hause mit buschigem Bart und braunem Cordanzug, schaut mich jetzt forschend an, während er sich in seinem Stuhl zurücklehnt und die Füße auf das Pult legt. Ich blicke auf seine Arbeitsstiefel, und er schaut mich weiterhin forschend an. »Und die wäre, Peter?«

»Der Gedanke« formuliere ich, »daß es bei dem Sumpf um das geht, was sich im Gemüt des Dichters abspielt.«

»Interessant, Balakian.« Dann wendet er sich Allen zu und sagt: »Was meinen Sie, Chip?« Die Klasse ist still. Ein paar von meinen Freunden drehen sich um und starren mich an. Allen und ich sprechen für den Rest der Stunde weiter über das Gedicht, zum Erstaunen der ganzen Klasse. Als wir aus dem Klassenzimmer drängen, hält Mr. Schroeder mich an und sagt: »Balakian, bei Bildern flippen Sie wirklich aus.« Einen Moment lang empfinde ich Stolz, als hätte die Sportskanone sich als gebildetes Wesen entpuppt, und dann trifft mich sein Kommentar wie ein Schlag, und irgendwie gefällt mir das.

Im Umkleideraum wirft mir mein Freund und Linebacker-Gefährte Ray Brown, der mit mir im Unterricht gewesen war, einen Jockstrap ins Gesicht, als ich gerade meine Hüftpolster anschnalle.

»Dichtung, wow«, sagt er.

»Wo liegt dein Problem, Ray?«

»Ganz schön schweres Zeugs, Mann.«

»Könntest du vielleicht auch brauchen.«

Ich schleudere den Jockstrap zu ihm zurück, und der verfängt sich an seinem Ohr. Ein paar Kameraden fangen an zu lachen. Ray geht auf mich los, mit angedeuteten spielerischen Boxhieben. Mit unseren nur halbgeschnürten Hüftpolstern und Schulterpolstern teilen wir einander Klapse aus, und aus den Klapsen wird Ernst, und als wir über eine Bank stolpern und seitlich gegen die Spinde prallen, bringen unsere Mannschaftskameraden uns auseinander. Einer von den Älteren zieht mich in eine Ecke des Umkleideraums, starrt mich an, als wäre ich durchgedreht, und sagt: »Worum geht's da, um *Dichtung*? Wir haben ein Spiel zu gewinnen, Pete.«

Einige Zeit nach Saisonende war ich eines Freitagabends mit Ellen Duffy unterwegs. Wir unternahmen unsere üblichen Freitagabendgeschichten. Ein Film, dann eine Spritztour im Skylark meines Vaters den Hudson River in Englewood Cliffs unterhalb der Palisades entlang, wo wir schließlich an einem schmalen Sandstreifen am Fluß haltmachten, einem Strand, den wir Boat Basin nannten. Eine Nacht Anfang Dezember, doch die Luft noch warm genug, um auf einer Wolldecke zu liegen und über den Fluß auf die Lichter Manhattans und der Bronx zu schauen. Der Mond, weiß in einem schwarzen Himmel, die Lichter der City und des Mondes im Wasser aufblitzend. Ich roch nach Canoe und Ellen nach Heaven Scent. Das Radio leise. Küsse und Herumpusseln an BH-Verschlüssen und Gürtelschnallen. Und ich hielt immer wieder inne und blickte hinaus über das Wasser auf die Lichter und schaute, wie sich das Mondlicht über dem Hudson ausbreitete. Ich wandte mich Ellen zu und fing an, aus einem anderen Gedicht von Hart Crane zu zitieren: *Weißlich, während Benzol- / Spülungen vom Mond / Alles auflösen außer den Fenstern der Mühlen.* Ich wußte, daß der nächtliche Anblick der Stadt dazu beigetragen hatte, daß mir jene Verse wieder einfielen, die ich seit jenem Tag in Mr. Schroeders Unterricht gelesen hatte. Mit dem Eifer eines Kindes, das Applaus braucht, wandte ich mich an Ellen: »Nun, was meinst du?« Ellen zuckte die Achseln. »Sag schon, gefällt's dir?«

»Ich weiß eigentlich nicht, was es bedeutet.«

»Es heißt ›Lacrymae Christi‹«, sagte ich wie manisch. »Das ist das Eigentliche.«

»Wenn ich das Ganze sehen würde, hätte es vielleicht mehr Sinn?«

»Brauchst das Ganze nicht zu sehen. Schon für sich genommen ist es unglaublich.«

Ellen wurde verdrießlich und ärgerlich. »Du willst mich einfach runtermachen.«

»Nein, Ellen, bestimmt nicht. Das würde ich doch nie tun. Aber was ist mit Hart Crane?«

»Ich glaube, du willst Schluß machen.«

»Nein, auf keinen Fall«, sagte ich, wobei ich sehr ernst klang. Dann hörten wir auf zu reden und fingen an, uns zu küssen. Doch der Abend ging mit einer Mißstimmung zu Ende, und unser Gespräch über Hart Crane schien der Anfang vom Ende zu sein. Bei unseren immer selteneren Verabredungen kam das Thema Dichtung immer wieder zur Sprache.

»Du bist elitär«, sagte sie.

»Dichtung hat mit uns allen zu tun«, sagte ich. »Es ist das gottverdammte Leben, worum es hier geht.«

»Bloß weil ich es nicht kapiere, versuchst du, mich runterzumachen«, sagte sie.

Diese neue Sensibilität für Dichtung brachte mich dazu, mehr über meine Tanten Anna und Nona nachzudenken. All die Jahre, die ich ihre Tiraden über Kultur und Literatur mit angehört hatte, all diese fremden literarischen Worte – und diese französischen Worte. Diese Worte, Worte, Worte. Auntie Anna und Auntie Nona, die an unserem Eßtisch Parliaments rauchen und im oberen Dezibelbereich über Bücher reden.

Zunächst lernte ich meine Tanten mehr als Bücher denn als Menschen kennen. Auf meine eigene chaotische Weise fing ich an, in ihren Bücher herumzuschmökern. Ich nahm mir Auntie Annas erstes Buch aus dem Regal und betastete den grauen Schutzumschlag, die schöne geprägte Oberfläche, die dunkelroten Buchstaben. *Literary Origins of Surrealism [Die literarischen Ursprünge des Surrealismus]*, und darunter eine Zeichnung von Yves Tanguy mit seltsamen futuristischen Buchstaben, und dann, in eleganten roten Buchstaben, *Anna Balakian*. Im Klappentext hieß es, meine Tante sei »in Konstantinopel als Tochter armenischer Eltern geboren«, habe »1943 an der Columbia University ihren Dr. phil. erworben« und sei »Assistenzprofessorin für Romanische Sprachen an der Syracuse University«. Das Buch wirkte unkommerziell und schön. Die elfenbeinfarbenen Seiten, das Taktile des geriffelten Papiers, die Zeichnung auf dem Umschlag. 1947. Preis: 2,75 Dollar. *Surrealismus. Literarisch. Konstantinopel. Armenische Eltern. Balakian.*

Es gab andere Bücher von ihr in den Bücherregalen in unserem Fernsehzimmer, *The Symbolist Movement [Die symbolistische Bewegung]* und *Surrealism: The Road to the Absolute [Surrealismus: Der Weg zum Absoluten]*. Sie hatten auffällige Umschläge, wie im Handel befindliche Bücher, und *Surrealismus* war geschmückt mit einem menschlichen Kopf, in dem psychedelische Farben wirbelten, ein halluzinogener Schädel, der auf mein neues Jefferson-Airplane-Album *Surrealistic Pillow* gepaßt hätte. Auf der Rückseite des Umschlags war eine Inhaltsangabe in fetten Kleinbuchstaben, um das Moderne anzudeuten: *aus dem wald der symbole, lautréamonts kampf mit gott, saint-pol roux und die apokalypse, apollinaire und l'esprit nouveau, pierre reverdy und der materio-mystizismus unseres zeitalters*. Mir gefiel die Verspieltheit der Formulierungen und das Geheimnis dessen, worauf meine Tante abzielen mochte.

An Tagen, da mein Vater von seiner *Times* aufblickte, unter der er nach dem Essen vergraben war, um zu erwähnen, daß Auntie Nona eine Rezension in der Zeitung habe, kehrte ich später am Abend ins Wohnzimmer zurück, um die Zeitung mit in mein Zimmer zu nehmen und die Rubrik *Books of the Times* zu lesen.

Ich fand die Rezensionen dunkel, betörend, erregend. Indem ich einen Geschmack für die Sprache meiner Tante entwickelte, bekam ich auch ein Gefühl für ihr Leben. Ihre Artikel hatten gute Titel: *Carson McCullers: Love Perverse and*

Perfect [... Perverse und perfekte Liebe]; Beautiful and Undamned: Stories by Fitzgerald [Schönheit ohne Verdammnis: Erzählungen von Fitzgerald]; God Bless You, Mr. Vonnegut [Gott segne Sie, Mr. Vonnegut]; Realists of the Interior [Realisten der Innerlichkeit]; Despiritualized Americans: Soviet Views of American Literature [Amerikaner ohne Spiritualität: Sowjetische Darstellungen amerikanischer Literatur]; Bitches and Sad Ladies [Schlampen und unfrohe Frauenzimmer]; Poets, Printers, and Pamphleteers [Dichter, Drucker, Pamphletisten]. Ich spielte mit den Formulierungen, schlug Wörter nach, die ich nicht verstand. Ich blätterte auch *The Creative Present: Notes on Contemporary Fiction [Die schöpferische Gegenwart: Anmerkungen zu erzählender Literatur unserer Zeit]* durch, eine Sammlung von Essays, die sie zusammen mit Charles Simmons, ihrem Kollegen von der *Book Review* herausgeben hatte. Der Umschlag in Rot, Orange und Schwarz leuchtete aus dem Bücherregal. Essays über Romanciers der Nachkriegszeit: Diana Trilling über Norman Mailer; Granville Hicks über Malamud, Gold und Updike; John Chamberlain über Mary McCarthy. Ich nahm das Buch regelmäßig aus dem Regal, schmökerte darin, doch die Sprache war abstrus und lange nicht so aufregend wie Auntie Annas überschwengliche Proklamationen.

Im Französischunterricht forderte Mr. Prouty uns eines Tages auf, unseren französischen Lieblingsschriftsteller zu nennen, und als ich drankam, sagte ich: »Lau-trea-mont«. Obwohl ich nur ein paar Seiten des Kapitels meiner Tante über Lautréamont gelesen hatte, gefielen mir der obskure Klang seines Namens, die Buchstaben, die französische Wortbildung. Als Mr. Prouty fragte, ob ich bereit sei, irgend etwas von diesem interessanten französischen Dichter des neunzehnten Jahrhunderts zu zitieren, sagte ich: »Ja, Sir.« Ich kannte keinen einzigen Vers von Lautréamont, doch aus dem Kapitel meiner Tante über ihn kannte ich ein paar Verse von Apollinaire, und die kamen über meine Zunge:

»Oiseau tranquille au vol inverse oiseau
Qui nidifie en l'air
À la limite ou brille déjà ma mémoire …«

Doch noch ehe ich gestehen konnte, daß ich den Rest vergessen hatte, sagte Mr. Prouty, wobei er mich erstaunt anblickte: »Sehr gut, Peter«, und ich setzte mich wieder hin, wobei ich nicht sicher war, ob ich ihn hereingelegt hatte oder ob er mich in Würdigung meines Einfallsreichtums noch einmal hatte davonkommen lassen.

Der Sioux-Häuptling

Meilenweit durch Schlamm gelaufen in einer neuen Hose mit Schlag und regendurchnäßtem T-Shirt. Den ganzen Tag Santana und Richie Havens, als Echo und dröhnend in Nieseln und Regen und Sonne. Ein Fremder, der mir eine Tonpfeife mit Haschisch reichte, aus der ich einen Zug nahm und die ich einem meiner Freunde weiterreichte. Ich fühlte mich seltsam mit meinen aufgeblähten Bizepsen nach einem Sommer Gewichtheben fürs Football und war mir nicht sicher, ob ich hierhergehörte, doch an jenem Tag in Woodstock stellte sich bei mir allmählich das Gefühl ein, daß das College nicht so sein würde, wie ich es mir noch zwei Monate zuvor ausgemalt hatte, als meine Freunde und ich einander die High-School-Jahrbücher signiert und geschworen hatten, wir würden uns in den kommenden Jahren beim College-Football als Gegner wiedersehen.

Nach der Football-Saison als Erstsemester in Bucknell kam ich mit einem Stapel neuer Taschenbücher zu Thanksgiving nach Hause, und mein Vater und ich begannen unsere Phase langer, bis in die späte Nacht dauernder Gespräche über Sozialismus, Marxismus, Kommunismus, Kapitalismus,

Bürgerrechte und den Vietnamkrieg, gegen den er war. Die Leichtigkeit, mit der sich mein Vater mit mir auf Gespräche über große Ideen einließ, schuf ein neues Gefühl der Nähe zwischen uns, und meine jugendlichen Kämpfe mit ihm wichen einem Gefühl des Stolzes auf sein Wissen. Zum Frühjahrssemester hatte ich damit angefangen, ihm Briefe zu schreiben über das, was auf dem Campus vor sich ging und was ich las. Eines Tages schrieb mein Vater als Antwort auf einen Brief von mir, in dem ich über einen rassistischen Zwischenfall unter einigen Football-Spielern anläßlich von Eldridge Cleavers *Soul On Ice* berichtet hatte:

> Lieber Peter,
> Bücher sind die mächtigsten Dinge auf der Welt. Ich schicke Dir einen Artikel über unser eigenes Volk – über das zu sprechen Zeit und Umstände mir leider nicht erlaubt haben. In einer Epoche, da das Unglück anderer Völker ständig Schlagzeilen macht, ist es höchst notwendig und lohnend, über das eigene Volk Bescheid zu wissen. Wir haben einen gewaltigen, bis in die Antike zurückreichenden historischen Background mit Kämpfen gegen Widrigkeiten, Tapferkeit gegen Verrat, doch letztlich Triumph. Vor 50 kurzen Jahren hatte man das Gefühl, daß es mit den Armeniern nach dem Ersten Weltkrieg aus und vorbei sei.
>
> Es ist auch eine faszinierende Geschichte über eine Zivilisation, die mit ihrer eigenen Energie und ohne Dollars von außen gewaltige Fortschritte aufzuweisen hat. Es ist die höchste Ironie, daß die Sowjetunion, die doch angeblich anderen Ländern die Freiheit raubt, den Armeniern ihre erste *Freiheit* und Sicherheit in der modernen Zeit gegeben hat. Sie konnten in Frieden leben, durften ihre eigene Sprache haben, eigene Bräuche, Gesetze, Freiheit der Religionsausübung in einem sogenannten atheistischen System und Schutz genießen vor einer geteilten Welt, die

aus Armenien zweifellos ein Korea oder ein Vietnam gemacht hätte, wäre es eine unabhängige Republik gewesen. All das sollte Dir recht viel Stoff zum Nachdenken geben und bei Dir den Wunsch erwecken, dieses Land eines Tages zu sehen und zu studieren.

Sportade sponsert die Skireportagen auf WHN 1050 um 22 Uhr 55 von Mi bis Fr. Ich lege außerdem einen Scheck über 88,65 Dollar für Deine Studentenverbindung bei. Hoffe, bald von Dir zu hören. Wir alle senden Dir unsere Liebe, Dad.

Mein Vater hatte einen Leitartikel aus einer armenisch-amerikanischen Zeitung über das fünfzigste Jubiläum der Armenischen Sowjetrepublik beigelegt. Er war in erster Linie dem armenischen Triumph des Wiederaufbaus einer Welt nach dem »historischen Leiden« gewidmet.

Ich schaute auf den Brief und überflog den Artikel. Wie sollte ich den Brief meines Vaters verstehen? Woher hatte er das alles genommen? Was meinte mein Vater mit »Zeit und Umständen«, die ihm nicht erlaubt hätten, mit mir über »unser eigenes Volk« zu sprechen? Hatten wir nicht jeden Tag meines Lebens miteinander verbracht? Zum erstenmal seit der achten Klasse dachte ich wieder an die Semesterarbeit über die Türkei. Ein Gefühl der Erniedrigung und des Zorns durchflutete mich, und ich fragte mich, warum wir damals nicht über Armenien geredet haben. Wie sollte ich meinem Vater jetzt antworten? Erwartete er von mir eine Antwort? »Hoffe, von Dir zu hören«, schrieb er. Erwartete er von mir, daß ich mir Bücher über Armenien holte, sie las und ihm darüber schrieb?

Nach einer langen Phase der Stille war ich wieder auf Armenien gestoßen worden. Ich war gezwungen, mich daran zu erinnern, daß ich zu dieser Sache gehörte, die Armenien hieß, und daß mein Vater – der gute Doktor, der Erfinder, der Mannschaftsarzt, der gedankenschwere Mann – mir immer noch ein Rätsel war. Ich beantwortete seinen Brief nicht, und als ich ihn Monate später anläßlich der Frühlingsferien wiedersah, sagte ich nichts darüber. Doch der Brief belebte eine weitere langvergessene Erinnerung an das Jahr 1964, als mein Vater beschloß, daß meine »Bar-Mizwa«, wie er das nannte, eine Fahrt mit einem Greyhoundbus durch das Land sein würde. Nur wir beide, um Zeit miteinander zu verbringen.

Wir bestiegen den Bus am Port Authority Terminal in der 42. Straße in New York mit unseren 98-Dollar-Tickets für Alles-was-Sie-von-Amerika-sehen-können. Pittsburgh, Detroit, South Bend – um den heiligen Boden zu betreten, auf dem Knute Rockne gegangen war, und in der Gebetsgrotte der Football-Mannschaft von Notre Dame niederzuknien – und Chicago; Wassau, Wisconsin, um Freunde aus der medizinischen Fakultät zu besuchen; dann nach Minneapolis, dann durch Meilen von Weizenfeldern in die Badlands von South Dakota und weiter an die Westküste.

In Teddy Roosevelts Hütte in den Black Hills, heute ein Museum und Restaurant, aßen wir Büffelburger unter Bärenköpfen, die an der Wand hingen, und auf dem Weg aus den Bergen hielten wir an einer Souvenirbude, in der ein als Sioux-Häuptling verkleideter Indianer mit riesigem Federkopfschmuck stand. Sein Gesicht war von Falten gefurcht und rötlich gebräunt, und er war groß und dick wie ein Profi-Linebacker. Mein Vater ging zu ihm hin und sagte, laut genug, daß ich es hören konnte: »Chief, wir haben viele Gemeinsamkeiten.« Er zog mich zu sich heran. »Chief, das ist mein Sohn, Peter Balakian, er ist ein tüchtiger Football-Spieler.«

Dann drückte mir mein Vater seine heißgeliebte Bell & Howard-Filmkamera in die Hand und instruierte mich, sie ganz ruhig zu halten und auf den Knopf zu drücken, sobald er neben dem Sioux-Häuptling stände und ihm den Arm auf die Schulter gelegt hätte. Als die Filmaufnahme begann und der Apparat seine klickenden Geräusche machte, sah ich mit an, wie mein ein Meter siebzig großer Vater fast hochsprang, um dem Häuptling um den Hals zu fallen. Verblüfft erwiderte der Häuptling die Geste meines Vaters mit einer zaghaften Umarmung. Von meiner Position aus konnte ich hören, wie sie darüber sprachen, daß alte große Nationen von ihrem eigenen Land vertrieben werden konnten, ihrem »Heimatland«. Der Häuptling nickte emphatisch, ja, ja, »Heimatland«, sagte er, und mein Vater sagte nochmals »euer eigenes Heimatland«.

Ich stellte die Kamera ab und ging zu ihnen hin. Mein Vater gab dem Häuptling seine Visitenkarte. Auch ich schüttelte seine große, warme, fleischige Hand, und wir sagten Good-bye. Zurück im Bus, war ich vor Erstaunen so gelähmt, daß ich meinen Vater nichts fragte, aber darauf wartete, daß er irgendeine Erklärung geben würde. Statt dessen saßen wir schweigend da, während die Luft aus den Seitenöffnungen blies und die von der Sonne aufgeheizten Nylonsitze kühlte. Als der Bus an Fahrt gewann, verschwammen der blaue Himmel und die Black Hills wie ein schönes Gemälde, und mein Vater und ich bewahrten Stillschweigen, bis wir den Yellowstone National Park erreichten. Kein Wort fiel über den Sioux-Häuptling, über Heimatländer, darüber, was es für Gemeinsamkeiten zwischen Armeniern und Indianern gab. Und dann stand ich auch schon vor Old Faithful, dem Geysir, der sein Wasser gen Himmel spritzte, während mein Vater alles mit seiner Bell & Howard auf Film bannte.

Was Armenien betraf, so gab es ein eingefahrenes Muster abgebrochener Gesten zwischen uns: Mein Vater wagte sich mit einem Wissensfragment vor und zog sich dann ins Schweigen zurück. Eine halbe Aussage, und dann seltsame Stille. Hätte ich aggressiver sein sollen? Hatte ich Angst? Wollte ich nicht wissen? Und so war es 1970, als mein Vater mir im College die am deutlichsten formulierte Aussage schrieb, die er mir gegenüber je über Armenien gemacht hatte, wiederum nur eine befremdliche halbe Aussage, und immer noch war ich nicht imstande, ihm zu antworten.

»Kaddisch«

Gegen Ende jenes Jahres hatten sich Dinge in meinem Leben verändert. An einem Freitag im Mai 1970 war ich Fuchs in einer Studentenverbindung, der Küchendienst im Verbindungshaus machte, wo ein Großteil der Football-Mannschaft wohnte. Ich trug eine Armbinde gegen den Vietnamkrieg, ein Stück weißes Tuch mit einer roten Faust und dem Wort *Streik* darauf, da Studenten in Bucknell, wie College-Studenten im ganzen Land, gegen Nixons Bombardierung von Kambodscha protestierten. Der Koch, Sam Clad, grillte gerade T-Bone-Steaks, als ich hereinkam. Clad war ein drahtiger Mann mittleren Alters mit einem Bürstenhaarschnitt, und er rauchte auch beim Kochen ununterbrochen. Ohne von dem brutzelnden Fleisch aufzusehen, sagte er in einem spöttischen, weibischen Tonfall: »Football-Spieler sind keine Friedenstunten.«

»Am Arsch«, sagte ich leichthin, im Versuch, seine Bemerkung abzutun.

Mit giftiger Stimme zischte er zurück: »Frieden, Liebe, Schwuchtelscheiße«, und während ich an der Anrichte aus rostfreiem Stahl entlangging, um die Salatschüsseln zu holen, stürzte er sich auf meinen Arm, packte die Armbinde und tauchte sie in eine große Metallschüssel mit Salatsoße. Ich wich zurück, packte den nächstbesten Gegenstand, einen Eßteller, und warf ihn wie ein Frisbee in seine Richtung. Er duckte sich, der Teller zerschellte, und wir ließen die Fäuste sprechen, bis ein paar von den Kumpels hereinstürzten, um uns auseinanderzubringen.

»Ist doch Scheiße hier«, sagte ich zu dem massigen Defensiv-Tackle, der mich als Fuchs betreute. Als ich die Küchentür in den Angeln schwingen hörte, wußte ich, daß ich mit Studentenverbindungen und Football fertig war. Von nun an erschien mir das College als ein offener und nicht festgefahrener Ort, an dem man frei sein konnte. Im vorletzten Jahr meines College-Studiums war Dichtung in meinem Leben an die Stelle des Football getreten, und ich hatte mich mit Jack Wheatcroft befreundet, einem Dichter und Romancier, dessen Seminare auf dem Campus legendär waren. Im Bison, der Cafeteria des Campus, brachte Jack endlose Zeit damit zu, mit mir über erste Fassungen meiner Gedichte zu sprechen. In meinem Abschlußjahr hatte ich dann entschieden, daß ich mein Leben nicht damit verbringen wollte, bei der Fusion von Frito-Lay mit Pepsi Hilfestellung zu leisten oder in der Crabtree Lane oder irgendeiner anderen verlogen idyllischen Straße der Suburbia zu leben, und so legte ich meinen Plan, an die juristische Fakultät zu gehen, zu den Akten und schrieb mich bei Jack Wheatcroft und einem brillanten jungen Historiker namens Leo Ribuffo ein, um eine Doktorarbeit über Allen Ginsberg und Jack Kerouac zu schreiben.

Irgendwann im Herbst meines Abschlußjahrs begann ich einen Briefwechsel mit Allen Ginsberg. Ich schickte ihm meine Gedichte, und völlig unerwartet schrieb er mir mit Anmerkungen und Vorschlägen zurück. Als ich ihn einlud, nach Bucknell zu kommen und seine Gedichte vorzulesen, antwortete er umgehend über seinen Agenten, daß er am 5. April dasein werde und daß das Honorar 1500 Dollar betragen würde. Der Präsident von Bucknell, Charles Watts, selbst ein Literaturkritiker, fand die Aussicht auf Ginsbergs Besuch aufregend und erklärte sich einverstanden, die Kosten zu bewilligen. Während der Hartriegel neben dem Springbrunnen im akademischen Innenhof erblühte, lasen wir *Howl*. Selbst meine Freunde, die bei Professor Fell studierten und nur ein einziges dickes, schwarzes Buch lasen, *Sein und Zeit* von Martin Heidegger, lasen *Howl.*

Mit seinem Bart und dem buschigen Haar an den Seiten seines kahl werdenden Kopfes und der Hornbrille sah Ginsberg ernst und verletzbar aus, als er auf die Terrasse des Gebäudes 208 South Seventh Street humpelte, mit einem gebrochenen Bein in einem Gehgips unter seinem Bluejeans-Overall, begleitet von seinem Freund Peter Orlovsky, dessen Bizepse sich unter einem T-Shirt mit einer riesigen amerikanischen Flagge auf der Vorderseite wölbten. Sie trafen um halb fünf Uhr ein, und ich war nicht überrascht, als meine Mutter ein paar Minuten später in unserem Vista Cruiser Kombiwagen vorfuhr. Sie hatte mir am Abend zuvor am Telephon gesagt, sie denke daran, ihrer Alma mater einen Besuch abzustatten, und das sei doch der perfekte Anlaß, und sie würde etwas zu essen mitbringen. Ich mußte sie wohl erwartet haben, denn meine Vorräte beschränkten sich auf einen Aluminiumnapf mit Lipton's Instant Soup Onion Dip, einige Kartoffelchips und ein paar Gallonen billigen Wein. Sie kam fröhlich und gut aufgelegt in mein College-Apartment, während ein paar Freunde Joints herumreichten und Ginsberg und Orlovsky sich mit Professoren und Studenten unterhielten. Meine Mutter: in einem blauen Anzug und mit Wildlederpumps, und sie brachte zwei Tabletts mit Lasagne, von Aluminiumfolie bedeckt, ein paar französische Brote in weißen Tüten, Plastikbeutel mit Salat und eine Flasche mit ihrer eigenen Salatsoße mit.

Ehe ich sie noch vorstellen konnte, drang sie in den Kreis um Ginsberg und Orlovsky ein: »Allen, ich bin Arax Balakian, Peters Mutter; Ihr Vater hat '33 meine Schwester in Paterson High unterrichtet; er war ihr Lieblingslehrer.« Meine Mutter und Allen Ginsberg begannen, Klatschgeschichten aus Paterson High, Klatschgeschichten aus der Stadt, Klatschgeschichten aus dem nördlichen Jersey auszutauschen, und meine Mutter hatte die Titel von einigen Gedichten von

Louis Ginsberg ausgegraben, die meiner Tante gefielen, und fing an, sich lobend über sie zu äußern. Obwohl sie Ginsberg damit völlig überrumpelte, war er so angetan, daß er jetzt seine ganze Aufmerksamkeit meiner Mutter zuwandte und die Professoren und Studenten sich selbst überließ.

Noch während ihrer Unterhaltung mit Ginsberg fing meine Mutter an, Lasagne aufzutischen und alle inständig zu bitten, doch zu essen, denn die Lesung würde in weniger als einer Stunde beginnen. Während sie in der Küche herumsauste und versuchte, unsere kunterbunte Sammlung von Bestecken, Tellern und halbgespülten Gläsern einsatzfähig zu machen, wandte sie sich an Ginsberg und sagte, als würde sie ihn fragen, ob er Croutons zu seinem Salat wolle: »Allen, hätten Sie Lust, die Rezension zu sehen, die Helen Vendler über *The Fall of America* geschrieben hat? Die *Times Book Review* bringt sie nächsten Sonntag auf der Titelseite.« Ehe ich noch meine Mutter fürsorglich zur Lasagne zurückdrängen konnte, da ich überzeugt war, daß sie sich lächerlich machte, zog sie aus ihrer Handtasche die Druckfahnen mit der Rezension von Ginsbergs neuem Buch, die meine Tante Nona ihr gegeben hatte.

Mir wurde klar, daß meine Mutter ihren Auftritt mit diesem Dokument unheimlich gut abgestimmt hatte, um ihre Beziehung zu dem Dichter und seinem Werk, zu Worten und Texten zu etablieren, und das auf eine Weise, die mich offengestanden total aus der Fassung brachte. Wollte sie mir zeigen, daß die Literatur ein Gebiet war, auf dem sie sich ebenfalls auskannte? Der Lehrkörper und die Studenten starrten sie ungläubig an, und Allen starrte ebenfalls einen Moment lang und sagte dann: »Arax, dürfte ich das mal sehen?« Die Verbindung zwischen ihnen war jetzt nicht mehr aufzubrechen, und ich konnte mit ansehen, wie Studenten und Professoren sich enger um die beiden scharten.

»Allen, es ist keine schlechte Rezension«, fuhr meine

Mutter fort, als wäre sie Literaturkritikerin. »Ich hoffe, Sie sind nicht enttäuscht«, sagte sie, wobei sie mütterlich klang. Jetzt mit Ginsberg den inneren Kreis bildend, amüsierte sie sich königlich, und ich stand da und nippte am billigen Wein, staunte und fragte mich, ob meine Mutter wirklich *The Fall of America* gelesen hatte.

Die alte Larison Dining Hall füllte sich mit Studenten in verwaschenen Bluejeans und T-Shirts mit Slogans wie »Mach Liebe, wo Du auch bist«, »Stoppt den Krieg jetzt«, »Ich bremse für Marihuana.« Manche trugen Bandana-Tücher, manche Liebesperlen. Einige waren barfuß, einige trugen Mokassins. Der Lehrkörper kam in Tweedjacketts oder zerrissenen Jeans und Sandalen. Alle saßen auf dem Fußboden, während Joints die Runde machten und man Flaschen mit Boone's-Farm-Apfelwein und Mateus Rosé gluckern ließ und weiterreichte. Meine Mutter saß im Schneidersitz da, mit marineblauem Rock und rosa Bluse, das Haar im Stil von Mary Tyler Moore zurechtgemacht, eine blaue Handtasche auf dem Schoß. Als ich zum Mikro ging, um Ginsberg und Orlovsky vorzustellen, sah ich sie in einer Gruppe von Studenten sitzen, und vor ihr, hinter ihr und über ihren Kopf hinweg wurden Flaschen und Joints weitergereicht.

Während der nächsten drei Stunden sangen Ginsberg und Orlovsky Lieder und rezitierten Gedichte, angefangen mit »Hum Bomb«, einem Singsang, der so ging: Whom bomb? / We bomb them! / Whom bomb? / We bomb them! Whom bomb? [*Wen bombardieren? / Wir bombardieren sie! …*]

Nicht lange danach kam »Please Master«:

Bitte Herr darf ich meine Arme um deinen weißen Arsch
schlingen
bitte Herr darf ich deinen Schoß lecken lockig von
blondem weichem Fell

bitte Herr darf ich mit meiner Zunge dein rosiges Arschloch berühren
bitte Herr darf ich mein Gesicht an deine Eier führen
bitte Herr sag mir ich soll deinen dicken Schaft lecken
bitte Herr preß meinen Mund an dein Schwanz-Herz

Danach verließen einige den Saal, insbesondere konservative Studenten und örtliche Republikaner, die das College ohnehin in Verdacht hatten und nur herausgekommen waren, um zu sehen, ob die Gegenkultur so krank war, wie sie dachten.

Als Orlovsky ein Gedicht mit dem Titel »Peter, der Allens Schwanz wichst« rezitierte und aufstand, um Bewegungen zu machen, als würde er einen unsichtbaren Penis masturbieren, gingen die nächsten. Er wichste weiter, und weiter gingen Leute hinaus. Ich blickte zu meiner Mutter hinüber, die ausdruckslos inmitten der Menge saß und zuweilen half, eine Flasche über den Gang weiterzureichen, und mir war unbehaglich und peinlich zumute, als wäre ich ein Teenager mit einem Elternteil in einer Situation, die, wie Henry James es hätte ausdrücken können, »nicht kontextgemäß« war. Oder war es eher so, daß sie wieder in dem Speisesaal war, wo sie in den 40er Jahren als Bucknell-Studentin an den Tischen bedient hatte?

Die Dichter sangen weiter, publikumsvergessen, Ginsberg spielte seine Quetschkommode, und die beiden schaukelten hin und her. Nach drei Stunden war nur noch eine Handvoll Leute da, und ich wünschte, daß das Ganze ein Ende nähme. Ich war schon im Begriff, Ginsberg ein Zeichen zu geben, er solle Schluß machen, als er unvermittelt mit schöner, klangvoller Stimme zu rezitieren anfing:

»Seltsam jetzt an dich zu denken, fort ohne Korsett & Augen, während / ich auf dem sonnigen Pflaster von Greenwich Village gehe. / downtown Manhattan, klarer

Wintermittag, und ich war auf / die ganze Nacht ... hörte Ray Charles Blues Schreien blind auf dem Grammophon.«

Es war »Kaddisch«, sein episches Gedicht über seine Mutter. Ein Gedicht, das ich liebte. In den müden, fast leeren, abfallübersäten Saal ergoß sich der Ansturm der Bilder. Ich saß da und blickte auf den alten Linoleumfußboden in dem bläulichen Licht, das von den Vierzig-Watt-Neonlampen an der Decke kam. Ich schaute mir an, wie meine Mutter im Schneidersitz in der Mitte des fast leeren Saals saß, konzentriert, selbstsicher wie eine junge Studentin.

Und nicht die Erinnerung an deine Mutter, 1915 Tränen in
Stummfilmen Wochen und Wochen – vergessend, kränken
Marie Dressler sehend, die sich an die Menschheit richtet,
Chaplin in der Jugend tanzend ...
Oder wieder in der Regelschule in Newark, Amerika
nachholend im schwarzen Hemd – Winter auf der Straße
ohne Essen – einen Penny für Pickle – abends nach Hause
um
Eleanor im Schlafzimmer zu versorgen –
Erster Nervenzusammenbruch war 1919 – sie blieb
zu Hause ging nicht zur Schule und lag drei Wochen im
dunklen Zimmer – was Schlimmes – hat nie gesagt was –
jedes
Geräusch tat weh – Träume vom Knarren der Wall Street.

Während Ginsbergs Worte im höhlenartigen Speisesaal widerhallten, barg ich den Kopf in den Händen und fing an zu weinen.

Als die Lesung abbrach und man in meinem Apartment weitermachte, erschien auch meine Mutter, immer noch frisch und lebhaft, und machte dort weiter, wo sie aufgehört hatte, indem sie Wein einschenkte und Gäste begrüßte. Es dauerte nicht lange, und sie drang weiter auf mein Gebiet ein, indem sie ihr Urteil über meine Freundin, Charlene Mills, fällte. Charlene stammte aus einer kleinen Stadt im westlichen Massachusetts, war kaum einen Meter sechzig groß und zierlich und trug ihr glattes blondes Haar gekraust wie das von Janis Joplin. In ihren engen Bluejeans und den Arbeitsstiefeln, das blaue Jeans-Arbeitshemd ordentlich eingesteckt, sah sie ebensosehr Patti Page ähnlich wie Janis Joplin. Am Ende des Semesters sollte sie Summa cum laude und die höchste Auszeichnung in Französisch für ihre Doktorarbeit über Proust erhalten.

Vor der Party war Charlene eifrig – vielleicht allzu eifrig – bemüht gewesen, meiner Mutter zu helfen: »Erlauben Sie, daß ich Ihnen die Teller hole, Mrs. Balakian«, »Das Besteck ist hier«, »Der Herd hat seine Tücken.«

»Ich komme klar«, sagte meine Mutter mit gepreßter Stimme, woraus ich schließen konnte, daß die schiere Anwesenheit von Charlene in der Küche ihr zuwider war.

Als wir später in der Küche aufräumten und ich noch einen Becher Wein nehmen und über den Abend sprechen wollte, sagte meine Mutter mit scharfer, leiser Stimme: »Charlene ist eine Hinterwäldlerin, ich hoffe, du weißt das.«

Es war nicht das erstemal, daß meine Mutter über Charlene oder andere Freundinnen von mir eine solche Bemerkung machte. Obwohl ich meine Mutter zuweilen sagen hörte: »Wir sind Amerikaner, weißt du« und »spießige Armenier« und »zu ethnisch« – wenn es um die Frage der Mädchen in meinem Leben ging, ob mit dreizehn Jahren oder als Abschlußstudent im College, ließ sich meine Mutter von dem *odar*-Syndrom bestimmen. *Odar* bedeutet im Armenischen »anderes« – alle, die nicht armenisch sind. Es ist ein Wort, das die Grenzen des Stammes definiert; *odar* wird auch von armenischen Müttern benutzt, um jeden Außenseiter zu bezeichnen, der Absichten hat, in den Kreis der Familie einzudringen. Der *odar*-Zorn meiner Mutter war seit der Zeit entfesselt, als ich in Junior High School meine ersten Freundinnen mit nach Hause brachte. Schon damals wurden Freundinnen mit kühler Abschätzigkeit begrüßt und als »lächerlich«, »albern« oder »nett, aber dumm« abgetan.

Da ich niemals mit einer Frau armenischer Herkunft verabredet gewesen war, hatte ich auch nie die Tiefen der *odar*-Überzeugungen meiner Mutter testen können, doch ich war meinerseits nicht überzeugt, daß viele armenische Frauen den Test bestanden hätten. Bei meiner Mutter mußte sich eine Frau dadurch qualifizieren, daß sie *jarbig* war, was bedeutete, daß sie über Energie, Witz, Vitalität verfügen mußte. Sie mußte *achgapatz* sein, offenen Auges, so daß ihr nichts entging, denn sie war die Hüterin des Tores, Beschützerin geheiligter Dinge: der Familie und des Gatten. Wenn eine Frau nicht *jarbig* und *achgapatz* war – und es war klar, daß meine Mutter diese Qualitäten in Hülle und Fülle zu besitzen meinte –, dann war sie nicht würdig, war sie nicht, im existentiellen Sinne, »armenisch«.

So war ihre ungehörige, übergriffartige Bemerkung für mich keine Überraschung. Doch es war die Manipulation, das Timing, die Art der Machtausübung, die mir die Wut ins Gesicht trieben, denn ich wußte, wenn ich darauf einginge, dann wäre es um meinen Abend geschehen, und ich würde in schlimmste Halbwüchsigkeit regredieren, was ihr vielleicht nicht einmal allzu sehr mißfallen hätte. Sie zählte auf meinen Sinn für Anstand, und im Wissen, daß mir die Hände gebunden waren, nutzte sie den Augenblick, um den unerwiderten Seitenhieb zu landen.

Ich weiß nicht, was meine Mutter vorzufinden erwartete, als sie am nächsten Morgen reichlich früh in mein Zimmer platzte. Charlene und mich? Oder mich unter der Bettdecke, allein und im Schlafanzug? Sie fand nichts dergleichen, denn ich hatte mir nicht die Mühe gegeben, ihr zu sagen, daß ich mein Zimmer Allen und Peter überlassen hatte und daß ich bei Charlene übernachtete. Wessen sie da nun eigentlich

Zeugin wurde – das heißt, die genauen Einzelheiten –, habe ich nie herausfinden können, doch die Mitbewohner meines Apartments, die die anstoßenden Zimmer hatten, sagten, sie hätten gehört, wie sie geschrien habe und den Flur entlang und die Treppe hinabgelaufen sei, und von ihren Fenstern aus hätten sie zugesehen, wie sie in ihr Auto gestiegen und davongefahren sei. Ginsberg und Orlovsky waren im Bett. Ginsberg hatte einen Gehgips am Bein. Alles übrige bleibt zwischen Peter und Allen und meiner Mutter, und es schien klar, daß ihr Eindringen Peter und Allen unerschüttert gelassen hatte.

Als meine Mutter am nächsten Tag anrief, war sie noch ganz überschwenglich vom Nachhall des Abends. »Es ist erstaunlich«, sagte sie, »wieviel Juden und Armenier gemeinsam haben. Allen war mir gefühlsmäßig so vertraut. Bitte sag doch ihm und Peter, sie müssen unbedingt zum Abendessen kommen, wenn sie das nächstemal in Jersey sind.«

»Mach ich, Mom«, sagte ich mürrisch. »Danke für alles.«

»Und noch etwas«, sagte sie. »Das Gedicht ›Kaddisch‹, ich möchte ein paar Exemplare davon haben; kannst du es in deiner Buchhandlung bekommen?«

»Jaaaah«, sagte ich, und dann herrschte Stille.

»Weißt du«, fuhr sie fort, »das Gedicht, es sagt mir etwas.«

»Tut es das?« sagte ich widerstrebend.

»Irgendwie geht's da auch um Armenien.«

Immer noch gekränkt von dem, was wegen Charlene vorgefallen war, hatte ich keine Lust, in diesem Moment mit meiner Mutter zu sprechen, als sie mir offenbar etwas Wichtiges über sich sagen wollte.

»Wie gut«, sagte ich. »Bis zur Abschlußfeier dann.«

Ich legte den Hörer mit zwiespältigen Gefühlen auf. Ich wollte nicht, daß das Gedicht, der Abend, Ginsberg eine Brücke zwischen uns schlugen, jedenfalls nicht in dem Moment, denn ich war einfach böse auf sie. Ich erzählte meiner Mutter nicht, daß ich bei der Lesung von »Kaddisch« in der

Larison Dining Hall geweint hatte, wollte nicht, daß sie wußte, wie sehr mich das Gedicht berührte. Doch es tat mir zugleich leid, daß ich in eben dem Moment nicht mit ihr sprechen konnte.

Eine Prinzessin in Byzanz

Nicht lange nachdem Allen Ginsberg meine Wohnung verlassen hatte, traf Auntie Anna auf unserem Campus ein, um einen Vortrag über den Surrealismus in Malerei und Literatur zu halten. In einem großen Vortragssaal im Vaughan Literature Building, wo ich viele Vorlesungen absolviert hatte, sah ich mir meine Tante an. Sie stand da, die Fernbedienung des Diaprojektors in der Hand, in einem blauen Kleid, an dem dicht am Kragen eine große Goldnadel befestigt war, hinter sich eine große weiße Projektionswand. Ihr Haar war zu einem Knoten zurückgesteckt, die Brille hing ihr an einer Kette um den Hals. Dann gingen die Lichter langsam aus, und die Bilder erschienen auf der Wand:

Chiricos panische Schatten, die durch die luftlosen Stadtlandschaften laufen. Ein Elefant, der wie ein explodierender Wassertank aussah, das war Max Ernst. Die anatomischen Schnörkel von Miró, die Science-fiction-Formen von Tanguy. Ein Kopf mit Brüsten und Schamhaar? Das war Magritte. Die schmelzenden Uhren von Dalí. Die Bilder folgten einander, und sie waren besser als die Bilder, die von LSD hervorgerufen wurden. Meine Tante sprach ungezwungen, ohne auf ihre Notizen zu sehen, über die Beziehung zwischen den Malern und den französischen surrealistischen Dichtern. Ihr Ton war emphatisch und ihre Stimme überschwenglich. Von Zeit zu Zeit unterbrach sie sich und zitierte auf französisch Passagen aus Gedichten von Apollinaire, Rimbaud, Mallarmé, Breton. Die Zuhörerschaft ließ sich von ihrer Leidenschaft packen, und sie hatte ihre Freude daran. In späteren Jahren sollte ich von ihren ehemaligen Studenten immer wieder hören, was für eine außerordentliche Lehrerin sie war, wie es ihr gelang, die Literatur für sie zu einer existentiellen Erfahrung zu machen. An jenem Tag in Bucknell war mir, als würde ich meine Tante zum erstenmal sehen. Ich war sehr aufgeregt, eine Aufregung, die man empfindet, wenn man – wie ein Fremder – das eigen Fleisch und Blut in der Öffentlichkeit auftreten sieht. Gegen Ende ihres Vortrags erwähnte sie ihre Freundin Anaïs Nin und legte dem Publikum eindringlich nahe, ihr Werk zu lesen, denn sie sei die Erbin der surrealistischen Tradition.

Anaïs Nin. Ich hatte jahrelang nicht an ihren Namen gedacht, doch jetzt, in diesem Vorlesungssaal, da die Lichter gelöscht waren und die vertraute Stimme in diesem vertrauten Raum erklang, dachte ich zurück an die Zeit, als ich sie in der Wohnung 395 Riverside Drive kennengelernt hatte. Da stand sie inmitten meiner großen, lärmenden Familie, leidenschaftslos, wachsam, ein wenig marmorn, mit einem schwachen, sinnlichen Lächeln. Ihr Gesicht entstammte *Un Chien Andalou*, und wenn man mich nach ihrem Alter gefragt hätte, wäre ich um eine Antwort verlegen gewesen. Den ganzen Nachmittag lang sprachen sie und meine Tante abwechselnd Französisch und Englisch. Als *The Anaïs Nin Reader* erschien, diente das Vorwort meiner Tante als roter Teppich zwischen Anaïs und Amerika. Ich sah das Buch überall in den Buchhandlungen, »Einführung von Anna Balakian«. Ich war stolz, das Wort *Balakian* in all den Buchhandlungen zu sehen, meinen Namen, den Namen meines Vaters. Ich freute mich, daß meine Tante ein breiteres Publikum erreichte. Ein paar Jahre später – ich unterrichtete High-School-Englisch an der Dwight-Englewood School – nahm ich eines Tages ein Exemplar von *The Anaïs Nin Reader* vom Pult eines meiner Kollegen und fing an zu lesen.

Meine Tante nannte Anaïs Nin »eine Prinzessin in Byzanz – der mythologischen Vorstellung von Byzanz, einem Ort der Schönheit und des bevorstehenden Niedergangs«. Sie beschrieb Nins Kunst als »Insel einer Nicht-Realität … einer entschiedenen Meidung der Brutalität äußerer Realität«, einer Welt »verwischter, nebliger Visionen«, einer Welt der »Freiheit vom Vermächtnis, Freiheit von bindenden Erinnerungen«. Ich war überrascht von der mystifizierenden romantischen Haltung meiner Tante, denn ich hatte immer geargwöhnt, daß ihre scharfen Attacken auf die Suburbia politischer Natur waren. Zudem war ich inzwischen zu der Überzeugung gekommen, daß Dichtung auch die harten Realitäten des Jahrhunderts umfassen müsse.

Nach Auffassung meiner Tante war Nin eher europäisch als amerikanisch. »Literatur in Amerika«, so schrieb meine Tante, sei »keine Realität aus eigenem Recht mehr, sondern die schriftliche Dokumentation von Ereignissen«. Mit anderen Worten, was in Amerika geschrieben werde, sei keine wirkliche Kunst, sondern Soziologie. Ich mußte über ihre Ansicht staunen. Saul Bellow, Eudora Welty, Ralph Ellison, Flannery O'Connor, James Baldwyn, Carson McCullers, William Styron – alles schlichte Dokumentaristen? Ich fand Nins Schriften schrecklich unironisch und selbstverliebt; warum mochte meine Tante dieses Zeug?

Mit der Zeit wurde das ein Streitpunkt zwischen uns. Als nach und nach meine Gedichte in literarischen Zeitschriften erschienen, ließ sie mich dann und wann in ihrer unverblümten Art wissen, daß sie nicht hinreichend surrealistisch waren. Zu viele realistische Bilder. Zuviel logische Syntax. Zu amerikanisch. Was ich von den Surrealisten las (wenngleich in Übersetzung, und Apollinaire gefiel mir einigermaßen, wie auch manches von Desnos), fand ich insgesamt künstlich, preziös und romantisch im schlimmsten Sinne. 1976 traf ich die Entscheidung, mich noch öffentlicher über meinen Geschmack hinsichtlich der Dichtung zu äußern, indem ich mit meinem Freund und Kollegen, dem Dichter

Bruce Smith, eine Zeitschrift für Dichtung gründete, *Graham House Review*, benannt nach einem großen viktorianischen Steinhaus an der Lincoln Street in Englewood, New Jersey, wo ich im dritten Stock eine Wohnung hatte, die die Dwight-Englewood School an junge Lehrer vermietete.

Als ich also das bekannteste Buch meiner Tante, *Surrealism: The Road to the Absolute,* zur Hand nahm, tat ich das als Dichter und Redakteur, der sie zu verstehen suchte. In ihrem Vorwort verkündete sie, daß der französische Surrealismus die revolutionäre Bewegung des modernen Zeitalters sei, und er bringe uns die Neuigkeit, daß die Welt heil, harmonisch und erlösend sein könne. Er sei eine Revolution in Sprache und Bewußtsein, und mittels der Kraft der surrealistischen Imagination könnten Menschen einen neuen Zenit des Seins erlangen, eine neue Mystik für »das Hier und Jetzt«.

Während sie einräumte, daß amerikanische Dichtung »in Dimensionen, die nicht auf das Metaphysische gehen, lebendig und kraftvoll« sein könne, sah sie andererseits das Gros der amerikanischen Dichtung als bloß deskriptiv an. Die meisten amerikanischen Dichter seien zum Scheitern verurteilt, so schloß sie, denn sie schüfen »umstandsbezogene Werke, die direkt gesellschaftlichen Protest transportieren, befaßt mit genau benannten Mißständen und konkreten Bedingungen«. Das vergifte die Kunst, so meinte sie, und am Ende des Vorwortes plädierte sie unter Hinweis auf Apollinaire dafür, daß »Künstler, statt sich um die Probleme einer speziellen Gesellschaft zu kümmern, dem Universum selbst gegenübertreten« und das »Emblem des Steins der Weisen in *2001: A Space Odyssey*« suchen müssen. Meinte sie das Universum ohne die Welt?

Als ich das Buch zuklappte, floß mein Kopf über mit Namen amerikanischer Dichter. Hart Crane, T. S. Eliot, Wallace Stevens, John Berryman, Theodore Roethke, Sylvia Plath, H. D., Marianne Moore, Louise Bogan, Karl Shapiro,

Robert Lowell, Allen Ginsberg, James Dickey, Adrienne Rich – alle in den USA geboren. Sie hatten dem Zeitalter eine Stimme verliehen. Hatten sich Homer, Dante, Milton, Whitman, Keats, Shelley, Yeats, García-Lorca, Auden, Mandelstam, Neruda nicht all dessen schuldig gemacht, nämlich in ihrem Werk »genau benannte Mißstände und konkrete Bedingungen« darzustellen? Stilistische Neuerungen konnten Geschichte und Politik nicht aufhalten. Hatte große Dichtung nicht immer eine moralische Imagination besessen?

Warum, so fragte ich, bewertete sie amerikanische Dichtung mit einem literarischen Maßstab, der hier in den Vereinigten Staaten nur wenig Relevanz hatte? Und warum wollte sie amerikanische Dichtung im Vergleich zu einer Handvoll französischer Dichter vom Anfang des Jahrhunderts bewerten? Ich hörte immer noch die Stimme meiner Tante, wenn sie an jenen Sonntagen in unserem Haus das Leben der amerikanischen Mittelschicht und die Suburbia vernichtend kritisierte. Ihre Stimme, absolut, schrill, definitiv. »Ihr seid hier verloren«, sagte sie zu meiner Mutter. Ich stellte mir Auntie Anna vor, wie sie jeden Sommer in Nizza und in Paris war. Meine Tante, die im wirklichen Byzanz geboren war (der Stadt, von der aus die Armenier nach Europa blickten, um ihre kulturellen Anhaltspunkte zu bekommen, nach Frankreich insbesondere), und zwar in dem Jahr, als die türkische Regierung mit dem blutrünstigen Völkermord an den Armeniern begann. Ich dachte mittlerweile, was Dichtung anging, so war sie nicht wirklich nach Amerika gekommen, und ihre exilierte Seele war Teil des historischen Traumas der armenischen Diaspora. Doch erst ein Jahr später in Paris sollte ich etwas von dem größeren Bild genauer begreifen.

Eulen in der Dunkelheit

Ein paar Tage, nachdem meine Mutter mit einem zufriedenen Bericht an Auntie Nona über den Ginsberg-Abend in Bucknell zurückgekehrt war, erhielt ich von Nona einen Brief, in dem sie mich für Anfang Mai in ihre Wohnung einlud, da William Saroyan zum Abendessen kam. »Jetzt«, so schrieb sie, »werden Du und Bill wirklich miteinander sprechen können!« Ich konnte nicht ablehnen, und so fuhr ich Anfang Mai, als ich mich mitten in meinen Prüfungen befand, per Anhalter die Route 80 entlang bis zur George Washington Bridge und traf ein, nachdem der Abend schon länger in Gang war.

Als ich die Tür zu Auntie Nonas Wohnung öffne, steht Saroyan gegen eines der Dutzende von Bücherregalen gelehnt, die dort die Wände verdecken. Er trinkt abwechselnd aus zwei Whiskeygläsern, das eine mit dunklem Tee, das andere mit Wodka. Er ist füllig und hat eine breite Brust. Seine polierten und lackierten Fingernägel glänzen vor dem Hintergrund der Whiskeygläser. Das Haar, das sich an der Stirn lichtet, ist lang, schwarz und zurückgestrichen, und im Nacken bildet es eine Rolle. Sein elfenbeinfarbener buschiger Schnauzbart reicht bis zum unteren Ende seines vorspringenden Kinns herab. In seinem schwarzen Hemd, der marineblauen Hose und den schwarzen Schuhen wirkt er wie ein Bauer aus der Alten Welt.

Als ich hereinkomme, mit Bluejeans und einem Tweed-Sportjackett bekleidet, sehe ich eine Gruppe von schicklich gekleideten Schriftstellern um ihn geschart, während er Witze reißt und mit seiner Baritonstimme lacht. Eine Gruppe armenisch-amerikanischer Schriftsteller. Marjorie Housepian Dobkin, Michael Arlen, Peter Sourian, Leo und Linda Hamalian, Jack Antreassian, Harry Keyishian, Nishan Parlakian, Fred Asadourian, der Jazz- und Bluesproduzent George

Avakian und natürlich Auntie Anna. Bei all seinem Ruhm als amerikanischer Literaturstar und Broadwaydramatiker hat Saroyan für armenische Amerikaner noch eine tiefere Bedeutung. Er ist die Verkörperung einer besonderen Sensibilität, die armenische Amerikaner im Innersten empfinden.

Saroyan: ein Meister der Kurzgeschichte während der großen Wirtschaftskrise. »The Daring Young Man on the Flying Trapeze« [Der tollkühne junge Mann auf dem Flugtrapez], »Two Days Wasted in Kansas City« [Zwei verlorene Tage ...], »Seventy Thousand Assyrians« [Siebzigtausend Assyrer], »We Want a Touchdown« [Wir wollen einen Touchdown], »The Armenian and the Armenian«. Saroyan: der die Essayform und eine bekennende autobiographische Stimme und lyrische Sprache miteinander verschmolz und so etwas Neues erfand. Ein armenischer Amerikaner aus Fresno, Kalifornien, dessen Eltern um die Jahrhundertwende aus der uralten armenischen Stadt Bitlis im Ostteil des Osmanischen Reiches ausgewandert waren, einer Stadt, die die Türken 1915 von Armeniern säuberten. Ein extravaganter Autodidakt, der einen Stil und einen demokratischen Geist erfand, in dem die Amerikaner sich selbst sehen und hören konnten. Saroyan: ein armenischer Bauer als amerikanischer Ikonoklast, der 1943 den Pulitzer-Preis für sein Stück »The Time of Your Life« [»Ein Leben lang«] ablehnte, im selben Jahr, als ein weiterer armenischer Amerikaner, Arshile Gorky, eine zentrale Rolle bei der Revolution des amerikanischen Abstrakten Expressionismus spielte.

Er spricht ebenso zwanghaft, wie er zwanghaft aus den beiden Whiskeygläsern trinkt. Er spricht über Rennpferde. »Wissen Sie, wie viele Pferde mir Geld schulden?« Er spricht über die Weinberge seines Großvaters in Bitlis, im alten Armenien, das er nie gesehen hat, er spricht darüber, wie er in seinem Garten in Fresno Tomaten und Feigen erntet, spricht über seinen »Rivalen« Hemingway, darüber, wie er während der Wirtschaftskrise von Pitabrot und Joghurt gelebt hat. Seine Augen sind feuchtglänzend, dunkel, erregt, ein wenig wehrlos. Ich setze mich neben meine Mutter und meinen Vater, und mein Vater gießt mir einen großen Scotch ein.

Es ist ein dunstiger Abend, und die Fenster stehen offen, und die Gardinen hängen wie steife Kleider herab, und alle schwitzen und trinken Scotch und essen Räucherlachs und *bereks* und Dolmas. Nicht lange nachdem ich Bill guten Abend gesagt habe, erzählt Auntie Nona ihm, daß ich Gedichte schreibe, und fragt ihn, was für eine Schreibmaschine ich mir anschaffen soll. Mir ist das einigermaßen peinlich, frage ich mich doch, wozu ich Saroyans Meinung brauche. Oder seinen Segen. Kann ich nicht einfach bei meinem Büromaschinenladen vorbeigehen und etwas kaufen? Und überhaupt, was weiß Saroyan schon? Er steckte doch noch in den dreißiger Jahren.

»Was soll ich mir anschaffen?« frage ich widerstrebend, da meine Tante mich nun einmal schon in den Vordergrund geschoben hat. Saroyan knallt sein Whiskeyglas auf die Mahagonikonsole. »Keine verdammte elektrische! Sehen Sie, wie stark diese Hände sind?« Als er sie ausstreckt, blicke ich auf die Härchen an seinen Fingern, auf den seltsamen Schimmer seiner lackierten Fingernägel und seine fleischigen Handflächen. »Das sind fünfzig Jahre Tippen auf einer echten Schreibmaschine. Ich gäbe was drum, könnte ich meine Underwood von 1928 wiederkriegen. Schreibmaschinen haben eine Seele, sie haben eine Magie, sie tragen etwas bei. Gewisse Tasten haben Glück, und gewisse Walzen sirren. Wissen Sie, was dann kommt? Der echte Stoff. Die Stimmen von Menschen. Die Herzen von Männern und Frauen. Das Leben kommt, wie ein Rhythmus von Geräuschen, wie ein klapperndes Klicken, wie ein Steptanzgenie.« Er klingt wie eine Figur in einer seiner Geschichten. Romantisch, nostalgisch, geschwätzig. Und ich, der ich mir nicht sicher bin, ob Saroyan ein alter Spinner ist oder ein Prophet, und immer noch hinreichend ehrerbietig gegenüber der patriarchalen armenischen Art, ich gehe am nächsten Tag hin und kaufe eine mechanische Schreibmaschine. Die beste mechanische Schreibmaschine, die ich finden konnte und die sich als ein Stück Ramsch entpuppte, und ich verfluchte Saroyan jedesmal, wenn sich ihre Schrauben lockerten. Ich warf sie einige Jahre später an einer Ausfahrt der Route 80 in einen Müllcontainer.

Doch Saroyan war ein literarischer Patriarch, und Auntie Nona, die meine Schriftstellerei immer ermutigte und lobte, wollte, daß ich Verbindung zu ihm aufnahm. Ich war ihr für ihre Liebe und ihren Esprit und ihr Eintreten für meine junge Dichtung dankbar, doch ich war kein Saroyan-Jünger. »Bill hat etwas Großartiges geleistet«, sagte ich zu Nona, »zu seiner Zeit. Er hat etwas erfunden. Doch ich glaube nicht, daß wir einander über das Schreiben sehr viel zu sagen haben. Ihm liegt etwas anderes.«

»Ach, es wird ihm gefallen, was du machst. Zeig es ihm doch einfach«, beharrte sie.

Auntie Nona war ausdauernd, und ein paar Jahre später verkündete sie eines Abends nach einem riesigen armenischen Festmahl in ihrer Wohnung mit Blick auf Bill: »Peters Gedichte sind letzthin in ein paar sehr guten Zeitschriften erschienen, und ich hoffe, er wird uns heute abend eins vorlesen.« Ich blickte Auntie Nona über die Reste eines Lammschlegels hin fassungslos an, trank schnell und nervös meinen Wein und schüttelte die ganze Zeit ablehnend den Kopf.

»Ich habe nichts bei mir«, sagte ich.

»Ach, du mußt doch etwas im Kopf haben, Peter, Lieber, das haben doch alle Dichter.«

»Nein, Auntie Nona, wirklich nicht.«

Während der Abend fortschritt, drängte sie weiter und flüsterte mir immer wieder ins Ohr: »Nur ein paar Verse, es wird Bill gefallen.« »Bitte, Auntie, ich kann nicht.« Und irgendwann gegen Mitternacht, als sich mir vom Trinken schon der Kopf drehte, hielt meine Tante ihr Weinglas hoch und fing an, mit einem Löffel dagegenzuklopfen.

»Peter wird uns ein Gedicht vortragen!« Sie lächelte ihr Cherubslächeln, und ich sah sie an und sah Saroyan an, der mit seiner großen weißen Reihe von Elfenbeinzähnen grinste, und ich sagte okay. »Es ist ein Gedicht, Bill, das ein Bild aus einer Ihrer Erzählungen, ›Seventy Thousand Assyrians‹, verwendet.« Wenn ich ein Gedicht vorzuweisen hatte, das irgend etwas mit Saroyan zu tun hatte, dann das. Es war ein törichtes Gedicht, und ich war wütend auf mich selbst, daß ich mich von Nona so weit hatte bringen lassen. Ich nahm vor dem Kamin Aufstellung, wackelig und schwitzend in meinem Tweedjackett, und ich trug es vor. Als ich fertig war, klatschten alle, und ich kam mir wie ein Siebenjähriger vor, der gerade für seine schmachtenden Tanten auf dem Cello das Lied der Wolgafischer gespielt hatte. Bill stand auf und schüttelte mir die Hand und sagte: »Das ist großartig, Peter. Ich bin ein Dichter – das verstehen Sie doch, oder?«

»Natürlich«, sagte ich.

»Das habe ich aus meinem Leben gemacht. Ich bin ein Dichter. Darum geht es bei dem Bild.«

»Ja, ja«, sagte ich, »das Bild.«

Ehe ich noch ein weiteres Wort aus dem Mund bekam, sprach Bill schon wieder über sich, wie er in den dreißiger Jahren an seinen ersten Geschichten arbeitete, und während ich in einen Ohrensessel fiel, konnte ich zusehen, wie gern er wieder im Mittelpunkt stand. Er war in voller Fahrt und, wie ich meinte, ein wenig traurig, wie er da so laut und betrunken über sich selbst redete, solange ihm noch jemand zuhörte.

* * *

Zur Zeit meines College-Abschlusses verstand ich allmählich, warum meine Tante Nona so viele Schriftsteller kannte und warum so viele Schriftsteller mit ihr bekannt sein wollten. Sie vergab nicht nur Buchrezensionen bei dem einflußreichsten Rezensionsorgan des ganzen Landes, und sie schrieb nicht nur in der täglichen *Times* Rezensionen; sie war für Schriftsteller Helferin und Amme. Schriftsteller aus dem ganzen Land schickten ihr Manuskripte wie auch Bücher. Von dem Augenblick an, da sie nach der Arbeit ihre Wohnung betrat, sprach sie bis einige Zeit nach Mitternacht mit Schriftstellern am Telephon. Sie widmete unbekannten Schriftstellern, an die sie glaubte, ebensoviel Zeit wie bereits erfolgreichen Freunden, und sie durchlebte mit ihren Freunden die emotionalen Achterbahnen der Schreibhemmungen, der Depressionen nach Niederschrift eines Werkes, der Ängste vor dem Erscheinen einer Rezension, der Verzweiflungen der Früh-, Mittel- und Spätphase einer Künstlerlaufbahn.

Nonas Parties machten mich mit der Vorstellung von Literatur als einem öffentlichen Anlaß bekannt, einem Ort, wo Schriftsteller zusammenkamen, um zu essen und zu trinken und über das zu sprechen, woran sie glaubten. Ich lernte dort viele ihrer Kollegen und Freunde kennen: Eudora Welty, Kurt Vonnegut, Michael und Alice Arlen, Erica Jong, Walter Abish, Marguerite Young, Daisy Aldan, Harriet Zinnes, Bill Henderson, Marvin Cohen, Muriel Reukeyser. Nona war eine überschwengliche Gastgeberin, immer makellos mit einem Anzug oder einem geblümten Kleid bekleidet und einem Pariser Tuch um den Hals, und sie bewegte sich wie ein Kolibri zwischen Gruppen von Menschen und trug dabei Tabletts mit *bereks*, Dolmas, Räucherlachs, Anchovis auf Cracker. Sie war winzig, um einiges unter ein Meter fünfzig, und zwar aufgrund ihres mißgestalteten Rückgrats, der Folge einer Kinderkrankheit.

So gut wie kein Wort fiel jemals über Tante Nonas krummen Rücken, doch ich wußte, daß meine Großeltern Anfang der zwanziger Jahre in Wien und Genf für sie die beste medizinische Betreuung in Anspruch nahmen und sich gegen eine Rückgratoperation entschieden, weil das Sterberisiko zu groß war. Als die Balakians in New York ankamen, wurde Nona nicht zur Schule geschickt, und meine Großmutter führte ihre Ausbildung zu Hause fort. Tante Anna brachte ihre eigenen Schulbücher mit nach Hause, und Tante Nona las sie. Meine Großmutter brachte ihr Mathematik und Grammatik bei, und die Hausaufgaben ihrer Schwester bildeten die Struktur für einen Lehrplan, den ihre Mutter gestaltete und erweiterte.

Emigrantin, auf der Flucht vor dem ersten Völkermord dieses Jahrhunderts, geboren auf einer türkischen Militärbasis, in heiklem Gesundheitszustand von Kleinasien nach Europa nach Nordamerika transportiert, verbrachte Nona ihre Jugend zu Hause. Das Schlafzimmer mit ihrem jüngeren Bruder und ihrer älteren Schwester teilend, in einer Wohnung, in der ihr Vater auch seine Praxis hatte, las sie sich durch ihre Kindheit. Sie hat mir einmal erzählt: »Bis zum Alter von achtzehn Jahren lebte ich buchstäblich durch Bücher. Alle, die ich kennenlernte, wurden durch ein literarisches Äquivalent gefiltert – Proust, James, Tschechow. Das Lesen war nicht nur ein Vergnügen, es führte mich ins Leben, zu mir selbst.« Als sie fünfzehn war, hatte meine Großmutter die Verwaltung der Horace Mann School for Girls überzeugt, daß ihre Tochter mit jedem mithalten konnte. Zuerst hatten die Verwaltungsleute von Horace Mann zu meiner Großmutter kategorisch »Nein« gesagt. Als behindertes Einwanderermädchen, das nie eine Schule besucht hatte, in die neunte Klasse einer der Elite-Vorbereitungsschulen Amerikas eintreten? Wie viele Einwanderermädchen gab es 1933, in den schlimmsten Jahren der Wirtschaftskrise, auf der Horace Mann School? Meine Großmutter ließ ein Nein nicht gelten, und nach mehreren Einsprüchen willigte die Verwaltung der Horace Mann School for Girls ein, daß Nona Balakian als Erstsemester zugelassen wurde, und obendrein mit einem Stipendium.

Man schreibt September 1933, und meine Tante Nona trägt einen marineblauen Rock und eine weiße Bluse. Sie geht in Lackschuhen, mit dürren Beinen und zierlich, das seidige schwarze Haar an den Ohrläppchen gelockt. Ihr Oberkörper ist aufgrund ihres buckligen Rückens oberlastig, und sie trägt in einer Hand eine Schultasche, wobei sie sorgsam nach beiden Richtungen schaut, wenn sie auf ihrem Weg von vier Blocks zur Schule die Seitenstraßen überquert. Sie ist in der Neuen Welt nie zur Schule gegangen – oder eigentlich in keiner Welt. Busse und Taxis und Autos sausen an ihr vorbei. Ein farbenfrohes Tuch, das sie um den Hals trägt, weht ihr gelegentlich ins Gesicht. Die Fassaden von Gebäuden scheinen gegen den blauen Himmel zu wanken. Es ist warm und schwül, und eine leichte Brise kommt von Fluß heran. Sie paßt auf, wenn sie über Risse im Trottoir geht und den Bordstein hinauf- und hinabsteigt.

Nona schnitt bei Horace Mann gut ab, und von da ging sie zu Barnard, wo sie einen Abschluß in Englisch machte und Theaterstücke schrieb. Ab 1942 absolvierte sie das Graduiertenstudium für Journalistik an der Columbia University, wo einer ihrer Lehrer John Chamberlain war, der damals der führende Buchrezensent für die *Times* war. Ihm gefiel ihre Arbeit, und er schlug vor, sie solle sich um eine Stelle bei der *Book Review* bewerben, und damit begann ihr öffentliches Leben.

Meine Tante sprach niemals über ihren mißgestalten Körper. Zur Kenntnis genommen wurde dieser überhaupt nur beim Eßtisch, wenn sie ein Telephonbuch oder ein Kissen brauchte, um die Sitzfläche zu erhöhen. Hätte jemand angedeutet, daß sie behindert sei oder besonderer Rücksicht bedurfte, wäre Nona gekränkt gewesen. Sie fuhr jeden Tag mit öffentlichen Verkehrsmitteln von der 106. Straße zum Times Square und bewegte sich forsch durch die belebten Straßen und überfüllten Busse und U-Bahnen. Sie war eine der ersten Frauen bei der *Book Review* und stieg in der patriarchalen Welt des Journalismus auf.

Mehr als jeder andere entsprach William Saroyan der Vorstellung meiner Tante von der kulturellen Mischfunktion der Literatur und ihrer Meinung über die Bedeutung des Exils. Nicht lange nach Saroyans Tod, als sie schon mit ihrem Buch über ihn begonnen hatte, waren wir zum Abendessen bei Sardi's, wohin sie mich des öfteren ausführte, wenn ich in der Stadt war. Es war ihr Lieblingslokal, ein Treffpunkt von *Times*-Leuten, nur wenige Schritte von ihrem Büro in der 44. Straße entfernt. Als wir in dem klimatisierten Restaurant unseren Martini tranken, erzählte mir meine Tante, sie habe letzte Nacht von Saroyan geträumt.

»Wir waren bei Gristede's, einem alten Laden am Broadway mit einer Hausnummer in den Neunzigern. Bill nahm ein paar frische Feigen in die Hand und sagte – brüllte, wie Bill es nun mal tut: ›Nona, eine Feige ist eine Feige, daran kannst du nichts ändern. Sie wächst wie ein großer Sack von Samenkörnern, und nur die Sonne kann etwas ändern, nur die Sonne kann sie süßer und robuster machen. Ist es nicht so, süßer und robuster. Wollen wir das nicht sein, süß und robust.‹

Ich sagte: ›Bill, Sie haben bessere in Ihrem eigenen Garten.‹

›Sie meinen zu Hause in Fresno?‹

›Natürlich.‹

›Nun, was werden die mir jetzt nutzen, ich bin in New York.‹

›Bill, Sie können jederzeit zurück nach Fresno fahren und sie pflücken.‹

›Einen Dreck kann ich.‹ Und dann nahm er eine Feige aus

der Kiste und biß hinein, und sein Schnauzbart war voller Saft und Fruchtfleisch.

›Hören Sie, Bill‹, sagte ich, ›Sie sehen die Äpfel da, jeder ist anders. Jede Kiste mit verschiedener Haut, verschiedener Textur, verschiedenem Saft. Delicious, Macintosh, Cortland, Golden, Northern Spy, Rome und so weiter. Ist das nicht Amerika für Sie? Ein Apfel in jedem Staat. Ein Staat in jedem Apfel.‹«

Meine Tante sah mich an und fing an zu lachen.

»Er sah mich an und fing zu lachen an. ›He, Nona, das ist es, ich habe meine Feigen in der Sonne und meine Äpfel in den Taschen. Was brauche ich mehr? Was braucht ein Schriftsteller mehr?‹ Dann gingen die Lichter im Laden aus, und als sie wieder leuchteten, war niemand im Laden, außer einem Vogel, der um die Leuchtstofflampen flog und dann im Sturzflug herabkam durch die Gänge und um die Stapel mit Büchsen und Obst- und Gemüsekisten. Es war ein großer eulenartiger Vogel mit einem großen weißen Walroß-Schnauzbart, und daran merkte ich, daß es Bill war.

›Bill, Bill‹, fing ich an zu rufen, ›kommen Sie jetzt runter. Wir befinden uns bei Gristede's. Das können Sie hier nicht machen.‹

Er flog einfach immer weiter, in großen jähen Kreisen. Und mir wurde immer schwindliger, bis ich erwachte.«

Meine Tante hielt inne und blickte auf ihren Drink, an dem sie nicht einmal genippt hatte, und sie hob ihn an die Lippen. Und als ihr Tränen über die Wangen liefen, nahm sie die weiße Serviette vom Tisch und wischte sich die Augen. Jetzt wurde mir bewußt, wie sehr Saroyan ihr fehlte.

»Verstehst du«, fuhr sie fort, wieder gefaßt und wie eine Kritikerin sprechend, »ich meine, daß Saroyan, wie alle Armenier, ein natürlicher Utopist war. Statt eines Landes haben wir einen Traum. Weil sich das Territorium uns entzogen hat, haben wir eine Erfindungsfreiheit, die die meisten Menschen nicht haben. Je mehr unsere Geographie zusammenschrumpft, desto mehr dehnt sich unsere Imagination aus, desto mehr ähneln wir Eulen, die in der Dunkelheit fliegen.«

Worte für meine Großmutter

Die Reise zurück in die Geschichte, zum armenischen Völkermord, war für mich untrennbar mit Dichtung verbunden. Dichtung war Teil der Reise und der Ausgrabung. Ich habe nie an Dichtung geglaubt, die polemische Gedankengänge ausdrückt. Ich war ein junger Dichter, der sich mit Hingabe in die Plastizität und Üppigkeit von Worten versenkte, um die bestmögliche Sprache hervorzubringen. Doch wenn Worte mit der Erinnerung kollidieren, so mußte ich erfahren, geschehen unerwartete Dinge, wie es sich eines Tages begab, kurz nachdem ich meine erste Arbeit als Erwachsener aufgenommen hatte.

Ich gab an der Dwight-Englewood School Englischunterricht, und da meine Zimmerflucht im dritten Stock des Graham House nur ein paar hundert Yards von meinem Klassenzimmer entfernt war, schlief ich so lange wie möglich und kam zum Versammlungsraum der Schule immer erst kurz bevor die Schüler eintrafen. An jenem Montagmorgen klingelte früh das Telephon. Es war meine Mutter, mit ihrer munteren Morgenstimme, und sie teilte mir mit, daß sie und meine Tanten am Sonntag in der Kirche einen *hokee hankisd* (Gedächtnisgottesdienst) zum zehnten Todestag meiner Großmutter abhalten würden.

»Ich kann nicht kommen«, sagte ich. »Ich fahre nach Cambridge, um das Wochenende mit April zu verbringen.«

»Das ist wichtiger, als mit irgendeiner Fremden zusammenzusein.«

»Sie ist keine Fremde.«

»Sie ist irgendein Mädchen, das für keinen von uns irgend etwas bedeutet!«

Ich knallte den Hörer auf und ging die riesige Treppe des Graham House hinab, drei Stockwerke bis in die höhlenartige Küche. Ich zündete ein Streichholz an, um den alten Gasherd in Gang zu setzen, und machte Wasser für eine Tasse schrecklichen Instantkaffee heiß. Ich saß an dem kleinen Resopaltisch und schaute die langen Glastüren der Schränke an und die verblichenen blauen Wände, während ich meinen Kaffee schlürfte. Ich stellte für mich klar, daß ich mich nicht von meiner Mutter zu diesem *hokee hankisd* zwingen lassen würde, nicht wenn April und ich ein gemeinsames Wochenende geplant hatten. Ich schlürfte weiter meinen Kaffee und sagte zu mir, ich fahre nicht hin. Und ich hörte weiter die Worte *hokee hankisd*. Ein sehr armenischer Klang. *Hokee*, Seele. *Hankisd*, Ruhe. Die Seelenruhe: ein Gedenkgottesdienst.

Armenier verbinden mit dem Wort *hokee* einen besonderen Sinn. Es ist ein Wort, das das armenische Empfinden für die Seele, für das Leben des Geistes, das Unsichtbare, das Numinose ausdrückt. Wie meine Großmutter mich anredete: *hokees*, meine Seele, mein Teurer. Während meiner Fiebernacht im Jahre '62, als sie ihren Erinnerungsschub hatte, sagte sie: *Sounch* (Atem). *Ott* (Luft). *Hokee* (Seele). *Hokeet seerem*: Ich liebe deine Seele. *Hokeet dal*: Seelenkräfte haben. *Hokvov yev marmenov*: Leib und Seele. *Sourp hokee*: Heiliger Geist. *Hokee kaloust*: die Ankunft des Geistes.

»Wen zum Teufel schert ein beschissener *hokee hankisd* zehn Jahre später!« sagte ich zu meiner Mutter, als sie wieder anrief.

Ihre Stimme wurde eisig: »Hast du vergessen, wie sehr deine Großmutter dich geliebt hat?«

»Ich werde das ganze Wochenende an sie denken«, sagte ich, als ich auflegte.

Am Freitagnachmittag, nachdem ich meinen Dienst als

Coach für den J. V. Football absolviert hatte, stieg ich in meinen neuen Toyota Corolla und fuhr nach Cambridge, um das Wochenende mit April in ihrem Wohnheim bei der Harvard Business School zu verbringen, wo sie gerade ihren Master in Betriebswirtschaft machte. Ich kam mir erwachsen vor, mit meinem neuen Gehalt und einem Gefühl der Unabhängigkeit. Wir gönnten uns ein paar Filme und aßen in Boston in einem schicken Restaurant. Wir fuhren in meinem neuen Auto nach Mitternacht durch die Straßen von Cambridge und besuchten noch ein paar Bars in der Nähe des Central Square. Wir schliefen lange und lagen noch ein Weilchen unter der Bettdecke, wobei wir einander vorlasen und schlechten Instantkaffee tranken.

Spät am Sonntagabend nahm ich die lange ringförmige Zufahrt zum Graham House und war meines Lebens froh. Als ich die Treppe hinaufging, wurde mir bewußt, daß ich das ganze Wochenende nicht ein einziges Mal an meine Großmutter gedacht hatte. Weder an die Kirche, noch an die Familie, noch an den *hokee hankisd*. Ich öffnete die französische Tür zu meiner Wohnung, warf meinen Rucksack aufs Bett, setzte mich auf meine türkisfarbene Couch vom Flohmarkt und schlug mein Notizbuch auf. Ich hatte das Bedürfnis zu schreiben, und ich fing an.

Die Bäume sind nackt
mit verlassenen Nestern.
Kleine Vogelschwärme
schwenken, sinken und wirbeln
im wolkenlosen Himmel.
Ich bahne mir den Weg durch
Blätterhaufen, getränkt vom Nachtregen;
Räume zwischen Erde und Himmel
Wolke, Feld und Stein,
die auch du einst betratest.

Zehn Jahre ist es her, daß du
zum letztenmal deinen Atem sahst
und diese Schatten,
die sich mit dem Tag über
den Fuß dieser Eiche bewegen.

Vor zehn Jahren
ging ich deine dunkle Treppe hinauf,
Wasser brodelte auf dem Herd,
deine orientalischen Teppiche abgetreten
und gehämmert in tiefes
Rot und Blau von deiner
halb gebeichteten Vergangenheit.

Als du meinen Kopf
in deine Arme nahmst
und mich auf das Haar küßtest,
blickte ich wie immer
auf die Haut deiner Hände,
noch immer gebleicht von
der dürren türkische Wüste.

Ich nannte es »Worte für meine Großmutter«. Dieses frühe Gedicht – einfach ein paar klare Bilder – hatte sich wie der ruhige Andrang von etwas Aufgestautem eingestellt, und so schrieb ich normalerweise nicht. Im Rückblick kann ich sagen, daß diese Worte sich aus dem Schuldgefühl heraus einstellten, weil ich nicht zu dem *hokee hankisd* gefahren war. Ich glaube nicht, daß es meiner Großmutter etwas ausgemacht hätte; ihre Liebe zu mir war bedingungslos. Doch ich hatte die Familie im Stich gelassen, und aus dem Gefühl erstand mein persönlicher *hokee hankisd*, ein Gedicht, in dem ich die Zeit anhalten und einer Erinnerung Form geben konnte. Meine Großmutter war seit vielen Jahren zum erstenmal wieder zu mir gekommen.

Das Gedicht war eine Überraschung. Aus meinem Kopf stellten sich Dinge ein, von denen ich nicht wußte, daß ich sie in Erinnerung hatte. Bilder, die vergessene Szenen komprimierten und lokalisierten. Jene Freitagnachmittage in der Wohnung meiner Großmutter in East Orange, als wir *choereg* buken. Die dunkle Treppe, die Wohnung mit den Orientteppichen. Der Ausdruck, der mich am meisten überraschte, war die »halb gebeichtete Vergangenheit«. Ich wußte nicht nur nicht, woher er kam, ich war mir nicht einmal sicher, was er bedeutete. Der Ausdruck war mir irgendwie um einiges voraus, wies hin auf Dinge, die ich erst noch kennenlernen würde, psychologische Dinge, historische Dinge.

Das Bild von meiner Großmutter, die mir auf das Haar küßt, während sie mich zu Tode *eencht*, war keine Überraschung, und auch ihre ausgebleichten Hände nicht, doch das letzte Bild, »die dürre türkische Wüste« schien ebenfalls aus dem Nirgendwo zu kommen. Ich war dreiundzwanzig Jahre alt, und niemand hatte mit mir über den Völkermord an den Armeniern gesprochen. Der Erinnerungsschub meiner Großmutter war eine befremdliche Reihe surrealistischer Bilder gewesen, die sich mir eingeprägt hatten, doch sie hatte über ihre Vergangenheit nie in rationaler Sprache geredet. Dieses Gedicht war also ein Beben aus dem Unbewußten heraus – dem historischen Unbewußten, dem tiefen, gemeinsamen Ort angestammten Schmerzes, dem Ort in der Seele, wo wir mit denen kommunizieren, die vor uns waren. Ich hatte dieses Gedicht lediglich aus einem ganz persönlichen Grund heraus geschrieben. Ich hatte kein historisches Bewußtsein, keine politischen Vorstellungen, doch irgendwie erstand aus der Kollision von Sprache mit persönlicher Erinnerung etwas Größeres. Es war für mich das erstemal, daß dichterische Sprache zu einer Art geschichtlicher Erkundung wurde, das erstemal, daß ein Gedicht zu einem Akt der Erinnerung wurde.

Am nächsten Tag tippte ich es ab und schickte es meiner

Mutter, mit einer Anmerkung gedämpften Bedauerns, daß ich den *hokee hankisd* versäumt hatte. Ein wenig meldete sich das Ego des Dichters, als ich zugleich andeutete, daß das Gedicht sein eigener *hokee hankisd* sei, und vielleicht sogar ein besserer als ein Gottesdienst in der Kirche. Ich war froh über das Gedicht, und in erster Linie nicht weil ich meinte, daß es großartig sei, sondern weil es etwas geleistet hatte, was Kunst leisten kann: verlorene Dinge zurück ins Leben zu bringen. Mein Gedicht brachte mir meine Großmutter zurück, deren Liebe mir vielleicht mehr als die jedes anderen Menschen bedeutete. Wieder war sie mir Freundin und Amme, jetzt, in meinem Erwachsenenleben. Und mit dem Schlußbild des Gedichtes hatte ich sie schließlich lokalisiert: in der alten Welt, der dürren türkischen Wüste, verloren in Armenien. Nun würde ich mich daranmachen müssen herauszufinden, worum es sich bei jenem verlorenen Ort handelte.

TEIL V

BLUTIGE NACHRICHTEN

Vor den Nazis

Mehr über die dürre türkische Wüste fand ich heraus, als ich ein Buch zu dem Zeitpunkt in die Hand nahm, da ich dazu bereit war, es zu lesen.

Jeden Sommer trat ich nach dem letzten Unterrichtstag einen Sommerjob als Postlaufbursche bei einer Firma an, die für Frachtschiffterminals zuständig war. Ich trug Post aus und holte Schecks von Frachtgesellschaften: 50 000 Dollar, 100 000 Dollar, 250 000 Dollar. Meine Tante Lucille, die in der Firma einen höheren Posten bekleidete, hatte mir diesen Job verschafft, als ich fünfzehn war. Die Adresse des Büros war 17 Battery Place, also die Spitze von Manhattan.

Ich mochte die Freiheit, die das Postaustragen in der Stadt sommers bot. Die Einsamkeit in der Masse. Ich ging im Schatten von Gebäuden, schlängelte mich in den rissigen engen Straßen von Lower Manhattan durch die Menschenmengen. Broadway, Trinity, Greenwich, Coentis Slip, Maiden Lane, Wall, William, Pearl, Water. Ich lief zwischen den geschwärzten Grabsteinen des Friedhofs der Trinity Church hindurch, übte in einer leeren Gasse meine Ballabgabetechnik, verirrte mich in Nischen von Zeit und Raum. Verborgene Eingänge, Kellerfalltüren, tiefergelegene Treppen, die vom Bürgersteig hinabführten, Hintergassen. Ich kannte auch das System der Frachtaufzüge. Ich mochte die schweren schwarzen, akkordeonartigen Tore, wenn sie mit klappernder Geschmeidigkeit auf- und zugingen, und den Geruch nach kubanischen Zigarren, der dort noch in der Luft hing.

Der Boß des Postzimmers war Jimmy Thompson, ein hellhäutiger Schwarzer Mitte siebzig, ein pensionierter Schlafwagenschaffner, der sagte: »Ich habe eine Million Meilen von diesem lieblichen Land gesehen, und alles, was Menschen in einem einzigen Waggon miteinander anstellen konnten.« Er sprach langsam und leise, mit einem schwachen südlichen Tonfall, und er redete gern. »Peeta, Peeta, Peeta«, sagte er meinen Namen halb flüsternd, wenn er den Raum betrat oder verließ. Jimmy trug jeden Tag ein kurzärmliges weißes Hemd und eine khakifarbene Chino-Hose, und er bewegte sich in kurzen Energieausbrüchen. Seine großen weichen Hände, mit denen er Hunderte von Postartikeln in wenigen Minuten sortieren und einordnen konnte, griffen gern nach einem Kartenspiel, als wäre er Kartengeber in einem Spielkasino. Und wenn ich während der Kaffeepause nicht ins Lager verschwunden war, um zu lesen oder an Gedichten zu arbeiten, spielten Jimmy und ich an dem Sortiertisch neben der Frankiermaschine Blackjack.

Jimmy war mein Beschützer. Er deckte mir den Rücken. Er wußte mit Menschen umzugehen. Er spielte den Respektvollen, doch dabei war er ganz raffiniert. »Peeta hat ein kleines Problem mit seiner Blase, doch ich sorg dafür, daß er so schnell wie möglich aus dem Raum für kleine Jungs rauskommt«, oder »Der verdammte Frachtaufzug bei der Chilean Line geht dauernd kaputt, aber ich weiß, er macht, so schnell er kann«, oder »Peeta hat einen von diesen Sabrette Dogs gegessen – diese Sachen, Mr. Dominick, die sind Gift, wie verdorbenes Schweinefleisch, und der Junge kotzt im fünften Stock, weil er sich zu sehr schämt, es hier unten zu tun«. Das ersparte mir Schwierigkeiten bei einem verpaßten Botengang um zwei Uhr, und wenn du um zwei Uhr Botengänge verpaßt, kommt das Geld nicht mehr rechtzeitig auf die Bank, und ein Tag verlorene Zinsen auf 100 000 Dollar ist keine Kleinigkeit. Ich gab mir alle Mühe, für den Rest des Tages glasig auszusehen, und wenn der Firmenchef später in der Halle an mir vorbeikam, zwinkerte er mir zu und sagte: »Nimm eine Papiertüte mit.«

Einige Tage vor meiner Abreise zum ersten Jahr Graduiertenstudium in Brown beschloß ich, meinen alten Job noch einmal zu machen, um ein paar zusätzliche Bucks zu verdienen. Während des Wochenendes nahm ich in der Bude meiner Eltern ein Buch aus dem Regal, dessen Rücken mich schon seit Jahren angestarrt hatte. *Ambassador Morgenthau's Story*, 1919 bei Doubleday & Page erschienen. Es schien ein Buch zu sein, das mich durch die Arbeitswoche bringen würde. Als ich am Montag unter den großen, sich wölbenden Blutbuchen an der Knickerbocker Road stand und auf den Bus wartete, der mich zur Arbeit bringen sollte, sah ich mir das Foto von Morgenthau an, das für das Frontispiz verwendet worden war. Der Look der Woodrow-Wilson-Ära: die Bifokalbrille, die hohe Stirn, ernste Augen, der stilvolle Schnurrbart und Spitzbart. Das würdevolle Gesicht eines deutschen Juden, der 1865 in Alter von neun Jahren nach Amerika kam; der mit dreiundzwanzig Jahren den Abschluß der Columbia Law School machte und seine eigene Anwaltsfirma gründete; ein Demokrat mit dem Idealismus eines alten Unabhängigen. In seiner Jugend arbeitete Morgenthau für die jüdischen Wohnsiedlungen und war Mitbegründer der Freien Synagoge. Tätig für das Internationale Rote Kreuz, leidenschaftlicher Befürworter des Völkerbunds, machte er 1912 Wahlkampf für Wilson und später für FDR. Als Wilson ihn 1913 als Botschafter für die Türkei berief, war er ein erfahrener Staatsmann. Ein Botschafter in einer strategischen Zone der internationalen Politik am Vorabend des Ersten Weltkriegs.

> Es war ein erstaunliches Geschick, das mich just in dem Moment in jenes Hauptquartier von Machenschaften verschlug, als die Pläne des Kaisers zur Herrschaft über die Türkei, die er seit einem Vierteljahrhundert umsichtig geschmiedet hatte, vor ihrer endgültigen Verwirklichung zu stehen schienen.

Als der Bus über die Schlaglöcher der Knickerbocker Road angerattert kam, hatte ich mich an den Geburtsort meines Vaters verirrt. Schiffe lagen am Bosporus vertäut. Das Wasser, grün, lau, von Caiques übersät, das Glitzern von Silber. Terrassierte Gruppen von Feigen- und Olivenbäumen. Die Kuppel der Hagia Sophia, golden, mit Minaretten, die emporragen. Männer mit Fezen. Ein Geruch nach Schaschlik und Abwasser in den Straßen.

Der Mann, der zunächst vom Kaiser entsandt wurde, um die Türkei unter deutsche Herrschaft zu bringen, war Baron von Wangenheim, ein preußischer Autokrat, dessen Ehrgeiz das neue Deutsche Reich verkörperte: »Der Pangermanismus erfüllte all sein Trachten und bestimmte jede seiner Handlungen. Die Vergötterung seines Kaisers war der einzige religiöse Instinkt, der ihn leitete.« Er glaubte, daß es Deutschland bestimmt sei, über die Welt zu herrschen. Die Türkei war ein strategischer Ort für die europäischen Mächte; Einfluß in der Türkei bedeutete Zugang zu den Dardanellen und neue Handelsmärkte im Mittleren Osten und in Zentralasien. In den imperialistischen Herrschaftskämpfen bedeutete eine Kontrollallianz mit der Türkei auch die Macht, den Russen den Zugang zum Mittelmeer zu verwehren. Die deutsche Eisenbahnstrecke von Berlin nach Bagdad war ein Symbol für Deutschlands Hoffnung auf Hegemonie im Nahen Osten.

Morgenthau benutzte bei seiner Beschreibung der Türkei einen Ausdruck, den ich in meinem Geschichtsbuch der achten Klasse kennengelernt hatte – »der kranke Mann am Bosporus« –, ein Land, das »sich in einem heruntergekommenen Zustand befand, welcher es zur leichten Beute deutscher Diplomatie machte«. Abd ül-Hamid II., der der letzte regierende Sultan der Türkei sein sollte, war kein Vertreter des aufgeklärten Absolutismus. Er mußte mit ansehen, wie sein Reich auseinanderfiel, als Rumänien, Serbien, Montenegro und Bulgarien autonom oder unabhängig wurden, und das

Reich geriet immer tiefer in finanziellen Ruin. Gladstone nannte Abd ül-Hamid II. den »blutigen Mörder«, weil der Sultan während des letzten Jahrzehnts des neunzehnten Jahrhunderts seine Frustration angesichts der Verkleinerung seines Reiches an den christlichen Minderheiten ausließ, insbesondere an den Armeniern.

Im Anschluß an den Russisch-Türkischen Krieg von 1877/78, den Rußland gewann, sah der Vorfriede von San Stefano vor, daß Rußland die Kontrolle über die armenischen Provinzen im nordöstlichen Anatolien erhielt und damit die Möglichkeit, die Armenier vor türkischem Machtmißbrauch zu beschützen. Doch auf Betreiben Disraelis wurden die Pläne revidiert, und der Berliner Vertrag von 1878 enthielt für die europäischen Mächte nur die theoretische Verpflichtung, die Armenier zu beschützen. Ausgerechnet der Sultan, der die Armenier gepeinigt hatte, war wiederum direkt für ihren Schutz verantwortlich. Der Rückschlag des Vertrags von Berlin frustrierte und demoralisierte die Armenier, bestärkte sie jedoch im Entschluß, ihre kläglichen Lebensbedingungen zu verbessern, denen sie als »Ungläubige« in der türkischen Gesellschaft ausgesetzt waren. Als die Politik des Sultans gegenüber den Armeniern in den achtziger und den frühen neunziger Jahren immer härter wurde, organisierten die Armenier Reformbewegungen, von denen die Parteien Hunchak und Daschnak die bedeutendsten waren. Diese Gruppen kämpften für kulturelle Freiheit, Gleichheit vor dem Gesetz, Rede-, Presse- und Versammlungsfreiheit, Aufhebung des ungerechten Steuersystems, das zu Lasten der Christen ging, und das Recht, Waffen zu tragen. Diese Forderungen brachten den Sultan nur noch mehr in Wut.

Nachdem 1894 in Sassoun Armenier hingemetzelt wurden, weil sie gegen die ungleichen Steuergesetze für Christen protestiert hatten, und weitere Massaker an Armeniern in allen Teilen des Reiches begangen wurden, besetzte eine kleine

Gruppe von Armeniern im August 1896 die Osmanische Bank in Konstantinopel, um zu protestieren und Bürgerrechte einzufordern. Es wurde kein Geld entwendet und auch kein Bankeigentum beschädigt, und nach einem dreizehnstündigen Drama ohne Blutvergießen gingen die Armenier auf einem Schiff mit Ziel Marseille ins Exil. Der Protest war nicht nur erfolglos, sondern führte dazu, daß Abd ül-Hamid sein Programm für das Massaker an den Armeniern mit geheimen Militärkräften beschleunigt in die Tat umsetzte; Ende 1896 waren schon mehr als 200 000 Armenier umgebracht worden.

Die intensivierte Massaker-Kultur, die der Sultan in den 90er Jahren eingeleitet hatte, ließ die europäischen Mächte in keiner Weise tätig werden und diente so als Prolog zu dem, was 1915 mit den Armeniern geschehen sollte. 1908 wurde der in Auflösung befindlichen Herrschaft Abd ül-Hamids durch eine Dreiergruppe von Emporkömmlingen ein Ende gesetzt, nämlich von Talaat Pascha, Enver Pascha und Djemal Pascha, die sich *Ittihad ve Terakki* (Komitee für Einheit und Fortschritt) nannten und als Jungtürken bekannt wurden. Die Jungtürken stürzten die alte Theokratie und versprachen einen neuen weltlichen Nationalismus und Reformen für das Reich und seine christlichen Minderheiten. 1908 feierten die Armenier das neue Regime, in der Hoffnung auf eine Ära von Freiheit und Gerechtigkeit.

Morgenthaus Beschreibungen von Talaat, Enver und Djemal – den Männern, die den Völkermord an den Armeniern organisierten – faszinierten mich, wie mich Schilderungen von Hitler fasziniert hatten, als ich zum erstenmal über den Holocaust las. Der Führer des Triumvirats, Talaat Pascha, war, wie Hitler, Napoleon und Stalin, ein ethnischer Außenseiter – ein bulgarischer Zigeuner, zu dessen bäuerlicher Erziehung der »Umgang mit Messer und Gabel« nicht gehört hatte. Ein ehemaliger Telegraphenbote in Edirne, der mit einundvierzig Jahren an die Macht kam.

> [Er] saß gern an seinem Schreibtisch, die Schultern hochgezogen, den Kopf zurückgeworfen und die Handgelenke, doppelt so groß wie die eines gewöhnlichen Menschen, fest auf dem Tisch verankert ... sein Ungestüm, seine Entschlossenheit, seine Unerbittlichkeit – es war, als ob das ganze Leben und Wesen des Mannes in diesen Handgelenken Form [annahm].

Als Innenminister war er Chef der Geheimpolizei, und er verwaltete auch die sechs armenischen Provinzen im Ostteil des Landes.

Djemal Pascha, einst Oberst der Dritten Türkischen Armee, wurde mit einundvierzig Jahren Marineminister. Auf einem Photo aus der *Illustrated London News* aus dem Jahre 1913, das ihn in seiner Paradeuniform zeigt, sieht er verwirrt aus.

Enver Pascha, zweiunddreißig Jahre alt, war in der Dritten Türkischen Armee Major gewesen, ein »europäisierter Dandy« mit napoleonischem Größenwahn. Er hatte »ein klar geschnittenes Gesicht, einen leicht aufwärts gebogenen Schnurrbart, war von kleiner, doch kräftiger Statur mit angenehmen Umgangsformen«. In seinem Wohnzimmer hatte er Bilder von Napoleon und Friedrich dem Großen hängen, und »seine Freunde sprachen von ihm gewöhnlich als ›Napoleonik‹«. Enver sprach fließend Deutsch, verehrte den preußischen Militarismus und glaubte, ihm sei von der göttlichen Vorsehung bestimmt, den Ruhm der Türkei wiederherzustellen. Da Enver mehrere Jahre als Militärattaché in Berlin verbracht hatte, war er das Bindeglied zwischen der Türkei und Deutschland und ein Werkzeug für Baron von Wangenheim und den Kaiser, die ihn als mögliches Instrument für ihre Pläne im Orient förderten.

Mehr als ein Jahrzehnt lang, so notierte Morgenthau, waren der Kaiser und von Wangenheim für die Evakuierung aller Griechen aus Smyrna und den umliegenden Regionen eingetreten; die Türken nannten die Stadt *giaour Izmir*, ungläubiges Smyrna. Morgenthau schrieb, daß dem Pangermanismus der damaligen Zeit die Deportation als probates Mittel galt, also »die Verbringung ganzer Völker, als wären es entsprechend viele Viehherden«. Die Deutschen sollten sie während des Ersten Weltkrieges in Belgien, Polen und Serbien praktizieren, doch ihre »grauenhafteste Verwirklichung« sollte, von Deutschland inspiriert, durch die Türkei an ihrer armenischen Bevölkerung praktiziert werden. Wie prophetisch, daß Morgenthau, ein Jude, der Mitte des neunzehnten Jahrhunderts aus Deutschland nach Amerika emigriert war, das niederschrieb, und zwar etwa zwei Jahrzehnte bevor das nächste Deutsche Reich mit seinem eigenen Volk eine »Deportation« vornahm, die mehr Menschenleben kosten sollte als jede andere der Geschichte.

1913 ordnete Talaat an, daß alle griechischen Kaufleute zu boykottieren seien, und er verlangte, daß alle ausländischen Firmen ihre griechischen Beschäftigten entlassen sollten. Morgenthau schrieb:

> Ich hatte damals nicht den geringsten Verdacht, daß die Deutschen diese Deportationen angezettelt haben könnten, sondern sah sie lediglich als Ausbruch von türkischem Chauvinismus an … Inzwischen kannte ich Talaat gut; ich traf ihn fast jeden Tag, und er pflegte praktisch jede Phase internationaler Beziehungen mit mir zu besprechen. Ich machte stärkste Einwände gegen seine Behandlung der Griechen geltend; ich sagte ihm, daß das im Ausland den denkbar schlechtesten Eindruck machen und an amerikanische Interessen rühren würde … Talaat erläuterte seine nationale Politik … wenn das, was von der Türkei noch übrig war, überleben sollte, müsse er sich all dieser fremden Völker entledigen. »Die Türkei den Türken«, das war die Vorstellung, von der Talaat jetzt beherrscht war.

Mir schwitzten die Hände auf dem verblichenen braunen Stoffeinband. Ich verließ im Laufschritt den leeren Bus, rannte die Rolltreppe hinunter, zwei weitere Treppen hinab durch die Sperre und auf den Bahnsteig, wo ich einen A-Train mit offenen Türen stehen sah, die Gänge gedrängt voller Pendler, die sich an die Haltegriffe klammerten. Ich las im Stehen weiter, während der Zug Manhattan durchquerte.

> Der gebräuchliche Ausdruck, den der Türke für Christen verwendet, ist »Hund«, und in seiner [des Türken] Einschätzung ist das nicht bloß eine rhetorische Figur; er sieht seine europäischen Nachbarn tatsächlich als weitaus weniger einer Berücksichtigung würdig denn seine eigenen Haustiere … »Mein Sohn«, sagte ein alter Türke einst, »siehst du die Schweineherde dort? Manche sind weiß, manche sind schwarz, manche sind groß, manche sind klein – sie unterscheiden sich in mancherlei Hinsicht voneinander, doch es sind alles Schweine. Genauso ist es mit den Christen.«

In der Türkei war

> [d]er Mechanismus von Geschäft und Industrie … immer in Händen der untergeordneten Völker gewesen, Griechen, Juden, Armenier und Araber. Die Türken haben nur wenig von europäischer Kunst und Wissenschaft gelernt, sie haben sehr wenige Ausbildungsinstitutionen aufgebaut, und Analphabetismus ist im allgemeinen die Regel.

Ich saß da und saugte die Luft vom Boden eines Tropicana-Packs und dachte, daß die Parallelen in der Geschichte erschreckend sind; genauso war es mit dem Dritten Reich und den Juden. Das Paradox zwischen Abhängigkeit und Macht, das zwischen Armeniern und Türken herrschte, war ein Pulverfaß.

Unter der islamisch-osmanischen Herrschaft waren die »ungläubigen« Christen vom Militärdienst, vom Beamtenapparat und von Regierungsfunktionen ausgeschlossen. Sie hatten keinerlei Rechte; der Koran war die Rechtsgrundlage. Die Türken

> richteten für die verschiedenen Völker wie etwa Griechen und Armenier getrennte »millets« oder Gemeinden ein. Und das nicht etwa, um deren Unabhängigkeit und Wohlergehen zu befördern, sondern weil sie sie als Ungeziefer betrachteten und als solches einer Zugehörigkeit zum osmanischen Staat nicht würdig.

In solch einer Kultur war ein Christ immer der willkürlichen Gewalt seitens jedes Türken ausgesetzt: »Und jahrhundertelang lebten die Türken einfach wie Parasiten von diesen überlasteten und fleißigen Völkern. Sie besteuerten sie bis hin zu ökonomischem Ruin und stahlen ihre schönsten Töchter, die sie in ihre Harems zwangen.«

In Armenien, Griechenland und Albanien wie auch in den Gebieten, die heute Bosnien und die Herzegowina und die frühere jugoslawische Provinz Mazedonien umfassen, kamen jedes Jahr offizielle türkische Häscher und verschleppten die aufgewecktesten und stärksten Knaben zwischen elf und dreizehn Jahren nach Konstantinopel, und als grausamste aller Ironien wurden sie dort gelehrt, als Janitscharen der persönlichen Armee des Sultans das Kreuz zu verfolgen und für den Halbmond zu sterben.

Nach meinen morgendlichen Anlaufstellen Peralta, Cunard, M.O.S.K und Norton-Lily machte ich eine Frühstückspause. Ich kaufte bei der Frau, die um halb elf mit dem Kaffeewagen durch den elften Stock gefahren kam, ein Pack Tropicana Orangensaft und ging in die Lagerhalle, eine Art schwach erleuchtete Bowlingbahn, wo ich des öfteren Gedichte schrieb. Dort stapelten sich braune Kartons mit Xerox-Papier, großen gelben Briefumschlägen, Schreibwaren, Klebeband, Vervielfältigungspapier und all den anderen Dingen, die in den Tagen vor dem Siegeszug des Computers ein Büro in Gang hielten. In dem engen Raum zwischen den Kartonstapeln kehrte bei mir Stille ein.

Und dann erinnerte ich mich wieder an die Armenische Kirche – nicht an das, was ich aus den Unterweisungen über die Evangelien und das Nizänische Glaubensbekenntnis gelernt hatte, sondern an das ganze Drum und Dran. Die sehnsüchtigen Molltonarten der Kirchenlieder, die ich immer noch auf armenisch singen konnte. Das Widerspiel der Diakone und Chorknaben, die sangen. Der aschene, harzige Geruch von Weihrauch, der sich in Wolken verbreitete, während der Diakon den Mittelgang entlangkam und das silberne Rauchfaß mit Ketten und Glöckchen schwang, und der Klang, wenn die Ministranten goldene Zepter mit kleinen Schellen schwangen, während sich der Altarvorhang öffnete und schloß und wir saßen und knieten und standen. Wenn der Pope in seinem golden und rot bestickten Ornat mit hohem Kragen sein juwelenbesetztes Kreuz über der Gemeinde erhob, bekreuzigten wir uns, und dann verschwand er hinter dem Vorhang.

Gelernt hatte ich in der Sonntagsschule folgendes. Armenien ging auf die urartäische Zivilisation um das sechste Jahrhundert vor Christus zurück. Eine Zeitlang hatte Armenien den Status einer Weltmacht innegehabt. (Die Lehrer unserer Sonntagsschule sorgten dafür, daß wir das wußten.) Unter König Dikran II., genannt Dikran der Große, der von 95 bis 55 vor Christus herrschte, erreichte Armenien den Gipfel seiner Reichsausdehnung, und zwar im Norden bis nach Transkaukasien, im Osten bis zum Kaspischen Meer, im Westen bis nach Zentralanatolien und im Süden bis nach Kilikien am Mittelmeer. Die Römer unter Pompejus fürchteten die Macht der Armenier, und Pompejus entsandte General Lucullus, um König Dikran zu besiegen und Armenien zu unterwerfen. Uns wurde erzählt, daß die entscheidende Schlacht zwischen Römern und Armeniern ganz knapp ausging, und sie wurde durch so etwas wie ein verstelltes Schußfeld entschieden. Dikrans Sohn, Artavazd II., der Stücke auf griechisch schrieb und an seinem Hof ein griechisches Theater gründete, wurde von den Soldaten Mark Antons entführt, der Artavazd und seine Familie töten ließ.

Um die Wende zum vierten Jahrhundert, etwa im Jahre 301, trat die armenische Nation offiziell zum Christentum über, und so kam es, daß Armenien die erste christliche Nation wurde. Das armenische Christentum entwickelte sich unabhängig von dem in Rom und Byzanz. Die Vollendung der kulturellen Identität bedeutete es, als Anfang des fünften Jahrhunderts König Vramshapuh einem Mönch, Mesrob Mashtots (der später heiliggesprochen wurde), den Auftrag erteilte, ein Alphabet zu erfinden, wodurch die Armenier befähigt wurden, die Heilige Schrift auf Armenisch zu lesen, bis dahin nur eine gesprochene Sprache. Auf diese Weise erlangten die Armenier hinsichtlich der geschriebenen Sprache ihre Unabhängigkeit vom Griechischen und Persischen.

Als der persische König Yezdegrid im fünften Jahrhundert versuchte, Armenien zum Übertritt zum Zoroastrismus zu zwingen, und zugleich als Lohn Geschenke und Ehrentitel versprach, antworteten die armenischen Führer: »In diesem Glauben wird niemand uns je erschüttern, weder Engel noch Menschen, weder Schwert, Feuer, Wasser noch grausame Folterknechte.« Und so marschierten die Perser mit einer Armee von fast einer Viertelmillion Mann und Elefantengespannen in Armenien ein, wo sie auf eine armenische Armee von etwa 60000 Mann unter Führung von Vartan Mamikonian trafen. Der Heilige Vartan – den ich mir damals wie Vince Lombardie vorstellte, allerdings mit Bart und Schwert und Schild – kam zwar ums Leben, doch als die Perser nach einem langen, kräftezehrenden Krieg sahen, daß die belagerten Armenier sich nicht ergeben wollten, zogen sie schließlich ab. Das war im Jahre 451, und so blieb Armenien christlich. Armeniens Nachbarn auf der antiken Landkarte – Kappadokier, Chaldäer, Sumerer, Babylonier, Skythen, Parther, Hethiter – existierten nicht mehr, doch die Armenier hatten überlebt, wobei ihre Religion und ihr Alphabet sie vor einer Assimilierung durch die Nachbarn bewahrte.

Ich malte mir jene windumtosten Steinkirchen aus, die sich aus dem armenischen Hochland von Anatolien erhoben, mit ihren hölzernen Glockentürmen, die vom osmanischen Gesetz vorgeschrieben waren, damit keine Glocken zu hören waren. Ich konnte die Holzschwengel hören, die einen dumpfen Laut machten, wie ein geknebelter Mund. Dann dachte ich an St. Thomas' Armenian Church in Tenafly, wo Frauen mit frischfrisiertem Haar und Nerzmänteln auf Kirchenbänken aus Mahagoni saßen, und ihr Parfüm mischte sich mit dem Weihrauch, während das Morgenlicht durch die fahlen Farben der faden modernen Bilder von Jesus, der Jungfrau Maria und den Aposteln in den Kirchenfenstern fiel. Der Warenhausteppich schimmerte im farbigen Licht, und aus den großen Fenstern in den Räumen der Sonntagsschule blickte man auf Split-Level- und Ranchhäuser mit Swimmingpools und Tennisplätzen am Osthang von Tenafly.

Um den türkischen Rassismus als politische Bewegung zu mobilisieren, bedurfte es einer Ideologie. Zwischen 1908 und 1915 entwickelten die Jungtürken ihre eigene Version von Hitlers rassistischem Nationalismus, genannt Panturkismus, und ihr Himmler war der türkische Propagandist Zia Gökalp. Der Panturkismus hatte die Wiederbelebung einer türkischen Nation auf der Grundlage rassischer Reinheit zum Ziel, »die Türkei den Türken«. Gökalps rassistische Theorien basierten auf einer prä-osmanischen Ideologie des

Ruhms, als türkische Krieger wie Dschingis-Khan, Timur Babur und Attila ihre Plünderungs- und Eroberungszüge machten. Sein Ehrgeiz ging dahin, ein türkisches Imperium zu errichten, das sich von Anatolien bis nach Transkaukasien und weiter bis nach Zentralasien erstreckte. Gökalps romantisch-rassistische Vorstellungen sahen vor, Christen und andere Minderheiten auszumerzen, um so »das panturkische Ideal« zu verwirklichen. Wie das Dritte Reich die Juden immer mehr isolierte, um jüdisches Leben auszulöschen, so fingen die Türken an, alles niederzumachen, was nicht türkisch war – insbesondere alles, was armenisch war.

> Sie versuchten, alle ausländischen Geschäftshäuser dazu zu bringen, daß sie nur noch türkische Arbeitskräfte beschäftigten, und verlangten, daß alle griechischen, armenischen und jüdischen Angestellten entlassen würden. Die Türken entwickelten die Manie, alle Sprachen außer dem Türkischen zu unterdrücken. Jahrzehntelang war Französisch die anerkannte Sprache für Fremde in Konstantinopel gewesen; die meisten Straßenschilder gab es in französisch und türkisch. Eines Morgens entdeckten die ausländischen Bewohner zu ihrem Erstaunen, daß alle französischen Schilder entfernt worden waren und daß die Straßennamen, die Zielorte der Straßenbahnen und öffentliche Ankündigungen nur noch in jenen fremden türkischen Schriftzeichen angegeben wurden, die nur sehr wenige von ihnen verstanden.

Zum Vollzug des Panturkismus, nach dem die türkische Bevölkerung auch handeln sollte, gehörte nicht nur die Dämonisierung der Armenier, Griechen und zionistischen Juden (das hatten die Jungtürken schon besorgt); jetzt ging es darum, die förmliche und politische Anklage zu erheben, daß die Armenier eine Bedrohung für die Sicherheit der Nation darstellten. Die Jungtürken und spätere Regimes bedienten sich der Rhetorik der »Provokation«. Jeder Akt von bürgerrechtlichem Protest, von Selbstverteidigung oder Widerstand gegen Massaker wurde als Akt der Provokation ausgegeben. Jahrhundertelang waren die Armenier das loyale »millet« genannt worden; jetzt wurden sie als Verräter dämonisiert. Hitler, der von den Jungtürken lernte, sollte dieselbe Rhetorik verwenden, um die Juden zu dämonisieren.

Was in der Provinz Van geschah, wurde ausschlaggebend für die türkische Begründung zur Einleitung des Völkermords an den Armeniern. Als die Türkei in den Ersten Weltkrieg eintrat, ersetzte Enver Pascha den Gouverneur von Van durch seinen Schwager Djevdet Bey, Anhänger des Panturkismus und Armenierhasser. Als Djevdet Bey »von einer katastrophalen Militärexpedition in das nordöstliche Persien nach Van zurückkehrte, verlangte er 4000 armenische Soldaten für die osmanische Armee«. In der Befürchtung, es handele sich um einen Vorwand, um die Männer hinzumetzeln, reagierten die armenischen Führer von Van, indem sie anboten, 400 Soldaten zu stellen und für den Rest eine Freistellungsgebühr zu entrichten, was ihnen als Christen vom Gesetz her zustand. Als Djevdet Bey auf den 4000 Soldaten bestand, machten sich vier armenische Führer auf den Weg, um mit ihm zu verhandeln; auf dem Weg zu dem Treffen wurden sie ermordet. Das war am 16. April 1915. Am Montag, dem 19. April, erließ Djevdet Bey folgendes Dekret: »Die Armenier sind auszurotten. Wenn ein Moslem einen Christen schützt, so soll als erstes sein Haus niedergebrannt, sodann der Christ vor seinen Augen umgebracht und dann seine [des Moslems] Familie und er selbst getötet werden.«

Am 19. April wurde in Akantz, einem Dorf nahe der russischen Grenze, die gesamte 2500 Köpfe zählende männliche Bevölkerung ermordet. Als am nächsten Tag die türkische Armee damit begann, die Stadt Van zu bombardieren, setzte sich eine armenische Widerstandsgruppe von 300 Männern mit Pistolen zur Wehr. Zwei außerordentliche Dinge geschahen. Bis Mitte Mai wurden die Armenier belagert, doch sie konnten die türkische Armee abwehren, bis die russische Armee eintraf und ihnen half, die Türken zurückzuwerfen. Talaat nannte diesen Widerstand gegen das Massaker Verrat und nutzte das Geschehen als Vorwand, um zu vollziehen, was die Jungtürken geplant hatten: rassische Ausrottung. Eine ganze staatenlose und wehrlose christliche Minderheit – die sechs Prozent der Bevölkerung eines Landes bildete, das eines der größten stehenden Heere der Welt besaß – war als aufständisch definiert worden.

Ich hörte das metallische Knirschen eines Schlüssels im Türschloß. »Du solltest vor einer halben Stunde bei der Chilean Line einen Scheck abholen«, sagte Jimmy.

»Ich werde keinen einzigen Armenier auf den Beinen lassen«, sagte Djevdet Bey, »auch nicht, wenn er mir nur bis dahin geht«, und er zeigte auf sein Knie.

Der Mord an einer Nation

Ich lief los, um den Scheck zu holen, und kehrte ins Büro zurück, noch ehe die Bank zumachte. Ich ging wieder hinaus und setzte mich schwitzend auf eine Bank im Battery Park, ein paar Meter entfernt von einer Steelband und zwei Gauklern, die mit Bällen und Kegeln jonglierten.

> Die meisten von uns glauben, daß es mit der Folter als Maßnahme von Verwaltung und Justiz schon lange vorbei ist, ich jedoch glaube nicht, daß die finstersten Zeitalter je schrecklichere Szenen gezeitigt haben als jene, die jetzt überall in der Türkei stattfanden. Nichts war den türkischen Gendarmen heilig; mit der Begründung, sie suchten nach versteckten Waffen, plünderten sie Kirchen, sie

schändeten Altäre und heilige Gegenstände auf brutalste Weise und hielten gar Spottzeremonien in Nachäffung der christlichen Sakramente ab. Sie prügelten die Popen bis zur Bewußtlosigkeit, denn vorgeblich bildeten diese den Mittelpunkt des Aufstands. Wenn sie in den Kirchen keine Waffen fanden, schoben sie zuweilen den Bischöfen und Popen Gewehre, Pistolen und Schwerter unter und hielten dann Kriegsgericht gegen sie wegen gesetzwidrigen Waffenbesitzes und trieben sie durch die Straßen, um den fanatischen Zorn des Pöbels zu wecken. Die Gendarmen behandelten Frauen und Männer mit derselben Grausamkeit und Niedertracht.

Die Zeugen Jehovas verteilten Handzettel. Die barfüßigen Hare Krishnas liefen an mir vorüber. Ich roch den Betrunkenen unter einem fliegenübersäten Regenmantel keinen halben Meter neben mir.

Eine vielfach geübte Praktik bestand darin, den Gefangenen in einen Raum zu führen, in dem zwei Türken zu beiden Seiten standen ... und dann mit dem Bastinado zu beginnen, einer Foltermethode ... die darin besteht, daß mit einer dünnen Rute auf die Fußsohlen eingeschlagen wird ... bis die Füße anschwellen und aufplatzen, und nicht selten ... müssen sie amputiert werden. Die Gendarmen praktizierten das Bastinado an ihrem armenischen Opfer, bis es ohnmächtig wurde; dann belebten sie es wieder, indem sie ihm Wasser ins Gesicht spritzten, und fingen von vorn an. Wenn das nicht ausreichte, um das Opfer zur Räson zu bringen, hatten sie zahlreiche andere Überzeugungsmethoden. Sie zupften ihm Augenbrauen und Bart beinahe Haar für Haar aus; sie rissen ihm die Finger- und Fußnägel aus; sie legten ihm rotglühende Bügeleisen auf die Brust, rissen ihm Fleisch mit rotglühenden Zangen heraus und gossen kochende Butter in die Wunden. In manchen Fällen nagelten die Gendarmen Hände und Füße auf Holzstücke – offensichtlich als Nachäffung der Kreuzigung, und während der Gemarterte sich in Todesqualen wand, riefen sie: »Soll doch dein Christus dir helfen kommen!«

Eines Tages besprach ich diese Vorgänge mit einem verantwortlichen türkischen Funktionär, der die gängigen Folterungen beschrieb. Er machte keinen Hehl daraus, daß diese auf Veranlassung der Regierung stattfanden, und wie bei allen Türken der Funktionärskaste fand diese Behandlung der verachteten Rasse seine begeisterte Zustimmung. Dieser Funktionär erzählte mir, daß all jene Einzelheiten Gegenstand abendlicher Diskussionen im Hauptquartier des Einheits- und Fortschrittskomitees seien. Er sagte, man würde sogar in den Quellen der spanischen Inquisition und anderer historischer Folterinstitutionen nachforschen und all die Anregungen, die man dort finde, übernehmen …

Wenn auch die Jungtürken beim Töten der Armenier einen größeren Erfindungsreichtum an den Tag legten als ihr Vorgänger Abd ül-Hamid, hatten sie doch noch nicht das Zyklon B und die großen Öfen, die die Nazis haben sollten, und so wurde das Geschäft des Völkermords noch von Hand ausgeführt.

Die Zentralregierung verkündete nun ihre Absicht, die zwei Millionen oder mehr Armenier, die in den verschiedenen Teilen des Reiches lebten, zusammenzufassen und sie in die öde und unwirtliche Gegend [die Syrische Wüste] zu verbringen … Der wahre Zweck der Deportation war Raub und Vernichtung; es stellte in der Tat eine neue Methode des Massakrierens dar. Als die türkischen Behörden die Anordnung zu diesen Deportationen gaben, sprachen sie einer ganzen Rasse im Grunde das Todesurteil aus; das war ihnen auch sehr wohl bewußt, und in ihren Gesprächen mit mir gaben sie sich keine sonderliche Mühe, diese Tatsache zu verschleiern.

Den ganzen Frühling und Sommer 1915 hindurch fanden die Deportationen statt. Kaum ein einziger Armenier, wie gebildet oder wohlhabend er auch war oder welcher Gesellschaftsschicht er auch angehörte, wurde von den Anordnungen ausgenommen.

Die Polizei brach über sie herein wie der Ausbruch des Vesuvs über Pompeji hereinbrach; Frauen wurden von den Waschzubern fortgerissen, Kinder aus dem Bett gezogen, das Brot blieb halbgebacken im Ofen, das Familienmahl wurde halb verzehrt stehengelassen, die Kinder wurden aus dem Klassenzimmer geholt, wobei die Bücher mit den täglichen Aufgaben geöffnet blieben, und die Männer wurden gezwungen, den Pflug auf dem Feld und das Vieh an den Berghängen im Stich zu lassen. Selbst Frauen, die gerade erst ein Kind geboren hatten, wurden aus dem Bett getrieben und mußten sich der von Panik erfaßten Menschenmenge anschließen, das schlafende Baby auf dem Arm. Dinge, die sie in der Eile noch an sich raffen konnten – ein Tuch, eine Decke, vielleicht ein paar Bissen Essen –, das war alles, was sie von ihrem Hausrat mitnehmen konnten. Auf ihre verzweifelten Fragen »Wohin gehen wir?« geruhten die Gendarmen nur eine Antwort zu geben: »Ins Innere.«

Ich saß auf der Bank und nippte aus einem Styroporbecher meinen heißen Kaffee und erinnerte mich an etwas, das meine Großmutter mir erzählt hatte, als ich zehn Jahre alt war und wir nach dem Sonntagsessen allein auf der Terrasse saßen. Es war Spätsommer, denn ich erinnere mich an das Geräusch der Zikaden in den Ahornbäumen und daß der ganze Garten wie eine große Rassel klang, die geschüttelt wurde. Meine Großmutter saß zurückgelehnt auf dem grünweißen Liegestuhl und trank ein Glas *tahn*. Sie trug eine Sonnenbrille, und ich sah nur, wie sich die Rhododendronhecke in den dunklen Plastikgläsern ihrer Brille spiegelte. Wie gewöhnlich fing sie einfach zu reden an, als spräche sie mit sich selbst. »Kennst du die von dem Mann, der nach Konstantinopel ging, um sein Glück zu machen?« sagte sie.

»Nee«, sagte ich und hoffte, damit anzudeuten, daß ich von dem Mann, der nach Kon-stan-tin-o-pel ging, nichts wissen wollte.

»Nachdem er eine Zeitlang in Konstantinopel gelebt hatte, hörte er von einem Mann aus seinem Dorf, der ebenfalls in die Stadt gekommen war, und weil er Vater, Mutter, Bruder, Schwester und seinen Hund mit Namen Manook zurückgelassen hatte, ging er los, um den Mann aus seinem Dorf zu suchen. Er wurde zu einer Konditorei geführt, wo er den Dörfler sitzen sah, wie er *kadayif* aß und Kaffee trank. ›Hadji Ovan‹ (das heißt: Johann, der du ins Heilige Land gepilgert bist), rief er, als er die Konditorei betrat, ›bist du aus Bitlis gekommen?‹

›Ja‹, sagte Hadji Ovan und schnitt sein *kadayif*.

›Was gibt's für Neuigkeiten dort?‹

›Was für Neuigkeiten willst du?‹

›Wie geht's meinem lieben Manook?‹ Denn sein Hund fehlte ihm mehr als alles andere.

›Tut mir leid, mein Freund, aber Manook ist tot.‹

›Du sagst, daß Manook tot ist?‹ fragte der Mann, denn er vermochte es nicht zu glauben.

›Ja, mein Freund, er fraß das Fleisch von deinem Maultier und starb.‹

›Heißt das, daß das Maultier tot ist?‹

›Ja, mein Freund, das Maultier starb, als es den Grabstein deines Vaters schleppte.‹

›Willst du damit sagen, Hadji Ovan, daß mein Vater tot ist?‹

›Ja, er hat den Tod deiner Mutter um zwei Wochen überlebt. Sie starb an gebrochenem Herzen, als sie hörte, wie dein Bruder versuchte, deine Schwester zu retten.‹

›Willst du damit sagen, daß meine Mutter und mein Bruder und meine Schwester tot sind? Warum kommst du nicht gleich damit heraus und sagst es: Meine ganze Familie ist tot, mein Zuhause in Schutt und Asche!‹

›Ich weiß nicht, ob dein Zuhause in Schutt und Asche liegt‹, sagte Hadji Ovan, ›aber als ich das Dorf verließ, bestellten die Türken den Boden, wo dein Haus einmal stand.‹«

Es war eine der bizarren Geschichten, mit denen meine Großmutter gelegentlich aufwartete und die mich verwirrten und sprachlos machten. Ich sah die Sonne in ihrer dunklen Brille gleißen und saß da und zupfte an den Nylonbändern des Liegestuhls, bis meine Mutter mit Wassermelone und Käse auf einem Tablett erschien und alle herauskamen und sich über den Nachtisch hermachten; ich war erleichtert.

Die Regierungsfunktionäre informierten darüber hinaus die Armenier, daß sie, da ihre Deportation nur zeitweilig sei, keine Genehmigung hätten, ihre Häuser zu verkaufen. Kaum hatten die früheren Besitzer das Dorf verlassen, als auch schon mohammedanische Mohadjirs – Einwanderer aus anderen Teilen der Türkei – in die armenischen Viertel eingewiesen wurden. In ähnlicher Weise wurden ihre Wertsachen – Geld, Ringe, Uhren und Schmuck – zur »sicheren Aufbewahrung« bis zu ihrer Rückkehr auf die Polizeiwachen gebracht und dann unter den Türken aufgeteilt.

Ehe man die Karawanen in Gang setzte, war es normale Praxis, die jungen Männer von ihren Familien zu trennen, sie zu Vierergruppen zusammenzubinden, an den Ortsrand zu führen und sie zu erschießen. Ständig fanden öffentliche Hinrichtungen durch den Strick statt, ohne Urteilsspruch – das einzige Verbrechen bestand darin, daß die Opfer Armenier waren. Die Gendarmen legten besonderen Wert darauf, die Gebildeten und Einflußreichen auszulöschen. Von amerikanischen Konsuln und Missionaren erhielt ich ständig Berichte über solche Exekutionen, und viele der Ereignisse, die sie beschrieben, werden in meiner Erinnerung nie verblassen. In Angora [Ankara] wurden alle armenischen Männer im Alter von fünfzehn bis siebzig Jahren verhaftet, zu Vierergruppen zusammengebunden und die Straße in Richtung Caesarea entlanggeschickt. Als sie fünf oder sechs Stunden Wegs hinter sich gelegt und ein abgelegenes Tal erreicht hatten, fiel ein Mob türkischer Bauern mit Keulen, Hämmern, Äxten, Sensen, Spaten und Sägen über sie her. Diese Geräte verursachten nicht nur einen qualvolleren Tod als Gewehre und Pistolen, sondern sie waren, wie die Türken sich selbst rühmten, auch wirtschaftlicher, da dabei weder Pulver noch Patronen verschwendet wurden. Auf diese Weise wurde die gesamte männliche Bevölkerung von Angora ausgelöscht!

Der Aufzug sauste sechs Stockwerke hinauf, hielt an und sauste dann in den elften Stock, wo ich mit einem Scheck über einhundert Riesen ausstieg, den ich wie ein Lesezeichen in Morgenthaus Buch steckte. Ich lief zum Büro von Auntie Lu und überreichte ihn ihr, und ich sah, wie sie zweimal stutzte, als sie das Buch in meiner Hand bemerkte. Ich kehrte in den kleinen Postraum zurück und setzte mich neben die Frankiermaschine, wobei ich Post sortierte und sprunghaft weiterlas.

Eine Gendarmeriewache begleitete jeden Konvoi, vorgeblich um ihn zu führen und zu beschützen. Aus Tausenden armenischer Städte und Dörfer brachen jetzt diese verzweifelten Karawanen auf; sie verstopften alle Straßen, die nach Süden führten. Kurz nach Aufbruch einer solchen Karawane hatten die einzelnen noch einige Ähnlichkeit mit Menschen; nach wenigen Stunden jedoch waren ihre Gesichter und Kleidung von Straßenstaub verklebt, der Schlamm verkrustete auf ihren unteren Gliedmaßen, und so glichen die sich langsam vorwärtsschiebenden Massen, oft von Erschöpfung gebeugt und von der Brutalität ihrer »Beschützer« zum Wahnsinn getrieben, einer neuen und fremdartigen Tiergattung. Und doch waren von April bis Oktober sechs Monate lang praktisch alle Landstraßen Kleinasiens zumeist von diesen unheimlichen Exilantentrupps bevölkert. Sie waren zu sehen, wie sie sich Täler hinein- und hinauswanden und die Hänge fast eines jeden Berges hinaufkletterten – sie gingen weiter und weiter, kaum wissend wohin, außer daß jede Straße in den Tod führte. Dorf auf Dorf und Stadt auf Stadt wurde unter den bereits im einzelnen geschilderten beklagenswerten Umständen von der armenischen Bevölkerung geräumt. Soweit sich das ermitteln läßt, machten sich in diesen sechs Monaten etwa 1 200 000 Menschen auf diesen Weg in die Syrische Wüste.

Abteilungen von Gendarmen ritten voraus und gaben den kurdischen Stämmen davon Kenntnis, daß ihre Opfer nahten, und auch die türkischen Bauern wurden informiert, daß ihre langerwartete Gelegenheit gekommen sei. Die Regierung öffnete sogar Gefängnisse und ließ Häftlinge frei, mit der stillschweigenden Maßgabe, daß sie sich gegenüber den herannahenden Armeniern als gute Moslems verhalten sollten. So hatte jede Karawane einen ständigen Existenzkampf gegen verschiedene Klassen von Feinden zu bestehen – die sie begleitenden Gendarmen, die türkischen Bauern und Dörfler, die kurdischen Stämme und die Banden von *chetes* und Briganten.

Wer diesen Angriffen auf offenem Feld entkam, auf den

warteten in den moslemischen Dörfern neue Schrecken. Hier fielen türkische Unmenschen über die Frauen her, die diese Erfahrung manchmal nicht lebend überstanden oder dadurch wahnsinnig wurden. Nachdem sie die Nacht in solch einem grauenhaften Lager verbracht hatten, machten sich die Exilanten oder die, die überlebt hatten, am nächsten Morgen wieder auf den Weg.

Zu Mittag kehrte ich in den Park zurück und sah zu, wie der Smog sich verzog und die Freiheitsstatue sichtbar wurde. In einer braunen Papiertüte hatte ich zwei Sabrette Hot Dogs mit allen Beilagen, und nach einer Stunde, in der ich gelesen und vergessen hatte, sie zu essen, warf ich sie in den Abfalleimer und lief zum Aufzug zurück. Als ich den Postraum wieder betrat, saß Jimmy mit einem weißen Blendschirm über den Augen am Tisch und leckte Briefmarken an.

»Jimmy«, sagte ich, da ich das Bedürfnis hatte, mit jemandem zu sprechen, »hast du gewußt, was mit meinen Vorfahren passiert ist?«

Jimmy blinzelte mich durch seine dicken Brillengläser an. »Mit deinen Vorfahren?«

»Weißt du, Armenier, Jimmy, ich bin Armenier.«

»Peeta, Peeta, Peeta. Die verhungernden Armenier.« Jimmy sagte es ganz geläufig, als wäre es ein alter Wahlkampfslogan. »Ich bin in Charleston aufgewachsen, und wenn wir Gemüse oder etwas Soße auf dem Teller ließen, dann sagte meine Mutter: ›Denkt an die verhungernden Armenier.‹«

»Wie alt warst du da? Als deine Mutter das gesagt hat.«

»Während des Großen Krieges, denn ich bin von zu Hause weg, bevor der Krieg zu Ende war.«

»Hast du gewußt, was ›verhungernde Armenier‹ bedeutete?«

»Ich wußte, daß die Armenier massakriert, ausgehungert, beinahe ausgelöscht wurden.« Jimmy machte mit dem Zeigefinger ein breites Kreuzzeichen. »Von den Türken. Die spaßen nicht, diese Türken. Wie die Weißen im Alten Süden.«

»Denkt an die verhungernden Armenier« war ein beunruhigender Satz, der in einer Grauzone meines Denkens geschwebt hatte, wo sich Rhetorik ohne Erkenntnis herumtreibt. Es war mir nicht klar gewesen, daß es sich um einen Schnipsel Volkskultur während des Ersten Weltkriegs und danach gehandelt hatte. Ich hatte den Satz von älteren Menschen gehört, vom Onkel eines Freundes bei einer Bar-Mizwa, von einem Sozialkundelehrer, als ich mich in der Cafeteria vordrängelte, von der Großmutter eines Freundes, als sie mich kennenlernte. Mir war dabei unbehaglich. Andere Leute benutzten die Redewendung, doch ich konnte mich nicht erinnern, sie je zu Hause oder in meiner Familie gehört zu haben. Niemand hat mir je erklärt, daß das Bild von den verhungernden Armeniern für die Amerikaner ein Slogan für die dramatischste Menschenrechtsangelegenheit der damaligen Zeit war.

»Ich muß bei Cunard was abholen«, sagte ich zu Jimmy und kehrte in den Park zurück, um zu lesen.

> Und während die Exilanten sich vorwärtsbewegten, ließen sie eine andere Karawane hinter sich – die von toten und unbestatteten Körpern, von alten Männern und von Frauen, die sterbend im letzten Stadium von Typhus, Ruhr und Cholera lagen, von kleinen Kindern, die auf dem Rükken lagen und ihren letzten kläglichen Schrei nach Nahrung und Wasser ertönen ließen …
>
> Die schrecklichsten Szenen spielten sich an den Flüssen ab, besonders am Euphrat. Zuweilen stießen die Gendarmen bei der Überquerung dieses Flusses die Frauen ins Wasser und schossen auf alle, die versuchten, sich schwimmend zu retten. Oft retteten sich die Frauen vor Enteh-

rung, indem sie ins Wasser sprangen, ihre Kinder in den Armen ... In einer Schleife des Flusses in der Nähe von Erzinghan ... bildeten Tausende von Leichen solch eine Sperre, daß der Euphrat für ein paar hundert Meter seinen Lauf änderte.

An einem anderen Ort, wo es Brunnen gab, stürzten sich einige Frauen hinein, da es weder Seil noch Eimer gab, um das Wasser heraufzuziehen. Diese Frauen ertranken, und trotzdem tranken die anderen aus dem Brunnen, obwohl die toten Körper dort blieben und das Wasser verseuchten. Manchmal, wenn die Brunnen flach waren und die Frauen hineingehen und wieder herauskommen konnten, liefen die anderen herbei, um an ihren feuchten, schmutzigen Kleidern zu lecken und zu saugen, da sie ihren Durst zu stillen trachteten.

Über einen bestimmten Todesmarsch schrieb Morgenthau:

Am siebzigsten Tag erreichten einige Geschöpfe Aleppo. Von dem Konvoi von 18 000 Seelen beim Abmarsch erreichten lediglich 150 Frauen und Kinder das Ziel. Einige wenige der übrigen, die attraktivsten, lebten noch als Gefangene der Kurden und Türken; alle übrigen waren tot.

Ich habe keineswegs die schrecklichsten Einzelheiten wiedergegeben, denn ein vollständiger Bericht über die sadistischen Orgien, denen diese armenischen Männer und Frauen zum Opfer fielen, dürfte in einer amerikanischen Veröffentlichung niemals gedruckt werden. Was auch immer an Verbrechen die pervertiertesten Instinkte des menschlichen Geistes zu ersinnen vermögen und welches Raffinement an Verfolgung und Ungerechtigkeit die verderbteste Phantasie sich auch immer einfallen lassen mag, es wurde zum täglichen Mißgeschick dieses ergebenen Volkes. Ich bin mir sicher, daß die gesamte Geschichte der menschlichen Rasse keine vergleichbar schreckliche Episode aufzuweisen hat.

* * *

Morgenthaus Gespräch mit Pascha Talaat war erhellend:

»Wieso interessieren Sie sich so sehr für die Armenier?« fragte Talaat. »Sie sind Jude; diese Leute sind Christen. Warum lassen Sie uns mit diesen Christen nicht so verfahren, wie es uns gefällt?«

»Es scheint Ihnen nicht klar zu sein«, antwortete ich, »daß ich hier nicht als Jude bin, sondern als der amerikanische Botschafter. Wie Sie mit den Armeniern umgehen, das reiht Sie ein in die Klasse zurückgebliebener, reaktionärer Völker.«

»Wir behandeln die Armenier schon richtig«, sagte Talaat. »Ich sehe nicht, inwiefern Sie sich beklagen können.«

»Aber die Amerikaner sind empört über Ihre Verfolgung der Armenier.«

»Es hat keinen Sinn, daß Sie sich ins Zeug legen«, antwortete Talaat, »wir haben bereits drei Viertel der Armenier erledigt; in Bitlis, Van, Erzurum gibt es keinen einzigen mehr. Der Haß zwischen den Türken und den Armeniern ist jetzt so groß, daß wir mit ihnen ein Ende machen müssen. Tun wir das nicht, werden sie auf Rache sinnen.«

»Wenn Sie sich nicht von menschlichen Überlegungen leiten lassen«, versetzte ich, »dann denken Sie doch an die materiellen Verluste. Das sind doch eure Geschäftsleute. Sie kontrollieren viele eurer Industrien. Sie sind sehr bedeutende Steuerzahler.«

»Die kommerziellen Verluste kümmern uns nicht«, antwortete Talaat. »Wir haben das alles überschlagen, und wir wissen, daß es nicht über fünf Millionen Pfund hinausgehen wird.«

»Sie machen einen furchtbaren Fehler«, sagte ich, und ich wiederholte diese Aussage dreimal.

»Ja, vielleicht machen wir Fehler«, gab er zurück, »doch« – und er preßte die Lippen fest zusammen und schüttelte den Kopf – »wir bereuen nie.«

Eines Tages richtete sich Talaat mit dem vielleicht erstaunlichsten Ansinnen an mich, das mir je zu Ohren gekommen war.

»Ich möchte, daß Sie die amerikanischen Lebensversicherungsgesellschaften dazu veranlassen, uns eine vollständige Liste ihrer armenischen Versicherungsnehmer zu schicken. Die sind jetzt praktisch alle tot und haben keine Erben, die das Geld beanspruchen können. So fällt natürlich alles an den Staat. Die Regierung ist jetzt die Begünstigte. Tun Sie das?«

Das war nun doch fast zuviel, und ich verlor die Beherrschung.

Talaat brachte seine Haltung gegenüber den Armeniern auf den Punkt, als er sich gegenüber seinen Freunden stolz brüstete: »Ich habe hinsichtlich der Lösung des Armenierproblems in drei Monaten mehr geleistet als Abd ül-Hamid in dreißig Jahren geleistet hat.«

Die Sonne hatte den Himmel von Wolken gereinigt. Es war Nachmittag, und die Schatten, die die Sykomoren warfen, riefen mir in Erinnerung, daß ich den Botengang zu Cunard verpaßt hatte, und zwar einen bedeutenden – eine viertel Million.

* * *

Im Jahr nach meiner Lektüre von Morgenthaus Memoiren las ich in Tausenden Augenzeugenberichten von Diplomaten, Missionaren, Überlebenden, Reisenden, Tätern und in Dokumenten aus Staatsarchiven über den armenischen Völkermord nach.

Ein Telegramm von Talaat Pascha, datiert auf den 16. September 1915:

> Anweisungen an die Regierung von Aleppo: Es ist Ihnen bei erster Gelegenheit mitgeteilt worden, daß auf Anordnung des Jemiet »das Ittihad Komitee« beschlossen hat, alle in der Türkei lebenden Armenier zu vernichten. Wer sich dieser Anordnung und diesem Beschluß widersetzt, kann nicht im Amtsdienst des Reiches verbleiben. Es muß ihrer Existenz ein Ende gesetzt werden, wie verbrecherisch die zu treffenden Maßnahmen auch sein mögen, und es darf weder auf Alter noch auf Geschlecht noch auf Gewisseneinwände Rücksicht genommen werden.

Aus der Feder von J. B. Jackson, Konsul, Amerikanisches Konsulat, Aleppo, Syrien, 19. August 1915, an Seine Exzellenz Henry Morgenthau, Amerikanischer Botschafter, Konstantinopel:

> Aus der Stadt Aintab wird die armenische Bevölkerung zügig entfernt … Es handelt sich um einen gigantischen Plan zur Plünderung wie auch um einen letzten Schlag, der die Rasse auslöschen soll.

Aus der Feder von Leslie A. Davies, Amerikanisches Konsulat, Mamouret-ul-Aziz (Harput), Türkei, 30. Dezember 1915:

> Der Begriff »Schlachthaus Vilayet [Provinz]«, den ich in meinem letzten Bericht zu diesem Thema (vom 7. September) auf jene Vilayet angewandt habe, hat sich durch das, was ich seit jener Zeit erfahren und tatsächlich ge-

sehen habe, als völlig gerechtfertigt erwiesen. Es stellt sich so dar, daß alle von den auf Seite 15 des Berichtes aufgeführten Gruppen, Männer, Frauen und Kinder, etwa fünf Stunden Wegstrecke von hier entfernt hingemetzelt wurden.

Aus Arnold J. Toynbee, *The Treatment of the Armenians in the Ottoman Empire [Die Behandlung der Armenier im Osmanischen Reich]*:

> All diese Greuel ... wurden an den Armeniern verübt, ohne daß es auch nur den Schatten einer Provokation von ihrer Seite gegeben hätte. »Wir befinden uns im Krieg«, wird die türkische Regierung vermutlich antworten; »wir kämpfen um unsere Existenz. Die Armenier hofften auf den Sieg unserer Feinde; sie waren Verräter, die sich im Kriegsgebiet frei bewegten, und wir waren gezwungen, mit militärischer Schärfe gegen sie vorzugehen.« Doch solche Ausflüchte stehen in völligem Widerspruch zu den Tatsachen. Diese Armenier waren keine Bewohner eines Kriegsgebietes. Die Städte und Dörfer, aus denen sie systematisch deportiert und zu Tode gebracht wurden, lagen in keinem Falle auch nur in der Nähe des Schauplatzes von Feindseligkeiten ... Verwaltungs- und Militärmacht lagen unangefochten in türkischen Händen, und gerade bei den Armeniern war es besonders unwahrscheinlich, daß sie einen Coup de main versuchen würden. Man muß wiederholen, daß diese armenische Stadtbevölkerung aus wesensmäßig friedfertigen, arbeitsamen Leuten bestand, so ungeübt mit Waffen wie unvertraut mit der Vorstellung von Gewalt ... die Osmanische Regierung kann ihre Verbrechen nicht als Präventivmaßnahmen rechtfertigen.

Aus der schriftlich festgehaltenen Aussage des Kommandeurs der Dritten Armee, General Vehib, vorgelegt beim türkischen Militärgerichtsverfahren, in dem gegen die Organisatoren des Völkermords an den Armeniern verhandelt wurde, 5. Dezember 1918, Konstantinopel:

> Das Massaker an den Armeniern und ihre Auslöschung sowie die Plünderung und der Raub ihres Eigentums waren die Folge des Beschlusses des Zentralkomitees von Ittihad und Terakki ... Alle Tragödien, die Anstiftungen zu den Greueltaten und ihre Durchführung im Bereich der Dritten Armee fanden unter Anleitung von Behaeddin Sakir statt. Er fuhr in einem Auto, Spezialanfertigung, und machte bei allen größeren Zentren halt, wo er seine Anweisungen mündlich den lokalen Parteigruppen und den Regierungsbehörden übermittelte. Einerseits organisierte er die Galgenvögel und andererseits die Gendarmen und Polizisten mit Blut an den Händen und Blut in den Augen, die mit Wissen und unter Schirmherrschaft des Staates die bekannten Verbrechen begingen. Zu ihren Opfern gehörten Menschenmassen, die sich leicht zusammentreiben ließen, die wehrlos waren und über die man herfiel. Die Greuel fanden im Rahmen eines Programms statt, das ... eindeutig der Definition von Vorsatz entspricht.

Aus der »Schilderung einer Miss AA., einer ausländischen Touristin in der Türkei« (aus dem Bryce-Toynbee-Bericht):

> In Angora [Ankara] erfuhr ich, daß die Gerber und die Metzger der Stadt nach Asi Yozgad beordert worden und die Armenier ihnen zur Ermordung überantwortet worden waren. Das Messer der Gerber ist ein rundes Ding, während das Messer der Metzger ein kleines Beil ist, und sie töteten die Menschen, indem sie die Instrumente benutzten, deren sie sich am besten zu bedienen wußten.

Aus einem Bericht eines Fräulein M. (einer in der Türkei lebenden Schweizerin), 16. November 1915:

> Ich kehre soeben von einem Ausritt durch die Baghtche-Osmania-Ebene zurück, wo Tausende von Vertriebenen draußen auf den Feldern und Straßen liegen, ohne Obdach und allen möglichen Briganten völlig ausgeliefert. Gestern etwa um Mitternacht wurde ein kleines Lager plötzlich angegriffen. Dort befanden sich etwa fünfzig bis sechzig Personen. Ich fand schrecklich zugerichtete Männer und Frauen – aufgeschlitzte Körper, eingeschlagene Schädel und furchtbare Messerwunden ... In einem anderen Lager fanden wir dreißig- oder vierzigtausend Armenier. Ich konnte Brot an sie austeilen. Verzweifelt und halb verhungert, fielen sie darüber her. Des öfteren sah ich, wie sie unter ihrer Last zusammenbrachen, doch die Soldaten trieben sie mit Gewehrkolben weiter, und manchmal auch mit Bajonetten. Ich verband an den Körpern von Frauen blutende Wunden, die von diesen Bajonettstößen herrührten.

Aus dem »Bericht des montenegrinischen Kawaß der Lokalfiliale der Osmanischen Bank«, Trapezunt, 2. Oktober 1915:

> Im gegenwärtigen Moment ist kein einziger Armenier in Trapezunt übriggeblieben, außer zwei Angestellten der Osmanischen Bank, die ebenfalls deportiert werden, sobald andere Personen aus Konstantinopel eintreffen, um an ihre Stelle zu treten.

Der Sturz aus den Wolken

Ich las Morgenthaus Memoiren zu Ende und verschwand sodann im Strudel des ersten Jahres meines Graduiertenstudiums. Als ich im darauffolgenden Frühjahr wieder hochkam, um nach Luft zu schnappen, hatten Auntie Gladys und Auntie Lu mich eingeladen, sie auf eine Reise nach Frankreich zu begleiten. Wir flogen nach Aix-en-Provence, um meinen Bruder Jim zu treffen, der dort gerade ein Jahr Auslandsstudium abschloß, und fuhren dann nach Paris, um dort unsere Verwandten zu besuchen. In den zwanziger Jahren hatten sich Tausende von Armeniern, die vor den Türken geflohen waren, in Frankreich eine Existenz aufgebaut, darunter auch Angehörige von beiden Seiten meiner Familie.

In Paris verbrachten wir unsere Tage im Louvre, im Jeu de Paume und im Grand Palais. Wir besuchten die Gruft von König Leo V. in der Basilika von St. Denis, wo die französischen Könige beigesetzt sind. Obwohl König Leo Franzose war, ein Lusignan, zeichnete er sich dadurch aus, daß er der letzte König von Armenien war, als er 1374 nach dem Dritten Kreuzzug den Thron des Kleineren oder Kilikischen Armenien bestieg. Seine Niederlage gegen die Mamelucken im darauffolgenden Jahr stellte das Ende armenischer Selbstherrschaft bis zum zwanzigsten Jahrhundert dar. Des Abends besuchten wir Verwandtschaft: die Cousine meines Vaters, Micheline Lanoote, und ihre Familie, die Schwester meines Großvaters Bedros Aroosian, Gadar, und ihre drei Töchter Vergine, Astrig und Nevart und ihre Familien.

Jeden Abend saßen wir in ihren prachtvollen Wohnungen und aßen Paté und *midiya*, *yalanchees* und Camembert, gebratene Jungente und Dolma, Pilaf und Pommes frites, Käse-*kadayif* und Melonen und Erdbeeren und Schokolade. Wir tranken guten Wein und Perrier und Brandy. Wir unterhielten uns in einem Gewirr von Sprachen. Französisch, Englisch, Armenisch. Ausdrücke der einen Sprache verwandelten sich in Ausdrücke einer anderen. Alle küßten einander auf die Wangen. Meine Großtanten und Cousinen tätschelten mir den Kopf, *eenchten* mich mit ihrer Zuneigung. Doch da zumeist Armenisch gesprochen wurde, vermochte ich lediglich Gesten und Minen zu interpretieren und hier und dort ein Wort aufzuschnappen, während ich von außen zuschaute.

Nach einer so verbrachten Woche klopfte ich eines Morgens an die Tür des Hotelzimmers meiner Tanten, eines Raums mit hoher Decke, hohen Fenstern mit Fensterläden und Möbeln im Louis-quatorze-Stil. Meine Tanten saßen in ihren Morgenröcken und Hausschuhen da und tranken Kaffee. Ich goß mir eine Tasse Kaffee ein, versank in einem großen, weichen Sessel und las Theodor Whites Buch *The Making of the President: 1964.* Wir lasen alle drei und tranken Kaffee, als meine Tante Gladys zu meinem Buch herübersah und sagte: »Ach, der Gauner, da kannst du sicher sein, wenn er Kennedy nicht hat umbringen lassen, hat er zumindest davon gewußt.«

»Lyndon B. Johnson, und Kennedy umbringen, meinst du das wirklich?«

»Ach, das sind doch alles solche Gauner«, sagte Auntie Gladys.

»Das wär ja ein tolles Verbrechen«, sagte ich, »und dann selbst den Job des obersten Bosses übernehmen.«

»Na, so machen sie's doch. Die Welt ist voller Verbrechen.«

Die Stimme meiner Tante wurde von Mal zu Mal lauter, wenn sie sprach. »Schau dir doch an, was sie mit Armenien gemacht haben.«

Die Worte hingen in der Luft des Hotelzimmers aus dem neunzehnten Jahrhundert, schwebten an der Decke herum, und dann spürte ich, wie sie auf den Tisch fielen.

Ich war fassungslos, die Entrüstung meiner Tante und ihre Ausdrucksweise zu hören. Vielleicht lag es an der Woche in Paris mit ihrer Tante und den Cousinen. Vielleicht lag es daran, daß sie fern von zu Hause war, außerhalb ihres Rahmens sozusagen. Doch hatte ich sie noch nie derlei sagen hören.

Ich wußte, daß sie beim Ausbruch des Völkermords noch ein kleines Kind gewesen war und daß sie überlebt hatte; gleichwohl hatte niemand je davon gesprochen, und ich dachte, das wäre doch der Moment, um darüber zu reden. Ein friedlicher Morgen beim Kaffee in einem Hotelzimmer in Paris am Boulevard St. Germain. Wir knusperten noch ein Weilchen an den Croissants, und dann sagte ich: »Was weißt du denn noch, Auntie Gladys?«

»Wovon?«

»Davon, wie ihr, du und Granny und Auntie Alice, aus der Türkei rausgekommen seid.«

Meine Tante schenkte sich Kaffee nach.

»Wir hatten uns in dem Landhaus aufgehalten, wo die Familie jeden Sommer hinging. Nun ja, das ist keine eigene Erinnerung, das hat man mir Jahre später erzählt. Es war Hochsommer, und wir kehrten von unserem Landhaus zurück, wo wir die Ferien verbracht hatten. Wir waren zu Pferde. Die Landschaft um Diyarbakir ist ein wenig wie der Südwesten – offener Raum, trockene Hochebenen und Berge. Der Tigris fließt im Norden an der Stadt vorbei und der Euphrat im Südwesten. Die Familie meiner Mutter war im Seidenhandel gewesen, und sie war wohlhabend, so wohlhabend, daß mein Vater und meine Mutter, als sie heirateten, in das Haus meiner Mutter zogen.« Meine Tante hielt inne und goß sich warme Milch in den Kaffee.

»Manchmal erwähnte Mama, daß sie ein Haus mit vielen Dienern und eine Weide mit edlen Araberpferden hatte. Der Vater meiner Mutter, Karnig Shekerlemedjian, trieb Handel im Westen bis hin nach Griechenland und im Osten bis hin nach Isfahan, vielleicht sogar bis nach Indien. Und es wurde erzählt, daß Mutter geboren wurde, als er gerade von einer seiner Geschäftsreisen nach Athen zurückgekehrt war. Und ihr Vater, der sich von der kleinen Tochter eines Freundes hatte bezaubern lassen, die Athena hieß, nannte deine Großmutter nach ihr. Und daraus wurde Nafina.

Wir ritten also zurück in Richtung unseres Stadthauses – mein Vater, Mutter, Alice, ich und einige Diener, und wir wurden von Freunden angehalten, die uns erzählten, daß man unser Haus niedergebrannt und alle in der Familie umgebracht habe. Es dauerte nicht lange und wir wurden umzingelt und mußten den Deportationsmarsch antreten.«

Die Offenheit meiner Tante überraschte mich.

»Weißt du noch etwas von dem Marsch?«

»Nein«, sagte Tante Gladys, während sie es sich auf dem rosafarbenen Seidendiwan bequem machte und ihre Kaffeetasse ganz fest in der Hand hielt. »Ich war zwei Jahre alt und Alice war ein Baby.«

»Hat Granny je über diese Zeit in ihrem Leben gesprochen?«

»Eigentlich nicht – nicht speziell jedenfalls. Aber ich erinnere mich, daß sie 1940 eine Gedenkansprache hielt. Die Armenian General Benevolent Union bat sie, zum fünfundzwanzigsten Jahrestag des Genozids zu sprechen. Wir benutzten damals den Begriff *Genozid* noch nicht, wir sagten: Die Massaker. Mama lud alle Armenier aus der Gegend in unser Haus ein. Es herrschte eigentlich noch die Wirtschaftskrise, im April 1940, und etwa fünfzig Männer und Frauen quetschten sich in unser Wohnzimmer. Wir wohnten in einem viktorianischen Haus am Oraton Parkway in East Orange, nicht weit von der Wohnung, in der du uns immer besuchen kamst. Es war um die Osterzeit, denn sie hatte Oster-*choereg* gebacken, und wir steckten in jeden Laib gefärbte Eier. Wir haben furchtbar gern Eier gefärbt. Manchmal haben wir sie auch ausgeblasen und dann bemalt. Wir bewahrten sie monatelang auf. Im armenischen Leben ist nichts so wichtig wie Ostern.

Die Armenier, die kamen, waren amerikanische Staatsbürger, doch die alte Welt lag noch nicht weit hinter ihnen. Sie waren Rechtsanwälte und Ärzte und Kaufleute und Fabrikarbeiter, und sie trugen alle dreiteilige Anzüge und Abendkleider. Ich weiß nichts mehr von dem, was Mama gesagt hat. Sie sprach auf armenisch. Sie benutzte den Wörterbuchständer als Pult und verlas eine Rede, die sie geschrieben hatte. Mit ihrem zum Knoten gesteckten Haar, der Hornbrille und einer Kette um den Hals sah sie aus wie eine Lehrerin.

Ich weiß noch, welche Stille herrschte, nachdem sie geendet hatte, und dann eine peinliche Atmosphäre. Die Blicke gesenkt. Dann weinten einige, manche schluchzten sogar laut, und dann sprachen manche, und manche fingen sogar an, laut zu sprechen, und der Abend schlug um in Lachen und Geschichtenerzählen, und der Brandy floß in Strömen. Ich war eigentlich nicht so ganz bei der Sache. Ich sah aus einer gewissen Entfernung zu, ich kam herein und ging hinaus. Ich weiß nicht, es war seltsam. Die Leute blieben, glaube ich, bis Mitternacht. Deine Großmutter war immer eine großartige Gastgeberin.«

»War das das erste Mal, daß Leute in eurer Gemeinde über den Genozid sprachen?«

»Wenn ich jetzt darüber nachdenke, stelle ich mir vor, daß die meisten in all den Jahren geschwiegen hatten. Sie waren stolze neue Bürger von Franklin D. Roosevelts Amerika. Sie wollten einfach in Ruhe ihre Familie großziehen, friedlich ihren Geschäften nachgehen. Die Ereignisse der Vergangenheit waren nicht nur zu schmerzlich, sie waren jenseits von Worten.«

»Ergab sich irgend etwas aus dem Abend? Ich meine, gingen die Leute irgendwie an die Öffentlichkeit?«

»Nein, das war keine Welt, in der Leute mit solchen Dingen an die Öffentlichkeit gingen.«

Ich starrte auf die Krümel des Croissant, die in meinem Kaffee schwammen, und meine Tante hielt einen Moment lang inne, um dann zu sagen: »Aber dann passierte etwas.«

Sie hielt wieder inne, nahm einen Schluck Kaffee und blickte aus dem Fenster. »Die Japaner griffen Pearl Harbour an, und das Dach über Mama stürzte ein.«

»Soll heißen?«

»Mama hatte einen Zusammenbruch.«

»Einen Zusammenbruch?« wiederholte ich ungläubig.

Meine Tante hielt wiederum inne und bestrich ein Stück Baguette mit Butter. Ich sah zu Auntie Lu hinüber, die hinter der *Herald Tribune* saß.

»Die Nachricht über Pearl Harbour, die Nachrichten vom Krieg lösten das in ihr aus. Sie dachte, es geht wieder los. Ihr Haus abgebrannt; ihre Familie umgebracht; Todesmärsche in die Wüste. Sie dachte, die *zaptieh*, die türkische Militärpolizei, käme.«

Auntie Gladys stand auf und öffnete die Fensterläden, und das Morgenlicht strömte ins Zimmer.

»Sie bekam paranoide Zustände. Zum erstenmal hörte ich sie das Wort *Türke* benutzen. Eines Tages kam ich von meiner Arbeit beim *Newark Star-Ledger* nach Hause. Ich saß im Bus in der Stadtmitte von Newark, die Fenster weit offen, die Luftfeuchtigkeit schrecklich. Ich schaute die Menschen auf der Straße an, und da sah ich das Gesicht meiner Mutter. Ich dachte, ich würde halluzinieren, doch es war Mamas Gesicht, das da in der Menge schwebte. Ihre Augen flirrend durch ihre Brille. Ich stieg aus dem Bus, und sie bemerkte mich und fing an zu rufen: ›Wo bist du?‹ Und ich antwortete: ›Ich bin hier, Mama.‹ Und sie wiederholte immer wieder: ›Wo bist du?‹, und ich wiederholte immer wieder: ›Ich bin hier, Mama‹, bis ich merkte, daß es keinen Zweck hatte. Es war an sie nicht heranzukommen. Ich nahm sie bei der Hand und winkte ein Taxi.

An jenem Abend wurde es schlimmer mit ihr. Sie lag auf

der Wohnzimmercouch unter einem Plaid und starrte an die Decke und plapperte und schrie auf englisch, armenisch, arabisch, türkisch. An das Folgende kann ich mich noch erinnern:

Es steht eine Wolke am Himmel –
Ist es Rauch?
Da drüben liegt Moush
Und die Straße ist lehmig
Wer geht, kehrt nicht zurück –
Was geschieht?

Moush war eine große armenische Stadt, eine Bergstadt auf einer Hochebene, wo Tausende von Armeniern hingemetzelt wurden. Es war ein Todesmarschgedicht. Es ging mir durch Mark und Bein.

Damals wußte ich kaum etwas über den Holocaust von Moush und den umliegenden Dörfern, wo die gesamte armenische Bevölkerung von etwa 90 000 Einwohnern umgebracht wurde.

In jener Nacht faselte Mama vom *badarak*, Gebete, Kirchenlieder. *Der Voghormya*, *Sourp Asdvadz, Hayr Mer*. Ich weiß noch, daß ich damals dachte, wie seltsam es war, daß wir nie in die armenische Kirche gingen. Wir gingen in die presbyterianische Kirche, mußt du wissen, doch Mama dachte immer noch auf armenisch an Gott.«

»Wie hat Mam das alles verkraftet?«

»Deine Mutter war gerade in der High School, etwa vierzehn Jahre alt. Wenn es sie erschreckte, so hättest du es nicht gemerkt, denn sie saß einfach da und schaute und sagte nichts.«

Meine Tante hielt inne, um den anderen Fensterladen zu öffnen, und das Licht strömte herein.

»Und was passierte dann?« Ich fühlte mich allmählich wie ein gieriger Journalist.

»Mama machte sich an ihre Pflichten. Sie kochte. Sie ging zur Arbeit in den Laden. Als sie nach Hause kam, setzte sie sich auf einen Stuhl und weinte. Es war das erstemal, daß sie überhaupt die Vergangenheit erwähnte. Sie sagte die ganze Zeit: ›Sie kommen wieder, sie kommen wieder.‹ ›Wer kommt, Mama?‹ sagte ich dann, ›wer kommt?‹ ›Die Türken kommen. Egal was du tust, es ist bald um uns alle geschehen.‹

›Mama, das ist verrückt‹, sagte ich dann zu ihr. ›Wir sind in Amerika, Mama. Wir sind hier in East Orange. New Jersey. Wir sind hier am Oraton Parkway.‹ Sie schüttelte nur den Kopf und weinte weiter.

›Kannst tun, was du willst‹, sagte sie jeden Morgen. ›Kommt nicht drauf an, bald sind wir alle tot. Sie kommen.‹

Jeden Tag sagte sie: ›Es ist doch alles egal. Es ist doch alles egal.‹

Sie hörte praktisch auf zu essen. Sie bereitete wunderbares Abendessen, servierte es und saß dann in einem Sessel und wiederholte Gedichtverse und Gebete. Zum erstenmal sprach sie von ihren Brüdern und Schwestern, ihrer Mutter und ihrem Vater, ihren Nichten und Neffen, die alle von den Türken ermordet worden waren. ›Sie waren so schön‹, sagte sie, ›ich war die Unattraktivste in der Familie. Sie hätten weiterleben sollen. Warum ich? Warum ich?‹

Sie ging immer weniger aus dem Hause. Sie wollte weder ans Telephon noch an die Haustür gehen. Eines Tages kam jemand vom FBI an die Tür, um Mama über einen Freund von ihr zu befragen, der sich für einen Job bei der Regierung bewarb. Ihr Name war als Referenz für eine persönliche Empfehlung angegeben worden. Doch als sie seine Plakette und seine offiziellen Papiere sah, wurde sie schreckensstarr. Der Mann vom FBI stand einige Minuten da und stellte ihr Fragen, doch Mama blieb sprachlos. Die Gestalt eines Regierungsbeamten an ihrer Haustür erneuerte ihren Schrekken angesichts der *zaptieh* und der Gendarmen, die zu den Häusern der Armenier kamen, um sie zu verhaften. Du kannst dir vorstellen, daß ihr Freund den Job nicht bekommen hat.

Während dieser ganzen Zeit wollte Vater all das nicht zur Kenntnis nehmen. Als ich ihm nahelegte, daß wir uns um Hilfe bemühen sollten, sagte er nichts.«

»Wie schlimm wurde es denn?«

»Eines Tages las ich in einer Zeitschrift etwas über eine Elektroschockbehandlung, und ich schrieb an die Mayo-Klinik, um mich beraten zu lassen. Von dort antwortete man sofort und empfahl einen Arzt in New York, der Spezialist für diese neue Behandlung sei. Ich nahm sie an der Hand und brachte sie zu dem Arzt. Sie unterzog sich dieser Behandlung, und im Winter ging es ihr wieder gut. Und etwas Derartiges ist nie wieder vorgefallen. Niemand hat je von diesem Moment im Leben deiner Großmutter gesprochen. Ich habe sie nie wieder die Türken erwähnen hören. Es war, als wäre es nie geschehen. In Armenien sagt man: *Wenn die Vergangenheit hinter dir liegt, dann behalt sie dort.*«

»Hast du sie nach der Vergangenheit befragt, als es ihr wieder besser ging? Hat das irgend etwas gelockert?«

»Nein. Haben wir eben nicht gemacht. Vielleicht hatten wir Angst, weitere Dinge aufzuwühlen. Vielleicht hatten wir Angst davor, etwas zu wissen. Wir haben einfach keine Fragen gestellt. Und Mama hatte kein Interesse am Gespräch. Eigentlich wollte sie nie an die Vergangenheit denken. Alles war immer auf die Zukunft konzentriert. Aktien kaufen. Das Geschäft ausbauen.«

Auntie Lu sah hinter ihrer Zeitung hervor und warf Gladys einen verstimmten Blick zu, einen dieser Jetzt-ist's-wohl-genug-Blicke, doch Gladys kräuselte die Lippen in Lus Richtung und sprach weiter.

»Aber verstehst du, Peter, Mama war immer voller Befürchtungen. Befürchtungen und Ängste. Selbst nachdem die Behandlung Erfolg hatte und sie wieder ihren normalen Rhythmus fand, blieb sie voller Befürchtungen. Als deine

Mutter sich '44 darauf vorbereitete, nach Bucknell zu gehen, ängstigte sich Mama. Ehe deine Mutter ins College aufbrach, weinte sie wochenlang jeden Tag. Der Krieg war noch in vollem Gange. Es kamen die Nachrichten, daß Juden in Konzentrationslagern ermordet wurden. Hitlers Truppen standen an der russischen Grenze. Die Marines eroberten Guadalcanal, und die Japaner hatten Alaska angegriffen, und Mama übersetzte das immer noch in das Massaker der Türken an den Armeniern.

Deine Mutter saß oft im Wohnzimmer, trank Brause und spielte Artie-Shaw-Schallplatten. Sie mochte Artie Shaw, weil Cousin George in seiner Band die erste Posaune spielte. Wie dem auch sei, Mama saß in ihrem Sessel und weinte und sagte: ›Wenn du gehst, kommst du niemals wieder.‹

Sie ist diese Angst nie losgeworden. Selbst als wir '52 jenes erste Mal nach Europa fuhren und Mama ihren Paß hatte und ihre Fahrkarten. In der letzten Minute sagte sie nein. Sie wollte dieses Land nie wieder verlassen. Sie sagte: ›Hier bin ich sicher. Es ist der einzige Ort, an dem ich sicher bin.‹ Du lieber Gott«, sagte meine Tante mit leiser Stimme.

»Eigentlich war es nämlich so, daß ich während Mamas Zusammenbruch anfing, mich an Dinge zu erinnern.«

»Zum Beispiel?«

»Zuerst einfach ein paar Bilder und Empfindungen. Mama, Alice und ich an einem heißen, trockenen Ort. Menschen und Staub und Geruch nach Erbrochenem und Fäkalien. Hier und da Zelte. Menschen, die herumirrten. Stimmen. Weinen.

Dann standen wir in einem kahlen Raum auf Lehmboden in einem Haus, und auf einem Tisch war eine Holzkiste. Ein schwarzgekleideter Mann mit einem Bart schwang ein Weihrauchfaß, und der Raum füllte sich mit Weihrauch. Als ich in die Kiste schaute, sah ich einen Mann.«

Meine Tante hielt einen Moment lang inne und atmete aus.

»Der in der Kiste lag.« Sie blickte beiseite, und ich sah, daß sie versuchte, ihre Fassung zu bewahren. »Es war mein Vater.

Das dritte Bild ist das einer Stadt. Aleppo. Minarette und Steinkirchen. Eine blaue Moschee. Ziegen und Kamele, die mit den Hufen schlagen. Ein Souk mit Ständen, an denen Dinge hängen. Geruch nach saurer Milch, Urin, Dung. Ein Mann mit Elefantiasis, der um Münzen bettelt.

»Alice und ich waren in Begleitung einer Assyrerin. Die Assyrer sind Christen, und in Diyarbakir lebten sie mit uns Seite an Seite und litten furchtbar unter den Türken. Die Frau brachte uns zu einem großen Gebäude, in dem wir einen langen Gang entlanggeführt wurden, wo Dutzende von Menschen in Kastenbetten lagen. Mutter war eine von ihnen. Sie war bleich, mager, die Augen geschlossen. Sie sah aus wie eine Puppe unter einem weißen Laken. Man sagte uns, sie werde die Nacht nicht überleben. ›Sprecht eure Gebete für sie‹, sagte die Assyrerin.«

Tante Gladys hatte Mühe, die Fassung zu bewahren. Ihre Augen wurden glasig, und das ließ ihre Iris wie blaugrüne Steine schimmern. Ihre Stimme war klar und hart.

»Man sagte uns, sie hätte die Cholera. Das sagte uns nichts, doch wir fingen an zu weinen, und man führte uns einen langen Gang entlang. Ein paar Tage später kam Mama in die Wohnung spaziert, wo wir bei ein paar von Vaters übriggebliebenen Verwandten lebten. Sie war blaß, aber genesen.«

Meine Hände waren vom Koffein kalt. Auntie Lu hatte jetzt ihre Zeitung niedergelegt und starrte Gladys mit offenem Mund an. Es hatte den Anschein, daß auch sie das zum erstenmal hörte.

»Und was dann?«

»Mutter arbeitete als Schneiderin, um den Lebensunterhalt für uns zu verdienen. Sie hatte das nicht gelernt, aber sie war mit den Händen geschickt. Sie war als ein Mädchen in einem reichen Haus mit Dienstboten aufgewachsen, und den

Großteil ihrer Jugend bis zu ihrer Hochzeit hatte sie auf einer Missionsschule verbracht.

Eines Tages, als sie in das Haus einer wohlhabenden Familie kam, um ein Hochzeitskleid abzuliefern, das sie geschneidert hatte, fiel ihr im Wohnzimmer ein großer Teppich auf. Ein Täbris, eine dieser riesigen blauen Flächen mit Tieren und Blumen. Mama wurde hysterisch und sagte zu den Dienstboten, sie sollten den Hausherrn holen, und als er erschien, sagte sie ihm, der Teppich sei von Türken aus ihrem Hause gestohlen und verkauft worden. Sie verlangt den Teppich zurück. Natürlich weigert sich die Familie, ihn herauszugeben. Also bringt meine Mutter die Familie vor Gericht. Es war eine christliche Familie, und es war Aleppo und nicht Diyarbakir. Vor Gericht wurde ihr der Teppich zugesprochen, und dann ging sie in den Basar und verkaufte ihn. Mit dem Geld und mit Geld, das ihr Bruder Thomas geschickt hatte, kaufte sie die Fahrkarten für unsere Überfahrt nach Amerika.«

»Ein Teppich hat uns also hergebracht.«

»Er hat dazu beigetragen.«

Tante Gladys sprach, als hätte sie eine Kiste in ihrem Inneren aufgemacht, und an jedem Ding, das sie hervorzog, hing etwas anderes.

»Ist das alles?«

Meine Tante sah mich fragend an.

»Von deinen Erinnerungen?«

»Meine letzte Erinnerung ist die an Marseille. Wir nahmen ein Schiff von Beirut nach Marseille. Einen wunderbaren Dampfer. Wir, die armenischen Kinder, liefen Tag und Nacht auf den Decks herum. Es war so aufregend, auf dem Schiff zu sein und irgendwohin zu fahren. Wenn wir seekrank wurden, gaben uns unsere Mütter *tourshi* (sauer eingelegtes Gemüse), um den Magen zu beruhigen. Immer wenn ich *tourshi* rieche, muß ich an das Schiff denken. Wir blieben etwa eine Woche in Marseille, ehe wir den Zug nach Paris nahmen. Wir waren alles Frauen und Kinder, so gut wie ohne Geld, und bei Nacht durften wir in einer katholischen Kirche in der Nähe des Hafens schlafen. Eine große Barockkirche, mit kunstvollem Schnitzwerk und einer riesigen Statue der Jungfrau Maria. Die Decke bestand aus großen Gewölben mit Cherubim, Wolken, Sonnenstrahlen. Die Kirche war feucht, und man konnte den Hafen riechen – das schmutzige Wasser, gemischt mit Erdöl. Ich mochte den Geruch, denn er bedeutete, daß wir irgendwohin fuhren. Wir schliefen auf Wolldecken, und die meisten schliefen auf den Kirchenbänken, die von Jahren der Benutzung ganz glatt waren. Aber die Frauen schliefen nicht. Wenn ich mitten in der Nacht aufwachte, waren alle Mütter wach.

Nach ein paar Nächten fragte ich Mama, warum überhaupt niemand schlief, und sie sagte: ›Wenn wir uns schlafen legen, wird sich der Himmel öffnen, und aus den Wolken werden tote Leiber fallen.‹ Ich weiß nur noch, wie ich meine Augen zumachte und mit aller Gewalt zu schlafen versuchte.«

»In Paris wurden wir von einer wohlhabenden armenischen Familie aufgenommen. Sie hatten ein hübsches Landhaus, und die Frau hatte einen Narren an Alice gefressen, die damals etwa vier Jahre alt war, und die Familie bat meine Mutter, sie zur Adoption freizugeben. ›Sie wird bei uns hier in Paris wie eine Prinzessin leben‹, sagten sie zu Mama. Doch meine Mutter war außer sich angesichts dieser Idee. Zwei Tage später gingen wir an Bord der S.S. *New York* mit Ziel Amerika.«

Ich blickte hinüber und sah, wie Auntie Lu auf der Stuhlkante zuhörte. Sie hatte kein Wort gesagt. Ich war den Tränen nahe, als ich sie fragte, ob sie von Diyarbakir, dem Todesmarsch, Aleppo gewußt habe. Sie sah mich an, sagte nichts und machte sich wieder über ihre Zeitung her.

»Auntie Gladys«, sagte ich, »warum hast du bis heute nie darüber geredet?«

»Hab ich eben nicht.«

Ich war betäubt und überwältigt. Ich wußte nichts zu sagen. Ich wollte einfach bloß aus dem Zimmer hinaus, in den hellen Tag.

* * *

Ich ging in ein Café am Boulevard St. Germain und setzte mich unter der hübschen roten Markise und den Kastanienbäumen auf einen Stuhl. Ich saß da und blickte auf die Passanten. Ich dachte an meine Großmutter und daran, wie wenig ich darüber wußte, was hinter ihren Geschichten und ihren Träumen lag. Wie konnte die Frau, die die Yankees und Elvis mochte, die so selbstsicher und solide wirkte, solche Grausamkeiten, solche Verwüstungen erlitten haben? Meine Großmutter? Ich nahm mein Notizbuch hervor und fing an zu schreiben.

Gestern Abend
ist meine Großmutter wiedergekommen
im braunen Kleid
stand sie am Oraton Parkway
wohin wir so gern gingen
und zusahen, wie die Autobahn
ausgebaggert wurde
Da stand sie, Dampfhämmer
und Bulldozer im Hintergrund,
eine Tüte mit Obst
in der Hand
der Wind wehte
ihr durch die Augen.

Ich lief
im Nieseln
mit der Morgenzeitung

auf sie zu.
Als ich ihr sagte,
ich hätte Hunger –
sagte sie,

im Lebensmittelladen
steht ein Mann
bis zu den Knöcheln im Blut.
Die Babys in East Orange
sind verschwunden
vielleicht gefressen von
den Maschinen
auf dieser langen Straße.

Als ich nach meiner Mutter fragte –
sagte sie fort,
endgültig fort.
Die Mädchen gingen Sodawasser holen
vielleicht war die Cola nicht gut
die Süßigkeiten bitter.
Heute Morgen sind die Betten
leer, kein Wasser
die Toiletten trocken.
Als ich in den Garten
Kürbis holen ging,
waren dort nur Stiele,
als ich Petersilie
schneiden wollte,
nur ein Loch.

Wir gingen vorüber an Haufen
von grauer Asche und Zement
Lastwagen, dort waren keine Männer.
Sie sagte, Großvater ist
am Morgen gegangen

noch im Dunkeln;
mußte Hosen bügeln
für die Feuerwehr von
East Orange.
Sie riefen ihn
mitten in der Nacht,
West Orange brannte
Montclair brannte
Bloomfield und Newark
waren hin.

Eine Frau trug
gestern Nacht die Arme
ihres Kindes nach West Orange
und fiel auf die Terrasse
ihres Onkels, zwei Jungen kamen
mit der Haut
ihrer Beine
in den Taschen
und stellten sich
den örtlichen Behörden;
die Morgensonne heute
ist rot und dehnt sich aus.

Sollte ich heute
schlafen, sagte sie,
wird sich der Himmel öffnen
und Leiber fallen
aus Wolken. *Yavrey*
wo ist der Engel,
dem sechs Finger fehlen
und ein Bein,
wo ist der Engel
mit der Botschaft, daß der Fluß
wiederkehrt

der Engel mit dem Wort
daß das Wasser klar sein
und Fische haben wird.

Großvater bügelt
Hosen, sie kamen ihn holen,
ehe die Vögel erwacht waren –
er ging ohne Schuhe
und Krawatte, ohne Hemd
und Hosenträger.
Es war still.
Die Vögel, die Vögel
schliefen noch.

Ich nannte das Gedicht »Die Geschichte Armeniens«. Später, als mein Kopf in die gewöhnliche Welt zurückgekehrt war und über das Gedicht nachdenken konnte, wurde mir klar: Um an die Frau hinter der Großmutter, die ich kannte, heranzukommen, die Frau, die niemals direkt über ihre Vergangenheit sprach, mußte ich den Schmerz der Vergangenheit in die Landschaft der Gegenwart versetzen. Das Gedicht kann ein Grabstein in einer Welt unkenntlicher Gräber sein. Ich wollte, daß die Sprache des Gedichts knöchern war. Ich wollte, daß die Zeilen Bruchstückhaftigkeit und Schock vermittelten und auch den gebrochenen Rhythmus der Sprache von Einwanderern. »Die Geschichte Armeniens« verschaffte mir Zugang zur Vergangenheit und erlaubte es mir, meine Großmutter wieder zu spüren. Im Gedicht kehrte ich zurück zum Oraton Parkway in East Orange, New Jersey, wo ich meine Großmutter überhaupt kennengelernt hatte und wohin wir nach Erledigung unserer Besorgungen immer gemeinsam gingen, um uns anzuschauen, wie der Garden State Parkway gebaut wurde. Dort konnte ich uns beide wieder zusammenbringen und erstehen lassen, was sie mir auf ihre verschlüsselte Weise mitgeteilt hatte. Es wurde mir klar, daß sie meine geliebte Zeugin war und ich der Adressat ihrer Geschichte. Als ich ein Junge war, hatte sie mich mit Liebe überschüttet; jetzt, als Mann, konnte ich jene Liebe erwidern.

Eintausend Schuhe

Auntie Lu sagte immer wieder: »Wir können nicht abreisen, ehe du nicht in der Brasserie Lipp gegessen hast.« Also waren wir am nächsten Abend dort und aßen kräftige Portionen von Sauerkraut und tranken Stella Artois, und Auntie Lu sagte: »Folgendes sollst du wissen über deinen Großvater. Er« – sie sagte es mit Nachdruck – »sah die Schrift an der Wand. Nachdem Abd ül-Hamid in den neunziger Jahren des vorigen Jahrhunderts die Armenier abschlachtete, beschloß er fortzugehen. Damals lebten alle Armenier in Furcht und Schrecken, besonders im Landesinneren, und die Steuerlasten für die Christen waren noch schlimmer geworden, und die Militärsteuer war so hoch, daß sie einen ruinieren konnte.«

»Was soll das heißen?«

»Bis 1910 durften Christen nicht in der osmanischen Armee dienen. Statt dessen mußten sie jedes Jahr eine hohe Militärsteuer zahlen. Wir waren zu minderwertig, um in der Armee zu dienen, doch wir mußten dafür schwer blechen. So funktionierte diese kranke Gesellschaft.

Papa verließ 1903 Diyarbakir und kam in jenem Jahr noch nach New Jersey. Weil unsere Familie damals in Diyarbakir im Seidenhandel gewesen war, suchte er sich in den Seidenspinnereien von Paterson Arbeit. Er wandte den Großteil seines Verdienstes darauf, seinen Bruder Harry und seinen Neffen Haig 1911 nach New Jersey zu bringen und später, nämlich 1920, seine Schwester Azniv. Es war Azniv, die

Mama auf dem Schiff nach Amerika kennenlernte und von ihr ganz angetan war und die Verbindung zwischen ihrem Bruder und Mama zustande brachte. Später gelang es Papa, seine Schwester Gadar immerhin bis nach Frankreich zu holen, aber eine ihrer Töchter hatte eine ansteckende Augenkrankheit, und so waren ihnen die Vereinigten Staaten verwehrt. Er wollte auch seine Eltern herüberbringen, doch sie wurden bei dem Völkermord umgebracht.

Mit dem wenigen Geld, das er übrig hatte, fing er an, Schuhe zu kaufen, wobei er die Vorstellung hatte, er würde in die Türkei zurückfahren, die Schuhe mit gutem Profit verkaufen und nach New Jersey zurückkommen und seinen eigenen Handel mit Orientteppichen eröffnen. 1918 hatte er etwa fünfhundert Paar Schuhe zusammen, und sein armenischer Freund in Konstantinopel wollte ihm die gesamte Lieferung mit einem ordentlichen Profit für Papa abnehmen.«

»Er hat fünfhundert Paar Schuhe verpackt und sie in die Türkei geschleppt?«

»Du sollst wissen, daß er diese Geschichte niemandem von uns je erzählt hat. Ich habe sie erst ein paar Jahre später von einer guten Freundin von ihm gehört, die mit ihm auf dem Schiff war. Sie hat mir erzählt, daß er zehn große Holzkisten mit Schuhen vollgepackt hat, etwa fünfzig Paar in einer Kiste. Sie hat recht genaue Angaben gemacht.

Nach dem Krieg ging er an Bord der *Black Arrow*, einem deutschen Kriegsschiff, das erbeutet und zu Handelszwekken umgerüstet worden war. Als die *Black Arrow* in Konstantinopel anlegte, entluden die *hamals* das Schiff, und man sagte Papa, er solle ein paar Minuten an Bord warten, bis seine Fracht ordnungsgemäß gelöscht werden könne. Nach einer Stunde des Wartens im Laderaum wurde er von der türkischen Polizei von Bord gelassen. Er ging zum Gepäckbereich, um seine Kisten mit den Schuhen zu holen, und dort wartete er eine Weile. Doch nichts geschah. Es gab keine Beamten, keine *hamals*, kein Entladen. Alle waren fort. Ihm wurde klar, daß die Schuhe gestohlen worden waren, daß er hereingelegt worden war. Er drehte sich um und ging wieder an Bord der *Black Arrow* und blieb dort, bis das Schiff am nächsten Tag nach New York in See stach.«

»Und das hat er gegenüber niemandem erwähnt? Auch nicht Granny gegenüber?«

»Zumindest keinem von uns gegenüber.« Dann gab es Stille, und ich fühlte eine Art von Leere, als hätte das anstrengende Zuhören während der letzten beiden Tage in meinem Kopf einen Kurzschluß verursacht. Ich saß da und sah die Kellner an, die rot und weiß gekleidet waren, die Karaffen mit Wein auf den Tischen, die herrliche Farbe des Raums. Menschen, die aßen und tranken und lachten.

»Seine Freunde sagten, daß er danach ein gebrochener Mann war. Die Schuhe, für die er all die Jahre geknapst und gespart hatte, während er seine Familie aus der elenden Wohnung herausbringen wollte. Diese Schuhe, die die Hoffnung auf ein neues Leben darstellten. Das verdammte Böse der Türken, die damals die Schuhe stahlen.« Die Stimme meiner Tante war jetzt hart vor Zorn.

Ich stellte mir die ganze Zeit meinen Großvater auf der *Black Arrow* vor, mit seiner Yul-Brynner-Glatze und dem großen gutaussehenden Gesicht – der Witzbold und Geistreiche in der Familie –, wie er in den Himmel über dem Bosporus starrte, während das Schiff aus dem Hafen auslief. Wie er zurück auf Konstantinopel starrte, während die Stadt in türkischem Blau verblaßte und dann außer Sichtweite war. Mit dem Wissen, daß die Armenier Anatoliens ermordet oder deportiert worden waren, daß das anatolische Armenien nicht mehr existierte. Was war denn schon? Was waren denn schon eintausend Schuhe?

Ein Dokument und ein Foto

Eines Abends, nicht lange nach unserer Rückkehr aus Europa, lud mich Auntie Lu auf etwas Käse-*kadayif* ein, die sie in einer türkischen Bäckerei gekauft hatte. Ich weiß noch, daß Hochsommer war, denn die Süße des Ligusters war durchdringend, als ich durch den Garten ging, und der Geruch von Dolma hing in der klimatisierten Luft, als ich die Tür öffnete.

Während der Sirup für die *kadayif* erhitzt wurde, zog Auntie Gladys einen altersschwachen braunen Umschlag aus der Schublade des Sekretärs, eines Mahagoni-Chippendale mit Kugel- und Klauenfüßen, und reichte ihn mir. Ich zog einen dicken Stapel Papiere in amtlichem Format heraus, die in der linken oberen Ecke steckten, sah mir die seltsamen Drucktypen und Markierungen an und blätterte immer weiter. Auntie Gladys sagte nichts, und Auntie Lu schnitt inzwischen auf dem Kaffeetisch die große *kadayif*-Torte in Stücke. Während ich alles ordnete, wurde mir klar, daß es sich um einen juristischen Schriftsatz handelte, von meiner Großmutter gegen die türkische Regierung eingereicht. Ich kehrte zu Seite eins zurück und fing an zu lesen.

AUSSENMINISTERIUM
WASHINGTON, D. C.,
15. Mai 1919

ANWALTSKANZLEI
JOSEPH J. DURNA
1169 FIREMEN'S BLDG., NEWARK, N.J.

ANTRAG

AUF UNTERSTÜTZUNG VON

ANSPRÜCHEN GEGEN FREMDE REGIERUNGEN

ALLGEMEINE HINWEISE FÜR ANTRAGSTELLER

1. Allgemeine Regelung. – Die große Anzahl und Vielfalt internationaler Ansprüche, die sich aus dem unlängst stattgehabten Krieg ergeben, und die beträchtlichen Schwierigkeiten, auf die das Außenministerium bislang stieß, angemessene Berichte hinsichtlich der Nationalität der Antragsteller und der Fakten bezüglich ihrer Ansprüche zu erhalten, machen es erforderlich, mittels eines Antragsformulars die Art der Geltendmachung der Ansprüche beim Außenministerium zu standardisieren und die Einzelheiten zu spezifizieren, hinsichtlich deren das Ministerium Informationen wünscht, damit die Ansprüche umgehend geprüft und klassifiziert und angemessen zur Geltendmachung bei einer fremden Regierung oder einer Schiedskommission oder einem anderen Gerichtshof vorbereitet werden können. [...]

4. Internationale Ansprüche. – Ansprüche, die von der Regierung der Vereinigten Staaten gegen eine fremde Regierung geltend gemacht werden, beruhen grundlegend unter anderem auf Verlust oder Schäden, die (1.) die Vereinigten Staaten oder ihre Bürger oder zu ihrem Schutz Berechtigte erlitten haben und für die (2.) eine fremde Regierung einschließlich ihrer Amtsträger, Institutionen oder Unterorganisationen verantwortlich war.

Hatte meine Großmutter die Staatsbürgerschaft der Vereinigten Staaten gehabt? Ihr Mann? Konnte meine Großmutter Anspruch auf die Staatsbürgerschaft der Vereinigten Staaten erheben?

F. 1. Geben Sie (*a*) den Namen, (*b*) den Wohnort und (*c*) Beschäftigung oder Firma jedes *einzelnen* Antragstellers an

A.1.: (*a*) Nafina Hagop Chilinguirian (*b*) (geborene Shekerlemedjian) (*c*) (*b*) Ghuri St. Aleppo. Syrien. (*c*) Schneiderin

Meine Mutter, die sagt: »Es ist mir egal, wie lange es dauert, wir warten in der Schlange, bis der Schneider fertig ist; du gehst mir nicht ohne einen Anzug aus dem Haus, der sitzt. Meine Mutter hat alles, aber auch alles selbst gemacht.«

Die Hände meiner Großmutter. Gefleckt. Mit weißen Streifen. Wund sahen sie aus. Sie hatten meine zerrissene Hose genäht. Sie kneteten Teig, flogen wie Vögel, wenn sie ihre Träume erzählte. Mit weißen Knöcheln auf ihrem Krückstock. Rührten den *lokma*-Teig. Klatschten auf der Tribüne der Little League. Behende mit einer Silbernadel. Wie Flügel vor meinem inneren Auge in der Nacht, als sie starb.

F. 2. Geben Sie (*a*) Art und Umfang (wie alleiniges Eigentum oder Umfang des Eigentumsanteils, lebenslanger Nießbrauch, Retentionsrecht, Hypothek etc.) und (*b*) Geltungsdauer (erster und letzter Tag) des Rechts, Besitztitels oder der Beteiligung an diesem Anspruch *jeder* Einzelperson, eines *jeden* Mitglieds einer Personengesellschaft und *jeder* Kapitalgesellschaft oder Körperschaft, wie angegeben in *Antwort* 1, (*c*) Name und Wohnort der Person, Personengesellschaft, Gesellschaft oder Körperschaft, von denen derlei Recht, Besitztitel oder Beteiligung erworben wurde, (*d*) Art der Erwerbung (wie Kauf, Erbschaft,

Hypothek, Übereignung etc.) und Datum derselben; (*e*) ggf. bei Erwerbung geleistete Bezahlung; und fügen Sie (*f*) urkundliche Belege für eine Erwerbung bei (wie Urkunde, Testament, Vertrag, Kaufbrief, eidesstattliche Erklärungen hinsichtlich eines Personenschadens oder hinsichtlich der Verwandtschaft mit dem Verstorbenen, Geburts-, Todes- oder Heiratsurkunde, behördliche Briefe etc.) Sollte es nicht möglich sein, diese Informationen zu beschaffen, vermerken Sie das unter jeder Rubrik *unter Angabe von Gründen*.

A.2. Vollständiger Besitz. Seit 1. August 1915.
(Art und Umfang) (Zeitangaben) (Name)

(c) Von meinem Gatten Hagop Chilinguirian, dem
(Wohnort) (Art) (Datum) (Bezahlung)

ursprünglichen Antragsteller, der Bürger der
(beigefügte Papiere)

U.S.A. war, wohnhaft in den U.S.A. bis zum Jahr 1909,
(Art und Umfang) (Zeitangaben) (Name)

als er nach Diyarbakir zurückkehrte, um seine
(Wohnort) (Art) (Datum) (Bezahlung)

Angelegenheiten zu regeln, doch er starb während
(beigefügte Papiere)

unserer Deportation aus Diyarbakir am 1. August 1915,
(Art und Umfang) (Zeitangaben) (Name)

als Bürger der U.S.A., wie es im einzelnen in den
(Wohnort) (Art) (Datum) (Bezahlung)

Antworten auf die Fragen hinsichtlich der
(beigefügte Papiere)

Naturalisierung angegeben wird. (d) durch Heirat am
(Art und Umfang) (Zeitangaben) (Name)

15. Dez. 1910 in Diyarbakir, Türkei. (e) Beigefügt
(Wohnort) (Art) (Datum) (Bezahlung)

Eidesstattliche Versicherung über meine Heirat.
(beigefügte Papiere)

Teilhaberschaft. Seit dem 1. August 1915 (c) Von
(Art und Umfang) (Zeitangaben) (Name)

meinem oben angeführten Ehemann und von meinen
(Wohnort) (Art) (Datum) (Bezahlung)

Brüdern und anderen Verwandten, die infolge der
(beigefügte Papiere)

Deportation ums Leben gekommen sind, wodurch ich und
(Art und Umfang) (Zeitangaben) (Name)

mein lebender Bruder Thomas Shekerlemedjian, jetzt
(Wohnort) (Art) (Datum) (Bezahlung)

wohnhaft in den U.S.A. mit folgender Adresse:
(beigefügte Papiere)

Mr. Thomas Shekerlemedjian, Box 125 West Hoboken,
(Art und Umfang) (Zeitangaben) (Name)

New Jersey U.S.A., die einzigen gesetzlichen Erben
(Wohnort) (Art) (Datum) (Bezahlung)

sind. Einzelheiten in der Antwort Frage 55 (d) Durch
(beigefügte Papiere)

Erbschaft seit 1915 (e) .... (f) Die eides-
(Art und Umfang) (Zeitangaben) (Name)

stattliche Erklärung dafür ist der Antwort Frage 55
(Wohnort) (Art) (Datum) (Bezahlung)

beigefügt.

Ich, Nafina Hagop Chilinguirian, Unterzeichnete dieser Vollmacht, erkläre hiermit, daß ich den Bevollmächtigten Abdullah Fatalian, Rechtsanwalt, aus Aleppo, wohnhaft in Khan Harir, Aleppo, Syrien, damit beauftragt habe, den Antrag zu stellen und die Maßnahmen einzuleiten, um die notwendigen Papiere, die meine Verluste und Personenschäden betreffen, welche vom Krieg (1914-1919) und der Deportation verursacht wurden, vorzubereiten und dem Ehrw. Außenministerium, Washington D.C., U.S.A. vorzulegen und die angegebene Summe als Wiedergutmachung und Entschädigung entgegenzunehmen und an mich weiterzuleiten.

Nafina Hagop Chilinguirian

22. Jan. 1920
Aleppo, Syrien.

nafine hagop chilinguirian

Ich, Pere Harutin Yessayan, Prälat der Armenier in Aleppo, Syrien, bestätige hiermit, daß ich ohne eigene Beteiligung an dem Anspruch bin, auf den sich die voranstehende Vollmacht bezieht; daß ich weder Stellvertreter noch Bevollmächtigter irgendeiner Person bin, die an dem entsprechenden Anspruch beteiligt ist; daß diese Kopie der Vollmacht dem Original entspricht.

31. Jan. 1920

Aleppo, Syrien.

Ein erster Ehemann? Er war ein dunkles Geheimnis, ein abwesender Geist. Über ihn zu sprechen hätte bedeutet, die ganze Geschichte zu erzählen. Ich hatte nie an meine Mutter und ihre Schwestern Gladys und Alice als Halbschwestern gedacht, oder daran, daß Lucille und meine Mutter verschiedene Väter hatten.

Eidesstattliche Erklärungen. Ein Wort aus »Perry Mason«. Schriftlich beeidigte Aussagen, vor einem Friedensrichter getätigt. Eine erforderliche Unterschrift. Zeugenaussagen. Der armenische Prälat von Aleppo, der Pope Yessayan. Ein notarielles Siegel auf armenisch und französisch. Die Stimmen gewöhnlicher Menschen. Keine Rechtsanwälte, Dichter oder Journalisten, sondern Menschen des täglichen Lebens. Klare, grundlegende Worte. Meine Großmutter, die durch die Straßen von Aleppo geht. Sie hatte mit ihrer Anklageschrift in Aleppo begonnen, ehe sie nach Amerika aufbrach.

F. 14 Geben Sie die Rasse an, der der Antragsteller (sei er individueller Antragsteller oder Mitglied einer Antragsgemeinschaft) angehört – A. 14.

_____Armenier, weiß._______________________________

(Weißer, Neger, Orientale, eingeborene Stämme, d. h. amerikanischer Indianer oder andere eingeborene Stämme aus amerikanischen Besitzungen.)

F. 15. Geben Sie (*a*) Datum und (*b*) Ort der Geburt des Antragstellers an und (*c*) fügen Sie urkundliche Belege dazu bei, falls diese nicht der Antwort auf eine andere Frage beigelegt sind. – A. 15. (*a*) 22. Okt. 1890

(Datum)

(*b*) Diyarbakir Türkei

(Stadt oder Ort) /(Staat oder Provinz)/ (Land)

(*c*) Meine Geburtsurkunde ist verlorengegangen;

(Geben Sie beigefügte Dokumente an oder verweisen Sie auf die Frage,

beigefügt eidesstattliche Erklärung für dieselbe.

der sie beigefügt sind)

Anmerkung. – Als urkundlicher Beleg können die Geburtsurkunde oder eidesstattliche Erklärungen von Personen dienen, die den Antragsteller seit seiner Geburt kennen.

F. 16. War der Antragsteller sein ganzes Leben in den Vereinigten Staaten wohnhaft? – A. 16.

Nein.

(Ja oder Nein)

F. 17. Falls nicht, geben Sie *detailliert* die (*a*) Daten (erster und letzter Tag), Orte (Stadt, Staat oder Provinz, Land) und *Gründe* oder *Zwecke* des Aufenthalts *im Ausland* seit der Geburt an und (*b*) die Daten (erster und letzter Tag) und Orte des Aufenthalts *in den Vereinigten Staaten* seit der Geburt. – A. 17. (*a*) Mein Mann und ich waren im Begriff, in die U.S.A.abzureisen; doch die Straßen waren aufgrund des Krieges gesperrt, deshalb war ich nach der Deportation gezwungen, in Aleppo, Syrien, zu bleiben; mein Mann Hagop Chilinguirian kam auf dem Weg zu Tode.

Deportation: ein Konzentrationslager in ständiger Bewegung, Todeskarawane, der von der türkischen Regierung verwendete Begriff dagegen ein Euphemismus à la Orwell. Morgenthau hat geschrieben: »Am siebzigsten Tag erreichten ein paar Geschöpfe Aleppo. Von dem vereinigten Konvoi von 18 000 Seele kamen nur 150 Frauen und Kinder ans Ziel.« Welcher Konvoi war das? *Hagop Chilinguirian kam auf dem Weg zu Tode.* Sein Name in der Schublade des Mahagoni-Sekretärs seit sechzig Jahren. Sein Name wie ein Schleusentor, das Dinge zurückhielt.

Wie war er gestorben? Ich dachte an Morgenthaus Worte, die »sadistischen Orgien«, die die Armenier über sich ergehen lassen mußten, »was auch immer an Verbrechen die pervertiertesten Instinkte des menschlichen Geistes zu ersinnen vermögen«.

ABTEILUNG V.
FÜR DEN ANSPRUCH RELEVANTE TATSACHEN

Anmerkung. – Alle Fragen in Abteilung V sind zu beantworten. Es wird besonders auf die Notwendigkeit hingewiesen, daß die Antworten auf diese Fragen *umfassend*, *vollständig* und *exakt* sein müssen, da sie gründlich geprüft werden, ehe ein auf ihnen beruhender Anspruch von der Regierung der Vereinigten Staaten unterstützt wird.

F. 55. Geben Sie eine *spezifizierte* Aufstellung des Anspruchs, darunter im einzelnen: (*a*) Art, Umfang und Beschreibung des *gänzlich* verlorenen oder zerstörten Besitzes, (*b*) Ausmaß und Beschreibung des Schadens an nicht gänzlich verlorenem oder zerstörtem Besitz, (*c*) die Einzelheiten hinsichtlich Tod oder Personenschaden (begleitet von einer eidesstattlichen Erklärung eines zugelassenen Arztes im Falle von Tod oder Personenschaden) und (*d*) den Wert der Verluste oder Personenschäden in amerikanischen Dollar.

Anmerkung. Diese Frage zielt lediglich auf eine spezifizierte Aufstellung von Verlusten und Personenschäden und ist nicht zu verwechseln mit Frage 63, *wie* diese Verluste oder Personenschäden zustandegekommen sind.

A. 55. (a) Als Kriegssteuer der türk. Reg. in
Diyarbakir zu verschiedenen
Zeitpunkten gegen Quittungen geliefert, die
während der Deportation
verlorengegangen sind.

25000 kg Zucker a 3 p. Gold	750 Ltq.
Haushaltsmöbel	250
Die im Laden meines Mannes in Diyarbakir verbliebenen Waren:	
1000 kg Zucker a 5 p. Gold	500
500 " " Kaffee a p. 15 Gold	750
2000 " " Hanfseil a 5 p. Gold	100
1000 Pakete Säcke a 25 p. Gold	250
1000 Striegel a 5 p. Gold	50
25000 kg Reis a 3 p. Gold	750
6000 " " Gall-Nuß a	100
Bargeld, auf dem Weg von Türken geraubt	400
Geld, um meine beiden vaterlosen Töchter, Zivart, 7 Jahre alt, und Arshalois, 5 Jahre alt, bis zu ihrer Heirat großzuziehen	2000

Dinge aus einem Kurzwarenladen. Walnüsse? Gallnüsse. Ihre Töchter: auf dem Todesmarsch; Auntie Gladys, Zivart mit Namen, was Freude bedeutet, wäre zwei Jahre alt gewesen, und Auntie Alice, Arshaluis mit Namen, was Morgenlicht bedeutet, ein Baby.

GESAMTSUMME IN GOLD	5900 Ltq.
(b) ... (c) Mein Ehemann Hagop Chilinguirian starb aufgrund von erlittenen Qualen auf dem Weg	350
GESAMTSUMME IN GOLD	6250 Ltq.

(d) Umgerechnet in amerikanische Dollar
zum Kurs der Zeit, als die Deportation
stattfand 1915 A.D.: 6250 11 68750 Dollar
(Achtundsechzigtausendsiebenhundertfünfzig
amerikanische Dollar).

Falls mehr Platz benötigt wird, benützen sie Blätter, die mit »Frage 55« überschrieben sind und fügen Sie sie an dieser Stelle ein)

(Fortsetzung der Antwort Frage 55)
Meine und meines lebenden Bruders Thomas Shekerlemedjians Aufstellung von Verlusten und Personenschäden, ererbt von unseren Verwandten wie unten aufgeführt

a) Mein Bruder Harutin Shekerlemedjian, Kaufmann in Diyarbakir, hatte in Karadja Hagh, einem Dorf in Diyarbakir, 150 Tonnen Reis aufbewahrt in drei Brunnen, die von der Regierung weggenommen wurden 3500 Ltq

Er hatte in seinem Laden am Marktplatz Bastadjilar in Diyarbakir Waren: Kattunstoffe, Kleider, Seidenkleider etc. 2000

Im Laden an der Iz-ed-din Str in Diyarbakir Waren wie Baumwollkleider, Kattunstoffe, Lederwaren etc. 3000

Er hatte 500 Schafe, bei Kehya Ismael aus dem Dorf Talavli in Diyarbakir, die von der Regierung weggenommen wurden 700

Der Schmuck und das Geld, das meinen Verwandten gehörte, die unten erwähnt sind, wurden in einer Kiste unter der Erde beim Haus meiner Schwester Hadji Anna in Diyarbakir aufbewahrt und von einem Türken namens Hadji Bakkar aus Diyarbakir weggenommen, wohnhaft in der Oulou Djam'i Str. in Diyarbakir; -
Meines Bruders Harutiun Bargeld 1000

Meiner Tante Gadar Keshishians Geld und Schmuck	500
" Schwester Hadji Annas Schmuck (Der Hovespian's)	200
" " Arusyan Berberians Schmuck	150
Schmuck der verstorbenen Frau meines Bruders Harutiun	350
GESAMTSUMME IN GOLD	11400

(b) .... c) Mein Vater Hagop Shekerlemedjian,	75 Jahre alt,	getötet von den Türken			350
Meine Mutter Lucia Shekerlemedjian,	50 Jahre alt,	getötet von den Türken			350
" Bruder Dikran,	35 Jahre alt	"		"	350
Sein Sohn Karnig	7	"	"	"	350
" " Diran	4	"	"	"	350
Mein Bruder Harutiun	30 "	"	"	"	350
Sein Sohn Levon	2	"	"	"	350
" e Tochter Azniv	5	"	"	"	350
Meine Schwester Hadji Anna Derhovespian	28 "			"	350
Arusyag Berberian	25 "			"	350
" Tante Gadar Keshishian	55 "			"	350
GESAMTSUMME IN GOLD....................					15250

(d) umgerechnet in amerikanische Dollar zum Wechselkurs der Zeit, als die Deportation A.D. 1915 stattfand:
15250 × 11 = 167 750 Dollar. (Einhundertsiebenundsechzigtausendsiebenhundertfünfzig amerikanische Dollar.)
Gemäß dem türkischen Erbrecht erhält die Schwester die Hälfte von dem, was der Bruder erhält. Also 167750 : 3 = 55 916,66 Dollar.

```
Mein gesamter Anspruch beläuft sich also auf:
Mein individueller Anspruch
auf Seite 12,                          68 750  Dollar
Mein Teilanspruch wie
oben angegeben                         55 916,66  "
                                      ----------
Gesamtsumme
in amerikanischen Dollar              124 666,66
```

Die Namen von Dörfern. Wirkliche Orte. Trockener Boden und Hochebenen. Nordmesopotamien. Südarmenien. Kurdische Banditen in farbenfrohen Gewändern in den Bergen. Nördlich von Ninive. Südlich des Ararat. Der Tigris und der Euphrat, die dort flossen. Geschichte und Mythos in Bewegung. Tuch. Kattun, Seidenkleider, Baumwolle, Leder. Schmuck. Bargeld und Schmuck. Der gesamte Schmuck ihrer Schwestern. Meine Tanten und meine Großmutter, immer mit Perlen und farbigen Steinen in ihren Haarklammern und Armbändern.

Die Namen der Toten. Eine Generation. Nicht ein einziges Mal in unserer Familie nebenbei erwähnt, nie. War ich blöd genug zu glauben, daß meine Großmutter ein Einzelkind war – in einer armenischen Familie? Habe ich nie daran gedacht zu fragen? Nichten und Neffen. Dikran. Harutiun (Harry). Anna, die Hadji war, weil sie die Pilgerreise nach Jerusalem gemacht hatte. Arusyag. Tante Gadar. Ihr Vater Hagop (Jakob) und Mutter Lucia. Und die Kleinen. Karnig, 7; Diran, 4; Levon, 2; Azniv, 5. Zweiten Grades. Kindergarten. Ein Kleinkind. Sein Blut und Fleisch verschwunden. Ein Ort, an dem sie lebten. Ein schwarzes Loch. Kein Friedhof.

Das Wort Shek-er-le-med-jian. *Sheker*, was auf türkisch »Zucker« bedeutet. Von ihrem Bruder zu Shakarijan verkürzt, nachdem er in New Jersey angelangt war. Der Name in Fettdruck auf den Immobilienagenturschildern, die die Rasen der schönen Häuser in Bergen County zieren.

Wir, die Unterzeichneten dieser eidesstattlichen Erklärung, Thomas Alchikian, 50 Jahre alt, Armenier, Schuhmacher, und Yervant Ekmekdjian, 35 Jahre alt, Armenier, Schmied, beide geboren in Diyarbakir, Türkei, wohnhaft in Djideide Str., Aleppo, Syrien, vor der Deportation in Diyarbakir, bestätigen hiermit feierlich, daß Nafina Hagop Chilinguirian selbst die Besitzerin und Eigentümerin der Güter ist, die in Antwort 55 dieses Antrags aufgezählt sind; daß sie und ihr lebender Bruder Thomas Shekerlemedjian, Box 125 West Hoboken, New Jersey, U.S.A., die einzigen rechtmäßigen Erben ihrer getöteten Verwandten sind, die in derselben Antwort erwähnt sind; daß die türkischen Beamten der türkischen Regierung und mit ihrer Duldung die einfachen türkischen Leute die erwähnten Güter geplündert und weggenommen haben; daß die Personen, deren Verwandtschaftsgrad erwähnt ist, ebendiese Personen im selben Grad sind; daß sie alle während unserer Deportation aus Diyarbakir von den Türken getötet worden sind, außer Mrs. Nafinas Mann, der aufgrund schwerer, von den unmenschlichen Grausamkeiten der Deportationsgendarmen verursachter Leiden starb.

Thomas Alchikian

Yervant Ekmekdjian

Unterschrieben und vor mir beeidigt an diesem 31.Tag des Januar 1920 in der Stadt Aleppo, Syrien.

Und die Aussage: *Mrs. Nafinas Mann, der aufgrund schwerer, von den unmenschlichen Grausamkeiten der Deportationsgendarmen verursachter Leiden starb.* In meiner Phantasie arbeitete es weiter. Wie war er getötet worden, und die anderen? Konnte ein Mensch einen Zweijährigen foltern? Einen Zweitkläßler?

F. 63 Führen Sie *detailliert* die Tatsachen oder Umstände an, von denen die in *Antwort 55* aufgeführten Verluste oder Personenschäden begleitet wurden.

-A. 63. Am 1. August 1915 wurde unsere Gemeinde in Diyarbakir von den Gendarmen unter dem Kommando des Vali von Diyarbakir belagert. Am selben Tag wurden wir, die Armenier, unter Todesandrohung von dort vertrieben. Wir konnten nur unser Bargeld mitnehmen, wenn daran leicht heranzukommen war, unsere Geburts- und Heiratsurkunden; die Einbürgerungspapiere und den Paß meines Mannes Hagop Chilinguirian; all unsere anderen Güter blieben zurück. Die türkischen Offiziere der türkischen Regierung und mit ihrer Duldung die einfachen türkischen Leute plünderten unsere zurückgelassenen Güter und nahmen sie an sich. Die Deportationsgendarmen trennten die Männer von den Frauen, sie banden die Menschen aneinander und trieben uns alle in eine unbekannte Richtung. Nach dreitägiger Reise töteten sie die männlichen Deportierten einen nach dem anderen, und nur wenige von ihnen blieben verschont. So wurden meine Brüder und Schwestern und die anderen in Antwort 55 erwähnten Verwandten erbarmungslos getötet. Mein Mann, obwohl er Bürger der U.S.A. war, wurde zur Deportation mit uns gezwungen, seine Einbürge-

rungspapiere und sein Paß wurden ihm von den Gendarmen abgenommen. Da er, schwach und unpäßlich, solchen Bedingungen ausgesetzt war und Zeuge wurde, wie unsere Verwandten unmenschlich getötet wurden, konnte er das Leben nicht mehr ertragen und starb, und er ließ mich als Witwe mit meinen beiden vaterlosen Töchtern namens Zivart, 7 Jahre alt, und Arshalois, 5 Jahre alt, zurück. Wir, die verbliebenen Deportierten, Frauen und Kinder, wurden gezwungen, zu Fuß zu gehen, ohne daß man uns auch nur erlaubte, etwas Brot zum Essen zu kaufen. Häufig wurden wir von Türken und den Gendarmen beraubt - als würden sie uns sicher an unser Ziel bringen, das uns völlig unbekannt war. So mußten wir zweiunddreißig Tage durch Berge und Täler wandern. Erschöpfung und Hunger, verschlimmert durch die Peitsche der grausamen Gendarmen, dezimierte die Anzahl der Deportierten. Nach vielen Gefahren, zu deren Schilderung es viel Zeit brauchen würde, erreichten ein paar Frauen und Kinder, darunter ich selbst, Anfang September 1915 Aleppo, Syrien. Seither werde ich von dem Ehrw. Konsulat der U.S.A. in Aleppo, Syrien, unterstützt. Da die Deportation selbst und die gegen die Armenier allgemein ergriffenen teuflischen Maßnahmen in der zivilisierten Welt bekannt sind, erwähne ich in dieser Hinsicht keine weiteren Belege. Ich versichere nur, daß
1) die türkische Regierung verantwortlich ist für die Verluste und Personenschäden, die eingetreten sind, denn ich bin ein Mensch und eine Bürgerin der U.S.A, ich stehe unter dem Schutz des menschlichen und internationalen Rechtes.
2) Daß die Umstände sehr außergewöhnlich waren

und unsere Deportation unvorhergesehen, es war unmöglich, die urkundlichen Belege hinsichtlich meiner Verluste und Personenschäden bei mir zu haben; doch meine Mit-Deportierten, auf irgendeine Weise vor dem Tod gerettet, bezeugen, daß ich eben die Besitzerin und Eigentümerin der erwähnten Verluste und Personenschäden bin, die eingetreten sind. Hiermit füge ich ihre eidesstattliche Erklärung bei.

Ich wollte vor meiner Tante nicht die Nerven verlieren. Ich biß lange Zeit die Zähne zusammen, bis mir der Kiefer weh tat. Die Worte meiner Großmutter, jetzt wie ein Geschmack. Nafina Hagop Chilinguirian, geborene Shekerlemedjian, wiederverheiratet in den Vereinigten Staaten, in New Jersey, Aroosian. Meine Großmutter im Alter von fünfundzwanzig Jahren.

Mein Mann, schwach und unpäßlich, solchen Bedingungen ausgesetzt und Zeuge, wie unsere Verwandten unmenschlich getötet wurden, konnte er das Leben nicht mehr ertragen …

Der Gewürzschrank wurde aufgerissen. *Mahleb*, Zimt, Kardamom, Ingwer, die getrockneten Wurzeln kleiner Pflanzen in Papiertüten; hinter dem Süßwarenladen das leere Grundstück – mit hohem Schilfgras, den Monarchschmetterlingen und Libellen und Zikaden, Gerüchen von Hundescheiße, verrosteten Fahrrädern, der Verschlußkappe von *Canada Dry* in roter Schrift und den Krähen und wir rannten um die Wette und sie kam vor mir beim Laden an. Ich war sauer und lachte und sie kaufte mir rote Lakritze und wir saßen auf den Stühlen der Erfrischungshalle sie trank Tee und wir aßen rote Lakritze ihr Gebiß schmerzte.

Und den Bürgersteig schneller entlang bis zu der großen Baustelle, wo die Bulldozer und Dampfhämmer baggerten, Asphalt ausbrachten; wie Gebäude auf Rädern und der Lärm war überall und wir waren frei und es war, was sie einen Parkway nannte, der Garden State Parkway, der gebaut wurde, und Präsident Eisenhower würde Straßen bauen, die uns schnell nach Kalifornien bringen würden, wo Auntie Alice und Onkel Ed und Lynn und Karen lebten.

»*Ich komme, meine Schwester, liebe Braut, in meinen Garten. Ich habe meine Myrrhen sammt meinen Würzen abgebrochen; Honig; ich habe meines Weins sammt meiner Milch getrunken. Ich schlafe, aber mein Herz wachet. Da ist die Stimme meines Freundes, der anklopft und sagt: Thue mir auf, liebe Freundin, meine Schwester, meine Taube, meine Fromme:* Dann wurde der Ofen heiß und die *choereg* schwollen auf zu Ringen und Zöpfen und der Schwarzkümmel sah aus, als würde er platzen. So mußten wir zweiunddreißig Tage durch Berge und Täler wandern. Erschöpfung und Hunger, verschlimmert durch die Peitsche der grausamen Gendarmen, dezimierte die Anzahl der Deportierten. Nach vielen Gefahren, zu deren Schilderung es viel Zeit brauchen würde, erreichten ein paar Frauen und Kinder, darunter ich selbst, Anfang September 1915 Aleppo, Syrien.

–*Zeugin* Ich versichere nur, daß 1) die türkische Regierung verantwortlich ist für die Verluste und Personenschäden, die eingetreten sind, denn ich bin ein Mensch ... ich stehe unter dem Schutz des menschlichen und internationalen Rechtes.

F. 68. Wenn keine Schritte eingeleitet wurden, um Schadensersatz zu erhalten, oder wenn die angestrebten Entschädigungen nicht ausgeschöpft wurden, geben Sie die Gründe dafür an. – A. 68
Weil noch kein exekutives oder juristisches ____
Organ geschaffen wurde, das sich mit solchen ____
Angelegenheiten befaßt. ________________________

F. 69. Geben Sie an, welcher Ausgleich für diesen Anspruch oder welcher Ablehnungsgrund gegen seine Erfüllung, ingesamt oder

teilweise, nach Meinung des Antragstellers von der betreffenden fremden Regierung geltend gemacht werden könnte. – A. 69
Die betreffende fremde Regierung schreibt die Verluste und Personenschäden dem Komitee für »Einheit und Fortschritt« zu und übernimmt keinerlei Verantwortung dafür; dabei ist es ein geltendes Prinzip, daß jede handelnde Regierung für die von der früheren unternommenen Handlungen verantwortlich ist.

ABTEILUNG VI.
ANTRAG AUF UNTERSTÜTZUNG DES ANSPRUCHS DURCH DIE VEREINIGTEN STAATEN

Hiermit wird der Antrag auf Unterstützung dieses Anspruchs (wie er im vorigen geltend gemacht wurde) durch die Regierung der Vereinigten Staaten gegen die Regierung der Türkei (Name des Landes) gestellt, in der Absicht, eine Regelung desselben durch diplomatische Intervention oder anderweitig zu erreichen.

Dieses Unternehmen der Massenausrottung, vom Staat geplant, in umfassender Konzentration, war etwas Neues, etwas, das später wieder durchgeführt werden sollte.

Dann unterzeichnete sie in der sorgfältigen Schrift ihrer neuen Sprache.

UNTERSCHRIFT UND BEEIDIGUNG DURCH DEN ANTRAGSTELLER.

nafina hagop chilinguirian

Bestätigen Sie mit eigenhändiger Unterschrift

– Unterschrieben und vor mir beeidigt am 27. Tag des März 1920.

Ich sank in einen Sessel und starrte meine Tante an.

»Warum hat all diese Jahre keiner irgend etwas darüber gesagt?« Ich klang unbeherrschbar wütend. »Das ist mit euch passiert! Mit Granny. Mit unserer Familie.«

»Was hätte es dir genutzt, das zu wissen, als du ein Junge warst?«

»Es ist die Wahrheit. Es ist wichtig.« Ich brüllte. »Nicht nur für uns, sondern für die Geschichte dieses ganzen furchtbaren Jahrhunderts.«

»Vielleicht«, sagte sie, und sie klang abschätzig, »aber Kinder sollten das nicht wissen.«

»Es wäre hilfreich gewesen, wenn ich etwas davon gewußt hätte.«

»Inwiefern?«

»Ich hätte ein paar Dinge verstanden über unsere Familie, wie sie ist.«

»Du verstehst Dinge im Leben erst, wenn du bereit bist, sie zu verstehen. Vielleicht wäre es schlimmer für dich gewesen, all das zu wissen.«

»Wieviel habt ihr von der Vergangenheit gewußt?« Jetzt klang ich bockig.

»Nicht allzuviel. Das Schweigen deiner Großmutter im Hinblick auf den Genozid war nahezu total. Und das haben wir respektiert.«

»Ihr habt nie nach ihrem Leben vor dem August 1915 gefragt? Nach dem Todesmarsch? Nach eurer Kindheit?«

»Nein. Wir hatten eine andere Art Beziehung zu unseren Eltern. Was privat war, war privat. Nicht wie heute, wo alles von allen mit allen überall diskutiert wird. Wo man im Fernsehen Eltern sieht, die ihr Sexualleben diskutieren, und die Kinder sitzen im Publikum, oder die Männer schauen das mit ihren Freunden bei der Arbeit an. Was für eine Welt ist das? Vielleicht ist ein wenig Geheimnis im Leben gar nicht so schlecht. Warum meinen heutzutage alle, sie müßten vom Augenblick an, wo sie geboren sind, alles wissen?«

Ich bemerkte wohl, wie sehr meine Fragen sie aufbrachten. Mir wurde klar, daß das Schweigen im Leben meiner Großmutter eine beträchtliche Rolle gespielt hatte. Doch ich begriff nach wie vor nicht. Wie konnte man nicht sprechen? Wir saßen da und starrten schweigend auf das Dokument. So klar und greifbar die Erzählung darin, und die Worte waren fast sechzig Jahre lang in der Schublade des Mahagoni-Sekretärs geblieben.

Ich stand auf, wickelte ein Stück *kadayif* in eine Serviette, steckte es in die Tasche und sagte mit einer steifen Umarmung gute Nacht. Als ich zur Treppe ging, sagte Auntie Gladys: »Weißt du«, und dann hielt sie inne, und ich wartete, und sie sagte nichts, und ich fing an, die Treppe hinabzugehen, und sie sagte:

»Vergiß nicht, Peter, nach dem Ersten Weltkrieg trat Präsident Wilson im Friedensvertrag von Sèvres für ein starkes, freies Armenien ein, zu dem ein Großteil unserer Heimat in dem Teil gehört hätte, der heute die Osttürkei ist – Van, Bitlis, Moush, Erzurum und ein Stück der Schwarzmeerküste. Das wäre etwas anderes gewesen. Doch der Vertrag wurde durch den Frieden von Lausanne 1923 annulliert, und auf Betreiben Atatürks wurde alles zurückgenommen. Wäre der Friedensvertrag von Sèvres wirksam geworden, so hätte das bedeutet: Der zivilisierten Welt liegt die älteste christliche Nation des Nahen Ostens am Herzen. Es hätte bedeutet: Das Martyrium und das Leiden der Armenier werden nicht unberücksichtigt bleiben. Armenien hatte dreitausend Jahre lang eine herrliche Zivilisation aufgebaut, und wir mußten zusehen, wie sie zerstört wurde. Selbst Harding sagte, er werde zu Wilsons Mandat für Armenien stehen. Wir verdienten ein wenig Gerechtigkeit, und wir bekamen nichts. Wir wurden der pervertierten Barbarei der Türken überlassen, und nur Rußland kam uns zu Hilfe, um das bißchen von Armenien zu bewahren, das im Kaukasus noch existierte. Und nach 1923 kümmerte sich niemand mehr um Armenien. Für die Armenier war es eine Pille, zu bitter, als daß sie sich hätte schlucken lassen, ein Schmerz, zu stark, als daß er sich hätte fühlen lassen.

Und noch etwas«, sagte sie, und ich stieg die Treppe wieder hinauf und sah, wie sie an der untersten Schublade des Sekretärs kauerte. Sie öffnete einen weißen Umschlag und nahm ein Sepia-Foto heraus. Ein Atelier-Foto der Shekerlemedjians in förmlicher Kleidung und förmlicher Pose. Die Männer mit hohem weißem Kragen, Binder und Jackett. Die Frauen in dunklen Kleidern. Zwei junge Mädchen, wohl in Schuluniform, armenische Schriftzeichen auf den Kragen gestickt. Sie blickten alle ernst in die Kamera. Die jungen Männer dürften Ende zwanzig oder Anfang dreißig gewesen sein. Das Haar war gescheitelt und ziemlich kurz. Die junge Frau war dünn, statuenhaft, eine recht auffallende Erscheinung: hohe Stirn, herrliche Wangenknochen und dunkles langes Haar, zu einem Knoten zurückgesteckt. Ein angedeutetes Lächeln, ernst und irgendwie der dunklen Trägheit der Augen verpflichtet.

Die kleinen Mädchen hatten große Augen und hohe, breite Wangen. Die Ältere der beiden – sie dürfte etwa sechs Jahre alt gewesen sein – wies eine Ähnlichkeit mit den Bildern von meiner Mutter auf, die ich von ihr als jungem Mädchen gesehen hatte.

»Es ist das einzige Bild, das sie mitgebracht hat.«

Das ältere Paar, meine Urgroßeltern. Er in einem Dreiteiler, eine goldene Uhrkette aus einer Westentasche, ein wenig beleibt. Sie trug eins jener komplizierten viktorianischen Kleider, die mehrere Schichten Spitzen und Kragen aufwiesen. Ihr Haar im Knoten, und die Miene offenbar mit Anspruch auf Vornehmheit. Ich deutete auf die junge schöne Frau.

»Wer ist das?«

»Meine Tante Anna, Mamas älteste Schwester. Ich kann mich nicht an sie erinnern. Sie wurde in Diyarbakir von den Türken umgebracht. Sie wurden alle umgebracht.«

Ich blickte auf ihr Gesicht, ein erstarrtes Bild in einem Fotoatelier irgendwo nahe dem Fluß Tigris. Südostanatolien – Land der Araberpferde und Steinhäuser mit flachen Dächern. Einst Armenien.

Doveys Geschichte

Meine Tante goß aus der *jezveh* Kaffee in eine Mokkatasse, und er schäumte zu einer kremigen braunen Blume auf. Dick wie Schlamm und süß, und ich konnte ihn beinahe kauen. Seit unserem Gespräch an jenem Morgen in Paris hatte Auntie Gladys über die Vergangenheit sprechen wollen. Sie hatte sich auf neue Weise geöffnet und schien im Sprechen über diese Dinge, die so lange geheimgehalten worden waren, eine Art Autorität an den Tag zu legen.

»Ich möchte dir Doveys Geschichte erzählen. Dovey (auf armenisch Aghavni) war die Cousine meiner Mutter, und sie lebte in Diyarbakir ganz in der Nähe. Sie waren wie Schwestern. Du erinnerst dich an sie, nicht wahr?«

»Ja. Ich dachte immer, es sei seltsam, daß sie blond war und blaue Augen hatte«, und indem die Worte herauskamen, sah ich die blauen Augen und das immer noch ins Blonde gehende Haar meiner Tante an.

»Erinnerst du dich, wie ihre Tochter Margaret starb?«

»Ich erinnere mich, daß sie einen Hirntumor hatte und wir sie in ihrer Wohnung in East Orange besucht haben. Ich weiß noch, wie Dad hinterher sagte, daß die Röntgenaufnahme einen Tumor von der Größe einer Mandarine zeigte.«

»Doveys Mann Setrak ist auch an einem Hirntumor gestorben, fünf Jahre vor Margaret. Heute glauben wir, daß das von den giftigen Dämpfen aus den Reinigungschemikalien herrührte, die sie in ihrem Geschäft verwendeten. Vater schickte fast alle Kleider seiner Kunden in ihren Laden. Margaret arbeitete seit dem Alter von zwölf Jahren bei ihrem Vater im Geschäft. Mit achtunddreißig war sie tot. Sie war Doveys einziges Kind.« Tante Gladys hielt inne. »Letztes Jahr im Krankenhaus, als sie dachte, sie würde sterben, hat Dovey von ein paar Dingen gesprochen, die ihr geschehen sind. Das Folgende hat sie mir erzählt.

* * *

In Diyarbakir kräuselte der Wind im Juli kaum ein Tuch. Der Himmel war blau und wolkenlos, und das hohe Gebirgsmassiv im Norden erschien näher als es war – eine verunstaltete Pyramide, baumlos und braun. Südlich nach Edessa und Ninive zu waren die Gebirgskämme verwittert und grauweiß wie polierter Granit. Vom flachen Dach des Hauses aus konnte man die Geier von den Habichten unterscheiden, und wenn die Geier herabstürzen, fahren sie ihre dicken Hälse aus, und die späte Sonne glänzt auf den Obsidianhäusern. Jenseits der Eisentore und der schwarzen Steinwände der Stadt zogen sich Bewässerungsgräben durch terrassierte Felder, und die Weinberge und die Melonenfelder erstreckten sich weithin. Die Maulbeerbaumplantagen waren wie grüne Inseln, hinter denen sich die Wüste ausbreitete, und nur die Schatten von Felsen verdunkelten den Lehm. Der Tigris war blau und dann braun, blau und dann grün, und die Wassermelonen, die an den Ufern wuchsen, waren riesig. Zwischen den Olivenbäumen tummelten sich schwarze Rebhühner, und manchmal verfingen sich ihre stumpfen Sporen an dem locker um die Pfähle gespannten Draht, und sie stießen einen schrecklichen Schrei aus.

Nach dem Abendessen pflegten wir auf das Dach zu gehen. Im Sommer spannten wir auf dem Dach weiße Laken auf, und darunter schliefen wir bei Nacht. Die geschlossenen Höfe mit den über den Dächern aufgespannten Laken schimmern meilenweit im Abendlicht wie die Segel der *dhows* auf dem Fluß. Der Dachstaub dort oben ist wie gesiebtes Mehl auf dem Lehmziegelboden. Im Juli pflegten wir dort oben *bulghur* und *hadig* zu worfeln und zu waschen, zu enthülsen und zu dreschen und zu mahlen, und Körbe von *Mairazdvadzadzni-gorgod* (Gottesmutter-Bohnen) schleppten wir aufs Dach, um sie zu enthülsen. So enthülsten wir auf dem Dach am Abend, wenn die Sonne untergegangen war, doch das klare Abendlicht verweilte über uns, und wir sangen und erzählten Geschichten.

Im Sommer 1915 hörte man in Diyarbakir jeden Tag von Armeniern, die verschwanden. Ladenbesitzer, die mitten am Tag aus ihren Läden verschwanden. Kinder, die von der Schule nicht nach Hause kamen. Männer, die von den Melonenfeldern nicht zurückkehrten. Frauen, insbesondere junge, die verschwanden, während sie vom Bad nach Hause gingen. Läden waren in jenem Jahr häufiger von Türken geplündert worden. Die Konditorei an der Albak Straße war ausgeraubt und niedergebrannt worden. Das Teppichgeschäft nahe der Moschee war aufgebrochen und leergeräumt worden. Bäuerliche Anwesen im vorgelagerten Tal waren durch kurdische Banditen ihrer Ziegen und Schafe beraubt worden, und jedermann wußte, daß das mit Billigung des Vali geschah. Mitten am Tag wurde ein Lehrer der armenischen Schule, Kanjian, vom Sohn des *mudir* erschossen. Ohne daß Gründe angegeben wurden. Ohne daß Maßnahmen ergriffen wurden. Herr Kanjians Körper wurde von der *zaptieh* auf einen Wagen geworfen und um den Marktplatz gefahren.

Die Leute verwendeten jetzt das Wort *Deportation*. Es war ein Wort, das ich dauernd auf der Straße, in der Kirche, im Souk hörte. Wir hörten, daß in den Städten östlich von uns, in Harpert, in Aintab, in Sivas, Kayseri und Yozgat der städtische Ausrufer des Morgens durch die Straßen gekommen war und die armenischen Männer aufgefordert wurden, sich beim Rathaus einzufinden. Sie wurden aus der Stadt hinausgeführt, und man hörte nie wieder von ihnen. Wir hörten

Geschichten von armenischen Soldaten, die im Ausbildungslager und an der Front von ihren Offizieren erschossen wurden. Es gab Geschichten von Männern, den berühmtesten Männern – Ärzten, Lehrern, Popen und Kaufleuten –, die auf dem Hauptplatz von Van, Bitlis, Moush und Erzurum und Harpert und Sivas und Malataya und in Tokat und Angora und in Konstan am Galgen aufgehängt wurden. Sie wurden Verräter genannt, und sie wurden am hellen Tage vor großen Menschenansammlungen aufgehängt. Wir hörten, daß Armenier verhaftet und zusammengetrieben und unter bewaffneter Aufsicht durch die *zaptieh* oder die Gendarmen ins offene Land verbracht wurden, und man sagte uns, sie würden zurückkehren, wenn die Lage sich bessere. All das hörten wir. Es waren Geschichten, Gerüchte des Unglaublichen, von Dingen, die, so sagten wir, uns hier in Diyarbakir nicht geschehen könnten. Wir wollten weder daran denken noch darüber sprechen.

Wir gingen drinnen an unsere Arbeit. Es war gegen Ende Juli, und wir waren damit beschäftigt, zu backen, sauberzumachen, zu nähen und die Sachen für den kommenden Monat in unserem Haus im Hochland nahe von Karadja Hagh zusammenzupacken. Ich schlief gut, doch das liegt daran, daß ich immer gut schlafe. Alle anderen, die ich kannte, schliefen nicht gut. Weil wir jetzt Angst hatten, gingen wir zur Nacht nicht mehr aufs Dach, wir hörten auf, am Abend Weizen zu worfeln und Feldfrüchte zu enthülsen. Die Hitze im Haus war sehr schlimm. Die Armenier in Diyarbakir schliefen in jenem Juli nicht gut. Die Menschen sahen müde aus, wenn man ihnen in der Kirche begegnete.

Und dann gingen die türkischen Gendarmen und die *zaptieh* von einem armenischen Haus zum anderen und beschlagnahmten Waffen oder alles, was ihrer Meinung nach als solche dienen konnte. Wenn es möglich war, kam der Pope, um die einzelnen Familien zu warnen, daß die Gendarmen oder die *zaptieh* kämen, so daß sie sich vorbereiten konnten. Die Männer der *zaptieh* klopften zu jeder Tages- und Nachtzeit an armenische Türen, und sie kamen am liebsten bei Nacht. Sie kamen zu den Kazanjians und den Arslanians und den Meugerditchians und zu den Hovsepians und Haroutiunians und zu den Shekerlemedjians. Und schließlich kamen sie am Abend nach dem Essen auch zu unserem Haus. Drei Männer in dunkelbraunen Uniformen kamen in die Halle und durch den Hof und sagten zu meiner Mutter, wenn sie nicht alle Waffen im Haus herausgebe, würden wir getötet. Mein Vater war nicht zu Hause, und meine Mutter ging zur Anrichte und holte die eine Pistole, die mein Vater hatte, und übergab sie. Sie zogen jede einzelne Schublade in unserer Küche heraus und ließen sie fallen, wobei Geräte und Tafelsilber auf dem Boden liegenblieben, und sie nahmen ein Schlachtermesser und auch ein Hackebeil.

Als ich eines Morgens erwachte, war in der Luft der Geruch von etwas Ekelhaftem, das brannte. Er kam wie Wind durch die Gardinen, und ich stieg aus dem Bett und sah, daß es kurz nach Sonnenaufgang war. Von meinem Balkon aus sah ich, wie der arabische Halwa-Macher seinen Stand aufbaute und die assyrischen Frauen zum Morgengottesdienst gingen. Ich kleidete mich rasch an und legte meinen *charshaff* um, denn wenn du moslemisch aussiehst, ignorieren sie dich vielleicht. Ich ging die Straße entlang, vorbei an unserer Kirche, und ich zog den *charshaff* immer wieder um mein Gesicht, da der Geruch schlimmer wurde, und in der Ferne hörte ich Frauenstimmen schreien. Ich atmete tief in den *charshaff*, fast sog ich an der Seide. Niemand war auf der Straße außer ein paar Straßenhändlern, weshalb ich meine Schritte beschleunigte.

Die Sonne war schon heiß, und ich fühlte mich in dem schwarzen *charshaff* idiotisch, doch er hielt immerhin ein wenig von dem Geruch ab. In der Nähe der Zitadellenanlagen wurde das Geschrei lauter, und ich sah eine Menschenansammlung, und ich ging jetzt schneller, da eine Gruppe türkischer Männer aus einer Seitenstraße kam und anfing, mit Steinen nach mir zu werfen. »Armenierin. Hure. *Giaur.*« Sie grölten es, und sie rissen mir den *charshaff* herunter und begannen, mich anzuspucken. Ich wich zurück, und dann fiel ich bei der Mauer des assyrischen Friedhofs hin. Als ich versuchte, das Gleichgewicht wiederzufinden, standen die Männer um mich herum und fingen an zu grölen. »*Giaur.* Hure. Dreckige Armenierin«, und sie fingen wieder an, mich mit Steinen zu bewerfen. Wir wurden oft gesteinigt, und meistens am Sonntag, wenn wir zur Kirche gingen oder von dort zurückkamen, doch diesmal war es schlimmer. Ich versuchte, mein Gesicht mit den Armen zu schützen, doch die Steine hörten nicht auf, und dann ging eins meiner Augen zu. Ich konnte nur noch wenig sehen, und ich spürte, wie die Feuchtigkeit des Bluts mein Kleid durchdrang. Ich hielt mich an der Mauer fest, bis ich das Gleichgewicht wiederfand, und dann stolperte ich die halbe Meile zu unserem Haus zurück.

Im Hof wurde ich ohnmächtig. Als ich wieder zu mir kam, schluchzte meine Mutter und sagte: »Ich wünschte, ich wäre blind, dann würde ich dich so nicht sehen müssen.« Meine Augen waren zugeschwollen, und mein Gesicht war eine einzige wunde Masse. Meine Mutter rieb mich mit Bienenwachs ein und bedeckte meine Augen mit Gaze, die mit *hohdehd*-Milch getränkt war. Am Morgen stippte sie ein Tuch in Eigelb und legte es auf meine schlimmsten Wunden. Innerhalb einer Woche war mein Gesicht wieder fast normal. Doch wenn ich in den Spiegel blickte, sah ich die große Lücke, wo vorher meine Vorderzähne gewesen waren. Inzwischen war Vater von seiner Reise zurückgekehrt.

Kurz danach sagte mein Vater eines Tages, wir würden am nächsten Tag zu unserem Sommerhaus in Karadja Hagh aufbrechen, und so arbeitete ich den ganzen Tag und wickelte Walnüsse ein, um *bastik* zu machen, und ich buk Brot und bügelte. Ich ging früh zu Bett und war bereit, im Morgengrauen aufzustehen. Mein Reitanzug hing an der Garderobe in meinem Zimmer. Ich sollte eine neue Stute reiten und die Spitze bilden, und mein Bruder Hagop hatte versprochen, den Schluß zu bilden und sich um die Esel zu kümmern. Mitten in der Nacht klopfte es an der Tür. Jeder im Haus erwachte. Es war ein lautes Klopfen, und ich hörte die Stimme eines türkischen Soldaten, der laut brüllte. »Effendi Kassabian.« Er wiederholte es, auf leicht einschmeichelnde Weise. Schließlich ging mein Vater an die Tür. Die Soldaten betraten die Halle, und ich hörte, wie ihre Stiefel auf den Fliesen polterten. Ich stand hinter meiner Schlafzimmertür und lauschte. Keiner sonst rührte sich. Meine Mutter, mein Bruder, meine Schwester, sie blieben in ihren Zimmern.

Ich konnte nicht hören, was gesagt wurde. Da mein Vater ein Gewürzhändler war, sprach er viele Sprachen – Türkisch, Arabisch, Kurdisch, Französisch und Englisch. Er war ein Mann von sanfter Stimme und war auf das Euphrat-Kolleg gegangen, ehe er nach Diyarbakir zurückkehrte, um Mutter zu heiraten und sein Geschäft in Gang zu bringen. Sie sprachen einige Minuten lang. Ich hörte meinen Vater brüllen: »Ich wurde als Christ geboren, und ich werde als Christ sterben.« Dann hörte ich ein paar Schritte und das Poltern von Stiefeln auf den Fliesen und dann fiel die Haustür ins Schloß. Es war eine große Tür aus Walnußholz, und sie hatte einen runden silbernen Klopfer, und als sie zuging, schlug der Klopfer gegen die Tür. Ich hörte den Pferdehufschlag auf den Pflastersteinen, als sie mit meinem Vater fortritten. Dann herrschte Stille, und keiner von uns – weder mein Bruder Hagop, noch meine Schwester Takooi, noch meine Mutter, noch unser Diener Dikran – rührte sich von der Stelle. Ich ging wieder ins Bett und lag da und beobachtete, wie das Kerzenlicht an der Wand flackerte, beobachtete, wie die Wand purpurn wurde, als die Morgenröte darauf traf, und dann wurde ich von einem Schrei geweckt. Ein Schrei, der die Stimme meiner Mutter war. Ich bemerkte, daß meine Kerze herabgebrannt war und eine fleckige Wachspfütze auf meinem Nachttisch hinterlassen hatte. Es klopfte an der Tür, und es war Dikran, der sagte: »Sie müssen in Ihrem Zimmer bleiben.«

Ich zog meinen Reitanzug an und eilte die Treppen hinab. Ich lief durch den Hof in die Eingangshalle und fand meine Mutter bewußtlos auf den grünen und schwarzen Fliesen liegen. Dann sah ich einen Gegenstand, der durch die Tür ragte, und etwas, das wie ein Hufeisen aussah. Ich ging zur Tür und stieß sie auf. Ich sah, daß zwei Hufeisen an zwei Füße genagelt waren, und mein Auge folgte den Füßen bis zu den Fußgelenken, die von Blut bedeckt waren, und dann zu den Knien, die ausgerenkt aussahen. Ich sah hinauf zu den Genitalien, die nichts als ein blutiges Knäuel waren, und nach oben hin zogen sich schlangenartige Schnittwunden über den Unterbauch bis zur Brust hinauf. Die Hände waren waagerecht an ein Brett genagelt, das einem Kreuz ähneln sollte. Die Hände waren wie Krallen um große Eisenstacheln geballt, die in das Brett getrieben waren. Die Schultern waren auffällig sauber und weiß, und die Kehle wies einen Rand von Bart am letzten Stück des Körpers auf. Weiter war nichts an dem Kreuz. Den Kopf hatten sie nahe den Stufen zu unserem Haus gelassen, einfach am Rand der Straße. Ich sah, wie die Nase auf der Stufe auflag. Ich sah den Bart, der an den Wangen sauber ausrasiert war. Ich sah, daß es mein Vater war.

Eine Woche lang ging niemand aus dem Haus, außer zur Beerdigung. Wir schickten Dikran, um Wasser und Essen zu besorgen, und die Shekerlemedjians kamen, um nach Mutter zu sehen. Doch Mutter ließ niemanden in ihr Zimmer. Sie wollte mit niemandem sprechen. Takooi und Hagop und ich sprachen ebenfalls sehr wenig. Wir blieben in unseren Zimmern. Wir halfen Dikran im Haus. Wir gingen schweigend umher, und in den nach Kampfer riechenden Zimmern des Todes saßen wir und aßen und standen auf und gingen herum und gingen schlafen. Des Nachts hörte ich aus Richtung der Zitadellenanlagen Schreien. Manchmal roch ich Rauch und einen bitteren Dunst. Am sechsten Tag des Aufenthalts im Haus merkte ich, daß ich das Schweigen nicht mehr aushielt, und wir gingen nicht einmal auf das Dach hinauf, um wenigsten einen Blick auf die Stadt zu werfen. Die Quitten- und Aprikosenbäume sahen tot aus.

Ich ging aus unserem Hof hinaus durch den Eingang, wo man den gekreuzigten Körper meines Vater hatte liegenlassen, und hinaus auf die Straße. Die Sonne war hoch und hell und der Himmel wolkenlos, und ich beschloß, meinen *charshaff* nicht umzulegen. Es spielte keine Rolle mehr. Jeder schien zu wissen, wer Armenier war. Wir waren gezeichnet, und ich empfand zum erstenmal, wie falsch unsere Namen waren. Daß uns die Türken auch das genommen hatten. Keiner von uns hatte noch einen armenischen Namen, nur Patronymika, die an türkische Bezeichnungen angehängt waren. Topal-ian, Sohn eines Lahmen. Hamal-ian, Sohn eines Trägers. Sarraf-ian, Sohn eines Geldleihers; Charshaf-ian, Sohn des Schleiers. Es waren Namen der Manipulation und der Herrschaft. Namen des Hasses und der Domination, und wir, die wir auf diesem Land seit Anbeginn der Zeit gelebt hatten, wurden unserer wahren Namen beraubt, und zwar von den Türken, die aus der Wüste Gobi gekommen waren. Sie hatten uns auch unsere Gene gestohlen. Sie hatten uns jahrhundertelang vergewaltigt. Sie stahlen unsere Küche, unsere Kunst, unsere Gebäude, unsere Leiber. Ihre ganze Kultur war ein einziger Diebstahl. Ich ging an jenem Tag im Spätjuli hinaus auf die Straße und haßte meinen Namen.

Ich ging an Sankt Giragos vorbei, vorbei an der assyrischen Kirche und der Moschee, vorbei an dem Torbogen mit dem gefliesten Hof, und die Stadtmauern sahen in der Hitze noch schwärzer aus. Durch die Öffnung des Neuen Tores sah ich, wie braun die Ebene war, und in der Sonne sah der Tigris wie dahintreibender Schlamm aus. In den Zitadellenanlagen war nichts grün außer den Zypressen. Als ich an den Anlagen vorüberkam, roch ich wieder die ekelhaften Dünste. Die Läden waren geöffnet, und die Teppiche und Kleider und Gürtel hingen da, und die Sonnensegel waren aufgespannt, doch niemand war drinnen. Die Straßen waren leer. Die Läden waren leer, und der Menschenauflauf in der südöstlichen Ecke des Marktes wurde immer größer. Ich war ohne meinen *charshaff* scheu, doch niemand bemerkte mich, als ich in die Menschenmenge hineinschlüpfte, die auf dem Platz solch einen Aufruhr verursachte.

Die Menge säumte den Platz, manche Leute saßen auf Stühlen, einige Araber verkauften Quitten, Leute verbrannten Weihrauch, die türkischen Frauen in *burugs* saßen auf Kniekissen und aßen *simits*. Die Sonne war schrecklich heiß, und auf den schwarzen Mauern hockten ein paar Kraniche. In der Mitte der Menschenmenge waren etwa fünfzehn oder zwanzig armenische Frauen, einige nur wenig älter als ich, einige im Alter meiner Mutter. Sie trugen ihre Alltagskleidung. Einige in langen schönen Kleidern, andere, die Bäuerinnen waren, in schlichtem Schwarz. Sie hielten einander an den Händen und gingen langsam und zögerlich im Kreis, als hätten sie Angst, sich zu bewegen. Etwa sechs türkische Soldaten standen hinter ihnen. Sie hatten Peitschen, und jeder hatte ein Gewehr. Sie brüllten »Tanz. *Giaur*. Schlampe.« Die Soldaten ließen die Peitschen auf Rücken und Gesichter der Frauen und über ihre Brüste niedersausen. »Tanz. *Giaur*. Schlampe.«

Viele der Frauen beteten, während sie sich in diesem langsamen Kreis bewegten. *Der Voghormya, Der Voghormya.* (Herr, erbarme dich.) *Krisdos bada raqyal bashkhi i miji meroom.* (Christus ist geopfert, und wir teilen uns seinen Leib.) Gelegentlich ließen sie die Hand der nächsten Frau los und bekreuzigten sich schnell. Ihr Haar war aufgelöst, und ihre Gesichter waren von blutverklebtem Haargewirr umgeben, so daß sie wie tote Medusen aussahen. Ihre Kleidung färbte sich allmählich rot. Einige von ihnen waren halbnackt, andere versuchten, ihre Kleidung zusammenzuhalten. Sie fielen nun manchmal hin, und wenn das geschah, wurden sie gepeitscht, bis sie aufstanden und ihren Tanz fortsetzten. Bei jedem Peitschenhieb lösten sich weitere Stücke ihrer Kleidung.

Um sie herum standen ihre Kinder und einige andere armenische Kinder, die aus der armenischen Schule in der Nähe zusammengetrieben worden waren. Sie mußten sich im Kreis aufstellen, und mehrere türkische Soldaten standen mit Peitschen hinter ihnen und brüllten: »Klatscht, klatscht.« Und die Kinder klatschten. Und wenn die Soldaten »Klatscht, klatscht, klatscht« sagten, sollten die Kinder schneller klatschen, und wenn sie das nicht taten, kriegten sie die Peitsche zu spüren. Einige der Kinder waren zwei und drei Jahre alt, kaum fähig, aufrecht zu stehen. Sie alle weinten ohne Unterlaß. Weinten schrecklich, erbärmlich, hoffnungslos. Ich stand dicht bei Frauen in *burugs* und Männern mit roten Fezen und Geschäftsanzügen, und auch sie klatschen wie kleine Kakerlaken.

Dann drängten sich zwei Soldaten durch die Menge, wobei sie hölzerne Eimer schwenkten und anfingen, die Frauen mit der Flüssigkeit in den Eimern zu übergießen, und ich roch sofort, daß es Petroleum war. Und die Frauen kreischten, weil das Petroleum in ihren Verletzungen und Wunden schmerzte. Ein weiterer Soldat kam mit einer Fackel heran und setzte jede einzelne Frau an ihrem Haar in Flammen. Zuerst konnte ich nur Rauch sehen, und der Geruch erregte Übelkeit, und dann sah ich, wie das Feuer sich über den Körper der Frauen ausbreitete, und ihr Kreischen wurde unerträglich. Die Kinder wurden jetzt wütend gepeitscht, als hätte der Anblick der brennenden Mütter die Soldaten in Erregung versetzt, und sie verlangten, daß die Kinder »schneller, schneller, schneller« klatschten, und sagten, wenn sie aufhörten, würden auch sie bald brennen. Als die Frauen eine nach der anderen in brennenden Haufen, triefend und schwarz, zusammensanken, wurde mir von dem Geruch verbrannten Fleisches schlecht. Ich fiel in Ohnmacht, und der Bruder eurer Mutter, Haroutiun, fand mich und brachte mich nach Hause.

Am nächsten Tag wurden Mutter, Hagop, Takooi und Dikran und ich festgenommen, wie überhaupt alle Armenier von Diyarbakir. Türkische Gendarmen kamen am Morgen zu unserem Haus und sagten uns, wir müßten einen Deportationsmarsch antreten. Man ließ uns ein wenig Zeit, um ein paar Sachen zusammenzusuchen, die wir auf einen Esel pakken konnten. Wir suchten Silberbesteck zusammen, ein wenig Kleidung, zwei Teppiche, eine Bibel, Seife, ein paar Familienfotos. Wir packten so viel Essen und Wasser ein, wie wir konnten, doch wir rechneten damit, Lebensmittel kaufen zu können, wenn wir mehr brauchten. Wir versteckten am Körper ein paar Schmuckstücke, und jeder hatte eine Zuteilung von Geld. Dikran packte mehrere Satteltaschen und Bündel auf den Esel. Gegen Mittag stießen wir zu einer langen Kolonne von Armeniern, und wir wurden die Straßen entlang zu den Zitadellenanlagen geführt, wo wir auf Tausende von Armeniern trafen. Einige hatten Esel, einige hatten Gespanne von Ochsenkarren, und die meisten waren zu Fuß und trugen Bündel und kleine Kinder und Säuglinge.

Die Gendarmen ließen die Peitsche schwingen, und wir bewegten uns in einer großen Masse zum Neuen Tor hin, von wo aus ich eine lange, schlangenartige Kolonne von Armeniern sah, die um die Stadtmauern herum nach Süden ging. Wir wurden an der Zitadelle vorbei hinaus und um die schwarzen Stadtmauern geführt, die in der Hitze waberten. Am Ende des Tages schliefen wir auf der flachen harten Hochebene irgendwo auf der Erde. Die Zuflüsse des Tigris hatten Schluchten in den Kalksteinfels geschnitten, und an ihre Flanken waren gelegentlich aus dem Fels heraus Hütten gebaut, in denen Kurden lebten. Es gab nichts als trockenen Boden und Himmel und Kalksteinfels. Nichts.

Unsere Nahrungsmittel reichten nicht lange, vielleicht zwei Tage, und wir waren auf uns selbst böse, daß wir nicht mehr mitgenommen hatten. Wir gingen mit den Aprikosen und Walnüssen sparsam um. Doch das Brot war alle, und der Käse war alle. Wir gingen etwa sechzehn Stunden am Tag. Bei Sonnenaufgang wurden wir von Peitschen und Gewehrschüssen geweckt, und bei Sonnenuntergang fielen wir zu Boden, wo immer wir auch waren. Ich legte mir des Nachts meinen *charshaff* über das Gesicht, um die Skorpione und die Kamelspinnen abzuhalten. Es war unmöglich, den Fliegen und Skarabäen zu entkommen, und in der Sonne wurden unsere wunden Stellen immer schlimmer. Am dritten Tag waren wir in kleinere Karawanen aufgesplittert, jede von einem Dutzend Gendarmen geführt. Nachdem unsere Lebensmittel und unser Wasser aufgebraucht waren, verwendeten wir unsere Energie darauf, etwas zum Essen oder Trinken zu finden. Manchmal, wenn wir uns einem Bach oder einer Quelle näherten, tranken die Gendarmen vor unseren Augen und lachten uns ins Gesicht. Am dritten Tag fielen Menschen vor Hunger am Weg nieder. Des Nachts und am Morgen sogen wir den Tau von unserer Kleidung. Ich kaute sogar den Schweiß aus meinem *charshaff*.

Am Ende des fünften Tages fiel Mutter ins Delirium. Sie stürzte zu Boden und sagte, wir sollten weitergehen. Wir sagten, wir würden sie nicht verlassen. Sie sah uns an und sagte: »Kinder, ich habe mein Leben gelebt.« Wir blieben den halben Tag bei ihr, bis die Gendarmen der nächsten Karawane uns fanden und mit der Peitsche losschlugen. Ich blutete schlimm, und ich sah, daß es keinen Sinn hatte. Hagop wurde mehrere Male von Gewehrkolben getroffen, und ein Bajonett zerschnitt ihm das Gesicht. Wir ließen Mutter dort auf dem harten Boden unter der Sonne inmitten der Einöde zum Sterben zurück. Wochenlang noch träumte ich von ihr.

Ich träumte, sie hätte sich der nächsten Karawane angeschlossen. Ich glaubte, wir würden sie wiedersehen, wenn wir unser Ziel erreicht hätten. Tagelang hörte ich, wie sie nach mir rief. Ich sah über die Schulter zurück, und ich hörte sie rufen: *Aghavni, Aghavni.*

Auf dem Marsch schikanierten die Gendarmen uns die ganze Zeit über. Oft wollten sie Geld, und wir mußten ihnen Münzen geben, wobei wir immer beteuerten, das sei alles, was wir hätten, und immer peitschten sie uns und verlangten mehr. Wir mußten etwas Geld in Reserve behalten, denn wir wußten, daß wir es brauchen würden, wenn schon nicht für die Gendarmen, dann für die Kurden und andere Nomaden, die aus ihren Dörfern kamen, um uns zu vergewaltigen und auszurauben. Die Kurden kamen auf Pferden aus den Schluchten herab, mit Beilen und Rechen und anderen Gegenständen, und sie griffen uns an und raubten uns aus. Am fünften oder sechsten Tag waren alle unsere Besitztümer dahin, einschließlich unseres Esels. Die Gendarmen hatten eines Nachmittags unseren Esel erschossen, und dann brieten sie ihn und aßen ihn vor unseren Augen, während sie sich betranken. Die einzigen Dinge, die ich noch hatte, waren mein seidenes Tauftuch und ein kleiner Kelim. Und ein paar Münzen, die ich an intimer Stelle aufbewahrte. Ich schmierte mir so viel Dreck wie möglich ins Gesicht, damit die Gendarmen und die Irregulären (Sträflinge und Kurden) denken sollten, ich sei alt und unattraktiv. Hagop und Dikran verkleideten sich als Frauen, denn die Chance, erschossen zu werden, war geringer, wenn man eine Frau war. Am Ende der ersten Woche waren die meisten Männer erschossen worden. Gewöhnlich gaben die Gendarmen einem Mann im Gehen einen Genickschuß. Es war, als wären die Köpfe der Männer einfach für Zielübungen da, und während wir gingen, hörten wir immer wieder mal einen Schuß und sahen, wie ein Mann zu Boden fiel. Wir blieben nicht stehen, um hinzuschauen. Alle gingen schlicht weiter.

Die Frauen wurden gequält. Wenn eine Frau sich nicht bereitwillig zum Geschlechtsverkehr mit einem Gendarm hergab, wurde sie gepeitscht, und wenn sie versuchte davonzulaufen, wurde sie erschossen. Als einmal ein junges Mädchen versuchte davonzulaufen, nahm der Gendarm sein Schwert heraus und schlitzte ihr das Kleid auf, und sie stand nackt da mit ihren jungen Brüsten, und er hieb ihr beide Brüste einzeln vom Körper, und sie fielen auf die Erde. Ich starrte auf die beiden kleinen Brüste, die auf der Erde lagen. Ich stand erstarrt, und dann ging ich einfach fort. Das Mädchen verblutete neben ihren Brüsten.

Bei Nacht lag ich auf dem Boden und hörte Frauen kreischen, während sie vergewaltigt wurden. Ich lauschte auf das Echo ihrer Stimmen in der unendlichen dunklen Wüstenluft. Es gab niemanden, absolut niemanden, nirgendwo, der uns hätte helfen können. Takooi, Hagop, Dikran und ich schliefen zusammen auf dem Boden, fast als wären wir aneinander gebunden, als wären wir ein einziger Körperklumpen. Wir hofften, daß das die Gendarmen davon abhalten würde, uns zu vergewaltigen oder Hagop und Dikran zu töten.

Jedesmal wenn sich jemand hinhockte, um sich zu entleeren, kam ein Gendarm hinzu und inspizierte die Fäkalien mit dem Bajonett und manchmal mit den Händen, um zu prüfen, ob auch keine Münzen darin waren, denn viele schluckten nun ihre letzten Münzen, um sie so zu bewahren. Manchmal bedrohten uns die Gendarmen mit einem Bajonett und sagten: »Scheiß!«, und wir waren gezwungen, uns hinzuhocken, damit sie sahen, ob da nicht Münzen zu haben waren.

Immer wenn wir an einem Eukalyptusbaum vorüberkamen, sammelte ich ein paar Blätter, um bei Nacht daran zu saugen und auf diese Weise Wasser in den Mund zu bekommen. Bei Nacht lag ich auf dem Wüstenboden, saugte an einem Eukalyptusblatt und schaute den Mond an. In der Wüstengegend des Euphrat ist der Mond im August schrecklich hell. Den ganzen Monat hindurch wurde er jede Nacht größer. Er folgte uns. Er war ein Wolfsauge. Er war der Opalzauber einer türkischen Hexe. In manchen Nächten war er ein Damaszenersiegel und in anderen eine persische Schale, die ihr Blau eingebüßt hatte. Er war durchdringend und harsch auf den Kräutern und Felsen, und die wenigen Tiere, die hindurchflitzten, sahen wie unwirkliche silbrige Kreaturen aus. Ich lag auf dem Rücken und spürte, wie sich die Striemen, die von den türkischen Peitschen herrührten, auf dem harten Boden sänftigten, und ich starrte den Mond an. Oft entfaltete ich das Stück Kelim. Es war das Stück, das ich in meinem Schlafzimmer unter meiner Nachtischlampe liegen hatte. Ich hielt es empor in der mondhellen Nacht und sah die Farben an und dachte an meine Schlafzimmerfenster, das eine, das auf die Straße hinausging, und das andere, das auf die Obstbäume in unserem Hof hinausging. Es war ein schlichter Kelim mit auberginen- und safranfarbenen Medaillons. In einem Schnapphaken-Medaillon war ein grüner Skorpion, im anderen ein roter Skarabäus. Im Mondlicht waren die Farben unheimlich, und nach einer Weile schienen sie in der schwarzen Luft zu schweben und dann wie Goldregen herabzutropfen.

Eines Nachts, als ich an einem Eukalyptusblatt saugte und im Mondlicht meinen Kelim anstarrte, spürte ich den Stiefel eines Gendarmen an meinem Hals. Ich drehte mich, um mein Gesicht in der Erde zu verbergen. Doch der Stiefel trat weiter und stellte sich dann auf meinen Kopf. Als ich mein Gesicht um so heftiger in der Erde vergrub, keilte sich der Stiefel unter mein Kinn und stemmte mich hoch, und unversehens blickte ich hinauf zu einem Mann, dessen Schnurrbart im Mondlicht silbern aussah. Ich sah zu, wie er seine Hose aufmachte, und ich schloß die Augen, und unversehens schoß ein Strom heißer Pisse in meine Nase und über mein Gesicht. Die Striemen an Hals und Wangen fingen an zu brennen, und meine Augen schmerzten. Bald war mein Haar wie eine feuchte Masse von stinkendem Flachs. Als er fertig war, trat er mir etwas Dreck ins Gesicht, und ich lag da und krallte mich an meinen Kelim, der ebenfalls naß war, und ich spürte, wie mir eine leichte Brise über das Gesicht blies. Lange Zeit öffnete ich nicht die Augen.

Als ich es dann doch tat, nahm ich ein Eukalyptusblatt, das ich bewahrt hatte, und wischte mir damit die Augen aus. Als ich aufblickte, hatte das Mondlicht den Himmel weiß gefärbt, und ich sah das Gesicht meiner Mutter, als schwebe es auf dem weißen Spitzengewirk unseres Eßtischs. Sie sagte zu mir: *Laß sie dich nehmen, laß sie dich nehmen, Ostern bringen wir dich zurück*. Dann färbte sich der Mond rot wie mein Taftkleid, und meine Liebe war gekommen mit grünen Samthandschuhen und dem Tuch, das im Walnußbaum hing.

Lauf, lauf lauf, sagte das Hühnchen. Deine Wangen sind wie Äpfel, und der Wind nimmt dein goldenes Haar und schickt es in die Berge.

Aus sieben Speichern sammelte ich Silber und machte einen Ring. Und steckte ihn an Perles Finger.

Der Mond starrte mich die ganze Nacht lang an. Am Morgen erwachte ich im pisseverklebten Gewirk meines Haars, und ich saugte an dem Eukalyptusblatt, um Speichel zu bekommen, um mir das Gesicht zu säubern. Später fand ich ein paar Kräuter, und ich zermahlte sie und legte sie in die Wunden, die von der Pisse entzündet waren.

Eines Nachts wurde ich vergewaltigt. Ich betete jede Nacht zur Jungfrau Maria und zu Jesus und zu Gott. Und sie erhörten meine Gebete. Nach alldem spürte ich einen besinnungslosen Willen zu überleben.

Ich sehe noch vor mir, wie sich der Euphrat die abfallende Hochebene hinabwand, als wir uns aus der Ferne näherten. Er war braun und trüb und dickflüssig. Dann und wann sah ich ein paar Kurden, die mit Falken an den Ufern Gazellen jagten und Fäkalienhaufen nach Münzen durchforschten. In den Tälern der Zuflüsse waren immer öfter Leichenhaufen zu sehen, und als wir uns gegen Einbruch der Nacht dem Ufer näherten, waren überall aufgedunsene, von Würmern bedeckte Leichen. Der Geruch war furchtbar. Viele mußten sich erbrechen. Viele wurden ohnmächtig. Viele der Körper waren schwarz von der Sonne, schwarze Zungen hingen heraus. Abgezehrte Körper, die durch verfallende Haut ein ganzes Skelett zeigten. Die Bäuche schwangerer Frauen waren aufgeschlitzt worden, und ihre ungeborenen Kinder waren ihnen wie ein Bündel verklumpter schwarzer Trauben in die Hände gelegt worden. Kinder schrien neben ihren toten Eltern. Frauen delirierten. Die Leichen der Älteren waren vertrocknet. Meilen und Meilen weit sah man nichts als Leichen, und das braune Wasser, das ans Ufer platschte. Als ich das Ufer erreichte, fand ich angespülte Leichen vor, halb verwest, ohne Kopf, ohne Gliedmaßen, Körperteile, die einherschwammen. Auf den Schlammbänken, die oft wie Krokodile emporragten, stapelten sich hunderte verwesender Körper zuhauf, und die Seeschwalben machten sich darüber her. Die Körper vergingen im Schlamm.

Viele Frauen und Mädchen warfen sich lieber in den Fluß, als sich verschleppen oder vergewaltigen zu lassen. An mehreren Stellen gab es Gruppen von Mädchen, die sich an den Händen zusammengebunden und ertränkt hatten. Bei der Schlammbank wurden sie angespült, und ihre blauen Leiber waren immer noch aneinandergebunden. Ihre Zungen waren schwarz, halb zerfressen, und ihr Haar war schlammig und trocken wie altes Gras. Das Flußufer entlang lagen auch tote Babys, und als Dikran, der jetzt im Delirium war, anfing, die Körper der Babys aus dem Wasser zu holen, peitschten ihn die Gendarmen und befahlen, sie wieder hinzulegen. Später kamen die Gänse und die Wildkatzen aus dem Tal herab, um sie zu fressen.

Als die Hochebene in die Wüste überging, wurde die Sonne noch schlimmer und der Boden noch härter. Wir delirierten vor Hunger und Durst. Wir sammelten Samenkörner aus dem Kamelmist und säuberten sie, so gut wir konnten, und legten sie auf die Felsen, um sie in der Sonne zu trocknen, ehe wir sie aßen. Wo immer Gras war, leckten wir den Tau ab und aßen es. Gelegentlich kamen wir an einem Brunnen vorüber, und eine von uns ging hin, um einen Eimer Wasser zu bringen. Doch oft stießen die Gendarmen die Frau mit dem Eimer in den Brunnen, und wenn sie nicht starb, erschossen sie sie am Grund des Brunnens, und das Wasser wurde blutig und war verdorben. In den ausgetrockneten Bewässerungskanälen, die die Römer in der Nähe von Ourfa angelegt hatten, fanden wir einige Heuschrecken, und wir zerdrückten sie mit den Fingern und machten daraus eine Mahlzeit. Wir hatten jetzt keine Schuhe mehr, und unsere Füße waren geschwollen und entzündet. Indem sich Hornhaut bildete, konnten wir wieder schneller gehen. Südlich von Ourfa kamen wir an einem Felsring vorbei, wo armenische Babys zurückgelassen worden waren. Viele von ihnen waren gerade erst geboren worden, und ihre Mütter hatten sie dem Tod überlassen. Sie waren in der Sonne gebraten worden. Sie waren schwarz, und viele von ihnen hatten sich in Skelette verwandelt, da die Geier sie schnell gefressen hatten.

Als wir in die Wüste geführt wurden, waren nur noch wenige von uns übrig. Die meisten waren gestorben. Viele waren beim Euphrat in die Höhlen geworfen und angezündet worden. Dikran starb dort. Doch als wir die Wüste erreichten, waren Takooi und Hagop und ich noch zusammen. In der zweiten Nacht in der Wüste legte ich mich auf dem heißen Boden zum Schlafen nieder. Ich hatte nie Schwierigkeiten einzuschlafen. Mein Kleid war zerfetzt, und meine Striemen eiterten. Nachts schlief ich wie betäubt ein, immer mit dem Gedanken, daß wir am nächsten Tag irgendwohin gelangen würden, wo uns jemand helfen würde. Eines Nachts spürte ich, kurz nachdem ich eingeschlafen war, wie ich in die Luft emporschwebte und der Boden vibrierte, sich verschob und bewegte, als hätte sich eine schreckliche Kluft unter mir aufgetan. Ich blickte auf, und der Himmel war klar und schwarz, und die Milchstraße wirbelte wie Musselin im Wind. Ich war auf dem Rücken eines Pferdes – des Pferdes eines kurdischen Nomaden. Ich verbrachte die nächsten fünf Jahre im Haus dieses Kurden. Ich gebar ihm zwei Kinder.

* * *

Im Frühjahr 1925 kaufte ich eines Tages bei Saks ein. Ich war in der Wäscheabteilung an der Kasse, und während ich mich anstellte, um zu bezahlen, hörte ich an der nächsten Kasse eine Stimme mit einem Dikranagerdsi-Akzent. Als ich bezahlt hatte, trat ich vor die Kasse, um zu sehen, wer dort in der Schlange stand. Ich starrte die Frau, die gesprochen hatte, eine Zeitlang an und sah ihr direkt in die großen Augen. Sie starrte ihrerseits mich mit meinen Paketen in den Händen an, und dann sagte sie: »Aghavni?« Und ich sagte: »Nafina!« Und wir fielen einander weinend in die Arme.

Über mein Leben mit dem kurdischen Nomaden kann ich das Folgende sagen. Ich entkam. Ich hatte eine gute Stute, und als wir zu den Bergen kamen, preßte ich ihre Seiten so fest, daß ihr die Milch meiner Mutter aus den Nüstern kam, und die beiden Berge teilten sich.

Der Friedhof unserer Vorfahren

Die Bibliothek einer rührigen Stadt auf Long Island hatte mich zu einer Lesung aus meinem neuen Gedichtband, *Sad Days of Light* [Traurige Tage des Lichts], eingeladen. Die Arbeit an der *Geschichte Armeniens* war der Beginn eines neuen Buches, und zwar eines Buches, in dem es um Familiengeschichte ging. Bei der Lesung ergaben sich zwischen den Gedichten Gespräche über Armenien, den Völkermord, meine Familie, und ich hatte einen guten Draht zum Publikum. Es war alles seltsam und neu für mich, denn ich hatte mich nie als eine Stimme für die armenische Sache gesehen, und mein erster Gedichtband war ganz anderer Art gewesen.

Als etwa die Hälfte der Lesung vorbei war, hörte ich ein Lärmen im Saal, und ich erkannte die Stimme meiner Tante Anna. Ich blickte zu ihr hin und sah, wie sie mißbilligende Grimassen schnitt. Aufgeschreckt und desorientiert setzte ich meine Lesung fort, und dann hörte ich, wie sie zu ihren Nachbarn sagte: »Das stimmt nicht, er hat die falschen Jahreszahlen. Warum schreibt er über Armenien?« Jetzt strengte ich mich mächtig an. Schweiß lief mir die Schläfen hinab. Ich konnte nicht glauben, daß meine Tante mich aus dem Publikum heraus angriff. Ich brachte die letzten paar Gedichte hinter mich und ging dann auf Fragen aus dem Publikum ein. Obwohl ich auch Gedichte gelesen hatte, die nichts mit Armenien zu tun hatten, zeigte sich meine Zuhörerschaft besonders an einem Gespräch über Armenien interessiert, und es kamen Fragen über Fragen, bis mein Gastgeber verkündete, daß im Foyer Wein und Käse serviert würden und daß die Fragen dort fortgesetzt werden könnten.

Im Foyer stand Auntie Anna, sie sah nicht zu mir her, machte aber den Eindruck, als warte sie nur darauf, daß ich zu ihr hinging. Das tat ich nicht. Ich sah zu, wie sie versuchte, nicht zu mir herzusehen, und dann wurde ich zu den Männern und Frauen hingeleitet, die Wein aus Plastikbechern nippten und sich ein Stück vom Brie abschnitten.

Das nächste Mal, daß ich Auntie Anna sah, war im Spätsommer. Wir saßen um ihren Eßtisch, und sie fing wieder an.

»Warum schreibst du über Armenien?« fragte sie, wallenden Zorn in der Stimme. »Warum?«

Ich fühlte mich eingekeilt. Eigentlich wollte ich sagen: Wenn die Vernichtung von eineinhalb Millionen Menschen und die Auslöschung einer dreitausend Jahre alten Zivilisation nicht wichtig genug sind, um darüber zu schreiben, was zum Teufel dann?

»Was gibt es denn sonst?« sagte ich in der Hoffnung, geistreich zu sein und das Gespräch damit zu beenden.

»Dafür ist Dichtung nicht da!« Sie brüllte jetzt, und ich sah, wie Auntie Nona sie mit ihrem Blick durchbohrte.

»Wofür ist Dichtung da?«

»Dichtung darf nicht umstandsbezogen sein«, sagte sie mit schriller Stimme.

»Dante und Homer schreiben nicht umstandsbezogen?«

»Das war vor langer Zeit.« Ihre Stimme zitterte.

»Man stellt in einem Gedicht keine geschichtlichen Umstände dar?«

»Nicht nach Mallarmé«, sagte sie.

»Und was ist mit Neruda?«

»Bitte. Verschone mich«, sagte sie. »Der ist einfach bloß politisch.«

»*Aufenthalt auf Erden*?« Jetzt brüllte ich, und da fiel Auntie Nona ein und sagte: »Hör doch, Anna, Peter schreibt wunderbare Gedichte. Was kümmert es dich, *worüber* er schreibt? Mißfällt dir etwa Saroyan, weil er Armenien benutzt?«

Und damit begannen meine beiden Tanten eine eigene Diskussion. Aber es war Nona gelungen, das Gespräch zu beenden und Anna und mich zu trennen. Ich empfand mehr als nur Zorn. Ich wollte wissen, weshalb meine Tante eine solche Auffassung von Dichtung hatte. Und warum einen solchen Zorn angesichts dessen, worüber ich schrieb?

Für den Rest des Tages gab es zwischen uns kein Gespräch mehr über Dichtung und eigentlich auch über anderes nicht. Wir schenkten Scotch ein, aßen Steaks, Maiskolben, Schokoladentorte. Als wir einander den Abschiedskuß gaben, taten wir so, als hätte das Gespräch nicht stattgefunden, und tatsächlich sollte meine Tante Jahre später sogar leugnen, daß sie mich angegriffen hatte, weil ich über Armenien schrieb.

Meine Tante war nicht nur auf mich böse, weil ich ihrem ästhetischen Programm für Dichtung nicht folgte, sondern auch weil ich in der armenischen Vergangenheit nachgrub. »Weshalb interessiert dich diese armenische Sache?« hatte sie mich gefragt, als mein Buch erschienen war. »Wie hast du etwas über Armenien erfahren?« fragte sie ungläubig. Die ganze Woche lang dachte ich über ihre Reaktion auf meine Gedichte nach.

Ich hatte das Gefühl, ich müßte, um meine Tante zu verstehen, mir wieder ihre Bücher ansehen; müßte mir das Wesentliche ihrer Botschaft in nüchternen, klaren Druckbuchstaben aneignen. Es traf sich, daß ich ihr erstes Buch öffnete, *Literary Origins of Surrealism*, ein Buch, das ich als Schüler durchgeblättert hatte. Ich schaute auf den Klappentext, wo es hieß: »Geboren in Konstantinopel als Tochter armenischer Eltern.« Das traf mich jetzt auf gewisse Weise. Meine Tante wurde 1915 in Konstantinopel geboren, in dem Jahr, als die türkische Regierung mit dem Genozid begann. Die Balakians 1915 in Konstantinopel. Das wirkliche Byzanz in einem wirklichen Jahr der Geschichte. Wer immer meine Tante Anna war, sie war nicht von jenem Ort und von jenem Jahr zu trennen.

Bei Gostan Zarian, der in jenen Jahren aus Konstantinopel schrieb, heißt es:

»Wir sind immer die Opfer gewesen. Opfer ungünstiger Umstände, elementarer Mächte und Ereignisse, auf deren Entwicklung wir keinen Einfluß gehabt haben.

Wir warten, unsere zerlumpten Kleider vor den Triumphbögen anderer Nationen ausgebreitet. Wir warten worauf? Auf wen?«

* * *

Das wenige, was ich über Annas Vater Diran Balakian, meinen Großvater väterlicherseits wußte, ging auf ein paar Bruchstücke von Geschichten und drei Papiere zurück: eine Eintragung, die mein Vater 1954 über ihn geschrieben hatte, und zwar für ein Werk, das sich *The National Cyclopedia of American Biography* nannte; die Kopie des Bewerbungsschreibens meines Großvaters für eine Anstellung am American Hospital in Chicago, datiert auf November 1924; und eine eidesstattliche Erklärung, datiert Juli 1923 und unterschrieben von seinem Bruder George, der in West Hartford, Connecticut, lebte.

Diran Balakian. Wer war das? Sein schmuckes Bild hing an meiner Wand, eine alte Sepia-Fotografie aus den Tagen seines Medizinstudiums in Leipzig. In einem Mantel mit seidenem Revers und einer bis zu einem hohen weißen Kragen hinaufgeknöpften Weste hält er einen Zylinder in den verschränkten Händen. Er hat einen sauber gezogenen Mittelscheitel; zwischen seinem Schnauzer und seinem Kinnbart ist ein Abstand. Mit seinem ernsten Blick und den feinen Zügen sieht er aus wie der jugendliche D. H. Lawrence. Niemand hat je viel von ihm erzählt. Er war 1939 plötzlich an einem Herzanfall gestorben. Seine Kinder waren noch jung, mein Vater mit seinen achtzehn Jahren der jüngste.

Mein Vater schien anzudeuten, daß sein Vater ruhig war, oder eher distanziert, vielleicht streng. Er war immer beschäftigt, widmete sich immer seinen Patienten. Seine Patienten, so scheint es, haben ihn geliebt. Armine, die Cousine meines Vaters, die als kleines Mädchen bei den Balakians lebte, sagte, er habe eine Obsession mit dem Händewaschen gehabt. Sobald die Kinder in die Wohnung kamen, wies er sie an, sich die Hände zu waschen. Er inspizierte die Hände der Kinder, um sicherzustellen, daß sie gewaschen waren, und zwar gut gewaschen. War das nicht der Fall, so schickte er einen zurück zum Waschbecken für einen weiteren Versuch. Ich erinnerte mich an das, was Freud über das Händewaschen gesagt hat – eine zwanghafte Reaktion auf den Tod. Ein Ritual, um den Tod abzuwehren.

Die Balakians stammten aus Tokat, und dort wurde Diran 1878 geboren. Er war das älteste von vier Kindern von Hovaness (Johann) Balakian und Elisabeth Semerjian. Tokat war eine kleine Stadt, die sich im Norden aus der zentralen Hochebene der Türkei erhob, etwa fünfundsiebzig Meilen vom Schwarzen Meer entfernt. Sie blickte über den Ausgang eines Felsentals, das sich auf den Fluß Tozanli hin öffnet. Umgeben von einer Stadtmauer mit Tor, und die Bevölkerung belief sich zum Zeitpunkt seiner Geburt auf 25 000 Einwohner. Eine kleine multikulturelle Stadt des Osmanischen Reiches mit etwa 9000 Armeniern, 2500 Griechen, 1000 Juden und 10 000 Moslems, die meisten davon Türken, jedoch auch einige Tataren und Kurden. Es gab leichte Manufaktur und Handel dort, und ihr besonderer Exportartikel war mit farbenfrohen Mustern bedrucktes Manchester-Baumwolltuch. Französische Kleidung, französisches Mobiliar, französische Textilien waren in den feinen Geschäften der Stadt zu haben. Mein Vater hält in der *Cyclopedia* fest, daß der Vater seines Vater, Hovaness, ein Kaufmann war. Niemand weiß, welche Art Kaufmann. War er wohlhabend genug, um meinen Großvater und seine Brüder Krikor und Levon nach Etschmiadsin auf die höhere Schule zu schicken? Oder hatten sie ein Stipendium? Immerhin war er schlau genug, seine Söhne über die Grenze nach Rußland zu schicken, wo sich armenische Schulen ohne türkische Kontrolle und Einmischung entfalten konnten. Im Osmanischen Reich wurden armenische Schulen oft von amerikanischen Missionaren geleitet und mußten immer den türkischen Behörden Rechenschaft leisten.

Etschmiadsin war eine alte Stadt im russischen Armenien und Sitz der armenischen Kirche, und dort betrat mein Großvater in einem Seminaristengewand seine Klasse im Kevorkian-Seminar, und in den engen Gassen mit Kopfsteinpflaster sprach er mit seinen Klassenkameraden Armenisch. Ihn dürften die Nachrichten von der anderen Seite der Grenze erreicht haben. Die Nachrichten, daß Abd ül-Hamid überall im Osmanischen Reich die Armenier massakrierte. Mein Großvater ein Teenager, beschützt von der russischen Grenze, wie sein Vater zweifellos geplant hatte. Ende 1896 waren über 200 000 Armenier getötet worden, und zu der Zeit war mein Großvater weiter nach Nordwesten, nach Tiflis gegangen.

Zusammen mit Konstantinopel und Baku war Tiflis eines der drei kosmopolitischen Zentren der armenischen Kultur. Eine georgische Stadt mit mehr Armeniern als Georgiern. Die schönste Stadt des Kaukasus, mit einer Architektur im Stil von Paris und terrassierten Hügeln, die sich vom Ufer der Kura erhoben. Tiflis hatte Dutzende mittelalterlicher armenischer Kirchen und eine große Kathedrale aus dem fünfzehnten Jahrhundert aufzuweisen. 1823 wurde dort das Nersesian-Kolleg gegründet; als erstes weltliches armenisches Kolleg war es der Ort, an dem die armenischen Eliten ihre Ausbildung erhielten. Dort trieb sich mein Großvater mit Sozialisten und fortschrittlichen armenischen Kräften herum, Hunchaks und Daschnaks, junge Studenten mit idealistischen Hoffnungen auf Reformen und Wandel für die Not der Werktätigen, für die Not der Armenier im Osmanischen Reich. Als er 1898 am Nersesian-Kolleg seinen Abschluß machte, war er schon sein halbes Leben von Tokat fortgewesen. Er hatte die besten Stationen armenischer Ausbildung absolviert. Er und seine Klassenkameraden hatten mit Furcht und Besorgnis und Hilflosigkeit die Greuel verfolgt, die auf der anderen Seite der Grenze an Armeniern begangen wurden. Er kehrte gewiß nicht nach Hause zurück.

Diran Balakian machte nun seinen Aufstieg in der Welt. Er hatte weitaus mehr Möglichkeiten als die meisten osmanischen Armenier aus den Städten des Landesinneren. Das Beste war, nach Westen zu gehen, nach Europa, und er besuchte die medizinische Fakultät in Leipzig. Als er 1899 dort ankam, war Deutschland das neue, dynamische europäische Land. Berlin, ein Zentrum für Avantgarde-Kultur wie auch für Emigranten und Studenten aus Osteuropa und Kleinasien und dem Mittleren Osten. Die Deutschen nannten Leipzig *Klein Paris*, eine Bezeichnung, mit der die Stadt in Goethes *Faust* belegt wird. Eine wunderschöne mittelalterliche sächsische Stadt mit gotischen Gebäuden, engen Gassen mit hochgiebeligen Dächern aus dem sechzehnten Jahrhundert. Der Marktplatz der Stadt war wie ein Souk, mit seinem Labyrinth enger Gassen, durch überdachte Höfe miteinander verbunden. Leipzig war für seine großen Messen berühmt, die Kaufleute aus »allen Teilen Europas und aus Persien, Armenien und anderen asiatischen Ländern« anzog, wie die *Britannica* aus dem Jahre 1910 vermerkt. War Balakian, der Kaufmann, dorthin gereist?

Um die Jahrhundertwende war die Universität von Leipzig eine der einflußreichsten Universitäten der Welt. Sie wurde 1409 gegründet, und Goethe, Klopstock, Jean Paul Richter, Fichte und Schelling gehörten zu ihren Zöglingen. Das Musikkonservatorium zog Studenten aus ganz Europa und dem Mittleren Osten an. Bach war an der berühmten Thomaskirche Organist gewesen. Luther hatte 1519 in der Pleißenburg seine folgenreiche Disputation geführt. Schiller, Gellert und Mendelssohn hatten in Leipzig gelebt, Leibniz und Wagner waren dort geboren. Mein Großvater im Alter von zweiundzwanzig Jahren in dieser Stadt bedeutender Hochkultur. Welche Freiheit, in Europa zu sein. Aus dem »Osten« heraus zu sein, aus Rußland, aus Armenien, aus der Türkei, wo das Leben für Armenier immer düsterer wurde. Wo von den emporstrebenden Jungtürken des Sultans letzte Tage als Herrscher eingeläutet wurden.

Da die deutsche Regierung meinen Großvater zwang, eine Verpflichtung zu unterschreiben, derzufolge er nach Abschluß seines Studiums nicht bleiben und seinen Beruf dort ausüben würde, verließ er 1905 Deutschland. Unter dem Kaiser waren Einwanderer eigentlich nicht willkommen. Mein Großvater hätte vielleicht in ein anderes europäisches Land gehen können, um seine Laufbahn zu beginnen, doch er entschloß sich statt dessen, in den Osten zurückzukehren. Zurück ins russische Armenien, um an der archäologischen Ausgrabung von Ani teilzunehmen, einer verfallenen alten armenischen Stadt im Hochland, die im zehnten Jahrhundert die Hauptstadt der Könige von Armenien, der Bagratiden, war. Sie hieß die Stadt von tausend und einer Kirche, weil die obsessiven armenischen Baumeister von Ani das felsige Terrain mit Kirchen bedeckt hatten. War die Stadt auch von den Türken und den Mongolen und 1319 schließlich von einem Erdbeben zerstört worden, so hatten die 1892 unter Leitung des berühmten Linguisten und Orientalisten Nicholas Marr begonnenen Ausgrabungen doch die Mauern und Straßen der Stadt freigelegt. Als mein Großvater und sein Cousin, Krikor Balakian, inzwischen ordinierter Geistlicher, sich 1906 an Nicholas Marrs fortdauernden Ausgrabungen von Ani beteiligten, waren schon viele Kirchen freigelegt worden.

1905 war Ani russisch, doch nach dem Ersten Weltkrieg sollte es in türkischen Besitz kommen. Eine Stadt auf der Grenze der beiden Reiche, die sich Armenien teilten. Mein Großvater muß das als passenden Ort empfunden haben, um seine Zukunft zu überblicken. Ein Ort, um etwas über das verlorene Armenien herauszufinden. Und eine Expedition, eine romantische Angelegenheit nach all den Jahren des Studiums. Ein Arzt, recht gutaussehend, weltlich eingestellt, achtundzwanzig Jahre alt, ungebunden. War er Wochen da, Monate, ein Jahr? Wie viele waren mit ihm an der Ausgrabung beteiligt? Fresken, Kacheln, *hatchgars* (Steinkreuze), seltsame Artefakte, die aus dem Schutt auftauchten. Ich stelle mir ihn 1906 in der Eingangshalle einer Kirche aus dem zehnten Jahrhundert vor, in den kühlen Gewölben der armenischen Erde, wie er mit seinem Cousin Krikor Späße macht. Ich male mir aus, wie die beiden guten georgischen Wein trinken und Brot und Ziegenkäse essen und ein paar Kräuter, die sie auf einem Feld in der Nähe gepflückt haben. Auf armenisch scherzend, ohne sich über türkische Beamte zu sorgen, die sie in ihrer Muttersprache reden hören könnten. Aus einem Erdloch zum blauen Himmel über Ani emporblickend.

Die Abfolge der Ereignisse läßt sich nicht feststellen, doch mein Großvater schrieb in seiner Bewerbung für eine Anstellung im American Hospital in Chicago: »Ich war von 1907–1913 in Ägypten und Konstantinopel als Arzt für Allgemeinmedizin tätig.« Irgendwann nach den Ausgrabungen in Ani ging mein Großvater nach Ägypten, um eine Arztpraxis aufzubauen. Wollte er in Ägypten leben? Ich war sicher, daß es Kairo war, weil mir das Wort irgendwie im Gedächtnis geblieben ist. *Kairo*, ein Wort, das mit gedämpfter Stimme dann und wann am Tisch die Runde machte. *Ja, ja, Kairo*. Da müssen sie von ihm gesprochen haben. Wo sollte ein Armenier nach den Massakern Abd ül-Hamids leben? Ein gutes Klima, einige Freiheit vom Dasein als Ungläubiger, von Massakern. Was geschah dort? Er praktizierte eine Zeitlang als Arzt und ging wieder fort.

Ich sah die Vergangenheit allmählich als abgenutzten Teppich. Hier und da einige straffe Kettfäden und Schußfäden. Einige gute Webstellen, wo klare Bilder erschienen; dann lediglich ausgefranste Wolle, dann ein großes Loch. So viele waren aus der Zeit herausgeschnitten, und der Schmerz, der folgte, machte es für alle schwer, über die Vergangenheit zu sprechen. Mein Großvater schien den Kontakt zu seinen Eltern verloren zu haben, nachdem er aus Tokat fortgegangen war. Was war geschehen? Ich hörte einmal meinen Vater sagen, daß sein Vater eine Schwester gehabt habe, die gestorben sei. »Ach ja«, sagte Auntie Anna Jahre später, »sie wurde von den Türken umgebracht.«

»Wann?« fragte ich.

»1915.«

Eine Schwester 1915 von den Türken umgebracht. »Und der Rest der Familie? 1915? Umgebracht?«

»Ich nehme es an.«

»Was hat euer Vater über seine Familie gesagt? Über das, was beim Genozid geschah?«

»Er hat nie zu uns gesagt: ›Setzt euch hin, ich werde euch von meinen Eltern erzählen.‹ Er hat nie gesagt: ›Damit hat mein Vater den Lebensunterhalt verdient. War es nicht gut, daß er mich in Russisch-Armenien zur Schule geschickt hat?‹«

Doch ich suchte weiter nach den klaren Bildern im Teppich.

1909 war mein Großvater entweder in Kairo oder in Konstantinopel. Ich nehme an, Konstantinopel. Ich stelle mir vor, daß er ein paar Jahre in Kairo verbracht hat und daß es ihm dort nicht gefiel. Es war zu weit von Europa und seinem Gefühl für vertraute Dinge entfernt. Als die Jungtürken den Sultan absetzten und die Epoche von Abd ül-Hamid vorüber zu sein schien, beschloß mein Großvater, in die Türkei zurückzukehren, in die große Stadt Konstantinopel. Die griechische Gegenwart war in der historischen griechischen Stadt immer noch sehr lebendig. Auch Armenier hatten bei ihrer Gründung und ihrem Aufbau eine bedeutende Rolle gespielt, und jetzt lebten dort 161 000 von ihnen und machten es zu einem Zentrum armenischer Kultur. Die Jungtürken versprachen ein neues Zeitalter der Brüderlichkeit zwischen Armeniern und Türken, ein neues Zeitalter von Reformen. Warum nicht einen Versuch wagen? Warum nicht in jenes Reich zurückkehren? Mit seiner Beherrschung der deutschen Sprache und seinem Leipziger Examen konnte er eine Privatpraxis führen und zugleich als Arzt für die Deutsche Eisenbahngesellschaft tätig sein, eine Niederlassung der Eisenbahn Berlin-Bagdad in Konstantinopel. Ich stelle mir vor, daß sich Anfang 1909 das Leben für ihn gut anließ. Er bereitete sich auf eine Karriere in der großen Stadt vor, war auf dem Weg zum guten Leben. Er hatte Koharig Panosyan kennengelernt, eine junge Lehrerin am Amerikanischen Frauen-Kolleg. Eine sehr junge Lehrerin, gerade zwanzig Jahre alt und selber frisch vom Kolleg. Eine unverheiratete Christin, die jeden Tag mit der Fähre über den Bosporus zur Arbeit fuhr und unter dem Mantel zum Selbstschutz eine Pistole bei sich trug. Sehr aufgeweckt. Sehr fortschrittlich. Von sehr starker Willenskraft. Manche nannten sie gar grimmig. Jeder sagte, sie sei warmherzig und großzügig. Eine Postkartenaufnahme, die 1910 in Konstantinopel gemacht wurde, zeigt ihr Gesicht und das Oberteil eines weißen, hochgeschlossenen Seidenkleides. Ihr Blick ist starr vor Intensität. Die Lippen voll, die Kinnpartie angespannt. Die Augen feurig. Das Haar ist lang und zurückgesteckt, sieht jedoch aus, als löse es sich gerade, als wäre sie soeben vom Pferd gestiegen oder eine Meile gerannt. Es sollte fünf Jahre dauern, bis sie heirateten.

Dann änderten sich die Dinge mit einem Schlag. Oder vielmehr, sie änderten sich nicht. Obwohl die Jungtürken Gleichheit für Christen und andere Minoritäten versprochen und einige konstitutionelle Änderungen eingeführt hatten, die scheinbar ein liberaleres Regime bringen sollten, wurden die Änderungen niemals in die Tat umgesetzt. Die Verpflichtung zu konstitutionellen Änderungen rief islamische Fundamentalisten, Getreue von Abd ül-Hamid und eine ganze Reihe reaktionärer Gruppen in der Türkei auf den Plan, die eine Konterrevolution anzettelten. Die blutigsten Episoden richteten sich 1909 gegen die Armenier von Adana. In Adana hatten Armenier ihre vermeintlichen neuen Freiheiten gefeiert. Wie naiv. Wie unpolitisch. Verkündeten sie doch, jetzt seien sie ihren türkischen Mitbürgern gleichgestellt. Für diese Feiern wurden die Armenier massakriert.

Mitte April 1909 streckten die Armenier, die sich in Adana gegen die türkischen konterrevolutionären Kräfte zur Wehr gesetzt hatten, die Waffen, da sie im Glauben waren, daß der britische Konsul in der nahegelegenen Stadt Mersin helfen würde, Ruhe und Ordnung wiederherzustellen. Was folgte, ist eine der grausigsten und wüstesten Metzeleien genannt worden, die die Geschichte je verzeichnet hat. Das britische Konsulat mischte sich nicht ein, und noch schlimmer wurde es, als die türkische Armee eintraf und mit den Konterrevolutionären gemeinsame Sache machte, indem sie über eine wehrlose armenische Bevölkerung herfiel und sie täglich zu Tausenden hinschlachtete und lebendigen Leibes verbrannte. Schulen, Krankenhäuser und Kirchen waren bevorzugte Ziele. Ende April hatte der Holocaust von Adana mehr als 30 000 Menschen das Leben gekostet.

Mein Großvater muß in Konstantinopel gewesen sein, als die Nachrichten von den in Adana verübten Massakern eintrafen, und er begab sich mit einer Gruppe armenischer Ärzte sofort nach Adana, wo er mehrere Monate und vielleicht länger arbeitete, die verstümmelten Überlebenden behandelte und half, die Toten zu bestatten. Zurückzufahren ins Hinterland der Türkei, weit südlich und ein wenig westlich von seiner Heimatstadt. Hinunter zu einem anderen uralten Teil von Armenien, Kilikien oder Kleinarmenien genannt. Jenes letzte armenische Königreich, das von König Leo V. regiert wurde, bis es 1375 an Ägypten fiel. Da die Krankenhäuser von den Türken zerstört worden waren, mußten sie als Ärzte auf Schlachtfeldern gearbeitet haben, wobei sie verwendeten, was sie nur konnten. In der Stadt Adana und auf den Feldern, in Dörfern und Städtchen meilenweit. Eine Landschaft von Leichen. Tausende ermordeter Kinder. Tausende verstümmelter, vergewaltigter und ermordeter Frauen. Alles verbrannt. Gestank von verwesendem Fleisch. Gestank von Haar und Kleidern und Scheiße. Blut, das verkrustete und die Erde dunkel färbte, Stein,

Kleidung, Gegenstände, Gassen mit Kopfsteinpflaster. Adana, 1909.

In Konstantinopel, nach dem Genozid, nachdem die Türkei zusammen mit Deutschland und den anderen Zentralmächten im Ersten Weltkrieg eine Niederlage erlitten hatte, schrieb Gostan Zarian:

> Der Existenzkampf. Von einer Schule zur anderen. Ich verkaufe ein wenig Wissen für ein Stück Brot. Es ist furchtbar, ein Schriftsteller zu sein und einer kleinen Nation anzugehören. Noch schlimmer ist es, ein armenischer Schriftsteller zu sein.
>
> Unsere Generation hat mehr Freunde in der nächsten Welt als in dieser. Es gibt Orte, die ich unter Schmerzen besuche, als ginge ich über einen Friedhof von Erinnerungen.
>
> Ich will diese Stadt verstehen ... das ist keine Stadt, sondern eine Ansammlung von Bezirken und Panoramen. Ein Wirrwarr von Welten. Sie ist ein Übergang; ihre Bewohner ewige Reisende. Nichts ist stabil ...

Ein armenischer Schriftsteller zu sein, schrieb Zarian. Einige gute Freunde meiner Großeltern waren Schriftsteller, und die meisten von ihnen wurden von der türkischen Regierung im April 1915 exekutiert. Ein Freund insbesondere war ein Dichter, Adom Yarjanian, der das Pseudonym Siamanto benutzte. In den Jahren vor dem Genozid war das Haus der Familie meiner Großmutter zu einer Art Salon geworden, in den Schriftsteller und Maler kamen, um Gespräche zu führen und zu essen und sich aufzuhalten. Die Maler Sarkis und Vava Katchadourian, die Dichter Daniel Varoujan, Vahan Tekeyan und Siamanto, der Romancier Krikor Zorhab, der Dramatiker Levon Shant, ein junger Philosophieprofessor namens Armen Barseghian, der die Schwester meiner Großmutter Arusyag heiraten sollte, der Komponist und Geistliche Gomidas, Gostan Zarian und andere. Das viktorianische Schindelhaus meiner Urgroßeltern, von dem aus man einen Blick über den Bosporus hatte, war ein Ort, wo Schriftsteller ihre Gedichte und Erzählungen vorlasen und Künstler neue Gemälde zeigten. Als Arzt behandelte mein Großvater seine Künstlerfreunde gratis oder erhielt ein Buch oder ein Gemälde als Gegenleistung.

Am Vorabend des Genozids befand sich die armenische Literatur inmitten einer Renaissance. Armenische Schriftsteller hatten ihre eigenen uralten Traditionen in der Literatur und den bildenden Künsten mit der europäischen Aufklärung und der Romantik zusammengebracht. Voltaire, Racine, Hugo, Byron, Shelley, Swift, Milton, Manzoni und Leopardi waren ihnen wichtig gewesen, und um die Jahrhundertwende ebenfalls Zola, Balzac, Tschechow und Dostojewskij. In Konstantinopel war die literarische Bewegung Mehian entstanden, zu der Siamanto, Varoujan, Zarian und andere gehörten. Es war die armenische Moderne, und hineingemischt waren der italienische Futurismus und der deutsche Expressionismus. Die Armenier entdeckten auch ihre eigene kulturelle Vergangenheit wieder: das Epos *David von Sasoon*, die Gedichte von Sayat Nova und Gregor von Nareg, die Manuskript-Illuminationen von Sarkis Pidzak und Toros Roslin. Im Zuge der archäologischen Ausgrabungen wie jener, an der mein Großvater unter Nicholas Marr in Ani teilgenommen hatte, entstand ein neues Interesse an Architektur. Die sich über Zwickeln erhebenden Kuppeln, die Nischenpfeiler und die blinden Arkaden, mit denen armenische Architekten im späten Mittelalter das Bauwesen revolutioniert hatten, wurden von Europäern, Armeniern und Russen wiederentdeckt.

Wie Ossip Mandelstam, Bertolt Brecht und Nazim Hikmet in ihrer eigenen Zeit und an ihrem eigenen Ort, so gehörten die Dichter Siamanto, Daniel Varoujan und Vahan

Tekeyan zu den vielen armenischen Schriftstellern, die von der türkischen Regierung als Staatsfeinde verfolgt wurden. Mandelstam hat gesagt, da totalitäre Regimes immer die Dichter für die gefährlichsten Menschen halten, sind sie oft die ersten, die exekutiert werden. Die jungtürkische Regierung begann den Genozid, indem sie am 24. April 1915 eine Gruppe von 250 prominenten Führern und Intellektuellen verhaftete. Sie wurden mitten in der Nacht in kleine Städte ins Landesinnere gebracht und exekutiert. Der Gedanke, daß 1915 eine ganze Generation von Schriftstellern zum Schweigen gebracht wurde, als sie gerade erst heranreifte und etwas Dynamisches und Neues zu schaffen anfing, läßt mir keine Ruhe. Mit der Vernichtung der Armenier Anatoliens wurde die westliche armenische Literatur erwürgt. Armenische Schriftsteller der Diaspora sollten weiterhin in westarmenischen Dialekten schreiben; doch einmal auf dem Boden ihrer Entstehung ausgelöscht, war sie im Grunde vernichtet. Wie viele Literaturen auf dem Planeten waren auf diese Weise zugrundegegangen, wie viele Kulturen ausgerottet worden?

Ich frage mich, ob mein Großvater danach strebte, ein Schriftsteller zu werden, ein Dichter gar. Seine Erfahrungen auf den Todesfeldern von Adana brachten ihn schlagartig der Dichtung denkbar nahe. In Adana war er nicht nur Augenzeuge von Greueln, wie sie nur ein Arzt zu Gesicht bekam, sondern er war gezwungen aufzuschreiben, was er sah, in Briefen, die er an seine Familie schickte. Ich stelle mir vor, daß diese Briefe nur wenige Einzelheiten aussparten. Ich stelle mir vor, daß sie ihm halfen, ein wenig seiner Empörung Luft zu machen. Ich stelle mir vor, daß sie Vehikel der Trauer waren. Ich stelle mir vor, daß sie ihm halfen, die Welt zu verstehen, die er im Alter von zehn Jahren hinter sich ließ. Ich höre, wie er in Adana zu sich sagt, es ist wichtig, das auf Papier festzuhalten.

Der Dichter Siamanto wohnte nicht weit von den Balakians, und als er hörte, daß Diran Briefe über die Massaker schickte, kam er regelmäßig vorbei, um sie zu lesen. Die Briefe sind nicht erhalten, doch sie wurden zur Quelle für den nächsten Gedichtband von Siamanto, *Sanguinous News from My Friend*. In seinem Artikel für die *Cyclopedia* schrieb mein Vater:

> Während des Jahres 1909 diente er in einer Gruppe armenischer Ärzte in Adana, Türkei, indem er betroffenen Menschen half, die vor den türkischen Massakern jener Jahre geflüchtet waren. Während jener Zeit schrieb er eine Reihe von Briefen an seinen Freund, den Dichter Siamanto, in denen er die Lage in Adana und das Elend der Flüchtlinge schilderte, und diese wurden von dem Dichter 1911 [sic] unter dem Titel *Sanguinous News from My Friend* veröffentlicht.

Mein Vater hat mir nie direkt davon erzählt. Meiner Erinnerung nach erwähnten mein Vater und meine Tanten nur ein oder zweimal Siamanto und den Titel dieses Gedichtbandes, doch sie sagten nichts weiter darüber. Die Übersetzung des Titels bei meinem Vater läßt darauf schließen, daß ihm bei dem Titel mulmig war, und seine Beschreibung ist nicht akkurat. Siamanto hat die Briefe meines Großvaters nicht wortwörtlich veröffentlicht. Doch indem mein Vater den Artikel so schrieb, erkannte er an, in welchem Maße dieser Gedichtband eine Gemeinschaftsarbeit war. Ein Arzt und ein Dichter, die zusammen daran arbeiteten, einige Wahrheiten mitzuteilen.

DER TANZ

Auf einem Schlackenfeld, wo armenisches Leben
noch immer im Sterben lag,
erzählte mir eine Deutsche, die sich mühte, nicht zu weinen,
von den Greueln, deren Zeugin sie war:

»Das, was ich Ihnen jetzt erzähle,
habe ich mit eigenen Augen gesehen.
Von meinem Höllenfenster aus,
ich biß die Zähne zusammen
und sah, wie sich die Stadt Bardez
in einen Aschenhaufen verwandelte.
Hoch wie die Bäume türmten sich die Leichen,
und von den Quellen, von den Bächen und der Straße her
war das Blut ein trotziges Murmeln
und ruft noch Rache mir ins Ohr.

Hab keine Angst. Ich muß Euch sagen, was ich sah,
damit man versteht, welche Verbrechen
Menschen Menschen antun.
Zwei Tage lang, an der Straße zum Friedhof …

Die Herzen der Welt sollen verstehen.
Es war Sonntagmorgen,
der erste sinnlose Sonntag, der über den Leichen dämmerte.
Vom Abend bis zum Morgen in meinem Zimmer,
mit einer Frau, die eine Stichwunde hatte –
meine Tränen netzten ihren Tod –
Als ich aus der Ferne eine dunkle
Menschenmenge in einem Weinberg hörte,
die zwanzig Bräute peitschte
und widerliche Lieder sang.

Das halbtote Mädchen auf der Strohmatte zurücklassend,
ging ich zum Balkon meines Fensters,
und die Menschenmenge schien dichter zu werden wie
Wald.
Ein Tier von Mann brüllte: ›Ihr müßt tanzen,
tanzt, wenn die Trommel schlägt.‹
Wütend klatschten die Peitschen
auf das Fleisch der Frauen.

Hand in Hand begannen die Bräute ihren Rundtanz.
Neid empfand ich nun auf meine verletzte Nachbarin,
denn mit stillem Röcheln fluchte sie
dem Universum und gab ihre Seele den Sternen anheim …

Vergebens reckte ich die Fäuste gegen die Menge.
›Tanzt‹, wütete der Mob,
›tanzt, bis ihr sterbt, schöne Ungläubige.
Mit euren wippenden Titten, tanzt!
Lächelt für uns. Ihr seid jetzt verloren,
ihr nackten Sklavinnen,
tanzt doch, wie eine Horde verfickter Fotzen.
Wir sind geil auf eure toten Leiber.‹
Zwanzig anmutige Bräute stürzten zu Boden.
›Steht auf‹, johlte die Menge,
und zückte die Schwerter.
Dann brachte einer einen Krug Petroleum.
Menschliche Gerechtigkeit, ich spucke dir ins Gesicht.
Die Bräute wurden gesalbt.
›Tanzt‹, donnerten sie –
›hier ist ein Duft, den ihr in Arabien nicht bekommt.‹

Mit einer Fackel setzten sie
die nackten Bräute in Brand.
Und die verkohlten Leichen rollten
und stürzten in den Tod.

Ich schlug die Fensterläden zu,
setzte mich neben mein totes Mädchen
und fragte: ›Wie kann ich mir die Augen auskratzen?‹«

* * *

1913 kehrte mein Großvater nach Europa zurück, zuerst nach Berlin und dann nach Wien. Diesmal spezialisierte er sich auf Augenheilkunde, und zwar bei Ernst Fuchs, dem führenden Ophthalmologen seiner Zeit. Entwurzelte er sich ein weiteres Mal, um an der Seite von Dr. Fuchs zu arbeiten? Einfach um das menschliche Auge zu studieren? Er ging zurück nach Europa, um die Nervenstränge und Pfade zu studieren, die visuelle Impulse übertragen – eine Reise ins Innere, eine Art, in die Tiefe zu gehen, um die große chaotische Welt von Politik und Tod auszulöschen?

Oder verließ er das Osmanische Reich ein weiteres Mal, um endlich meiner Großmutter einen Antrag zu machen, die Konstantinopel verlassen hatte, um an der Ecole Normale in Chartres einen Abschluß zu machen? Warum verließ sie Konstantinopel? War ein Universitätsabschluß 1910 für eine junge Frau nicht genug? Hatte sie es satt, auf diesen flatterhaften, rastlosen, talentierten Mann zu warten? Floh auch sie vor den blutigen Nachrichten aus Adana?

Sie kehrten beide nach Konstantinopel zurück, um 1913 dort zu heiraten. Cousin Krikor, der zugleich der Onkel meiner Großmutter war, nahm die Trauung vor. Dann kehrten sie sofort nach Wien zurück, der Hauptstadt des Österreichisch-Ungarischen Kaiserreichs, nur elf Monate vor der Ermordung des Erzherzogs in Sarajewo und dem Ausbruch des Ersten Weltkriegs. Wien war der passende Ort für dieses rebellische, jetzt exilierte Paar. Obwohl die Familie über die Heirat nicht begeistert war, ließen sich die beiden willensstarken Menschen von nichts abhalten. Diese Romantiker. Wien: Stadt barocker Kirchen und Parkanlagen und mit dem Vermächtnis von Mozart, Beethoven, Schubert, Brahms und Mahler. Wien: die letzte Festung gegen die türkischen Invasoren Europas im siebzehnten Jahrhundert. Erst 1683 war es geschehen, daß die Österreicher mit Hilfe der Sachsen, Bayern und Polen die Türken abgewehrt hatten, die so sehr auf die Plünderung Wiens erpicht waren, daß sie Tunnel unter die Bastionen der Stadt bohrten. Ein passender Ort für meine Großeltern, um zusammen neu zu beginnen. Doch dann kam der Krieg, und, so schrieb mein Großvater: »Ich kehrte nach Konstantinopel zurück und diente während des Weltkrieges in der türkischen Armee, in den Dardanellen und anderen Teilen des Landes, und zwar im Range eines Hauptmanns.«

Weshalb die Rückkehr in die Türkei? Wurde mein Großvater während des Aufenthalts in Wien zur türkischen Armee eingezogen? (Nach 1910 wurden auch Christen eingezogen.) Waren sie aufgrund des Krieges gezwungen, Österreich-Ungarn zu verlassen? Wollte meine Großmutter ihr erstes Kind in Konstantinopel zur Welt bringen? Kehrten sie vor oder nach April 1915 zurück, als viele ihrer Freunde unter den Intellektuellen und führenden Persönlichkeiten zur Exekution zusammengetrieben wurden, darunter auch Cousin Krikor? Da die Türkei im Herbst 1914 in den Krieg eintrat und Anna im Juli 1915 in Konstantinopel geboren wurde, neige ich zu der Annahme, daß sie etwa Weihnachten 1914 zurückkehrten. Das junge Paar zum erstenmal seit der Hochzeit wieder mit der Familie vereint. Meine Großmutter auf dieser Reise zurück nach Konstantinopel schwanger. Was für eine Zeit, eine Familie zu gründen. Was für eine Zeit, an die Zukunft zu denken.

Als Hauptmann in der türkischen Armee wurde mein Großvater zu einem Armeestützpunkt nahe der ägäischen Küste geschickt. Irgendwann nach Juli 1915 trafen meine Großeltern mit ihrem neugeborenen Säugling in Soma ein. In einer Schublade meines Vaters fand ich ein Bild von meinem Großvater in der Uniform der türkischen Armee. Er posiert vor einem Atelierhintergrund, ein Wandteppich mit einer Rokoko-Gartenszene. Die Uniform wirkt dunkelbraun. Ein Gurt quer über die Uniformjacke, an einem breiteren Gürtel um die Hüfte befestigt. Zwei geknöpfte Taschen und ein paar Sterne auf den Schulterklappen. Die Hose sieht wie eine Reithose aus, um die Knie über den hohen schwarzen Stiefeln ausgestellt. Auf dem Kopf eine Schirmmütze mit einem Abzeichen daran.

Die folgende Szene stelle ich mir vor. Außerhalb von Soma stehen ein paar Zelte, ein paar Häuschen – Hütten eigentlich –, in aller Eile für die Ärzte errichtet, und eine primitive Baracke als Lazarett. Soma: eine antike griechische Stadt unweit von Troja, auf griechisch »Körper« bedeutend, *die physische Entität eines Organismus, im Unterschied zu den Keimzellen*. Nachdem mein Großvater 1905 den hippokratischen Eid abgelegt hatte, war er jetzt in Soma als Soldat der türkischen Armee, die im Ersten Weltkrieg mit Deutschland und dem Österreichisch-Ungarischen Kaiserreich verbündet war. Im Herbst 1916 regnete es sehr viel, und so stehen die Tabakpflanzungen unter Wasser. Der Geruch von verfaulendem Tabak liegt wie eine Decke über dem Stützpunkt, und vom Vordach des Lazaretts aus gleicht das einst grüne Tal einem Erdrutsch. Geruch nach Karbol, Urin, medizinischem Alkohol, Raki und Mastix in der Luft des großen quadratischen Platzes des Stützpunkts. Die türkischen Opfer sind zahlreich und werden immer mehr. Jeden Tag treffen die Verwundeten in Lastwagen und Sanitätsautos ein, von der Westfront und vom Balkan, von der Ostfront entlang der russischen Grenze. Auf dem Feld ist eine riesige türkische Flagge aufgespannt, weiß mit einem roten Halbmond, auf dem Boden ausgebreitet, um Fliegern zu signalisieren, daß sie das Krankenhaus verschonen.

Mustafa Jelal ist ein Leutnant, und er trifft im Fieberwahn in Soma ein. Er wird aus einem Lastwagen ausgeladen, in eine Wolldecke gehüllt. Er hat ein rundes Gesicht, schwarzes Haar, und seine Augen gehen ein wenig schräg nach oben. Eine lange dünne Narbe zieht sich vom Wangenknochen zur Kinnpartie, und sein Schnauzbart ist gepflegt. Das Schrapnell in seinem Körper hat eine Infektion verursacht, und mein Großvater hofft, sein Leben zu retten, indem er ihm das Bein amputiert und so den Wundbrand zum Stillstand bringt. Da es in Soma keinen Äther gibt, nimmt mein Großvater eine Kombination aus Raki und Opium, um seinen Patienten zu betäuben. Als mein Großvater seinen Hilfssanitäter, einen türkischen Gefreiten, um Säge und Skalpell bittet, hebt Leutnant Jelal den Kopf und sagt: »Effendi, retten Sie mich.«

»Sie werden es schaffen«, sagt mein Großvater.

Der Abend über Soma ist schiefergrau, und es nieselt. Der Geruch von durchweichtem Tabak hängt drückend in der feuchten Luft. Meine Großeltern und ihre Tochter Anna wohnen in einem kleinen Behelfshaus aus Kiefernholz ein paar hundert Meter vom Lazarett entfernt. Vom Fenster des Zimmers aus, in dem sie essen, können sie den roten Halbmond auf dem Feld schweben sehen. In der Nacht kehrt mein Großvater ins Lazarett zurück, um nach Leutnant Jelal zu sehen. Er sieht nach den Stichen auf der Rückseite des Hautlappens, der den Knochenstumpf bedeckt. Als er eintrifft, hat sich der Leutnant aufgesetzt und redet ein wenig verworren. Mein Großvater gießt ihm ein halbes Glas Raki ein.

»Effendi, Effendi, in meiner Tasche ist meine Heimatadresse. Bitte schreiben Sie meiner Frau, wenn irgendwas passiert.«

Mein Großvater nickt, das wird er tun, er verspricht es.

»Verstehen Sie, Effendi?«

Mein Großvater sagt: »Ja, Leutnant.«

Als mein Großvater am Morgen ins Lazarett zurückkehrt, ist Leutnant Jelal gestorben. Er steckt die Hand in die Brusttasche des Leutnants, um die Heimatadresse herauszuholen, und er findet ein kleines Buch, eine Brieftasche und eine Uhr. Eine tickende goldene Taschenuhr, auf der Rückseite in armenischer Schrift die Worte eingraviert: »Für Armen, in Liebe, Satenik, 3. Oktober 1892.« Mein Großvater steckt die Uhr in die Tasche, öffnet dann das Büchlein und liest: Mustafa Jelal, Fatma Jelal, Siyat Straße, Erzurum.

Ein armenischer Arzt in der türkischen Armee. Zerrissen zwischen dem hippokratischen Eid und dem Wissen, daß die, die du rettest, Völkermord begehen könnten. Während des Ersten Weltkriegs ein armenischer Doktor in der türkischen Armee zu sein bedeutete den Versuch, Leutnant Jelal zu retten, damit er ins Feld zurückkehren konnte, um Armenier auszurauben und zu töten. Mein Großvater hatte keine Wahl. Entweder er leistete seiner militärischen Einberufung Folge, oder er wurde wegen Landesverrats hingerichtet. Um seine Familie und sich zu retten, diente er in Soma.

»1922«, so schreibt mein Großvater, »kehrte ich nach Wien zurück.« Mein Großvater und meine Großmutter und ihre drei kleinen Kinder waren nach dem Krieg noch vier Jahre in Konstantinopel geblieben. Warum? Nachdem mehr als eine Million Armenier ermordet und der Rest von ihrem Land vertrieben worden war. Warum gingen sie nicht früher fort? Wer konnte es ertragen, an einem Ort zu leben, der Türkei hieß? Und was das Leben noch komplizierter machte, meine Tante Nona, die 1918 auf dem Armeestützpunkt in Soma geboren worden war, hatte sich im Alter von zwei Jahren eine Art Tuberkulose zugezogen, die ihr Rückgrat befiel.

Wien 1922. Das Habsburger Reich zerbrochen, die Stimmung in der Stadt düster. Wenn du 1922 Armenier bist und die Massaker überlebt hast, wer bist du dann? Zarian schrieb: *Unsere Generation hat mehr Freunde in der nächsten Welt als in dieser. Es gibt Orte, die ich unter Schmerzen besuche, als ginge ich über einen Friedhof von Erinnerungen.*

Meine Großeltern ließen Nona die bestmögliche medizinische Fürsorge angedeihen. Doch mein Großvater schreibt auch: »Ich ging nach Wien zurück, wo ich in den Kliniken für Rhinolaryngologie von Professor Dr. Hajek und Professor Dr. Neumann arbeitete.« Die Nase und der Kehlkopf. Weitere dunkle innere Räume, die mein Großvater studieren konnte. Angesichts des Unglücks der Krankheit ihrer Tochter mußte die Rückkehr nach Wien von gemischten Gefühlen begleitet gewesen sein. Sie hatten ihre Habe in Konstantinopel noch nicht zusammengepackt. Sie waren nur mit ein paar Koffern gekommen und planten, nach Konstantinopel zurückzugehen, sobald Nona gesund genug war, um die Reise antreten zu können.

Rückkehr in das Konstantinopel der zwanziger Jahre – in Mustafa Kemals neue Türkische Republik? Zu der Kultur, die die Armenier ausgerottet und die Griechen und Assyrer und die restlichen Christen Anatoliens ausgelöscht hatte? Als sie wußten, daß die Türkei die totale Ausrottung der Rasse plante? (Im Frühjahr 1918 war die Dritte türkische Armee in Russisch-Armenien einmarschiert und hatte beträchtliche Teile von Ostarmenien, darunter die untergegangene Stadt Ani, annektiert. Majorgeneral Otto von Lossow informierte Berlin in jenem Frühjahr, daß die Türken »die totale Ausrottung der Armenier Transkaukasiens« in Angriff nahmen.) Als sie wußten, daß die türkische Armee nach dem Krieg in die neugebildete Armenische Republik einmarschierte, in der Hoffnung, sie auszulöschen und den Kaukasus zu annektieren, und daß 1922 weitere 200 000 Armenier in der Gegend von Gumir und von Leninakan vernichtet worden waren? Warum dorthin zurückgehen?

Doch sie gingen nicht zurück. Im Sommer 1922 schickte der Vater meiner Großmutter, Murat Panosyan, ihnen ein Telegramm, das etwa so lautete: »Smyrna ist in Schutt und Asche gelegt, die Griechen und Armenier werden wieder einmal hingemetzelt. Die griechischen Kräfte werden aus Anatolien vertrieben. Kommt nicht zurück.«

1924 brach mein Großvater in die Vereinigten Staaten auf. Nona war in einem Sanatorium in Genf, aber da die Schweizer kein Visum erteilen wollten, ging meine Großmutter über die französische Grenze und gelangte nach Collonges, einem kleinen Dorf in den Französischen Alpen etwa zwölf Meilen von Genf entfernt. Anfang 1923 lebten meine Großmutter und ihre Schwester Arusyag und ihre Kinder Anna, Gerard und Armine zusammen in einem großen Haus am Fuße des Bergs Salève. Unterstützt wurden sie von ihrem Vater, einem wohlhabenden Kaufmann, der nach wie vor in Konstantinopel lebte. Die Mütter, die die Dinge beisammenhielten, bis sie Nachricht von ihren Männern erhielten. Würde Nona geheilt werden? Würde mein Großvater rasch Englisch lernen und seine Prüfung bestehen, so daß er in den Vereinigten Staaten Medizin praktizieren konnte? Würde Armen in Amerika eine Arbeit finden, mit seinem Doktor in kontinentaler Philosophie?

Sie gehörten zu keinem Land und reisten mit einem Paß, der auf die République Arménienne ausgestellt war, einem Paß aus einem Land, das nicht mehr existierte. (Von 1918 bis 1920 hatte eine Armenische Republik existiert, doch nach fortgesetzten Invasionen durch die Türken hatte sich die in ihrer Existenz gefährdete Nation von Flüchtlingen, die durch Hungersnöte ausgezehrt waren, der neuen Union der Sozialistischen Sowjetrepubliken angeschlossen.) Zwei Schwestern Anfang dreißig aus Konstantinopel in einem kleinen Alpendorf. »*Sous Salève*«, erinnerte sich Armine, die Cousine meines Vaters. »Wenn Leute im Dorf uns fragten, wo wir wohnten, sagten wir: ›*Sous Salève.*‹« Unterhalb des Bergs Salève.

Für die Kinder muß es eine mythische Zeit gewesen sein. Mein Vater erinnerte sich: »Wir wußten nicht, wessen Mutter zu wem gehörte. Wir riefen sie einfach ›die Mütter‹.« Drei Kinder, die mit den Müttern in einem Haus lebten, von dem aus man im Süden auf den Mont Blanc blickte und im Norden nach Genf hinabsah. Die Hirten auf den Weiden mit ihren Kühen und Ziegen. Die großen Schneefelder im Winter. Mein Vater erinnerte sich an das verträumte Echo von Glocken, Brot und Schokolade zum Frühstück. Wie konnte es einem noch besser gehen? Anna und Armine gingen auf eine katholische Schule und lernten die Welt auf französisch. Armine erinnert sich, wie hartnäckig sich Anna in jenem Alpenstädtchen der Schule verschrieb. Wie rasch sie Französisch lernte und darin glänzte.

Mein Großvater konnte in jenem Jahr ohne Schwierigkeiten in die Vereinigten Staaten einreisen, da sein jüngerer Bruder George, der 1913 nach Amerika gekommen war, ihn unterstützte. Mein Großonkel George hatte die armenische Patronymsilbe i-a-n weggelassen und lebte jetzt unter dem Namen Balak.

Ich, Unterzeichneter, George Balak (Balakian), wohnhaft 951 Farmington Avenue, West Hartford, Connecticut, ordnungsgemäß vereidigt, gebe hiermit zu Protokoll:

Daß ich seit November 1913 in den Vereinigten Staaten Wohnsitz habe; daß mir Doktor Diran Balakian, geboren in Tokat, Türkei, bekannt ist; daß mein Bruder etwa 43 Jahre alt ist; daß mein Bruder, Doktor Diran Balakian, zur Zeit in Wien, Österreich, lebt.

Daß er den Wunsch hat, Amerika zu seiner dauernden Heimat zu machen und seinen Beruf in diesem Land auszuüben; daß er von Beruf Arzt ist und Spezialist für Augen-, Hals-, Nasen- und Ohrenkrankheiten (der Dr. med. wurde ihm von der Universität Leipzig, Deutschland, verliehen, und er spezialisierte sich später als Augenarzt an der Universitätsaugenklinik von Wien, Österreich).

Daß er guter Gesundheit ist, ohne geistige oder körperliche Mängel, und im Fall, daß er die Genehmigung erhält, sich in diesem Land niederzulassen, garantiere ich hiermit, daß er in keiner Weise der Regierung der Vereinigten Staaten oder eines der Staaten oder einer Stadt darin zur Last fallen wird.

Daß ich eine eigene Firma habe, West Hartford Dye Works Company [Färberei], West Hartford, Connecticut, und finanziell imstande und in jeder Weise bereit bin, für meinen Bruder die Verantwortung zu übernehmen, sollte es ihm gestattet werden, in die Vereinigten Staaten zu kommen.

George Balak (Balakian)

Das Bewerbungsschreiben meines Großvaters an Dr. Max Thorek am American Hospital in Chicago, November 1924:

Ich bin der Nationalität nach Armenier, 46 Jahre alt, verheiratet und Vater von drei Kindern, aber meine Familie ist im Moment in Collonges (Frankreich) nahe Genf (Schweiz) verblieben, wo sie warten muß, bis ich sie in dieses Land bringen kann.

Ich bin vor vier Monaten in New York an Land gegangen … Ich widme den Großteil meiner Zeit dem Erwerb der englischen Sprache, die ich bereits recht gut verstehe und ein wenig spreche. Darüber hinaus spreche ich Armenisch, Türkisch, Deutsch und Französisch.

Ich habe sehr gute Referenzen, eine von Prof. Meller, geschrieben an Dr. Vincent, Präsident der Rockefeller Foundation, und einen weiteren Brief von Dr. Fuchs an Dr. Landsteiner und einen weiteren an Dr. Loeb, beide vom Rockefeller Institute.

Was das Gehalt betrifft, so möchte ich offen sagen, daß ich eine Vorstellung von der Arbeit habe, die ich verrichten werde, doch erwarte ich, daß die Fahrtkosten nach Chicago übernommen werden, daß ich Kost und Logis im Krankenhaus erhalten werde und daß ich mit jedem angemessenen Honorar für die Arbeit, die ich verrichte, zufrieden sein werde.

Ich hoffe, daß ich Gelegenheit haben werde, mein Englisch zu vervollkommnen, und einige Zeit für meine Prüfungen zu Verfügung haben werde.

Ende 1924 war mein Großvater in Indianapolis. Er schreibt: »Ich bin vor vier Monaten in New York an Land gegangen.« Welch unbewegter Humor; mein exilierter Großvater, ein Armenier, der einen Ort sucht, wo er sicher ist, der versucht, das Geschick Armeniens zu übertölpeln. Wie phantastisch doch die sich entwirrenden Wege des Exils sind. Ich denke an meinen Großvater, einen osmanischen armenischen Arzt, im Jahre 1924 in Indianapolis, im Amerika von Sinclair Lewis inmitten eines prosperierenden Jahrzehnts. Ein Arzt, der Zeuge des ersten rassistischen Massenmords dieses Jahrhunderts gewesen war, der 1909 den Opfern in Adana half und während des Krieges in der türkischen Armee diente. Und da findet er sich wieder in dieser angenehmen Stadt mitten in Amerika, mit ihrem ordentlichen Raster von Straßen und Meilen von Eisenbahnschienen und Gleisanschlüssen und Viehhöfen und Fleischfabriken. Eine Stadt von etwa einer Viertelmillion Einwohnern mit einem beträchtlichen Anteil deutscher und irischer Einwanderer und Schwarzer, die aus dem Süden nach Norden gekommen waren. Wie schätzten sie ihn ein?

Ich sehe den Namen Balak in Druckbuchstaben auf dem Briefkasten der schieferblauen Pension im Queen-Anne-Stil, mit einer Vorhalle, die bis zum zweiten Stock hinaufreicht, und großen, herrischen Erkerfenstern. Am Abend sitzt er in einem Schaukelstuhl in einem Zimmer mit Bett und Schreibschrank und arbeitet daran, Seiten aus *Great Expectations* und *David Copperfield* aus dem Deutschen ins Englische zu übersetzen, um »mich weiter zu bessern«, wie er auf englisch an den Rand gekritzelt hatte. Seine deutschen Ausgaben von Dickens mit seinen englischen Übersetzungen liegen noch in der Familientruhe; armenische, deutsche und englische Worte schweben auf den vergilbten Rändern. Einiges an Dickens und einiges an Straßenidiom. *Okeydoke, good to see you, so long, sullen, disputatious, confounding.*

Man schreibt das Jahr 1924, und der Ford Model T wird

in Amerika zu einem erstrebten Objekt der Mittelschicht, wie auch Kühlschränke, Radios und Staubsauger, doch die Nation wirkte eher provinziell. Das Vermächtnis der Roten Gefahr von 1919 ist virulent. Vorurteile gegen Einwanderer, Schwarze, Juden, Katholiken herrschen allenthalben. Der National Origins Act reduziert drastisch die Anzahl der Einwanderer, die ins Land kommen dürfen. Der Ku Klux Klan verbrennt Kreuze, mordet und entführt mit hehren Zielen. Frauen rauchen Zigaretten, tragen Bubikopf, zeigen ihre Beine, wählen. Mary Pickford, Clara Brown und Charlie Chaplin sind moderne Zeiten. Babe Ruth schlägt mehr Home-Runs als je einer zuvor. Alkohol ist illegal, und gewisse christliche Abstinenzlergruppen meinen, daß Whiskey und Bier Werkzeuge des Teufels und daß neue Einwanderer für diese anfällig seien. William Jennings Bryan bekämpft den Darwinismus. Mein Großvater schreibt Briefe nach Collonges. Jetzt kann er ihnen endlich mitteilen, sie sollen kommen.

Die Balakians trafen 1926 in New York ein. Die Papiere waren dermaßen korrekt, daß der Familie Ellis Island erspart blieb – Tante Ànna hat das sehr betont. Mein Großvater hatte jetzt seine eigene Praxis und gehörte zum Stab des Lenox Hill Hospital und des St. Luke's Hospital. 1936 machte Anna ihren Abschluß am Hunter College. Ihre Liebe zur französischen Literatur veranlaßte sie, in Columbia einen Promotionsstudiengang zu belegen, im Rahmen dessen sie bei Horatio Smith studierte und bei Paul Hazard, einem Franzosen, der für sein Buch *The European Mind [Der europäische Geist]* bekannt war. In einem Interview in der Zeitschrift *Ararat* erinnerte sich Anna, daß ihr Vater ihre akademische Laufbahn befürwortet hatte und daß ihre Eltern keinerlei Druck auf sie ausübten hinsichtlich einer raschen Heirat, wie es seitens armenischer Väter in jener Zeit so oft der Fall war. Nach dem Tod ihres Vaters 1939 unterstützte sie die Familie, während sie an ihrer Dissertation arbeitete. »Von Anfang an«, so sagte sie, »hatte ich nie das Gefühl, eine Frau in einer Welt von Männern zu sein.«

Dabei war sie in den späten dreißiger Jahren allerdings eine Frau in einer Welt von Männern. In den frühen vierziger Jahren wurden nur dreizehn Prozent aller Dissertationen von Frauen gemacht, etwa 350 von 3300. Diese Frauen waren zur Hälfte alleinstehend, geschieden oder getrennt lebend – dermaßen hart waren die Anforderungen, die sich durch Ehe, Mutterschaft und Laufbahn stellten. Als meine Tante 1943 mit einem Buchmanuskript in der Hand an der Syracuse University als Dozentin für Romanistik anfing, scheint sie sich um all das wenig Sorgen gemacht zu haben. Und wenn ich sie mir so vorstelle in Syracuse, New York, im Jahre 1944, eine alleinstehende Frau, die im nördlichen Teil des Staates in einer provinziellen Stadt mit rauhem Klima eine berufliche Laufbahn einschlägt, wobei sie ihre armenische Familie in Manhattan zurückläßt, dann denke ich an den Unternehmungsgeist meines reiselustigen Großvaters.

War die Leidenschaft meiner Tante für avantgardistische französische Dichtung der zwanziger und dreißiger Jahre ohne die Reise der Balakians denkbar, die sie via Wien, Genf und Collonges aus der Türkei hinausgeführt hat? »Die Schweizer wollten uns kein Visum geben, doch die Franzosen haben uns aufgenommen«, sagte sie. Heroisches Frankreich, romantisches Frankreich. Für sie der Gipfel europäischer Poetik. Beginn ihrer Laufbahn am Ende der wirtschaftlichen Depression, nach dem Tod ihres Vaters. Weshalb der Surrealismus? Sie antwortete: »Er demonstrierte die Transzendenz des Geistes in einer sich voll entfaltenden materialistischen Welt. Er öffnete die Tore der Imagination, um die Wirklichkeit über den bürgerlichen Kompromiß hinaus auszudehnen. Er ließ kindhafte Eigenschaften von Wunder und Unschuld zu. Ich konzentrierte mich auf literarische Gestalten, die sich nicht mit nationalen Elementen, sondern mit universellen Fragen befaßten. Ich war der Meinung, daß es nach dem Zweiten Weltkrieg viel zuviel nationale Polarisation und Betonung des Ethnischen gab, wogegen ich im Geiste eines Eine-Welt-Internationalismus erzogen worden war.«

Ich dachte an meine Tante im Alter von acht Jahren, in Collonges. Ich dachte an die Balakians, die von einem mythischen Paßdokument lebten, keinem Land angehörten, keiner Nation, keinem gesellschaftlichen Raum. Meine Tante mag nicht an jene Tage gedacht haben, als sie sich für ihre Laufbahn entschied, doch es war ein interessanter Kontext, über den man jetzt nachdenken konnte. Meine Tante fuhr fort: »Der futuristische Dichter Marinetti hat gesagt, wir können nicht den Friedhof unserer Vorfahren auf unserem Rücken mit herumschleppen.«

Wir können nicht den Friedhof unserer Vorfahren auf unserem Rücken mit herumschleppen.

Obwohl die Vorstellungen meiner Tante Anna in starkem Maße die ihrer Generation waren, empfand ich zugleich die Ironie in ihrer Antwort. Ungeachtet der anderen Wirklichkeiten, die mit ihrer Leidenschaft für einen solchen Literaturbegriff verflochten waren – einem Drang zu Unschuld, Wunder und Transzendenz –, schien mir ihre Auffassung doch auch vom armenischen Genozid beeinflußt worden zu sein. Wie konnte Literaturkritik der Welt konkreter Einzelheiten so feindlich gesonnen, so feindselig gegenüber Geschichte und Politik sein, wenn es da kein bedrückendes Gespenst gab? War sie nicht aus dem wirklichen Byzanz des Jahres 1915 geflohen – dem Jahr ihrer Geburt und der Massaker –, um sich in das mythologische Byzanz der romantischen Imagination zu flüchten? *Die poetische Umarmung wie die fleischliche / Solange sie währt / Verbietet jedes Abgleiten in das Elend der Welt.* Meine Tante hatte diese Verse von Breton als Motto zu ihrem Buch *Surrealism: The Road to the Absolute* gewählt, und indem sie das tat, bekundete sie ihre eigene therapeutische Auffassung von Dichtung als einer Form persönlicher Erlösung nach traumatischen Erlebnissen, Vertreibung und Exil. Unter anderem verkörperten die surrealistischen Dichter Frankreichs für sie den Zenit europäischer Kultur; sie waren eine Brücke, die vom Europa ihrer Eltern und den zauberischen Glocken des französischen Collonges in ihre Gegenwart führten.

Aber es mußte doch möglich sein, solch einer Dichtungsauffassung anzuhängen und zugleich Ereignisse der Geschichte anzuerkennen. Wie kann man den Friedhof seiner Vorfahren leugnen?

Die Entzifferung eines Skeletts

Eines Tages traf ein Umschlag ein; Absender war mein Freund Leo Hamalian, Herausgeber der Zeitschrift *Ararat*. Zum Vorschein kam eine Hochglanzseite, herausgerissen aus einer französischen Zeitschrift. Leo hatte darauf gekritzelt: »Irgendwie verwandt?« Mein Auge sprang zur Überschrift, *Recueillement sur la tombe de Monseigneur Balakian*, dann auf ein Foto von Menschen, die sich um den Torbogen einer Kirche versammelt hatten. *Recueillement*: Meditation. Am Grab von Bischof Balakian.

Es gab nur einen Bischof Balakian. Den Bischof, dessen Name dann und wann auftauchte, den Mann, der meine Großeltern in Konstantinopel getraut hatte. Den Mann, der ein Buch über die Kirchen von Ani geschrieben hatte. Den großen Mann, der auf dem Hochzeitsfoto mit den Augen der Balakians aus dem Habit eines Geistlichen hervorblickte.

Der Artikel handelte von einer Versammlung zum Gedenken an Bischof Gregoire Balakian an seiner Gruftkapelle auf dem Friedhof Saint-Pierre in Marseille fünfzig Jahre nach seinem Tod.

Doch wer erinnert sich noch an Bischof Balakian? Sehr wahrscheinlich nur sehr wenige unter uns, denn selbst das Steinkreuz, das sich über seinem Grab erhebt, liegt am Boden – jenes Kreuz, das das Symbol unserer nationalen Identität ist.

Bischof Balakian war in den dreißiger Jahren der Bischof der Armenier Südfrankreichs, zu einer Zeit, als die armenische Nation immer noch unter dem Schock des ersten Genozids unseres Jahrhunderts stand. Ein Mann von festen Überzeugungen, ohne allen Zweifel vom Geist Gottes beseelt, war er wahrhaftig aus dem Obsidian des Berges Ararat geschaffen.

Jenen, die alle Hoffnung hatten fahren lassen, gab er wieder Hoffnung, indem er durch seine Handlungen zeigte, daß für »wohlgeborene Seelen« das Wort »unmöglich« in der armenischen Sprache nicht existierte. In diesem Geiste vermochte er es, Notleidender unter Notleidenden, eine außerordentliche Aufgabe zu vollbringen, baute er doch – allein in Marseille und seinen Vororten – sechs Kirchen, darunter die Kathedrale Saint Mesrop. Niemand verdiente mit größerem Recht als er den Titel Grégoire der Erbauer.

Doch Bischof Balakian war nicht nur der Mann, durch den die Armenier wieder Hoffnung schöpften und wieder sie selbst wurden. Er legte auch Zeugnis ab im edelsten und christlichsten Sinne des Wortes. Er war nämlich tatsächlich einer der wenigen Überlebenden der 250 Märtyrer, die in der Nacht des 24. April 1915 in Konstantinopel verhaftet worden waren.

Der Artikel annoncierte des weiteren den Nachdruck von Bischof Balakians *Unersetzlichen Erinnerungen* an den armenischen Völkermord, und er schloß: »Bischof Grégoire Balakian, ruhe in Frieden, die, die Du so sehr geliebt hast, werden Dich niemals vergessen.«

Was waren die unersetzlichen Erinnerungen an den armenischen Völkermord von Bischof Balakian? Mein Vater und meine Tanten hatten sein Buch über die Kirchen von Ani erwähnt, doch niemals irgend etwas über Erinnerungen gesagt. An den Völkermord? Also auch das ein Geheimnis?

Ich saß in meinem Arbeitszimmer und blickte hinaus auf die roten und gelben Herbstbäume am Hang, und ich hatte das Gefühl, ich läse eine Flaschenpost, die in mein Leben geschwommen war. Ein Überlebender der 250 Intellektuellen und führenden Persönlichkeiten, die von der türkischen Regierung verschleppt und umgebracht worden waren. Autor einer Erinnerungsschrift über den Völkermord. Erbauer von Kirchen in Europa. Wäre solch ein Mann in den meisten Familien nicht ein Held? Würde man nicht von ihm erzählen?

Ich rief die Diözese der Armenischen Kirche in New York an und bat, mir alles an Informationen zu faxen, was über Bischof Balakian vorhanden sei. Innerhalb einer Stunde erhielt ich ein zweiseitiges Dokument, natürlich auf armenisch. Nur die Jahreszahlen 1873–1934 waren lesbar. Ich faxte es an meine Freundin Nevart in Ithaca, und sie übersetzte es und faxte es noch am selben Tag zurück. Es war ein Nachruf des Publikationsorgans des St. Jakob Seminars in Jerusalem. »Bischof Krikoris Balakian (1873–1934)«, November 1934.

> Niemand, der ihm auch nur flüchtig begegnete, konnte umhin, seine auffallendste Eigenschaft zu bemerken, nämlich seine Leidenschaft: Leidenschaft des Pathos, des Denkens, des Wortes und insbesondere der Tat.
>
> Er verbrachte seine frühen Jahre in Sanasarian in Karin, ehe er nach Deutschland ging, wo er zwei Jahre zubrachte, um Architektur zu studieren. In Konstantinopel war er als Sekretär und Mitglied des geistlichen Rates tätig, und ... während der Zeit der armenischen Massaker bewies er sich als bedeutender »Führer und Organisator«.

Während der Zeit der Massaker und seiner politischen Deportation kam ihm seine Kenntnis des Deutschen außerordentlich zugute. Dann wurde er von Bischof Gevork V. ordiniert und zum Stellvertreter des Katholikos in Europa ernannt. Er leistete als Geistlicher segensreichen Dienst in Manchester, in London und schließlich als Primas in Marseille. Es war ihm gegeben, seine initiierenden Impulse in die Vollendung großer Projekte zu verwandeln, wie etwa die Errichtung zweier Kirchen, eine in Nice von Chankerbian und eine in Marseille von Khorasanjian, wie auch in die Errichtung von sieben Kapellen und einer gleichen Anzahl von Schulen, in denen wahrhaftes armenisches Leben wieder erblühen konnte und für die die armenische Nation und Kirche seinem gesegneten Andenken sich dankbar verpflichtet wissen.

Wenn jedem seiner schönen Erfolge Desillusionierung folgte, so mag das der Leidenschaft eines Geistes zuzuschreiben sein, die oftmals solche Seelen begleitet, die unerschrocken unerforschte Ideale verfolgen ... Die Qualitäten dieses dynamischen Geistlichen, nämlich offen zu sein, furchtlos, freundlich und beherzt, gingen Hand in Hand mit Güte, Aufrichtigkeit, Ergebenheit und Liebe zum Vaterland.

Wie Stücke eines Puzzles, die aus einer Schachtel fallen. Der Cousin meines Großvaters, Onkel meiner Großmutter. Ich mußte die Erinnerungsschrift finden, die er verfaßt hatte. Existierte sie noch? Ich rief Nevart an, ob sie nicht ein Exemplar auftreiben könne. Eine Stunde später rief sie zurück und sagte, sie hätte eines in Beirut lokalisiert und daß es auf dem Weg zu einer Buchhandlung in Los Angeles sei und ich in einer Woche damit rechnen könne.

Das Buch traf in einer großen Schachtel ein. Betitelt *Armenisches Golgatha*. Eine gebundene, großformatige Ausgabe in zwei Bänden. 1977 neu aufgelegt, wies sie als Frontispiz ein Foto des Bischofs auf, der etwa so aussah wie auf dem Hochzeitsfoto meiner Großeltern, nur breiter und korpulenter. Da saß ich nun, und niemals in meinem Leben hatte ich dringender ein Buch lesen wollen, doch ich mußte einsehen, daß es Jahre brauchen würde, ehe ich alles ins Englische würde übersetzen lassen können. Ich saß da und starrte diese armenischen Buchstaben an, die wie seltsame Vögel aussahen, die an einem weißen Himmel flogen.

Zumindest die Inhaltsangabe ließ sich übersetzen. Ich machte eine Photokopie von den entsprechenden Seiten und faxte sie an Nevart, und innerhalb einer Stunde faxte sie sie an mich zurück.

Es war wie die Entzifferung eines Skeletts. Eine Fährte von Orten und Sätzen. Hinweise auf das Leben eines Mannes. Eines Mannes, der von der türkischen Regierung zum Tode verurteilt worden war, weil er ein armenischer Führer war. Eines Mannes, der seiner Hinrichtung entging und vier Jahre auf den Feldern des Todes verbrachte. Ein Augenzeuge. Vielleicht der einzige der berühmten 250, der überlebte, und überlebte, um seine Geschichte niederzuschreiben.

Der süsse Geruch von Brot
Die Überreste der Armenier in den Bergen von Amanos
Die Geister von 10 000 armenischen Frauen in den Wüsten von Ras-u-ayne
Blutvergiessen auf dem Weg von Borche nach Marash; eine deutsche Krankenschwester wird wahnsinnig
Das Leiden der britischen Gefangenen bei Kout-el-Amara
Das Projekt der Zwangsislamisierung – Flucht nach Injirlie

Worte wie Stücke von Knochen. Ich begann, die Gegenwart von Verlust auf neue Weise zu empfinden. Was bedeutete es, wenn eine ganze Zivilisation von der Erde getilgt wurde? Was bedeutete es, wenn ein Volk, das geliebt und gearbeitet und eine Kultur auf jenem Land aufgebaut hat, auf dem es seit dreitausend Jahren lebte, vernichtet wird? Was bedeutete das für das Vermächtnis dieser Kultur? Was bedeutete es für das Menschengeschlecht? Wenn eine Zivilisation ausradiert wird, gibt es eine neue Dunkelheit auf der Erde. Ich spürte, wie Staub über trockenes Land wehte, wo jetzt Blut ein Teil der Felsen ist, wo das Wasser nie wieder sauber dahinfließen wird.

Versprengte Armenier im Taurusgebirge
In Adana, Januar 1917–1918
Die Lebensbedingungen der in Adana verbliebenen Armenier
Der Fluch der ermordeten armenischen Mütter

Die Ausrufung der Armenischen Republik
Das Hospital/Schlachthaus türkischer Soldaten
Der Nationalschwur der Türken, die überlebenden Armenier auszurotten; das allgemeine Massaker in Der Zor
Flucht aus dem Blutland

Ich hörte den durchdringenden, zitternden Klang einer *douduk*. Den hohlen Hall der Toten, der aus dem herrlich geschnitzten Aprikosenholz dieses Instruments ertönt.

* * *

Bald danach schickte mir ein anderer Freund ein Buch, *The Case of Soghomon Tehlirian [Der Fall ...]*. Es enthielt ein Protokoll des berühmten Prozesses gegen Soghomon Tehlirian, einen jungen armenischen Flüchtling, der mit hatte ansehen müssen, wie seine Familie ermordet und seine Stadt zerstört wurde. Am 15. März 1921 verübte Tehlirian ein erfolgreiches Attentat auf Talaat Pascha, den führenden Kopf des Völkermords an den Armeniern. Tehlirian wurde inmitten einer Atmosphäre von empörter öffentlicher Meinung in Deutschland vor Gericht gestellt, um allerdings von den Schöffen freigesprochen zu werden, als diese die Berichte von Augenzeugen des Völkermords hörten. Unter den Zeugen beim Prozeß: »Krikoris Balakian (Vikar aus der armenisch-apostolischen Prälatur in Manchester, England, der zu dem Prozeß nach Berlin angereist ist) wird vereidigt. Der Zeuge spricht gebrochen Deutsch. Ein Dolmetscher ist nicht vonnöten.« Hier ein paar Auszüge aus dem, was er sagte:

ZEUGE, BALAKIAN:
Ich war bei Ausbruch des Krieges in Berlin, und im September 1914 kehrte ich nach Konstantinopel zurück. Am

21. April 1915 wurde ich verhaftet und zusammen mit 250 anderen armenischen Intellektuellen deportiert.

Während des Zwangsmarsches nach Deir-ez-Zor kamen wir durch Dörfer und Städte, in denen zahllose Armenier ihr Leben hatten lassen müssen: Choroum, Boghazliyan, Kayseri, Tomarza, Jajin, Sis, Kars Bozar, Osmaniye, Hassanbeylie und Islahiye.

So wurden zum Beispiel zwischen Yozghat und Boghazliyan 43 000 armenische Männer, Frauen und Kinder hingeschlachtet. Wir hörten das ständige Gerücht, daß wir ebenfalls exekutiert werden sollten, wenn auch das offiziell verwendete Wort »Verbringung« lautete. Verbringung war in Wirklichkeit eine Politik der Auslöschung. Unsere Gruppe hatte Geld, zusammen etwa 15 000–16 000 Goldstücke, und wir glaubten, daß dieses Geld unsere Rettung bedeuten würde. »Bakschisch« ist in Kleinasien ein sehr starker Anreiz. Der Grund, weshalb ich noch am Leben bin, ist »Bakschisch«.

Wir hatten Hunger, und wann immer wir zu einem Fluß kamen, erlaubten sie uns nicht, unseren Durst zu stillen. Wir blieben zwei Tage ganz ohne Lebensmittel. Sie erlaubten uns nicht, Lebensmittel zu kaufen. Sie erlaubten uns auch nie zu schlafen, und doch waren wir zufrieden. Wir dachten, wir hätten schon sehr großes Glück, wenn sie uns nicht töteten.

Als wir zu der blutigsten Stadt, Yozghat, kamen, sahen wir in einer Klamm, etwa vier Stunden Wegs von der Stadt entfernt, ein paar hundert Schädel von Frauen und jungen Mädchen. In unserer Begleitung war ein Polizeihauptmann, Shukri, der uns geführt hatte (wir waren 48 Mann und 16 Polizeioffiziere zu Pferde). Wir fragten ihn, ob es wahr sei, daß nur Männer getötet würden und Frauen und Kinder verschont blieben.

»Wenn wir nur die Männer töten würden«, antwortete er, »und nicht auch die Frauen und Kinder, dann würden wir in etwa 50 Jahren ein paar Millionen Armenier haben. Deshalb müssen wir auch die Frauen und Kinder töten; auf die Weise werden wir dann kein äußeres und kein inneres Problem mehr haben.«

Der Hauptmann erklärte ruhig und im Detail, daß aus Yozghat und den umliegenden Dörfern 14 000 Männer geholt und getötet und ihre Körper in Brunnen geworfen worden seien. Den überlebenden Mitgliedern ihrer Familien wurde erzählt, daß die Männer nach Aleppo in Syrien geschickt würden, daß es ihnen gut gehe und daß die Regierung aufgefordert worden sei, Anweisungen für die Mitglieder ihrer Familien zu geben, damit sie zu ihnen nach Aleppo kämen. Diese Familien würden Quartier finden, das dort für sie bereitstehe. Darüber hinaus habe die Regierung einen Erlaß gegeben, daß alles Bewegliche auf Wagen mit nach Syrien genommen werden könne.

Auf der Grundlage dieser Anweisungen begannen Familien, alles, was von Wert war, zusammenzupacken, darunter Teppiche, Silberbesteck, Gold, Schmuck und alle andere bewegliche Habe. Sie luden es auf ihre Wagen und brachen in einer Karawane nach Syrien auf. Auf der Straße von Yozgat nach Boghazliyan erzählte mir der Hauptmann, daß er als Kommandant der Gendarmen bei 40 000 Armeniern persönlich Befehl gegeben habe, sie zu töten. Des weiteren sagte er: »Jetzt dachten die Frauen, daß ihre Männer am Leben seien, und sie trafen Vorbereitungen nachzukommen.« Da waren etwa 840 Wagen; 380 davon waren Ochsenkarren, der Rest von Pferden gezogen. Viele Frauen und Kinder waren gezwungen, zu Fuß zu gehen. Es waren etwa 6400 Frauen und Kinder, die nach Aleppo deportiert wurden.

Ich fragte den Hauptmann, warum man so etwas getan habe. Er erklärte: Wenn die Frauen und Kinder in den Städten erledigt worden wären, dann wären wir niemals imstande herauszufinden, wo sie ihr Gold und ihre anderen wertvollen Besitztümer versteckt haben. Deshalb haben wir ihnen erlaubt, all ihre Wertgegenstände einzupacken.

Ich fragte den Hauptmann, ob er so etwas wie Reue empfinde. Ich fragte ihn, ob er sich vor Gott, der Menschheit oder dem, was wir Zivilisation nennen, verantwortlich fühle oder nicht.

Der Hauptmann antwortete, er fühle sich in keiner Weise verantwortlich. Er gehorche lediglich Befehlen, die ihm aus Konstantinopel gegeben würden. Er wies darauf hin, daß er nur ein Hauptmann sei und den Befehl empfangen habe, alle zu töten, weil ein »Heiliger Krieg« erklärt worden sei. Wenn das Massaker vorüber sei, so sagte er mir, spreche er ein Gebet und erhalte so Absolution für seine Seele.

VON GORDON (Verteidiger):

Als Sie in Changre waren, sind Sie da mit einem Ihrer Professoren zum Vali gegangen, und haben Sie ihn aufgefordert, etwas für Sie zu tun? Hat er Ihnen da nicht ein Telegramm gezeigt, das er von Talaat Pascha auf eine bestimmte Frage hin erhalten hatte?

ZEUGE, BALAKIAN:

Eines Tages, als ich bei Herrn Diran Kelekian war, Redakteur der türkischen Zeitung *Sabah* und Professor an der Türkischen Universität in Konstantinopel, fragte er mich: »Hätten Sie Lust, mit mir den Vize-Gouverneur, Assaf Bey, zu besuchen?«

Also gingen wir Assaf Bey besuchen ... Er hieß uns sehr höflich willkommen. Wir fragten ihn, was wir tun könnten, um nach Konstantinopel zu gelangen. Er sagte: »Mein lieber Professor, was immer Sie tun wollen, tun Sie es. Tun Sie es rasch, sonst wird es zu spät sein.«

Natürlich fragten wir ihn, inwiefern es zu spät sein könne. Assaf Bey antwortete, indem er sagte, anderen könne er nichts sagen, doch er sagte: »Sie sind mein Lehrer

(Herr Kelekian) und Sie (an mich gewandt) sind Geistlicher, Sie können das Geheimnis bewahren. Ich vertraue Ihnen!« Er zeigte uns ein Telegramm, das ich las. Ich habe keinerlei Grund, an der Authentizität eines Telegramms zu zweifeln, das mir vom Vize-Gouverneur gezeigt wurde. Das Telegramm lautete: »Telegraphieren Sie uns direkt und unmittelbar die genaue Ziffer, wie viele Armenier getötet wurden und wie viele noch am Leben sind. Talaat, Innenminister.«

Zuerst war ich unfähig, die Bedeutung des Telegramms zu begreifen, da ich mir nicht vorstellen konnte, daß eine ganze Nation massakriert werden sollte. So etwas hatte es in der Geschichte noch niemals gegeben. Herr Kelekian fragte Assaf Bey nach der Bedeutung des Telegramms. Er antwortete: »Sie müssen doch intelligent sein. Sie sind ein Chefredakteur. Das Telegramm bedeutet: Worauf wartet ihr? Tötet sie alle.«

SCHÖFFE:

Welche Unterschrift trug das Telegramm?

ZEUGE, BALAKIAN:

Das Telegramm trug die Unterschrift »Talaat«.

VON GORDON:

Wer hat Ihnen geholfen zu entkommen? Waren es die Russen, die Briten, Türken oder Franzosen? Wer?

ZEUGE, BALAKIAN:

Das ist eine verhängnisvolle Geschichte, und die Ereignisse zu erzählen, die ich fünf Jahre lang ertragen habe, würde Wochen oder gar Monate dauern.

VON GORDON:

Wir würden es zu schätzen wissen, wenn Sie diese Ereignisse für uns zusammenfassen würden.

ZEUGE, BALAKIAN:

Ich bin von Islahiye nach Ayran-Bagche geflüchtet. Als ich zum Amanos-Gebirge gelangte, stieß ich auf eine Gruppe deutscher Architekten und Ingenieure, die an einem Tunnel arbeiteten. Sie waren sehr höflich zu mir, insbesondere als sie entdeckten, daß ich in Deutschland studiert hatte und Deutsch sprach. Sie sagten, ich solle mir den Bart abrasieren, meine Soutane ausziehen und mich als Europäer kleiden. Unter der Ägide dieser deutschen Ingenieure arbeiteten 8000 Armenier, doch als der Befehl kam, daß diese Armenier ebenfalls zu deportieren seien, wurden sie zwischen Bagche und Marash umgebracht. Ich flüchtete ein weiteres Mal, diesmal ins Taurusgebirge, wo andere deutsche Ingenieure an einem Tunnel arbeiteten, und bei ihnen fand ich Zuflucht. Der Chefingenieur, Leutenegger, war sehr gut zu mir. Sowie jedoch die Türken meine Identität herausfanden, flüchtete ich nach Adana. In Adana traf ich auf weitere Deutsche, und wieder blieb ich bei ihnen fünf Monate lang. Ich war im Hauptbüro unter dem Schutz von Chefarchitekt Winkler. Ich erhielt eine deutsche Uniform, und ich ging als deutscher Soldat durch.

Mit meiner deutschen Uniform schloß ich mich anderen deutschen Soldaten und Offizieren an und fuhr mit ihnen in der Eisenbahn nach Konstantinopel. In Konstantinopel tauchte ich unter, bis 1918 der Waffenstillstand unterzeichnet wurde. Im November 1918 verließ ich die Türkei und ging nach Paris, um dort zu versuchen, der Welt von den Greueln zu berichten, die an den Armeniern begangen wurden.

NEIMEYER (Verteidiger):

Ist Ihnen bekannt, daß Talaat gesagt hat: »Ich habe an einem Tag mehr für die Lösung der armenischen Frage getan als Abd ül-Hamid in 30 Jahren?«

ZEUGE, BALAKIAN:

Was Talaat getan hat, war noch nie geschehen, nicht nur in den vergangenen 30, sondern in den vergangenen 500 Jahren.

SCHÖFFE EWALD:

Ich möchte dem Zeugen Balakian eine Frage stellen. Sie

haben gesagt, Sie hätten den Vali aufgesucht. War er ein Gouverneur oder ein Bürgermeister? Haben Sie die Unterschrift von Talaat auf dem Telegramm gesehen?

ZEUGE, BALAKIAN:

Ja, ich habe sie mit meinen eigenen Augen gesehen.

Ich weinte, als ich die Worte meines dahingegangenen Onkels abtippte. Ich spürte seine Umarmung, seinen Bart an meinem Gesicht. Allen Widrigkeiten zum Trotz hatten seine Worte mich gegen Ende des Jahrhunderts hier mitten im Staate New York erreicht.

TEIL VI

GEDENKEN

Times Square

Wenn der Holocaust ein Betrug war, warum nicht ebenfalls die armenische Katastrophe? Wenn Anne Franks Tagebuch gefälscht war, wer will sagen, daß nicht gewisse, von Talaat Pascha unterzeichnete Dokumente ebenfalls unecht waren? … Der türkische Angriff auf die Wahrheit bildet ein Beispiel für die neue herrschende Lesart, und zwar die, aus der die Wahrheit geflüchtet ist.

– TERRENCE DES PRES,
On Governing Narratives:
The Turkish-Armenian Case
[Über herrschende Lesarten:
Der türkisch-armenische Fall]

Ich lebe im Chenango-Tal von Madison County, westlich von Cooperstown, wo James Fenimore Cooper einmal die Oberfläche eines Sees als Glimmerglas beschrieben hat, und östlich von den Finger Lakes, die aus eiszeitlichen Felsen herausgewaschen wurden. In der Mitte des Staates New York sind die Hügel sanft, doch die silberweißen Silos, die Scheunen mit ihrer abblätternden roten Farbe und die Versammlungen weißer Rinder mit schwarzem Gesicht haben nichts Malerisches an sich. Es ist eine Gegend wirtschaftlicher Kargheit, eine Landschaft der Arbeit. Route 20 ist eine zweispurige Überlandstraße, wie die alte Route 66, und sie verläuft vier Meilen nördlich meines Hauses in Hamilton und durchschneidet Städtchen und Dörfer von Albany bis Buffalo. Verfallende viktorianische Häuser im italienischen Stil, kläglich aufgedonnert, Antiquitätengeschäfte, Imbisse und Restaurants mit verblaßten Neonreklamen entlang der Straße kennzeichnen auch noch die kleinsten Städtchen wie Bridgewater, East Springfield, Bouckville.

Die Aprillandschaft ist gelbbraun. Maisstoppeln, heufarbenes Gras, schlammige Spurrillen, die durch den Schnee bluten. Rote Knospen an kaum sichtbaren Bäumen. Das Thermometer steigt auf 21 Grad, fällt auf –12 Grad. Die Windschutzscheibe ist vereist. Vor meinem Fenster, beim Telephon, prasseln Hagelkörner auf das rote Blechdach der Seitenveranda. Dann Regen und Tauwettergeruch, und am Nachmittag erinnern sich Arme und Beine an den Juli. In der Abenddämmerung wieder Schneeschauer. Ein Monat von Fehlstarts. Das Herz ist ein Hinterreifen, der im Schlamm durchdreht.

Ich erinnere mich an den Telephonanruf, da meine Tochter ihren ersten Geburtstag hatte, und sie hielt sich an den Möbeln fest, als sie im Wohnzimmer ihre Runde drehte. Ihr Haar war lang und seidig und fein und von der Farbe marokkanischer Oliven, wie das Haar der Balakians von Konstantinopel und Tokat. Durch die atmosphärischen Störungen des schnurlosen Telephons waren bruchstückhafte Sätze von armenischem Englisch zu hören. Ein Stimme fragte, ob Dr. Balakian bereit wäre, am siebzigsten Jahrestag des armenischen Genozid teilzunehmen, und zwar am 24. April, dem traditionellen Gedenktag. Er sollte am Times Square abgehalten werden.

»In neun Tagen?«

»Ja. Können Sie kommen?«

Seit *Sad Days of Light* erschienen war, bekam ich Einladungen zu Lesungen meiner Gedichte. Nicht nur in Universitäten, sondern auch in Kirchen, Rathäusern, zu Seminaren über Menschenrechte und Konferenzen über Völkermord. Es war eine Überraschung, denn ich hatte nicht die Absicht gehabt, ein gesellschaftlich wertvolles Buch oder ein »armenisches« Buch zu schreiben. Ich hatte für Nationalismus wenig übrig, und ich war dermaßen abseits vom Leben armenischer Ethnizität erzogen worden, daß mein Leben zu einer Jagd auf der Suche nach der Vergangenheit geworden war. Ich fand mich verwickelt in die Katastrophe, die Armenien und meine Familie betroffen hatte, und in die universalen moralischen Fragen, die der Völkermord aufwarf. Und so hatte ich ein Buch mit Gedichten über Dinge geschrieben, für die ich einstehen konnte. Armenien war für meine Imagination ein Atlantis geworden. Das untergegangene Armenien, wo meine Familie noch vor erst siebzig Jahren gelebt hatte. Armenien, dessen unseliges Geschick dazu beigetragen hat, die Moderne zu definieren, wie Michael Arlen formuliert hat, denn »die Nutzung moderner Technik für den Massenmord begann mit dem Genozid an den Armeniern« und war die Quelle »des Blutstroms, der die großen mörderischen Geschehnisse unseres Jahrhunderts miteinander verbindet«.

Ich war zu der Überzeugung gekommen, daß ein Dichter etwas mit dem japanischen Geigenbauer gemein hat, der fünfzig Jahre lang arbeitete, um sein zartes Holzinstrument zu erschaffen. Als ein Käufer seinen Laden betrat, sich in das Instrument verliebte und dem Geigenbauer mehr Geld bot, als man ihm je geboten hatte, lächelte der Geigenbauer und sagte: »Diese Geige ist für meinen Urenkel; sie darf fünfzig Jahre lang nicht gespielt werden.« Vielleicht mußte die Vergangenheit eine Zeitlang ruhen, ehe daraus Musik gemacht werden konnte.

Armenien hatte eine Bedeutung, so empfand ich es mittlerweile, aufgrund seiner schieren Verweildauer auf diesem Planeten, und diese Verweildauer noch dazu an einem Ort, der für uns im Westen als die »Wiege der Zivilisation« galt. Der Tigris war hinter dem Haus meiner Großmutter in Diyarbakir vorübergeflossen. Ohne Zweifel hatte sie darin gebadet. Ihr Pferd hatte Wasser daraus geschlappt. Ihre Familie hatte Wäsche darin gewaschen. Sumerer, Chaldäer, Hethiter, Kappadokier, Babylonier waren Namen in Geschichtsbüchern, doch Armenien gab es immer noch auf der Landkarte. Die östlichste und älteste christliche Nation auf der Welt.

Als die Stimme in gebrochenem Englisch am Telefon mich nur neun Tage vorher aufforderte, zu kommen und zu sprechen, sagte ich: »Ich muß in meinen Terminkalender schauen« und hängte auf.

»Das kotzt mich an«, sagte ich zu meiner Frau. »Diese verdammten Armenier, sie erwarten, daß du auf der Stelle kommst, als wärest du es ihnen schuldig. Und bezahlen tun sie nie.«

»Du wirst dich mies fühlen, wenn du nicht hingehst«, sagte meine Frau.

Mies hieß schuldig, und Schuldgefühle sind in der armenischen Kultur ein Seinsgrund, eine Art, die individuellen Egos gegenüber dem kollektiven Willen in Schach zu halten.

»Scheiß drauf. Ich werde nein sagen.« Und so rief ich am nächsten Morgen an und sagte: »Okay, ich kann kommen.«

»Zwölf Uhr mittags am Times Square. Sie wissen, wo das ist?«

»Ja«, sagte ich.

»Dr. Balakian«, sagte die Stimme in gebrochenem Englisch, »schön, daß Sie da sein können.«

Ein feuchter Wind und helle Sonne im späten April. Ich blinzelte ins grelle Mittagslicht. Wir saßen auf Klappstühlen auf einem Sperrholzpodium. Es gab Mikros, Kameras auf Stativen, die Videoausrüstung eines Fernsehsenders. Die Fassaden der Gebäude waren vertraut. Die laufenden Lichter der Sony-Uhr, die digitalen Nachrichtenfetzen, die sich um einen Wolkenkratzer wickelten, eine riesige Flasche Coke auf einer roten Reklametafel. Eine amerikanische Flagge. Fuji Film. Die Buchstaben drehten sich um mich herum. Vor mir in Augenhöhe das Vordach eines Kinos, *The Killing Fields*.

Der Times Square war durch hellblaue Gitter mit dem Monogramm NYPD abgesperrt. Polizisten auf großen Pferden mit Scheuklappen bewegten sich langsam um sie herum, wodurch sie ein seltsames Gepränge entfalteten. Ich wurde mit den anderen Sprechern bekanntgemacht. Der Enkel des Botschafters Morgenthau, Henry Morgenthau III., Senator Al D'Amato, Elizabeth Holtzman, die Demokratin, die bei dem erdrutschartigen Sieg Reagans 1980 gegen D'Amato unterlegen war. Ich nahm Platz auf einem Stuhl zwischen Marjorie Housepian Dobkin, der Romanschriftstellerin und Historikerin, und einem schmächtigen Asiaten namens Dith Prahn, dessen Geschichte *The Killing Fields*, in der dargestellt wird, wie er Pol Pots Genozid in Kambodscha überlebte, ich erst vor ein paar Tagen gesehen hatte.

Als sich der Times Square mit Menschen füllte, lehnte sich Marjorie zu mir herüber, um zu sagen: »Die Türken sind gekommen.« Ich sah wieder auf die hellblauen Absperrgitter und die berittenen Polizisten und bemerkte, daß die Sicherheitsvorkehrungen verstärkt worden waren. Verschiedene türkische Organisationen waren gekommen, um gegen unseren Bürgerakt der Trauer zu protestieren. Ich saß da und schaute, und ich spürte, wie der Zorn, den ich nicht empfinden wollte, mich überfiel.

Auf der anderen Seite der Absperrungen verteilten türkische Demonstranten Pamphlete, von denen eins den Titel *Setting the Record Straight: On Armenian Propaganda Against Turkey [Richtigstellung: Über armenische Propaganda gegen die Türkei]* trug. Herausgegeben von der Vereinigung türkisch-amerikanischer Gesellschaften, Washington, D.C., hieß es darin:

In den letzten Jahren sind in Europa, Amerika und anderswo von einigen Armeniern Behauptungen aufgestellt worden, daß die Armenier im Osmanischen Reich unter Machtmißbrauch gelitten hätten. Solche Behauptungen sind absurd.

Armenier wurden deportiert, weil sie eine Bedrohung der Sicherheit darstellten und Moslems massakrierten, doch von der osmanischen Regierung wurden umfangreiche Vorkehrungen getroffen, um zu verhindern, daß die Armenier während dieser Deportationen zu Schaden kamen. In diesem Sinne ergingen Anweisungen, daß, »wenn die Armenier an ihre Siedlungsorte verbracht werden und sie unterwegs sind, ihr Wohlergehen sichergestellt ist und ihr Leben und Eigentum Schutz genießt; daß nach ihrer Ankunft ... ihre Ernährung aus Beschlagnahmungen für Flüchtlinge bestritten wird; daß Besitztümer und Land gemäß ihrer vorherigen finanziellen Situation an sie verteilt werden.«

Die türkische Veröffentlichung setzte sich mit einem Angriff auf die armenischen Überlebenden fort:

Sorgfältig präpariert von ihren nationalistischen armenischen Interviewern, erzählen diese betagten Armenier Schauergeschichten, die angeblich vor etwa 66 Jahren stattgefunden haben, und zwar mit Einzelheiten, die die Vorstellungskraft nur in Erstaunen versetzen können angesichts der Tatsache, daß die meisten von ihnen schon achtzig Jahre und älter sind. Jahrelang nationalistischer armenischer Propaganda wie auch den Einflüsterungen ihrer Interviewer ausgesetzt, kann wenig Zweifel daran bestehen, daß ihre Aussagen für geschichtliche Forschungen von keinerlei Wert sind.

Aus einer Vielzahl von Gründen sind in demselben Krieg weitaus mehr Türken als Armenier – etwa 3 Millionen Türken – ums Leben gekommen. Sehr wenige von diesen sind an der Front gefallen. Folglich ist der Schluß abwegig, daß die Armenier schrecklicher gelitten hätten oder daß die osmanische Regierung versucht habe, sie auszurotten.

Weder vor dem Ersten Weltkrieg noch währenddessen wurde im Osmanischen Reich an den Armeniern Völkermord begangen. Es wurde von der osmanischen Regierung kein Völkermord geplant oder befohlen, und es hat kein Völkermord stattgefunden.

Meine Vorfahren waren von der Erde vertrieben worden, auf der sie zweitausendfünfhundert Jahre gelebt hatten, waren einer nach dem anderen getötet worden, und die Dinge, die sie in Jahrhunderte währender Tradition mit liebevoller Mühe errichtet hatten, waren beschlagnahmt oder zerstört worden, und nun stolzierten die Enkel dieser Türken in den Vereinigten Staaten einher, um zu verhindern, daß Armenier ihre Geschichte erzählten. Täter, die versuchten, die Opfer und ihre Nachkommen zum Schweigen zu bringen. Ich stopfte das türkische Pamphlet in meine Aktentasche.

Von der Zeit an, als ich von dem Völkermord an den Armeniern erfahren hatte, bis zum vorangegangenen Jahr hatte ich nichts gewußt von der Kampagne der türkischen Regierung, die Geschichte ihres Verbrechens gegen Armenien zum Verstummen zu bringen. Doch nach dem Erscheinen von *Sad Days of Light* hatte mich das New York State Department of Education gebeten, mich als Berater für ein Lehrbuch über den Völkermord im zwanzigsten Jahrhundert, das an öffentlichen Schulen als Lektüre eingeführt werden sollten, zur Verfügung zu stellen. Kaum hatte ich zusammen mit einer Gruppe von Wissenschaftlern damit begonnen, das Kapitel über den armenischen Völkermord zusammenzustellen, da bekam auch schon die türkische Botschaft Wind von dem Projekt und fing an, das Department of Education mit Eingaben zu behelligen, wobei nachdrücklich behauptet wurde, daß »dieses Völkermord-Business« von den Armeniern erfunden worden sei, und wenn das Kapitel in das Buch aufgenommen würde, nähmen die Beziehungen zwischen den Vereinigten Staaten und der Türkei Schaden.

Ich reiste in jenem Herbst mehrere Male nach Albany, saß in überheizten Büros und bat die angesichts der türkischen Attacke entsetzten Staatsbürokraten inständig, an dem Kapitel festzuhalten. Die türkische Lobby drohte damit, Präsident Reagan anzurufen. Briefe gingen hin und her. Das Education Department geriet zunehmend in Verwirrung. Ehe die Sache zu Ende war, hatte es die türkische Regierung geschafft, Veränderungen in dem Lehrbuch zu erzwingen. Eines Tages, als ich das Gefühl hatte, mir gehe die Galle über, rief ich Elie Wiesel an und erzählte ihm von dem Schlamassel in Albany, und er sagte: »Ich habe mit dem Präsidenten der Türkei darüber geredet. Ich habe zu ihm gesagt: ›Warum könnt ihr nicht zugeben, was ihr mit den Armeniern gemacht habt? Das würde eurer Gesellschaft helfen. Es würde euch von eurer Schuld reinigen. In den Augen der Welt würdet ihr dadurch nur gewinnen.‹«

Wiesel erzählte mir seine eigene türkische Geschichte. 1982 sollte er in Tel Aviv den Vorsitz eines Völkermord-Symposions führen, bei dem eine Gruppe von Forschern ihre Arbeiten über den Holocaust und den armenischen Völkermord vorlegen wollte. Es war ein mit viel Publizität bedachtes Ereignis und wurde von Israel Charny organisiert, einem renommierten Holocaust-Forscher und Direktor des Instituts zur Erforschung von Holocaust und Völkermord. Kurz bevor das Symposion beginnen sollte, informierte die türkische Regierung die israelische Regierung, wenn die Konferenz sich auch mit dem armenischen Völkermord befasse, würde das »das Leben und die Lebensmöglichkeiten von Juden in der Türkei bedrohen«. Wiesel kam zu dem Entschluß, nicht teilzunehmen. Die Erpressung hatte funktioniert, und die Konferenz fand ohne Elie Wiesel und eine Mehrzahl der vorgesehenen jüdischen Teilnehmer statt. Die Arbeiten über den armenischen Völkermord wurden vorgelegt, doch die Konferenz hatte an Aussagekraft eingebüßt.

Vielleicht hatte die Fähigkeit der türkischen Regierung, amerikanische Institutionen zu vergiften, um die Wahrheit zu verschleiern, schon 1934 in den Vereinigten Staaten begonnen, als der türkische Botschafter, Munir Ertegun, beim Außenministerium eine Protestnote eingereicht hatte, weil MGM die Filmrechte an Franz Werfels Bestsellerroman *Die vierzig Tage des Musa Dagh* erworben hatte, der 1932 in Deutschland erschienen war. Dieser Roman über die Armenier des Musa Dagh, die 1915 mit geringen Aussichten heroischen Widerstand geleistet hatten, um die Eroberung ihres Bergstädtchens durch die Türken abzuwehren, war der erste vom Völkermord handelnde Roman, der große Verbreitung fand. Darin brachte Werfel eine apokalyptische Vorahnung des Schicksals der Juden zum Ausdruck. Selbst ein Jude, floh er 1938 aus Deutschland, drei Jahre nachdem Hitler auf der Ersuchen der türkischen Regierung einem Verbot von *Die vierzig Tage des Musa Dagh* zugestimmt hatte.

Wenn der Film herauskommen würde, so versicherte der türkische Botschafter, würde das als feindseliger Akt der Vereinigten Staaten gegen die Türkei aufgefaßt werden und zu einem türkischen Boykott aller amerikanischen Filme führen. Nach mehr als einem Jahr diplomatischen Austauschs zwischen den beiden Regierungen gab das Außenministerium der Forderung der Türkei nach, MGM ließ das Projekt fallen und der Film wurde nie gedreht. Das war 1935. Wieviel wußte man in Franklin D. Roosevelts Außenministerium darüber, was Hitler in Europa mit den Juden machte, und wie sehr lag einem dort daran? Warum lag dem Außenministerium so wenig an künstlerischer Freiheit? Warum war MGM bereit, das mitzumachen? Welche Ironie, daß Hitler am

22. August 1939, also acht Tage vor dem Überfall auf Polen, zu seinem inneren Kreis sagte: »Wer erinnert sich heute denn noch an die Auslöschung der Armenier?«

Während ich dasaß und die Menschenmenge auf dem Times Square betrachtete, dachte ich dauernd an die heuchlerische Pose, mit der die Türkei sich den Vereinigten Staaten als zivilisierter Nato-Verbündeter andiente. Der größte Romancier der Türkei, Yasar Kemal, hat unlängst aus seiner Gefängniszelle geschrieben:

> Als kulturelles Mosaik ist Anatolien eine Quelle vieler moderner Gesellschaften gewesen. Wenn die Führer der Türkei nicht versucht hätten, andere Sprachen und Kulturen als die des türkischen Volkes zu unterdrücken und zu zerstören, wäre Anatolien immer noch ein Quell der Zivilisation. Statt dessen sind wir ein halb verhungertes Land, dessen kreative Kräfte ausbluten. Der einzige Grund dafür ist jenes Krebsgeschwür der Menschheit: der Rassismus.

Nicht lange nach meinen Erfahrungen in Albany wurde ich eingeladen, der Schriftstellerorganisation PEN beizutreten, und im ersten *Pen Newsletter*, das ich erhielt, war eine Titelgeschichte von Arthur Miller und Harold Pinter zu lesen, und zwar über eine Reise, die sie 1985 im Auftrag von PEN International in die Türkei unternommen hatten. Miller und Pinter repräsentierten die literarische Welt in ihrer Sorge um Zensur und Menschenrechtsverletzungen in der Türkei. In Europa und den Vereinigten Staaten herrschte verbreitete Sorge im Hinblick auf Einsperrung, Folter und Exekution von Schriftstellern und Journalisten, und Amnesty International hatte die »Folterungen in der Türkei« zu einem internationalen Problem erklärt.

Miller und Pinter stellten rasch fest, daß die türkische Gesellschaft sich »in einem permanenten Zustand des McCarthyismus befindet«, wie Miller schrieb. Sie berichteten, daß der gesamte Vorstand der Türkischen Friedenspartei, in der sich ein Großteil der intellektuellen Elite des Landes zusammengefunden hatte, verhaftet und zu langen Gefängnisstrafen verurteilt worden war, weil er sich gegen die Einrichtung von NATO-Raketenbasen in der Türkei ausgesprochen und eine Gedenkveranstaltung für den marxistischen Dichter Nazim Hikmet mit organisiert hatte. Nach den Prozessen wurden die Anwälte, die die Friedenspartei verteidigt hatten, ihrerseits verhaftet und vor Gericht gestellt, womit ihre Laufbahn ruiniert war. Zahlreiche Maler, Theaterdirektoren und Schriftsteller waren im Gefängnis, weil sie »subversive« Kunst machten. Beinahe zwanzig Prozent der Akademiker des Landes – das heißt, etwa 2000 Professoren – waren entlassen worden oder hatten ihre Tätigkeit niedergelegt; etwa 7000 Teenager und junge Erwachsene – zumeist Studenten im Alter von siebzehn bis vierundzwanzig Jahren – saßen als »Terroristen« im Gefängnis. Miller bezeichnete die Zensur in der Türkei als »total«, und beide wurden alsbald Opfer dieser totalen Repression. Als klar wurde, weshalb sie in die Türkei gekommen waren, wurden sie in der Presse geschmäht, und Interviews wurden verweigert; ihre Pressekonferenz, die im Journalistenverband stattfand, wurde mit offiziellem Verbot belegt, und eine förmliche Untersuchung hinsichtlich ihres Besuchs wurde eingeleitet. Sie verließen rasch das Land. Als die *New York Times* im März 1996 meldete, daß die Türkei im Hinblick auf inhaftierte Journalisten führend in der Welt sei und noch vor China und Syrien liege, wer konnte da noch überrascht sein?

Mir ist so viel klargeworden, daß die Türkei nicht nur eine Kultur profunder Menschenrechtsverletzungen ist, sondern auch ein Land, dem es an allen Mechanismen kritischer Selbsteinschätzung gebricht. Der Umgang mit dem armenischen Völkermord ist ein Beispiel dafür. In türkischen Schulen lernt jedermann, daß die Armenier 1915 Verräter waren, die Türken angriffen und töteten und alles verdienten, was man ihnen antat. Es gibt keine Erwähnung von Armenien, weder auf Landkarten, noch in Enzyklopädien, noch in Tourismusprospekten, noch Reiseführern, geschweige denn in der Darstellung der Geschichte Anatoliens. Ein türkischer Autor für die *Encyclopedia Britannica* war ins Gefängnis gekommen, weil er auf einer Karte des alten Anatoliens das Wort *Armenien* hatte erscheinen lassen. Ausflugsführer und Reiseliteratur haben das Wort *Armenien* aus ihren Darstellungen getilgt. Armenische Kirchen und Gebäude – viele von ihnen gehören zu den bedeutenden und schönen alten Baudenkmälern in Anatolien – werden nicht als armenisch anerkannt. Unlängst überprüfte ich einen Fodor-Führer für die Türkei, nur um festzustellen, daß in der Beschreibung der großen armenischen Ruinenstadt Ani das Wort *armenisch* nicht vorkommt. Als das Metropolitan Museum of Art in New York seine Ausstellungsräume über den alten Nahen Osten eröffnete, war das Wort *Armenien* von seinem historischen Platz auf der Landkarte entfernt worden. Der Direktor des damaligen Museumsvorstandes war ein früherer Botschafter der Vereinigten Staaten in der Türkei. All das war eine Fortsetzung des Völkermordprogramms, um Armenien auszulöschen.

Ich saß am Times Square und dachte, wie wichtig es ist, in einer Gesellschaft aufgewachsen zu sein, die an den unaufhörlichen Prozeß kritischer Einschätzung glaubt. Die türkische Leugnung des armenischen Völkermords zu betrachten heißt, eine Gesellschaft zu betrachten, die nicht zivilisiert ist. Im Wind des späten April, Worte aus dem Mund öffentlicher Amtsträger und von Menschen, die ein Gewissen haben. Ich sah zu, wie die berittene Polizei um die hellblauen Absperrgitter trabte, und ich wünschte, ich wäre nicht gekommen.

Als die Reihe an mir war, stand ich beim Mikro, abgelenkt von Zorn, ein verschwommenes Bild der Menge vor Augen.

Mit Blick auf die ersten Reihen, in denen stolze Überlebende aufmerksam und wohlbekleidet saßen, einige von ihnen Plakate emporhaltend, auf denen es hieß: »Gedenkt 1915«, las ich ein kurzes Gedicht aus meinem Buch, und dann hatte ich mich wieder hinsetzen wollen, tat es aber nicht. Ich stand ein paar Sekunden lang da und fing wieder an zu sprechen.

»Vor siebzig Jahren wurde meine Großmutter mit ihren beiden Töchtern, die noch Babys waren, auf einen Todesmarsch geschickt. Und ebenso alle anderen Armenier, die in ihrer Heimat Anatolien lebten. Unschuldige, unbewaffnete, staatenlose Menschen. Mehr als eine Million, allein Frauen und Kinder. Und heute muß ich hier stehen, während türkische Demonstranten Propaganda verteilen, in der behauptet wird, daß an den Armeniern kein Völkermord verübt wurde; daß die Armenier für ihren Tod verantwortlich waren; daß die Armenier sich das selbst zuzuschreiben hätten. Was den Armeniern geschehen ist, geht zehnfach über die UN-Definition von Völkermord hinaus.

Nach allem, was geschehen ist, werden wir gezwungen, mit dieser Art Obszönität zu leben. Die Botschaft, die die türkische Regierung uns und der Welt zukommen läßt, lautet so: Wir werden alles nur Erdenkliche sagen, um uns von diesem Verbrechen freizusprechen. Wie haben kein Gewissen. Wir wollen einfach die Opfer und ihre Nachfahren zum Schweigen bringen. Ich fordere alle guten und anständigen amerikanischen Bürger auf, nein zu sagen zu türkischen Versuchen, den Völkermord an den Armeniern zu vertuschen.«

* * *

Mein verstorbener Freund, der Forscher und Kritiker Terrence Des Pres, faßte die türkische Leugnung als Frage einer Macht auf, die versucht, die Wahrheit zu unterdrücken. In seinem Essay »On Governing Narratives: The Turkish-Armenian Case« [Über herrschende Lesarten: Der türkisch-armenische Fall] schreibt er:

> Wissen wird nicht mehr um seiner utopischen Verheißung willen geehrt, sondern um der Dienste willen geschätzt, die es bietet. Ein schlagendes Beispiel bildet der Konflikt um die entschlossenen Bemühungen der Türkei, den Völkermord an den Armeniern, der 1915 stattgefunden hat, zu leugnen. Und unsere eigene Regierung hält es obendrein für richtig, sich in diese Angelegenheit verwickeln zu lassen ... Bis vor kurzem standen die Fakten des armenischen Völkermords außerhalb jeder Diskussion ... unsere eigenen offiziellen Archive sind gefüllt mit Zeugnissen aus erster Hand, doch nun hören wir, daß diese Geschichte zwei Seiten hat, und man erzählt uns, wir müßten anhören, was die türkische Regierung dazu zu sagen hat. Das heißt, die intellektuelle Debatte zu einem Spielball im Gebrauch der Mächtigen zu machen.

Es ging um Macht, und die Türkei hatte sicherlich mehr davon als Armenien, das bis 1991 keinen Nationalstaat hatte. Die Türkei war ein Verbündeter im Kalten Krieg und ein NATO-Partner und hatte ihre Macht dazu benutzt, in Fragen des armenischen Völkermords auf die US-Regierung Druck auszuüben. »Was hat es zu bedeuten, wenn ein Klientelstaat wie die Türkei eine Supermacht wie die Vereinigten Staaten dazu bringen kann, ihre frühere Haltung zum Völkermord von 1915 aufzugeben?« fragt Des Pres.

Des Pres stellte die Frage zurecht, denn es war zu folgendem gekommen: In den achtziger Jahren unseres Jahrhunderts brachte die türkische Regierung es fertig, den US-Kongreß daran zu hindern, eine Vorlage zu verabschieden, in der zum siebzigsten und später zum fünfundsiebzigsten Jahrestag des armenischen Völkermords gedacht werden sollte. Eine schlichte Gedenkvorlage, die ihre historischen Wurzeln in Präsident Wilsons US-Außenpolitik gehabt hätte, die darauf abzielte, Armenien zu retten und dessen angestammtes Land für eine moderne Republik wiederzugewinnen. Eine Vorlage, die ein Echo der Einstellung der amerikanischen Öffentlichkeit nach 1918 gewesen wäre, als Amerika über 20 Millionen Dollar für die Verbesserung der Lebensbedingungen armenischer Flüchtlinge und Überlebender geschickt hatte.

Als 1984 dem US-Repräsentantenhaus und dem Senat die erste Völkermord-Resolution vorgelegt wurde, drohte die türkische Regierung damit, die US-Militärbasen in der Türkei zu schließen, die mit Millionen von US-Dollars errichtet worden waren, und Verteidigungsverträge mit US-Firmen zu kündigen. Präsident Reagan, der zuvor in jenem Jahr nach Bitburg in Deutschland gefahren war, um toten SS-Offizieren seine Ehre zu erweisen – und dabei das Elitekorps der Tötungsmaschinerie mit dessen Opfern in einen Topf warf –, hatte keine Probleme, den türkischen Forderungen zu willfahren. Als 1989 der Minderheitenführer im Senat, Bob Dole, eine Vorlage zum Gedenken an den fünfundsiebzigsten Jahrestag des armenischen Völkermords einbrachte, konnte die Türkei Senator Robert Byrd dazu veranlassen, sich für die türkische Leugnung stark zu machen. Wieder einmal »wurde die intellektuelle Debatte zu einem Spielball gemacht«, und die Vorlage wurde mit zwölf Stimmen Mehrheit zu Fall gebracht. Was wäre geschehen, wenn sich ein solches Szenario gegen eine Gedenkvorlage für den Holocaust abgespielt hätte?

Des Pres hält auch fest, daß gewisse Historiker an bedeutenden amerikanischen Universitäten von der türkischen Regierung beträchtliche finanzielle Mittel erhielten, um die »andere Seite der Geschichte« hervorzuheben und die Türkei bei der Leugnung des Völkermords zu unterstützen. Wenn Forscher finanziert werden können von »Regierungen, um die offiziellen Ansprüche von Nationalstaaten zu untermauern«, so schreibt Des Pres, »dann ist das Wissen nicht mehr die geistige Grundlage für die Urteilskraft, sondern ein zu mietender Gebrauchsartikel«.

Forscher, die man mieten kann. Karrierismus und Zynismus im akademischen Bereich. Ich durfte jetzt erfahren, daß es eine kleine, jedoch barbarische Papierspur in den akademischen Gefilden gab, bei der es um den Versuch der Türkei ging, den Genozid zu vertuschen. Es ist schwer, genau zu sagen, wo und wann sie ihren Anfang nahm, doch irgendwann in den sechziger Jahren zeichnete sie sich ab, und zwar nach dem mit viel Publizität bedachten fünfzigsten Jahrestag des armenischen Völkermords.

1962 beschrieb Bernard Lewis, der bekannte Historiker der Türkei und langjährige Professor in Princeton, in seinem Buch *The Emergence of Modern Turkey [Die Entstehung der modernen Türkei]* das, was Armenien widerfuhr, als »einen Holocaust, der 1,5 Millionen Menschen das Leben kostete«, doch irgendwann später änderte er seine Ansicht. Was geschah mit Professor Lewis nach 1962? Bald darauf begann sein Kollege in Princeton, Norman Itzkowitz, über das zu schimpfen, was er den »angeblichen« Genozid an den Armeniern nannte. Was ging in Princeton vor sich? Gab es Verbindungen zwischen dem Department für nahöstliche Studien und dem State Departement [Außenministerium]? Hatte die Politik des Kalten Krieges den akademischen Bereich so tief infiltriert? In den siebziger Jahren trieb Stanford Shaw an der UCLA [University of California – Los Angeles] die Leugnung des armenischen Völkermords auf eine neue Ebene, indem er schrieb: »Die Armenier wollten beschützt und versorgt werden, bis sie nach dem Krieg in ihre Häuser zurückkehrten.«

Die Papierspur der Leugnung setzt sich bis in die Gegenwart fort. In jüngster Zeit hat der Fall Heath Lowry landesweite Aufmerksamkeit erregt. Lowry ist jemand mit einem Doktortitel in Osmanischen Studien, der in den siebziger

Jahren in die Türkei ging und für ein Forschungsinstitut in Istanbul arbeitete und an der Bosporus-Universität lehrte. 1986 kehrte er in die Vereinigten Staaten zurück, um Direktor des Instituts für türkische Studien in Washington, D.C., zu werden, einer Organisation, die von der türkischen Regierung eingerichtet wurde, um angeblich die türkische Kultur in den Vereinigten Staaten zu fördern. Lowry schrieb Artikel und war Redakteur von Kolumnen, in denen der Genozid geleugnet wurde, er setzte sich im Kongreß dafür ein, daß mehrere Gedenkvorlagen zum armenischen Völkermord abgelehnt wurden, er organisierte eine Anzeigenkampagne in größeren Zeitungen, die von einigen Türken und einigen Dozenten der türkischen Studien unterzeichnet wurden, die den Genozid leugneten, und er veröffentlichte in Istanbul eine neunzigseitige Broschüre, die versuchte, Botschafter Morgenthaus Erinnerungen an den Völkermord zu diskreditieren. Lowry war tatsächlich jemand, der es sich zum Ziel gesetzt hatte, die Opfer zu dämonisieren und der Regierung der Täter zu helfen, sich von der Verantwortung freizusprechen.

Als Lowry Kenntnis von Robert Jay Liftons Buch *The Nazi Doctors* aus dem Jahr 1986 erhielt, griff er Liftons Buch an, weil dieser darin den armenischen Genozid erwähnte. Obwohl *The Nazi Doctors* die Ärzte zum Thema hat, die sich im Dritten Reich Hitlers Programm des Massenmordes verschrieben, erwähnt Lifton auch den armenischen Völkermord mehrmals und geht insbesondere auch auf die Rolle türkischer Ärzte bei der Ausrottungspolitik ein. Nachdem Lowry *The Nazi Doctors* gelesen hatte, schrieb er an den türkischen Botschafter ein langes Memorandum, in dem er darauf hinwies, wie gefährlich Liftons Buch sei:

> Unser Problem ist weniger Lifton als die Werke, auf die er sich stützt. Lifton ist lediglich das Ende der Kette, das heißt, künftig werden alle Werke über den Völkermord

> an den Juden, einschließlich der Verweise, wie Lifton sie macht, auf der Grundlage der Werke von Dadrian, Fein, Kuper, Hovannisian et al. gesehen werden. Obwohl dieser Punkt schriftlich wie mündlich wiederholt gegenüber Ankara betont worden ist, haben wir bislang auch nicht einen einzigen Artikel irgendeines Forschers gesehen, der auf *DADRIAN* eingeht ... Falls Sie noch den Wunsch haben, schriftlich auf Lifton einzugehen, habe ich den folgenden Brief für Sie entworfen.

Der türkische Botschafter schickte den Brief, den der Ghostwriter Lowry verfaßt hatte, an Professor Lifton. Als Robert Lifton jedoch den Umschlag von der türkischen Botschaft öffnete, erwartete ihn eine Überraschung. Er enthielt nicht nur den vom türkischen Botschafter unterschriebenen Brief, in dem versucht wurde, Lifton hinsichtlich des armenischen Völkermords einzuschüchtern, sondern versehentlich waren auch Lowrys langes Memorandum an den türkischen Botschafter und der von Lowry als Ghostwriter verfaßte Brief beigelegt worden, den der Botschafter an Lifton schicken sollte.

Und die Sache wurde immer interessanter. 1994 hatte Lowry den Atatürk-Lehrstuhl für türkische Studien in Princeton erhalten, einen von mehreren neuen Lehrstühlen für türkische Studien, die von der türkischen Regierung an bedeutenden amerikanischen Universitäten finanziert werden – Lehrstühle, bei deren Einrichtung das Institut für türkische Studien beteiligt gewesen war. Konnte jemand, der nie einen vollen akademischen Lehrauftrag versehen hatte, einen Lehrstuhl in Princeton erhalten? Jemand, der kein einziges Forschungsbuch geschrieben hatte, das von einem gängigen kommerziellen Verleger oder einem Universitätsverlag veröffentlicht worden war?

Inzwischen waren Lifton und die Genozid-Forscher Roger Smith und Eric Markusen dabei, einen Artikel mit dem Titel »Professional Ethics and the Denial of the Armenian

Genocide« [Berufsethos und die Leugnung des armenischen Völkermords] zu verfassen. Der Artikel erschien im Frühjahr 1995 im *Journal of Holocaust and Genocide Studies*, mit Faksimile-Reproduktionen der Lowry und den türkischen Botschafter betreffenden Dokumente, und er enthielt eine Darstellung und Analyse der Leugnung durch die Türkei, der Rolle Lowrys dabei und der ethischen Fragen, die sich für Princeton und andere Universitäten ergaben, die möglicherweise derlei Finanzierung seitens der Türkei akzeptierten.

Es ist übel genug, daß die Regierung der Täter mit dem Völkermord nicht ins reine kommt, doch es kann nun gar nicht angehen, daß sie in die Vereinigten Staaten kommt und amerikanische Institutionen in einer moralischen Frage wie dieser korrumpiert. Die Geschichte des Angriffs der türkischen Regierung auf Liftons Wissenschaftlichkeit und die Rolle Princetons als Partner geheimer Absprachen hat der Leugnung von Völkermord und Holocaust eine neue und schreckliche Bedeutung verliehen. Als ich in jenem Frühjahr »Professional Ethics and the Denial of the Armenian Genocide« las, war es, als schließe sich der Kreis der Obszönität von acht Jahrzehnten der Leugnung durch die Türken. Ich dachte, aus dieser Enthüllung von Korruption könne etwas Sinnvolles erwachsen. Ich hatte den Eindruck, daß Liftons Mut und moralische Wachsamkeit eine verantwortungsvolle Aussage über die Dimensionen des Einflusses einer korrupten fremden Macht auf das amerikanische Universitätswesen waren. Er ging auf die Qualen ein, mit denen Armenier seit Jahrzehnten lebten, und mir wurde schlagartig bewußt, wo ich seit der Manifestation auf dem Times Square überhaupt lebte.

In den darauffolgenden Wochen entwarf ich eine Petition mit dem Titel »Taking a Stand Against the Turkish Government's Denial of the Armenian Genocide and Scholarly Corruption in the Academy« [Stellungnahme gegen die Leugnung des armenischen Völkermordes und wissenschaftliche

Korruption im Universitätsbereich durch die türkische Regierung], ein in deutlicher Sprache verfaßtes Dokument, das die Leugnungskampagne der türkischen Regierung einschließlich der Lowry-Episode skizzierte und ein Ende der Einflußnahme und Korruption seitens jener Regierung forderte, insbesondere was amerikanische Institutionen betraf. Innerhalb eines Monats war die Petition von über hundert renommierten Schriftstellern und Gelehrten unterschrieben worden, darunter Susan Sontag, Norman Mailer, Arthur Miller, William Styron, Raul Hilberg, Yehuda Bauer, David Brion Davis, David Riesman und Deborah Lipstadt. Die *Chronicle of Higher Education* brachte an exponierter Stelle den Artikel »Critics Accuse Turkish Government of Manipulating Scholarship« [Kritiker werfen türkischer Regierung Manipulation der Wissenschaft vor], und die *New York Times* brachte eine halbseitige Story mit dem Titel »Princeton Accused of Fronting for the Turkish Government« [Princeton, beschuldigt wegen Verteidigung der türkischen Regierung] Die Story war an die Öffentlichkeit gelangt, der Prozeß der Berichterstattung hatte eingesetzt, und die Petition war auf ihre eigene Weise zu einem Dokument des Gewissens und der Zeugenschaft geworden. Zudem machte es mich froh, daß Auntie Anna anrief und Vorschläge für potentielle Unterzeichner der Petition machte.

Die offene Wunde

Was bedeutet es, ein amerikanischer Armenier in der Diaspora zu sein? Ein privilegierter Amerikaner? Die Ereignisse des letzten Jahrzehnts haben zu dem schweren Schicksal beigetragen, das diese kleine, uralte Kultur in diesem Jahrhundert zu erleiden hatte. 1988 wurde der Nordwesten Armeniens von einem der verheerendsten Erdbeben der neueren

Geschichte heimgesucht; es kostete über 50000 Menschen das Leben und machte Tausende zu Versehrten und Obdachlosen. Die Experten kamen übereinstimmend zu der Feststellung, daß unzulängliches Baumaterial, Ergebnis der Korruption in den Jahren von Chruschtschow und Breschnew, für die dermaßen hohe Anzahl von Opfern verantwortlich war, darunter Tausende von Kindern, die beim Einsturz ihrer Schulen ums Leben kamen. Unmittelbar nach der Katastrophe brach die Krise um Nagorny Karabach aus. Armenier forderten die Befreiung der Gebirgsregion Karabach, Teil des historischen Armenien, mit einer heutigen Bevölkerung von beinahe neunzig Prozent Armeniern. 1923 hatte Atatürk die neue bolschewistische Regierung dazu überredet, Karabach der Turk-Republik Aserbaidschan zuzuschlagen, da er hoffte, so einen Turk-Korridor von der Türkei nach Zentralasien zu etablieren.

1991 wurde Armenien eine unabhängige Republik, zum zweitenmal seit 1375, und einerseits frei von sowjetischer Herrschaft, ermangelte es jetzt sowjetischen Schutzes. Als die Karabach-Krise zu einem Krieg zwischen den Armeniern von Karabach und den Aseri führte, verhängten die Türkei und Aserbaidschan eine Blockade, durch die die Öl- und Erdgaspipelines in die neue Republik Armenien abgeschnitten wurden und humanitäre und medizinische Versorgung unterbrochen wurde. Als infolge der Blockade Nahrungsmittel und Brennstoffe knapp wurden, saßen die Armenier in eiskalten Wohnungen, die von Kerzen oder Petroleumlampen erhellt wurden, und aßen sie ihre Rationen von Brot mit Tee – wenn sie Glück hatten. Krankenhäuser wurden zu kalten, dunklen Orten, wo Chirurgen beim Licht von Taschenlampen und oftmals ohne Betäubungsmittel operierten. Die Leichenhallen konnten die vielen Toten, zumeist Babys und ältere Menschen, nicht alle aufnehmen, und allmählich stapelten sich Särge auf den Bürgersteigen der Groß- und Kleinstädte. Da Holz ein kostbarer Brennstoff wurde, fällte man überall Bäume, und Armenien verwandelte sich immer mehr in ein Land von Baumstümpfen.

Ich sehe von Amerika aus zu. Ich schicke Geld, Kleidung – was immer ich kann – nach Armenien. Ich suche vergebens Nachrichten darüber in den Zeitungen. Ich denke dauernd an die Türkei, die die Aseri bei der Blockade Armeniens unterstützt. Die Türkei, die sich weigert, Flugzeuge mit humanitärer Hilfe für Armenien in den türkischen Luftraum fliegen zu lassen. Ich lese in der Zeitung, daß der frühere türkische Präsident Turgut Özal gegenüber der Presse Witze gemacht hat, man solle auf Armenien eine Bombe werfen. Ich sehe die Verbindung zwischen dem Völkermord der türkischen Regierung im Jahre 1915 und diesen fortgesetzten Angriffen gegen Armenier. Ich sehe, wie sich der Zyklus des Hasses auf die Opfer entfaltet. Ich empfinde zunehmende Hilflosigkeit, Frustration, Zorn, und ich frage: Sollen die Armenier ewig von der Regierung der Täter heimgesucht werden?

Ich komme auf den Völkermord und seine langen Folgen zurück. Wie soll ein Armenier mit dem Dilemma der türkischen Leugnung leben? Wie ist Heilung möglich? Wird es dazu kommen, daß die Leugnung des Genozids die Opfer und die Nachfahren der Opfer implodieren läßt? Kann ein Opfer überhaupt ein Verhältnis zur Vergangenheit finden, ohne daß der Täter seine Untaten eingesteht? Kann es Vergebung ohne die Bitte um Verzeihung geben, ohne irgendwelche Akte oder Gesten der Gerechtigkeit? Das Aufflackern von armenischen Terrorakten gegen türkische Diplomaten in den siebziger und frühen achtziger Jahren hat gezeigt, was eine Leugnung durch die Täter zuweilen provozieren kann. Wenn die Vergangenheit keine Anerkennung findet, werden einige Leute ihrem Wahnsinn in mutwilliger Gewalt Luft machen, aber nichts damit erreichen.

Forscher haben darauf hingewiesen, daß die türkische Leugnung des armenischen Völkermords einzigartig ist. Keine andere Nation hat in moderner Zeit eine derart massive Vertuschungskampagne hinsichtlich eines derartigen Verbrechens lanciert. Richard Falk, Milbank Professor für Internationales Recht in Princeton, schreibt, daß die türkische Leugnung »eine bedeutsame, höchst aggressive, absichtsvolle Regierungsanstrengung [ist], jedes mögliche und zur Verfügung stehende Instrument der Beeinflussung dazu zu nutzen, daß der Wahrheit über den armenischen Völkermord die allgemeine Anerkennung insbesondere seitens der Eliten in den Vereinigten Staaten und Westeuropa versagt bleibt«.

Kriminelles Verhalten wird immer vom Zwang des Täters bestimmt, »das Vergessen zu befördern«, schreibt Judith Herman in *Trauma and Recovery [Trauma und Genesung]*. »Geheimhaltung und Schweigen bilden die erste Verteidigungslinie des Täters.« Wenn diese versagen, »attackiert der Täter die Glaubwürdigkeit seines Opfers«. Und wenn er sein Opfer nicht zum Schweigen bringen kann, »versucht er, dafür zu sorgen, daß keiner zuhört«, indem er entweder sein Verbrechen kaltschnäuzig leugnet oder es rationalisiert.

> Nach jeder Greueltat kann man damit rechnen, dieselben vorhersehbaren Ausflüchte zu hören: Es ist gar nicht passiert; das Opfer lügt; das Opfer übertreibt; das Opfer hat die Tat herausgefordert; und ohnehin ist es Zeit, die Vergangenheit zu vergessen und zur Tagesordnung überzugehen. Je mächtiger der Täter ist, desto größer ist sein Privileg, die Wirklichkeit zu bestimmen und zu definieren, und desto umfassender werden seine Argumente Geltung erlangen.

Unlösbar verbunden mit der Pathologie der Leugnung ist die Beschuldigung des Opfers. Indem die Täterkultur den Genozid leugnet und das Opfer beschuldigt, schafft sie fortlaufend eine falsche Wirklichkeit, mittels derer sie sich zu rehabilitieren sucht. Wie Charrey und Lipstadt geschrieben haben, ist die Leugnung des Völkermords die letzte Stufe des Völkermords; dem anfänglichen Töten folgt das Töten der Erinnerung an das Töten. In seinem Streben, mittels Leugnung straflos davonzukommen, setzt der Täter die Qualen für die Gruppe der Opfer fort, indem er für die Überlebenden und die Erben der Überlebenden den Heilungsprozeß vereitelt. Mittels der Leugnung des Verbrechens sucht der Täter, das Opfer einer moralischen Ordnung zu berauben. Es ist klar, daß die Leugnung von Völkermord den Weg für künftigen Völkermord bereitet, denn dadurch wird der Welt gezeigt, daß Regierungen straflos Massenmord begehen können. Hitler ließ sich 1939 von der kollektiven Abwesenheit einer Erinnerung an den armenischen Völkermord inspirieren.

Gedenken ist ein wesentlicher Prozeß für die Hinterbliebenen und für die Erben des Vermächtnisses des Genozids. Es ist ein Prozeß, dem undenkbaren Schrecken und Verlust einen Sinn abzugewinnen. Da die Toten im Anschluß an den Genozid entweder buchstäblich oder emotional nicht bestattet wurden, ist das Gedenken auch ein Ritual der Bestattung der Toten – jenem uranfänglichen Akt der Zivilisation. Da der Genozid es darauf anlegt, jedwede Bedeutung zu negieren, die Welt ins Nichts zurückzuwerfen, müssen die Überlebenden und ihre Kinder einen Weg zurück zur Zivilisation finden. Gedenkakte legitimieren also öffentlich die Trauer der Kultur der Opfer. Die Last des Trauerfalls wird leichter, wenn sie von einer größeren Gemeinde geteilt und miterlebt wird. Nur dann können sich Ausgleich, Hoffnung und ein Gemeinwesen einstellen.

Was aber, wenn man Armenier ist? Wahre Vergebung kann nur gewährt werden, wenn der Täter sie anstrebt und sich durch Bekenntnis, Reue und Wiedergutmachung verdient. Wenn die Täterregierung die Opfer heimsucht im Bemühen, die Gedenkakte der Opfer zu vereiteln, kann es keine umfassende Heilung geben. Die Kultur der Opfer bleibt Geisel in einer Ödnis aus Trauer und Zorn, und ihr moralischer Platz in der Geschichte wird ihr versagt.

Die Leugnungsstrategie baut auf eine Rhetorik machtvoller Ablenkung. Leugner des armenischen Völkermords wie des Holocaust behaupten, daß alle Dokumente Fälschungen sind. Sie wollen einen glauben machen, daß sich in den türkischen Archiven, die 1989 geöffnet wurden, wenn man sie achtzig Jahre nach den Ereignissen gründlich durchforscht, einige Antworten finden könnten, durch die sie mit Sicherheit gerechtfertigt würden. Die Leugner wollen, daß alle Dritten ignorieren, was es an offiziellen Unterlagen in Hülle und Fülle gibt, sei es bei den Kriegsverbündeten der Türkei, sei es über die türkischen Militärtribunale nach dem Genozid, bei amerikanischen Diplomaten und in Berichten von Missionaren und Überlebenden. Doch die Opfer und alle moralisch engagierten Zeugen fordern die Forscher und Universitätsgelehrten auf, sich als verantwortliche Bürger zu erweisen und sich nicht durch die Farce einer »akademischen« Debatte manipulieren zu lassen. Universitätsgelehrte müssen moralische und qualitative Unterscheidungen treffen zwischen echter gelehrter Debatte und der finsteren Taktik, die vom politischen Anliegen motiviert ist, einer Täterregierung beim Vorhaben zu helfen, sich von ihrer Verantwortung freizusprechen.

Bei der Pseudogelehrsamkeit der Leugnung des Völkermords geht es nicht, wie Deborah Lipstadt anmerkt, um eine Frage der freien Meinungsäußerung; »das Recht auf freie Meinungsäußerung garantiert den Leugnern nicht das Recht darauf, wie die Gegenseite in einer legitimen Debatte behandelt zu werden, wenn es gar keine andere Seite gibt.« Und ebensowenig garantiert das Recht auf freie Meinungsäußerung es privilegierten Foren, moralisch verwerfliche Ideen zu verbreiten; das Recht auf freie Meinungsäußerung darf nicht mit dem Recht verwechselt werden, an Universitäten zu lehren oder Bücher zu veröffentlichen. Der Wettbewerb um Professorenstellen, um Platz in Zeitschriften und Zeitungen und um die Veröffentlichung von Büchern ist immer streng und ausschließend. Die Leugner haben die Freiheit zu denken, was immer sie wollen, doch wir anderen müssen die Intelligenz und den Mut haben, den Leugnern gesellschaftliche und kulturelle Bestätigung zu verwehren.

Als im April 1996 eine Gruppe von Wissenschaftlern und Schriftstellern, darunter Deborah Lipstadt, William Styron, Susan Sontag, David Reisman und Yehuda Bauer in der *Princeton Alumni Weekly* schrieben, »die Leugnung des Völkermords ist eine heimtückische Form intellektuellen und moralischen Niedergangs und eine Vergewaltigung dessen, was eine Universität verkörpert«, appellierten sie an Princeton, sich als ethisch bewußte Bürger zu verhalten. Als das Europäische Parlament das Ersuchen der Türkei um Aufnahme in die Europäische Gemeinschaft abschlägig beschied, und zwar zum Teil aufgrund der Weigerung der Türkei, den Völkermord an den Armeniern als solchen anzuerkennen, handelte es als eine moralische Institution. Als das Repräsentantenhaus im Mai 1996 beschloß, die Türkeihilfe aufgrund der Leugnung des Völkermords an den Armeniern zu kürzen, vollzog es einen Akt moralischen Engagements. Die Regierung der Vereinigten Staaten wie auch die Presse, die Medien und die Bildungsinstitutionen unseren Landes dürfen sich nicht mehr von der türkischen Regierung unter Druck setzen lassen. Die Zeit ist gekommen, daß die Wunde sich schließt. Und so schrieb ein mutiger türkischer Bürger, der in den Vereinigten Staaten lebt, zum einundachtzigsten Jahrestag des Genozids: »Die Geschichte wartet auf den ehrlichen türkischen Führer, der das größte je von seinen Vorfahren begangene Verbrechen eingesteht, der sich beim armenischen Volk entschuldigt und der sein Bestes tun wird, um es materiell und moralisch in den Augen der Welt zu entschädigen.«

* * *

Ich komme auf den Fall meiner Großmutter zurück. Sie war in ihrer unmittelbaren Reaktion auf die Ereignisse von Tod, Folter und Völkermord, die sie durchlebt hatte, von unheimlicher Präzision gewesen. Als sie im Flüchtlingslager von Aleppo lebte, wo der Tod allgegenwärtig war, suchte sie nach einem kleinen Emblem von Gerechtigkeit. Sie legte ein Zeugnis ab, das sowohl privat als auch öffentlich war, ebenso spirituell wie politisch. Indem sie über den Status ihres Mannes, dem eines eingebürgerten Amerikaners, Anspruch auf die US-Staatsbürgerschaft erhob, leitete sie juristische Schritte ein, um einen Prozeß gegen die türkische Regierung wegen erlittener Verluste anzustrengen: ermordete Familienangehörige, gestohlenes und zerstörtes Besitztum, ein Mikrokosmos des Mordes an einer Nation. Es war ein Akt des Mutes und der Selbstbewährung in einer Zeit von Chaos und Alptraum. Sie richtete ihre inständige Bitte an den Gerichtshof, den sie als eine Hoffnung für menschliche Freiheit und Gerechtigkeit ansah. Der Gerichtshof, so glaubte sie, hatte im Westen *Bedeutung*, anders als die Gerichte der Türkei, die für alle Christen und andere Minoritäten Orte der Unterdrückung und Ungerechtigkeit waren.

Ihr Anspruch übersetzt ihre Erfahrung in etwas, das mehr ist als lediglich persönlich; er stellt ihre Geschichte in die internationale Arena der Menschenrechte. Sie tat das in einer Epoche, bevor es die Vereinten Nationen gab, in einer Zeit, ehe Regierungen per Gesetz dazu verpflichtet wurden, »die angeborene Würde des Menschen« zu schützen, und es ihnen untersagt war, irgend jemanden der »Folter oder grausamer, unmenschlicher oder erniedrigender Behandlung« auszusetzen.

Meine Großmutter gab ein modernes Statement ab, noch ehe die Moderne verarbeitet hatte, was ihr und Armenien widerfahren war. Als Abschluß ihrer Anklageerhebung gegen die türkische Regierung 1919 schrieb sie: *Ich versichere, daß die türkische Regierung für die Verluste und Personen-*

schäden verantwortlich ist, denn ich bin ein Mensch und stehe unter dem Schutz des internationalen Rechtes. Eine neunundzwanzigjährige Mutter zweier kleiner Mädchen. Verwaist, verwitwet, ihrer Familie, ihres Besitzes, der Heimat und der Nation beraubt, war ihre Stimme klar und stark und würdevoll.

Ich versuche, sie mir in den staubigen Straßen von Aleppo 1915 vorzustellen. Ihre Töchter, die wie gewöhnliche Kleinkinder an ihrer Seite jammerten. Ich versuche, sie mir vorzustellen, wie sie an Türen klopft, Schlange steht, herumgeht, um alte Nachbarn, Freunde, den Geistlichen Yessayan zu finden, so daß sie die Tatsachen und Aussagen sammeln konnte, um die eidesstattlichen Versicherungen für ihren Prozeß zu bekommen. Sie begann in Aleppo, die Anklage zu formulieren, und sie beendete sie in Newark, New Jersey, unmittelbar nach ihrer Ankunft. Sie trug die Stimme ihres Zeugnisses von der alten Welt in die neue.

Als das Schriftstück schließlich im Anwaltsbüro von Joseph J. Durna in Newark, New Jersey, aufgesetzt war, mit dem Etikett United States Department of State versehen, was geschah da? Machte sich meine Großmutter große Hoffnungen darauf, daß eine Art Wiedergutmachung geleistet würde? Empfand sie einen Moment gestillter Wut? Ging sie mit Einkaufstüten die Straßen von Newark entlang, und nahm sie den Bus?

Es bleibt die Tatsache, daß es damals niemanden gab, der hätte hören können. Es gab weder eine gesellschaftliche Bewegung noch den politischen Kontext, in dem sie und andere Überlebende hätten gehört werden können. Ihr Schicksal war das Schicksal Armeniens in der ersten Hälfte des Jahrhunderts. Ich stelle mir vor, daß meine Großmutter, als sie einsehen mußte, daß es keine Gerechtigkeit geben würde, kein Beileid, keine Wiedergutmachung, daß es nichts als Schweigen geben würde, bleiern vor Wut und unermeßlicher Trauer gewesen sein muß. Doch dort in New Jersey begann bereits ein neues Leben, und ebenso ein neues Schweigen. Man schieb das Jahr 1920, und sie hatte ihr Zeugnis abgelegt, das in einer anderen Epoche Beachtung finden mochte.

Die Tatsache eines Hauses

Die bestimmende Reaktion auf Greueltaten besteht darin, sie aus dem Bewußtsein zu verbannen. Das ist die Bedeutung des Wortes »unsäglich«.

– JUDITH HERMAN,
Trauma and Recovery

Wenn ich an die seltsame Süße unseres Lebens in der Suburbia denke, muß ich daran denken, wie leicht wir uns in den Mainstream des amerikanischen Lebens fügten. Am besten vielleicht symbolisierte sich unsere extreme Anpassung in unserer Mitgliedschaft im Country Club. Während wir für die Aushängeschilder eines gewissen materiellen Status, mit denen sich die Suburbia schmückte, im großen und ganzen offenbar unempfänglich waren und meine Eltern sicherlich nicht im gesellschaftlichen Leben der Suburbia aufgingen, waren wir doch diesem Country Club beigetreten, damit wir, so sagte mein Vater, den ganzen Sommer über nur wenige Straßenecken von zu Hause entfernt schwimmen gehen konnten. Doch es war ein Country Club wie die meisten Country Clubs dieser Art, und deshalb wurden weder Juden noch Schwarze in seinen Schoß aufgenommen oder auch nur auf das Grundstück gelassen. Diese Tatsache wurde mir als Kind deutlich vor Augen geführt, als eine Club-Angehörige, die einen zehnjährigen Buben aus Harlem im Rahmen des Fresh Air Fund [»Stiftung Frische Luft«] zu Gast hatte und mit diesem eines Nachmittags zum Schwimmen erschien, von der Clubleitung abgewiesen wurde. »Es bricht mir das Herz«, sagte meine Mutter. Mein Vater schüttelte den Kopf vor Abscheu. Doch wir protestierten nicht. Wir sagten nichts.

Eines Abends, als ich während der College-Ferien zu Hause war, erwähnte mein Vater beim Essen, daß Dr. Reyhadi, einem der begabtesten Chirurgen am Englewood Hospital, die Aufnahme in unseren Country Club verwehrt worden sei. Dr. Reyhadi war mir noch frisch in Erinnerung, denn er hatte mir vor kurzem eine kleine Zyste am Rücken entfernt. Ein konservativ aussehender Chirurg in dunklem Anzug, höflich, von sanfter Stimme, würdevoll. Mein Vater hatte gesagt: »Er hat Zauberhände, mach dir keine Gedanken.«

Ich saß am Eßtisch, und meine selbstgerechte Empörung schwoll an. »Woher stammt seine Familie denn?« fragte ich, denn Dr. Reyhadi hatte eine Hautfarbe von vieldeutiger Dunkelheit und ließ an eine Herkunft von östlich der Pyrenäen denken.

»Er ist Perser«, sagte mein Vater.

»Ist er Christ?« fragte ich, denn wenn auch Juden für die Mitgliedschaft noch nie in Frage gekommen waren, dachte ich, so hatten, wenn er Parse oder Moslem wäre, die Richtlinien des Clubs im Hinblick auf diese Glaubensrichtungen vielleicht noch keinen Test zu bestehen gehabt.

»Ja«, sagte mein Vater, während er seinen *tahn* hinunterschluckte.

»Keine Leiche im Keller?«

Mein Vater bestand darauf, daß Dr. Reyhadi einen guten Charakter hatte; er kannte ihn seit fünfzehn Jahren.

»Warum dann also?«

»Es gab die Meinung«, sagte meine Vater und zögerte dann, als wäre es ihm peinlich, »er sei zu dunkel.«

»*Dunkel.*« Ich wiederholte es. »*Dunkel*? Und wir etwa nicht? Wir sind Achtelneger im Vergleich zu ihm als Viertelneger.« Ich blickte zu meiner Mutter hinüber, deren Haut irisch-hell war mit Sommersprossen, und dann wieder zu meinem Vater hin, dessen Haut einen Olivton hatte. »Ich kann nicht glauben, daß wir so einem Club angehören.« Jetzt brüllte ich. »Wir müssen austreten. Und zwar sofort.«

Mein Vater schürzte die Lippen, als stimme er zu, und dann schnalzte er mit der Zunge, als wolle er sagen, reden wir nicht mehr darüber, als wolle er sagen, was können wir machen? Ich forderte meinen Vater auf, meinen Namen aus unserer Familienmitgliedschaft zu streichen, und er sagte, das werde er tun. Und dann blickten alle auf ihren Teller hinab und aßen weiter.

* * *

Im Labyrinth der Suburbia der gehobenen Mittelschicht waren die Balakians anscheinend immer passend. Wir waren Christen, Angehörige hochqualifizierter Berufe, offenbar hinreichend weiß. Gesetzestreu, arbeitsam, und, nun ja, Amerikaner, und das immerhin seit 1903, als mein Großvater Bedros Aroosian in New Jersey ankam. Wir machten keine Ferien mit den Rockefellers auf Fisher's Island, doch wir wurden im Schoß des Amerika der gehobenen Mittelschicht willkommen geheißen, und unsere Papiere schienen in Ordnung zu sein. Ich sehe inzwischen unsere Assimilierung als untrennbar damit verbunden, wie nahtlos meine Familie die armenische Kultur *die meiste Zeit über* in handhabbare Codes und stabile, zivilisierende Rituale verwandelte, die sich recht gut in die protestantischen Tugenden der Mittelschicht fügten. Daß wir Armenier waren, prägte innerhalb unseres Hauses, des Sonntags in der Kirche oder im weiteren Familienkreis ein Gefühl für Rituale und Schicklichkeit aus, und unabhängig davon, was solche Codes mit dem Völkermord zu tun hatten, blieb doch die Tatsache, daß die Brutalitäten der politischen Katastrophe, die nur eine historische Membrane vom Leben meiner Eltern getrennt lag, weitgehend unsichtbar gemacht worden waren.

Jene nicht häufigen und peinlichen Momente ausgenommen, in denen mein Vater eine Art Geste machte, die auf die Bedeutung des Genozids zielte, betrachtete niemand in meiner Familie die Ereignisse des Alptraums Armeniens in der jüngsten Vergangenheit als eine Wirklichkeit, die als Gesprächsgegenstand oder Wissensschatz passend gewesen wäre. Die brennenden Tatsachen des Völkermords waren zugedeckt, waren einer tieferen Schicht des Bewußtseins anheimgegeben worden, um allerdings gelegentlich in gewissen Momenten wieder hervorzubrechen, wie etwa wenn meine Großmutter mir eine Geschichte oder einen Traum erzählte. Was meine Eltern betraf, so sorgten sie auf oft unbewußte und instinktive Weise dafür, daß mein Bruder und meine Schwestern und ich in erster Linie Amerikaner waren. Frei. Nicht behindert, nicht behelligt, nicht gezeichnet von den unsäglichen Grausamkeiten der armenischen Geschichte. Vielleicht hatte es so sein sollen. Vielleicht war das ein Geschenk, das unsere Eltern uns gemacht haben. Ein Geschenk, das es mir ermöglichte, die Vergangenheit auf eigene Faust zu entdecken, von der sicheren Warte meines amerikanischen Lebens in der gehobenen Mittelschicht aus, wo in gewissem Sinne ja auch das kleine Bißchen armenischen Wesens, das ich verstand, mir das Gefühl gab, einen etwas substantielleren Sinn für Identität zu haben als viele meiner Altersgenossen.

Wenn meine Eltern so befähigt waren, uns von der Vergangenheit zu befreien, lag das meinem Ermessen nach daran, daß ihre Eltern ihr Bestes getan hatten, um die steinerne Tür zu ihrer eigenen Vergangenheit zu schließen. Meine Großmutter Nafina Aroosian war Zeugin des Massenmords gewesen und hatte den Todesmarsch in die Wüste mit ihren beiden Babys, den Tod ihres ersten Mannes und das von Krankheiten heimgesuchte Flüchtlingsquartier von Aleppo überlebt. Im Alter von fünfundzwanzig Jahren verlor sie ihre Nation, ihr Zuhause, ihre Familie. Und mein Großvater Diran

Balakian hatte sich in Adana um die Massakrierten und Toten gekümmert und war Zeuge »einer der wüstesten Metzeleien in der Geschichte der Menschheit« geworden. Meine Großeltern väterlicherseits hatten gesehen, wie ihre Freunde im April 1915 durch die türkischen Henker beseitigt wurden. Sie hatten von Konstantinopel aus zugesehen, wie Armenien zerstört wurde, und wurden dann zu Flüchtlingen ohne Nation.

Wie haben sie alle eine solche Katastrophe ohne eine Form von Beichte, Lossprechung, therapeutischer Entlastung überlebt? Psychologen, Psychiater und Fachleute, die sich mit traumatischen Erlebnissen befassen, sind sich einig darin, wie wichtig es ist, Verlust und Trauer zu verarbeiten, um die Gesundheit wiederzuerlangen; lebten meine Großeltern am Rande von Auflösung, Kollaps und Zusammenbruch? Äußerlich führten sie ein produktives, menschlich engagiertes Leben. Sie fanden Befriedigung in ihrer Arbeit, zogen mit Freude ihre Familie groß und fanden das Leben in Amerika gut.

Im Fall meiner Großmutter Nafina werde ich nie etwas über ihr inneres Leben in den Jahren nach dem Völkermord erfahren. Vielleicht hat niemand etwas erfahren. Nach dem Völkermord schwieg sie mehr als zwei Jahrzehnte lang, bis der Damm brach und sie 1941 als Folge des japanischen Angriffs auf Pearl Harbour einen Zusammenbruch erlitt. Der Eintritt der Vereinigten Staaten in den Zweiten Weltkrieg löste Erinnerungsschübe an den Völkermord aus. Doch nachdem die Elektroschockbehandlung Wirkung zeitigte, zog sie sich wieder in ihr Schweigen zurück. Ihre Freunde und ihre Familie sagen einhellig, daß sie eine durchaus pragmatische, nüchterne Frau war, die sich für Menschen, volkstümliche Kultur, den Aktienmarkt, das Familiengeschäft interessierte und immer auf das Potential der Zukunft blickte. Gab es einen Raum hinter dem Raum, von dem aus sie einen sah, einen Raum, der jedermann verwehrt war? Betrat sie selbst ihn je? Wenn meine Großmutter jenen inneren Ort der tiefen Wunde nicht allzu häufig aufsuchte, so vielleicht zu einem Gutteil deswegen, weil sie in einem Zustand der Betäubung lebte. Betäubung, so meint Robert Lifton, ist ein Prozeß, mittels dessen sich das Selbst von traumatischen Erfahrungen distanziert. Es ist keine Verdrängung, die die Vergangenheit ausschließt und leugnet, denn in der Betäubung hat man immer noch das Potential zur Erkenntnis und einer gewissen Rückgewinnung der alptraumhaften Vergangenheit.

Meiner Großmutter Betäubung als Reaktion auf den armenischen Völkermord sehe ich mittlerweile als eine für das Überleben notwendige Reaktion an. Was bedeutete es, ein Überlebender zu sein in einer Epoche, ehe der Holocaust und die Bürgerrechtsbewegung in den Vereinigten Staaten den Anstoß zu einer Menschenrechtsbewegung gaben? Wie war es, ein Überlebender zu sein, ehe es eine allgemeine Kultur von Psychologie und Therapie gab, deren Ziel darin bestand, den Opfern dabei zu helfen, eine Stimme und den Mut zu erlangen, um auf der moralischen Bedeutsamkeit ihrer Wunde und ihres Traumas zu bestehen? Ohne gesellschaftliche und politische Bewegungen kann es keine öffentliche Bedeutung geben. Das Word *genocide* existierte nicht, ehe Raphael Lemkin es 1943 prägte, und die UN erklärte den Genozid 1948 zu einem Verbrechen gegen die Menschheit. Wer in den zwanziger, dreißiger und vierziger Jahren unseres Jahrhunderts Armenier war, der war von seinem Zuhause und seinem Land fortgerissen und in irgendeinem Land, in das es ihn verschlagen hatte, hängengeblieben. Höchstwahrscheinlich kam er heim zu einer armenischen Familie, in der ein gemeinsames Einverständnis über das unsägliche Geheimnis herrschte. Doch zumeist kam er in ein schweigendes Haus. Und dort fing er sein Leben von neuem an.

In einem kulturellen Klima, das die moralische Bedeutung von Genozid nicht erkannte oder artikulierte, war meine Großmutter gezwungen, sich in sich zurückzuziehen, wie die Soldaten des Ersten Weltkriegs mit Kriegsneurose, die heimkehrten, sich auf die Zunge bissen oder sie gar abbissen und ihr Leben fortsetzten. In solch einer Welt muß meine Großmutter es für nötig erachtet haben, mit Emotionen hauszuhalten. Sie scheint sich nicht mit der Vergangenheit aufgehalten zu haben, sondern konnte sich, wie es Überlebenden gelingt, wenn sie Glück haben, gesellschaftlich verankern. Ich denke daran, wie wählerisch meine Großmutter war, wenn es um die Küche ging, an ihre Energie, täglich in den Laden zu gehen, auch bei Regen und Schnee, an ihre Rituale des *choereg*-Backens, ihre Hingabe, was den Aktienmarkt und Baseball betraf.

Kann man eine solche Vergangenheit wahrhaft verdrängen? Die Vergangenheit meldete sich tatsächlich wieder, denn ein Trauma wird nicht wahrgenommen, wenn es sich ereignet, sondern erst in den Nachwirkungen, oftmals nach einer langen Latenzperiode. Im Fall meiner Großmutter war meine Kindheit mit ihren Nachwirkungen zusammengefallen. Ich war der Zuhörer gewesen, das Publikum für die Erinnerungen und die Trauer meiner Großmutter in den Geschichten, Träumen und Erinnerungsschüben, die sie mir erzählte.

Wenn ich an meine Eltern und ihr Schweigen der zweiten Generation denke, so denke ich an einen Ort der Sicherheit. Ich denke an Teaneck, New Jersey. 1950. Meine Eltern, wie sie ihr erstes Haus in einer ruhigen Suburbia kaufen. Sofas kaufen und Sessel und Betten und Frisierkommoden und einen Kashan – drei Meter fünfzig mal fünf Meter, aus feiner Wolle, mit verschlungenen Blumenmotiven und zarten vielfältigen Farben. Dann 1960: Crabtree Lane, Tenafly, New Jersey, mit den Geräten des modernen Zeitalters und grünem Rasen. Ich sehe diese Häuser nicht als Symbole des materiellen Komforts oder der Aufstiegsmöglichkeiten in Amerika, sondern als Embleme des Friedens und der Zuflucht vor einer Welt voller Schrecken und Tod. Für mich als Kind wäre das unmöglich zu verstehen gewesen. Es war für meine Eltern unmöglich, mir das zu sagen, und vielleicht hätten sie sich selbst auch nicht dazu bekannt, doch diese Häuser standen vor einem Hintergrund von Zerstörung, Deportation und Exil infolge des Genozids. Das Haus der Balakians in Konstantinopel, von Türken mit Petroleum besprengt und niedergebrannt. Das Haus der Shekerlemedjians in Diyarbakir – aus dem die Familie meiner Großmutter fortgeschleppt und ermordet wurde –, von Türken geplündert und in Besitz genommen.

Sicherheit und Betäubung waren in der Pathologie meiner Familie untrennbar miteinander verbunden. Die Vereinigten Staaten waren ein freies Land, das heißt, ein Ort, an dem Armenier mit ihrer uralten Kultur im Koffer als solche frei von körperlicher Heimsuchung waren. Frei, ihre Religion auszuüben, Geschäften nachzugehen, Familien großzuziehen, künstlerisch tätig zu sein. Frei, sich vor einer Vergangenheit zu verstecken, die – in jenen Jahrzehnten, die unmittelbar auf den Genozid folgten – unaussprechlich war. Meine Mutter und mein Vater hatten auf jeweils eigene Weise eine Amnesie hinsichtlich der Vergangenheit, waren gefangen im Zwielicht des halben Eingeständnisses. Irgendwo im Inneren müssen meine Eltern die wirklichen Fragen des armenischen Daseins als zu schwierig, zu schmerzlich, zu absurd empfunden haben. Meine Tante Gladys hatte es so ausgedrückt: »Es war eine Pille, zu bitter, als daß sie sich hätte schlucken lassen, ein Schmerz, zu stark, als daß er sich hätte fühlen lassen.« Indem sie die amerikanische Gegenwart betonten, hatten meine Eltern ihr Bestes getan, um dem Exil ein Ende zu setzen. In den Suburbias von New Jersey fanden sie Verwurzelung, Heimat, Zugehörigkeit. Doch die Vergangenheit war ein Schatten, der seine eigene Dunkelheit über uns alle warf. Das alte Land. Mir ist heute klar, daß das ein verschlüsselter Ausdruck war, nicht für Kinder gedacht. Gesprochen von betäubten Armeniern der schweigenden Generation. Er bedeutete verlorene Welt, eine ihrer schwelenden Asche überlassene Stätte.

Doch der alte Geist sollte nicht in Asche schwelen. Sowie er sich auf sicherem Boden fand, sollte sich der alte Geist mit neuer Vitalität wieder erheben. Der alte Geist sollte die Tatsachen und Umstände seiner dreitausendjährigen Zivilisation zurückgewinnen. Und jetzt könnten armenische Amerikaner sogar die alte Welt auf eine Weise sehen, die dynamisch und bahnbrechend wäre, auf die Weise, wie es Arshile Gorky, William Saroyan, Alan Hovaness, Marjorie Housepian Dobkin, Michael Arlen, Ruben Nakian und viele andere Künstler in der Diaspora schon getan hatten – und auf eine Weise, die ihre Unterdrücker in Erstaunen versetzen mochte, welche vielleicht geglaubt hatten, daß nach 1915 niemand mehr von den Armeniern hören würde.

Wie hat meine Großmutter dem alten Geist der alten Welt Glaubwürdigkeit verliehen?

Wenn ich an die Geschichten denke, an denen sie mich bei ihren täglichen Verrichtungen gelegentlich teilhaben ließ, oder an die Träume, Volkssagen und halbverdrängten Bilder, in die ich während der letzten sechs Jahre ihres Lebens eingeweiht wurde, scheint mir heute klar, daß sie Teile einer verstümmelten Erzählung waren über das, was sie als junge Frau durchgemacht hatte. Ich war ihr Gefährte, ihr unfreiwilliges Publikum, ihr teurer Zeuge. Ihre Erinnerungsfetzen und verschlüsselten Geschichten waren Spitzen von Eiszapfen aus dem gefrorenen Meer ihres Inneren, ein Meer, das gegen Ende ihres Lebens ein wenig auftaute. In gelegentlichen, isolierten Momenten – Momenten, die außerhalb der Zeit schienen – hatte ich allein Zugang zu einigen ihrer intensiv auf die Sinne wirkenden Bildern, ihrem teleskopischen Gedächtnis, ihren Schüben der Erinnerung an den Genozid. Auf diese Weise erzählte sie mir von ihrer Vergangenheit. Die armenische Beschwörungsformel, *Djamangeen gar oo chagar* – es war einmal oder es war nicht –, war wie die aufdringliche Vergangenheit, die sich außerhalb der Zeit zu melden schien, wie ein lyrisches Gedächtnis, das in Aktion trat. Ich weiß nicht, ob es so gedacht war, daß es eine große Wirkung auf mich haben sollte. Ich meine, es war die einzige ihr verfügbare Art, mit mir über etwas zu sprechen, das sie sagen wollte, aber in keiner anderen Sprache zu einem kleinen Jungen sagen konnte, der ihr ältester Enkel war.

DANK

Während meiner Arbeit an diesem Buch fand ich Unterstützung und hilfreiche Gespräche bei vielen Freunden und Kollegen, darunter John Naughton, Bruce Smith, Jack Wheatcroft, Marcie Hershman, Frederick Busch, Ida Giragossian, Wendy Ranan, Christopher Noel, Michael Arlen und viele Mitglieder meiner Familie. Aram Arkun vom Zorhab Information Center der Diözese der Armenian Church war in entscheidenden Momenten eine unschätzbare Wissensquelle. Ohne Alan Brown, den Colgate Research Council und die Männer und Frauen der Druckerei von Colgate wäre dieses Buch nur unter sehr viel größeren Schwierigkeiten zustande gekommen. Mehrere Aufenthalte in Yaddo waren zu entscheidenden Zeitpunkten unermeßlich wichtig. Großen Dank schulde ich meiner Agentin Carolyn Krupp, meiner Lektorin Gail Winston und Christopher Tilghman und Robert Jay Lifton für ihre klugen Einsichten. Meine Frau Helen hat die Arbeit an dem Buch mit kritischem Auge und Ermutigung beständig und bestärkend begleitet. Zu tiefem Dank verpflichtet bin ich Marjorie Housepian Dobkin.

QUELLEN

Bryce, James, Viscount, *The Treatment of the Armenians in the Ottoman Empire, 1915–16*, (London, Parliamentary Blue Book, 1916; Wiederabdruck New York, NY: JC&AL Fawcett, Inc. Publishers, 1990).

The Case of Soghomon Tehlirian, ins Engl. übersetzt von Vartkes Yeghiayan (Los Angeles: A.R.F. Varantian Gomideh, 1985).

Dadrian, Vahakn, *The History of The Armenian Genocide* (Providence, RI/Oxford, UK: Berghahn Books, 1995).

Ders., »The Armenian Genocide in Official Turkish Records«, *Journal of Political and Military Sociology*, Bd. 22, Nr. 1, Fj. 1995, S. 59–61.

Ders., »The Naim-Andonian Documents on the World War I Destruction of Ottoman Armenians: The Anatomy of a Genocide«, *International Journal of Middle East Studies*, Cambridge University Press, Bd. 18, Nr. 4, November 1991, S. 313–359.

Davis, Leslie A., *The Slaughterhouse Province: An American Diplomat's Report on the Armenian Genocide* (New Rochelle, NY: A.D. Caratzas, 1989).

Des Pres, Terrence, »On Governing Narratives: The Turkish-Armenian Case«, in: *Writing Into the World* (New York: Viking Press, 1992).

Morgenthau, Henry, *Ambassador Morgenthau's Story* (Garden City, NY: Doubleday & Page, 1919; Neuausgabe Plandome, NY: New Age Publishers, 1975).

Sarafian, Ara, Hrsg., *United States Official Documents on the Armenian Genocide*, Bd. 1 u. 2 (Watertown, MA: Armenian Review Press, 1993).

Smith, Roger, Eric Markusen, Robert Jay Lifton, »Professional Ethics and the Denial of the Armenian Genocide«, in: *Journal of Holocaust and Genocide Studies*, Bd. 9, Nr. 1, Fj. 1995, S. 1–22.

Siamanto, *Bloody News from My Friend* (Gedichte), übers. v. Balakian und Yaghlian, mit einer Einführung von Balakian (Detroit: Wayne State University Press, 1996).

Toynbee, Arnold J., *Armenian Atrocities: The Murder of a Nation* (London: Hodder & Stoughton, 1917; Neuausgabe New York: Tankian Publishing, 1975).

Schwarzes Meer
Istanbul
(Konstantinopel)
Izmit
Brusa
Angora
(Ankara)
Yozgat
TÜRKEI
Izmir
(Smyrna)
Aflon-Karahisar
Caesarea
Zeit
Adana
Musa
Dagh
ZYPERN
Mittelmeer
Jerusale
ÄGYPTEN
Kairo